Ernst Bäumler
DIE ROTFABRIKER

# SERIE PIPER
Band 669

*Zu diesem Buch*

Die »Rotfabriker« – so nannte man und nennt bis heute in Frankfurt-Höchst die Arbeiter der dortigen Farbwerke, der heutigen Hoechst AG. Ernst Bäumler erzählt die Geschichte, wie aus der kleinen Fabrik »Meister Lucius & Co« mit vier Arbeitern einer der größten Chemiekonzerne der Welt wurde, anhand der Schicksale der Menschen, die dort arbeiteten. Er verfolgt deren Lebensweg und ihre Verknüpfung mit der Firma über die Jahrzehnte hinweg – gehen doch manche Familien bereits in der fünften Generation »in der Rotfabrik schaffen«. Deutlich wird dabei auch die technische Entwicklung, die die Chemie in den letzten hundert Jahren zu einem der bedeutendsten Wirtschaftszweige gemacht hat. Auch die Rolle der I. G. Farben in Kaiserreich, Weimarer Republik und »Drittem Reich« wird beleuchtet, bevor schließlich die Entwicklung der nun wieder selbständigen Hoechst AG zu einem Weltunternehmen beschrieben wird. Bäumler hat immer die Menschen im Blick, die in dem Unternehmen arbeiten, die »Chefs« ebenso wie die einfachen Arbeiter. Dadurch entsteht eine Sozialgeschichte ganz eigener Art: die Familiengeschichte eines Weltunternehmens.

*Ernst Bäumler,* geboren 1926, war Redakteur (u. a. bei der »Süddeutschen Zeitung«), Fernsehproduzent und später zwei Jahrzehnte lang als Direktor der Hoechst AG für die Öffentlichkeitsarbeit des Unternehmens verantwortlich. Er hat zahlreiche Bücher veröffentlicht, darunter »Ein Jahrhundert Chemie« (1963) und »Paul Ehrlich – Forscher für das Leben« (1979). Für seine medizin-historischen Veröffentlichungen verlieh ihm die Universität Frankfurt die medizinische Ehrendoktorwürde. Bäumler lebt als Wissenschaftspublizist im Taunus.

Ernst Bäumler

# DIE ROTFABRIKER

FAMILIENGESCHICHTE EINES
WELTUNTERNEHMENS

Mit 71 Abbildungen

PIPER
MÜNCHEN ZÜRICH

ISBN 3-492-10669-2
Originalausgabe
Februar 1988
© R. Piper GmbH & Co. KG, München 1988
Umschlag: Federico Luci
Foto: Hoechst AG
Gesamtherstellung: Clausen & Bosse, Leck
Printed in Germany

# Inhalt

1 Die Stunde der Pioniere . . . . . . . . . . . . . . . . . 7
2 Gründerschicksale . . . . . . . . . . . . . . . . . . . . 22
3 Alizarin macht frohe Gesichter . . . . . . . . . . . . 48
4 Fabrikherr und Volksvertreter . . . . . . . . . . . . . 64
5 Die Wirtschaft am Wingertsweg . . . . . . . . . . . . 89
6 Gegen Schmerz, Fieber und Diphtherie . . . . . . . 118
7 Heimchen und Wöchnerinnen-Asyl . . . . . . . . . 146
8 Angestellte im Cutaway . . . . . . . . . . . . . . . . . 167
9 Vom Adrenalin zum Salvarsan . . . . . . . . . . . . 187
10 In Europa gehen die Lichter aus . . . . . . . . . . . 212
11 Franzosen, Räte, Rotfabriker . . . . . . . . . . . . . . 241
12 Die I.G. unterm Hakenkreuz . . . . . . . . . . . . . . 270
13 Sternenbanner und Schwarz-Rot-Gold . . . . . . . . 308
14 Ein Aufsteiger namens Hoechst . . . . . . . . . . . . 343
15 Eine neue Generation geht an die Arbeit . . . . . . 375
16 Von Menschen und Zahlen . . . . . . . . . . . . . . 386

Literaturverzeichnis . . . . . . . . . . . . . . . . . . . . . 407
Danksagung . . . . . . . . . . . . . . . . . . . . . . . . . . 409
Personen- und Sachregister . . . . . . . . . . . . . . . . 411

# KAPITEL 1
# Die Stunde der Pioniere

Am 2. Januar 1863 um sechs Uhr morgens nahm Johann Barthel in Höchst seine Arbeit auf – der erste von heute 30000 »Rotfabrikern«. Das geschah im Hof, vor einer bescheidenen Werkshalle, die kaum 100 Quadratmeter groß war. Unter Aufsicht des Chemikers Dr. Adolf Brüning wurden Fässer mit chemischen Grundstoffen von einem Pferdefuhrwerk abgeladen und in eine kleine Produktionshalle transportiert. Dort warteten seit Tagen die ersten gußeisernen Kessel darauf, gefüllt und unter Dampf gesetzt zu werden. Das Produkt, das hergestellt werden sollte, war ein Farbstoff namens Fuchsin.

Außer Arsensäure, Anilinöl und einem grenzenlosen Zutrauen in die Möglichkeiten der chemischen Technik besaß die fünfköpfige Belegschaft der neuen Fabrik »Meister Lucius & Co.« noch eine Dampfmaschine von drei Pferdestärken. Nichts von allem rechtfertigte die Hoffnung, daß sich aus dem zunächst eher handwerklich anmutenden Betrieb in zwei oder drei Jahrzehnten eine Fabrikstadt mit Tausenden von Arbeitern entwickeln würde.

Chemie bedeutete Zukunft in jener Zeit. In Wiesbaden-Biebrich wagte 1863 ein junger Chemiker, Dr. Wilhelm Kalle, mit vier Arbeitern die Produktion des gleichen Farbstoffs. Auch in einer alten Offenbacher Fabrik wurde Fuchsin produziert; weitere Fabriken entstanden in dieser Zeit in Basel, Ludwigshafen und Elberfeld. Die heute größten Konkurrenten der Höchster Farbwerke, die Friedrich Bayer & Co und die Badische Anilin- und Sodafabrik, nahmen 1863 und 1865 die Fertigung auf. Ihr Ausgangspunkt war ebenso bescheiden, ihre Gründer waren von den gleichen Zukunftshoffnungen erfüllt.

Es war in jeder Hinsicht eine Stunde der Pioniere. Keine Firma vermochte in jenen Tagen standardisierte Kessel für die Farbenproduktion zu liefern; sie wurden nach den Zeichnungen der Chemiker maßgeschneidert. Die Arbeiter mußten erst mit den chemischen Grundprozessen vertraut gemacht werden, denn die meisten von ihnen waren Handwerker oder Tagelöhner gewesen. Die chemischen Filter, die man für die Produktion brauchte, wurden von den Frauen der Arbeiter genäht.

Das Grundkapital der neuen Fabriken stammte nicht von den großen Finanzgruppen, sondern bestand meistens aus dem Erbe wohlhabender junger Kaufleute und Chemiker, die entschlossen waren, die Hinterlassenschaft ihrer Väter nicht zu verleben, sondern zu vermehren. Sie hatten zu diesem Zweck noch vor wenigen Jahren die Hörsäle bei Liebig in Gießen, bei Bunsen in Heidelberg, Wöhler in Göttingen oder beim Institut Fresenius in Wiesbaden bevölkert.

Über Nacht waren aus ihnen Unternehmer geworden. Mit wenigen Arbeitern und winzigen »Fabrik«-Hallen begründeten sie einen neuen Zweig der organischen Chemie, den der Farbstoffchemie und später auch der Pharmazeutika, mit deren Hilfe tödliche Krankheiten besiegt werden sollten, deren Erreger anfangs niemand kannte.

Das alles hatte eine neue chemische Substanz bewirkt, deren Name bald für Chemiker und chemiebegeisterte Unternehmer ein fester Begriff werden sollte: das Anilin. Anilin war der edelste Bestandteil des schwarzen und unansehnlichen Steinkohlenteers, der vor allem in England, seit einigen Jahrzehnten aber auch in Deutschland bei der Leuchtgasherstellung als Abfallprodukt anfiel. Ähnlich wie das Erdöl, der wichtigste Rohstoff der organischen Chemie in diesem Jahrhundert, ist der Steinkohlenteer ein Gemenge zahlreicher Kohlenwasserstoffe, die seinen Ursprung aus der lebenden Materie verraten.

Einige Forscher waren dem Anilin schon seit Jahren auf der Spur, hatten es sogar gewinnen können. Dem Liebig-Schüler August Wilhelm Hofmann gelang es erstmals, nach mühevoller Arbeit aus 12 Zentnern Steinkohlenteeröl einige 100 g rohes Anilin zu gewinnen.

Anilin wurde zur Mutterverbindung für Generationen von Farbstoffen: die Teerfarbstoffe. In London gelang es im Jahr 1856 Henry William Perkin, einem Schüler Hofmanns, den ersten synthetischen Farbstoff zu gewinnen: das violette Mauvein. Ein Jahr darauf war der französische Chemiker François Emmanuel Verguin erfolgreich. Er stellte einen noch schöneren Farbstoff her: das Fuchsin. Alle neuen Farbenfabriken wollten nun dieses Fuchsin produzieren. Die Nachfrage bei der Textilindustrie war groß.

## Mit Soda hat es begonnen

Die jungen Farbstoffhersteller konnten sich nur auf wenige Grundlagen und Erfahrungen stützen. Das verfügbare »Knowhow« stammte zunächst hauptsächlich aus der anorganischen Chemie. Sie hat im industriellen Maßstab um 1800 mit der Herstellung von Soda begonnen. Die Welt brauchte Soda. Sie benötigte es, um Rohbaumwolle zu behandeln. Billiges Soda brauchten auch die Glasfabrikanten, um ihre Erzeugnisse für breiteste Bevölkerungsschichten erschwinglich zu machen. Als das gelungen war, lösten Glaswaren und Keramik in der Mitte des Jahrhunderts die Holzgefäße und geschnitzten Teller ab. Das war aus hygienischer Sicht ein bedeutender Fortschritt, denn das hölzerne Geschirr war ein perfekter Nährboden für Krankheitserreger.

Soda brauchten auch die Seifensieder, um billigere Produkte herstellen zu können. Tägliches Waschen mit Kernseife gehörte fortan nicht mehr zum unerschwinglichen Luxus. Jeder Mensch konnte sauber sein.

Dank dem Franzosen Leblanc konnte man den heftig begehrten Stoff nun aus Kochsalz gewinnen. Kochsalz gab es in der Welt in unbegrenzten Mengen; es fand sich in Tausenden von Lagerstätten. Für Leblancs Verfahren waren allerdings erhebliche Mengen von Schwefelsäure nötig. Für ihre Herstellung im großen Maßstab mußten wiederum völlig neue Methoden erprobt und angewendet werden.

Aber was geschah mit der Salzsäure, die bei der Sodaherstellung in großer Menge anfiel? Als zunächst überaus unerwünschtes Produkt wurde sie in Form von Gas über Schornsteine abgegeben, die damals bei einigen Fabriken schon Kirchturmhöhe erreichten. Auch in die Flüsse wurde sie eingeleitet, wo sie allerdings den Fischbestand schädigte. Schließlich fanden die Chemiker in einer für die künftige Industrie sehr typischen Weise einen neuen Weg, den nämlich, ein lästiges Abfallprodukt in einen wertvollen Rohstoff zu verwandeln: Salzsäure wurde für die Herstellung von

Chlorkalk verwendet, dem begehrten Bleichmittel der Textilindustrie.

Es wurde mit der Zeit zu einem Gesetz der industriellen Revolution: Jede Entdeckung beförderte, ja verlangte sofort eine neue, mit deren Hilfe es möglich wurde, auch den »Abfall« der Großindustrien nutzbringend zu verwenden.

## *Der erste Rotfabriker*

Johann Barthel in Höchst, von dem schon die Rede war, wußte von diesen Zusammenhängen herzlich wenig. Was ihn interessierte, war ein solider Arbeitsplatz. Ein Onkel von ihm arbeitete schon in einer chemischen Fabrik in Griesheim. Die war 1856 gegründet worden und stellte jene künstlichen Düngemittel her, die Justus Liebig in Gießen einige Jahre zuvor eingeführt hatte.

Johann Barthel, im Jahre 1833 geboren, hatte von seinem Vater das Schusterhandwerk gelernt. Er wäre gern in diesem Beruf geblieben, um möglichst bald seine Verlobte Eva Mann zu heiraten und sich ein Häuschen zu bauen. Ließe sich das nicht in absehbarer Zeit verwirklichen, dann plante er, mit seiner künftigen Frau nach Amerika auszuwandern. Sein Freund Joseph, mit dem er die Schulbank gedrückt hatte, hegte ähnliche Absichten. Er war nach einer Maurerlehre in Rödelheim Tagelöhner geworden. Joseph war aktives Mitglied in einem Arbeiterbildungsverein und besaß sogar schon einige Bücher über den Sozialismus.

Barthel stammte aus einer geachteten Handwerkerfamilie in Höchst, doch das Handwerk hatte schon lange keinen soliden Boden mehr, geschweige denn einen goldenen. Es gab damals in der kleinen Amtsstadt Höchst mit ihren rund 1500 Einwohnern viel zu viele Handwerker: 11 Fischer, 15 Schneider, 11 Metzger und – um Barthels Gewerbe zu erwähnen – nicht weniger als 43 Schuhmacher.

Das Handwerk war so überlaufen, daß Vater Barthel jede Woche in die Orte der Umgebung zog, nach Zeilsheim, Hattersheim, Rödelheim und bis hin nach Frankfurt, um zusätzliche Kunden zu suchen. Nur selten erhielt er dabei den Auftrag, Schuhe anzufertigen. Er war froh, wenn er für ein paar Kreuzer abgetragene Schuhe zusammenflicken durfte. Daher beschäftigte die Stadt

Höchst einige Flickschuster als Leichenträger, um ihnen ein kleines zusätzliches Einkommen zu verschaffen.

Johann Barthel junior, der in der Storchgasse 9 aufwuchs und schon als Junge von neun Jahren in der Werkstatt half, durfte den Vater auf seinen Wanderungen begleiten, und bald war es für ihn keine Frage mehr: Er wollte bei seinem Vater in die Lehre gehen und Schuhmachergeselle werden.

Freizeit gab es für ihn nur in seiner frühen Kindheit. Für einen Jungen ist das alte Viertel von Höchst als romantische Kulisse für Ritter- und alle möglichen anderen Spiele hervorragend geeignet. Von der Storchgasse, einem malerischen Gäßchen, das noch von Resten der alten Stadtmauer gesäumt ist, führt der Weg hinunter zum alten Schloßplatz am Main mit dem Bergfried und den Resten des alten Schlosses. Während des Dreißigjährigen Krieges hatte der Schwedenkönig Gustav Adolf in ihm gewohnt, mit seiner Gemahlin und seinen Kriegern, wie der Junge in der Volksschule lernte.

Mehr als einmal – so erzählte sein Lehrer, Herr Kriechel – sei dieses Schloß niedergebrannt worden, zuerst von einem Burghauptmann aus Cronberg, angeblich im Auftrag der Frankfurter Bürger, schließlich von den Braunschweigern. Sie ärgerten sich über den Zoll, den die Besucher zahlen mußten, wenn sie auf dem Main per Schiff zu den Frankfurter Messen reisten. Die meisten Güter auf den Schiffen unterlagen hohen Zollgebühren.

Auch Napoleon, sagte Lehrer Kriechel, hielt sich in Höchst auf. Er übernachtete einmal im Bolongaro-Palast, den der reiche Frankfurter Tabakhändler gleichen Namens im 18. Jahrhundert in der Neustadt gebaut hatte.

Die Glanzzeit des französischen Kaisers war damals allerdings schon vorbei. Er war 1813 in Leipzig geschlagen worden und wollte so schnell wie möglich nach Frankreich, um eine neue Armee aufzustellen.

Kurze Zeit nach Napoleon erschien auch sein Verfolger, Preußens Feldmarschall Blücher, in Höchst. Lehrer Kriechel hatte für den »Marschall Vorwärts« eine besondere Vorliebe. Blücher, der sich ebenfalls mit seinem Stab im Bolongaro-Palast einquartiert hatte, fand ihn allerdings zu zugig und die Rechnung, die ihm für den Aufenthalt präsentiert wurde, zu hoch.

## Endlich Bürger in Höchst

Am 25. April 1859 heiratete Johann Barthel. Seine Frau kannte er schon seit seiner Kinderzeit. Sie war eine der Töchter des Metzgers Georg Mann, der an der »Wed« in der Altstadt sein Geschäft betrieb, zu dem ein kleines Schlachthaus nebst Schweinestall gehörte. Eva war wie Johann von Kind auf gewohnt, im Geschäft mitzuarbeiten. Bevor sie morgens zur Schule ging, versorgte sie mit ihren Schwestern den Schweinestall.

Obwohl er in Höchst geboren war, erhielt Barthel erst kurz vor der Hochzeit das Bürgerrecht der Stadt. Die Gemeinden verliehen es damals sparsam; sie wollten niemand als Bürger anerkennen, der später der Armenkasse zur Last fallen könnte.

Nur wer einen regelrechten Beruf und ein dauerhaftes Einkommen nachweisen konnte, gelangte in den Genuß dieses Rechts. Alle anderen erhielten lediglich einen »Toleriertenschein«, der kurzfristig widerrufen werden konnte. Selbst zum Heiraten brauchte Barthel die Genehmigung der Gemeinde.

Johann Barthel und Eva Mann waren katholisch – wie damals die meisten Einwohner in Höchst. Schließlich hat die Stadt jahrhundertelang zum Erzbistum Mainz gehört. Die Hochzeit fand in der Justinuskirche statt und wurde in der Wirtschaft »Zum Bären« gefeiert, vor der sich heute noch alljährlich die Höchster zum Schloßfest treffen.

## Nachwuchs in der Storchgasse

Das junge Ehepaar fand sein erstes Unterkommen bei Barthels Eltern in der Storchgasse 9. Das kleine Haus steht heute noch fast unverändert. Es hatte damals einen kleinen Wohnraum, eine Küche und mehrere Kammern. Abtritt, Werkstatt und ein kleiner Stall lagen im Hof. Die Fenster des Häuschens reichten, wie in diesem Viertel üblich, bis fast zum Straßenpflaster hinab. Die gesamte Wohnfläche umfaßte kaum fünfzig Quadratmeter.

Zu mehr als einer kleinen Kammer reichte es deshalb für Johann und Eva Barthel nicht, doch sie waren froh, überhaupt einen eigenen Raum zu besitzen. Viele junge Ehepaare in Höchst schliefen damals bei den Eltern im Zimmer oder mit ein paar Geschwistern.

Bald wurde es in Johann Barthels Wohnschlafzimmer noch enger. Am 15. September 1859 stellte sich, etwas vorzeitig, der erste Nachwuchs ein: ein Mädchen, das den Namen Anna Maria erhielt.

Das private Glück trübte allerdings bald ein großes berufliches Problem: Es wurde offenbar, daß der kleine Schusterbetrieb die Familie des Vaters und des Sohnes nicht ernähren konnte. Selbst wenn er Meister würde und die Werkstätte seines Vaters übernähme, würde dies an der Situation nicht viel ändern. Nur von Zunft- und Handwerkerstolz ließ sich auf die Dauer nicht leben. Es ging Johann Barthel keineswegs alleine so. Schulkameraden, die anderen Handwerken nachgingen, erlitten ein ähnliches Schicksal, das von allen Bürgern als sozialer Abstieg betrachtet wurde.

Aus diesem Grund war Barthel zeitweise arbeitslos. Sein täglicher Verdienst lag zwischen 10 und 30 Kreuzern. Dafür konnte er sich 25 bis 30 Eier kaufen oder zweieinhalb Pfund Ochsenfleisch, ein Pfund Butter oder anderthalb Maß Bier. Allerdings brauchte er als Tagelöhner auch kaum Steuern zu bezahlen. Er gehörte einer der niedrigsten Steuerklassen an, der Klasse II.

### *Jahressteuer: 40 Kreuzer*

Wie sich aus den Höchster Gewerbesteuerakten des Jahres 1864 ergibt, besaß Barthel junior den Status eines »Tagelöhners über sechs Monate«. Das Steuerkapital wurde mit 96 Gulden angenommen. Barthel hatte im Jahr 40 Kreuzer Steuer zu entrichten.

Barthels Vater dagegen gehörte als »Schuhmacher ohne Gehilfen« zur Steuerklasse III. In dieser Klasse wurden jährliche Einkünfte von 400 Gulden angenommen. Barthel senior zahlte einen Gulden und 40 Kreuzer.

Bei Meistern mit Gehilfen stieg die Steuerklasse je nach Zahl der Gehilfen an. Auch Handwerker, die für den gehobenen Bedarf produzierten, wie Juweliere, Kupferstecher, Stukkateure, Tapezierer und Lohgerber, hatten mehr zu versteuern, nämlich 500 Gulden.

Zu der niedrigsten Steuerklasse I zählten seit 1818 die Tagelöhner und die »Bauern ohne Fuhr«, also die Klein- und Kleinstbauern, die sich kein Fuhrwerk mit auch nur einem Zugtier leisten konnten. Für sie wurde ein Steuerkapital von 50 Gulden festgesetzt. Landwirte mit einem Fuhrwerk wurden auf 100 Gulden veranschlagt.

Bei aller Armut und Dürftigkeit der unteren Einkommensschichten lagen die tatsächlichen Einnahmen in der Regel mindestens doppelt so hoch, wie das Steuerklassen-System annahm. Ein Tagelöhner wie Johann Barthel verdiente in Wirklichkeit im Jahr nicht 96, sondern zwischen 150 und 200 Gulden. Nach den vorhandenen Lohnlisten erhielten ungelernte Arbeiter Ende der sechziger Jahre pro Tag etwa 27 Kreuzer, also knapp einen halben Gulden.

### *Nassau – ein bunter »Fleckerlteppich«*

Nicht nur die Steuerklassen trennten damals die Schichten der Bevölkerung. Auch die gesellschaftlichen Unterschiede waren kraß; nicht so sehr zwischen Adel und wohlhabendem Bürgertum, um so mehr zwischen Kleinbürgern, Arbeitern und Tagelöhnern.

Nassau war in den fünfziger Jahren des 19. Jahrhunderts freilich weder ein »Armenhaus« noch ein idyllisches, kleinstaatliches Paradies, sondern ein bunt zusammengewürfeltes, an Kontrasten reiches Ländchen, das der Reichsdeputationshauptschluß 1803 in Regensburg den Fürsten von Nassau zusammengeflickt hatte, um sie für den Verlust linksrheinischer Besitztümer an Napoleon zu entschädigen. Kurmainzische Gebiete wie Höchst, kurtrierische, kurkölnische, eine Pfälzer und eine großherzoglich-nassauische Region waren Nassau zugeschlagen worden. So entstand ein »Fleckerlteppich«, geprägt vor allem von kleinen landwirtschaftlichen Betrieben. Von den rund 460 000 Einwohnern des Landes arbeitete jeder zweite in der Landwirtschaft.

Mehr als die Hälfte des 4700 Quadratkilometer großen Staatsgebietes war mit Wald bewachsen oder unkultivierbar. Schon damals wurde viel Wein angebaut, es gab Eisengruben und Hüttenwerke, dazu kam eine Reihe gut besuchter Bäder, vor allem Wiesbaden, das einen glanzvollen Aufstieg erlebte. Insgesamt konnte Nassau aber mehr schlecht als recht existieren. Nicht weniger als 96 Menschen mußten hier durchschnittlich auf jedem Quadratkilometer leben.

## Ein liberales Musterland

Nassau brauchte also dringend mehr Industrie und Gewerbe; das aber war nur durch eine stärkere Bindung an Preußen und an den Zollverein sowie durch die Förderung ansiedlungswilliger Unternehmer möglich. Die Voraussetzungen dafür waren im Grunde gar nicht so schlecht. Seit 1819 herrschte hier Gewerbefreiheit, anders als in Frankfurt, wo die Zünfte noch immer ein strenges Regiment führten.

Daß Nassau damals überhaupt wirtschaftlich über die Runden kam, verdankte es dem Deutschen Zollverein; er war 1834 gegründet worden, und das kleine Herzogtum hatte sich ihm nach einer Bedenkzeit von zwei Jahren angeschlossen. Von seinem bedeutendsten Exportartikel, dem Eisenerz, gingen drei Viertel allein nach Preußen. Die wichtigsten Staaten des Zollvereins, Preußen, Sachsen, Hannover und Braunschweig, bezogen im Jahr 1861 aus Nassau Wein im Wert von 600000 Gulden. Das Land konnte sich zu Beginn des Jahrhunderts bemerkenswerter politischer Reformen rühmen. Nachdem während der Rheinbundzeit 1806 der frankreichfreundliche Fürst zum Herzog von Napoleons Gnaden aufgestiegen war, wurde 1808 die Leibeigenschaft aufgehoben, »weil sie sich nicht mehr mit dem Grade der Kultur unter den Völkern verträgt«, ebenso die Strafe der körperlichen Züchtigung. Darüber hinaus wurden ein gleichheitliches Steuergesetz und die Gemeinschaftsschule eingeführt. Alle Bürger sollten vor dem Gesetz gleich sein; allen sollte der Weg zu den Ämtern offenstehen.

Nachdem der Rheinbund zerfallen und Nassaus Existenz vom Wiener Kongreß abgesegnet war, sah es eine Weile so aus, als befände sich das Herzogtum auf dem Wege zu einem liberalen »Musterländle«. Unter dem wohltätigen Einfluß des Reichsfreiherrn vom Stein, dessen Familie aus Nassau stammte, wurden in Wiesbaden die »Landstände« etabliert – das erste Parlament.

Die Verfassung verlieh den Landständen nicht geringe Befugnisse, denn »wichtige, das Eigenthum, die persönliche Freiheit und die Verfassung betreffende neue Landesgesetze sollten nicht ohne ihren Rath und ihre Zustimmung eingeführt werden«. Sie hatten das Recht der Steuerbewilligung, der Initiative bei Gesetzesvorschlägen, ja sogar der Ministerklage.

Hinsichtlich des Wahlrechts blieb Nassau dagegen konservativ, man kann auch sagen: reaktionär. Es herrschte ein Dreiklassenwahlrecht, das Bürger mit höherem Steueraufkommen deutlich begünstigte. Wer keine Steuern bezahlte oder von der öffentlichen Fürsorge lebte, durfte auch nicht wählen. Das Wahlalter betrug 25 Jahre; Frauen besaßen kein Wahlrecht. Sie galten wie die Kinder als politisch unmündig.

Tagelöhner und Gesinde auf dem Land, die unterste soziale Stufe, in der am schwersten körperlich gearbeitet werden mußte, waren durch das Dreiklassenwahlrecht am stärksten benachteiligt. Ob sie das auch so empfunden haben, ist freilich zweifelhaft. Die meisten waren nach dem langen Tagwerk offenbar zu erschöpft, um sich noch mit politischen Fragen zu befassen. Die ersten liberalen und sozialistischen Politiker entstammten daher fast ohne Ausnahme dem gutsituierten Bürgertum.

## *Berichte aus der Neuen Welt*

Viele Nassauer gingen in der ersten Hälfte des Jahrhunderts in die »Neue Welt«, weil sie die wirtschaftliche Not zu Hause mit dem Wagnis eines unsicheren, aber freieren Lebens vertauschen wollten. Auch Johann Barthel spielte einige Zeit mit dem Gedanken, nach Amerika auszuwandern.

Barthel und sein Freund Joseph konnten sich über diese Frage im »Bären«, ihrer Stammwirtschaft, offen unterhalten und sie auch mit anderen Gästen diskutieren. In den früheren Jahren, etwa 1817, als fortgesetzte Mißernten eine erste Auswanderungswelle aus den Elendsgebieten des Westerwaldes verursachten, nahmen es die Behörden übel, wenn Mitbürger das Land verlassen wollten. Man unterstellte ihnen Müßiggang, Leichtsinn und Verschwendung. Nur Tunichtgute, hieß es damals, verlassen die Heimat.

Doch als der regelmäßige Bevölkerungszuwachs anhielt und die Arbeitsplätze immer rarer wurden, begann der Staat die Auswanderung zu fördern. 1842 bildete sich ein »Texasverein«, der die Emigration im großen Stil unterstützte.

Die erste Aktie dieses Vereins in Höhe von 5000 Gulden zeichnete Herzog Adolph selbst. Armen Auswandererfamilien wurden Mittel für die Überfahrt zur Verfügung gestellt. Die Reise nach

Amerika kostete rund 70 Gulden für Erwachsene, 54 Gulden für Kinder bis zu zwölf Jahren.

*Balthasar Schweitzer weiß Rat*

Alle Gedanken Barthels an eine Auswanderung rückten in weite Ferne, als seine Frau im Sommer 1862 ihr zweites Kind erwartete. Der Familienrat in der Storchgasse 9 diskutierte das Problem der zukünftigen Existenz lange und sorgfältig.

Ein paar Tage darauf traf Barthel senior zufällig den Holzhändler Balthasar Schweitzer, dessen Familie zu den einflußreichsten der Stadt zählte. Sein Vater, Anton Schweitzer, war jahrelang Mitglied des Höchster Stadtrats gewesen. Schweitzer erzählte dem Schuhmacher, daß ein entfernter Verwandter von ihm Grundstücke am Westrand der Stadt kaufen wollte, um eine Fabrik zu errichten.

Barthel senior hatte vermutlich keine genaue Vorstellung vom Betrieb einer solchen Fabrik. Doch er begriff, daß dort Arbeitskräfte gebraucht würden, und dachte an seinen Sohn. Nur wenige Tage später sprach er nochmals bei Schweitzer vor und bat im Namen seines Sohnes um Fürsprache, sobald das neue Unternehmen Ausschau nach Arbeitskräften halten sollte.

Die Aussichten waren nicht schlecht. Auf Empfehlung von Balthasar Schweitzer durfte Johann sich bei Dr. Eugen Lucius, einem der Gründer der Fabrik, vorstellen. Barthel benutzte bei dieser Gelegenheit zum ersten Mal die Eisenbahn nach Frankfurt. Von einer solchen Fahrt hat er noch als alter Mann geschwärmt.

Er erinnerte sich neben dem Erlebnis der Fahrt noch lange Zeit an etwas anderes, das weniger angenehm war: an den Fahrpreis. Mit der Eisenbahn zu fahren, war in jener Zeit nicht nur aufregend, sondern vor allem teuer. So kostete 1844 das Billett von Frankfurt nach Wiesbaden in der ersten Klasse 2 Gulden und 42 Kreuzer, in der zweiten einen Gulden und 48 Kreuzer. Wer mit der dritten vorliebnahm, zahlte einen Gulden und 15 Kreuzer, in der vierten Klasse waren es immerhin noch 51 Kreuzer.

Die Begegnung zwischen Dr. Lucius und Johann Barthel verlief positiv. Lucius wiederum machte bald darauf seinen Freund Dr. Adolf Brüning mit Johann Barthel bekannt, als die beiden Chemiker nach Höchst kamen, um Grundstücke für die neue Fabrik zu begutachten.

Bald wußte jeder im Ort, daß eine neue Fabrik geplant wurde. Solche Gründungen hatte es in Höchst schon früher gegeben: beispielsweise ein Unternehmen für Tabakverarbeitung, ein anderes, das Schaumwein herstellte; es gab eine Gipsmühle und sogar eine Nudelfabrik. Mit Chemie hatte sich bis jetzt in Höchst nur ein kleiner Betrieb befaßt, der aus Chinarinde das Fieberheilmittel Chinin produzierte.

Aus irgendeinem Grund wollten größere Industrieunternehmen in Höchst bis zu diesem Zeitpunkt nicht recht gedeihen, obwohl der neue Gewerbeverein kräftig die Trommel rührte.

Im Herbst 1862 erlebte Barthel, wie in der Nähe des Alten Schlosses mit dem Bau der Fabrik begonnen wurde. Es handelte sich um eine kleine Werkshalle mit einem Schornstein. Direkt neben dem Bauplatz lagen Felder und Wiesen, etwas abgesetzt ein kleines Grundstück, das Barthels Vater 1846 erworben hatte. Barthel hatte die Absicht, hier das Häuschen zu bauen, von dem er seiner Familie so oft erzählt hatte.

Das Weihnachtsfest 1862 wurde in der Storchgasse 9 besonders gefeiert. In wenigen Wochen würde die Hebamme kommen, um bei der Geburt des zweiten Kindes zu helfen. Johann Barthel aber sollte am 2. Januar 1863 zum ersten Mal in seiner neuen Arbeitsmontur bei der Firma Meister Lucius & Co. zur Arbeit antreten.

Dort traf er zwei weitere Bekannte: Conrad Abt und seinen Schulfreund Carl Wagner. Keiner von ihnen hatte bisher in einer chemischen Fabrik gearbeitet.

Es war heiß, es stank, und der Raum war äußerst ungemütlich. Dr. Brüning machte sie mit der Herstellung von Fuchsin vertraut. Sie geschah in kleinen Kesseln, die in einem Paraffinbad standen. Sie wurden jeweils mit 25 Pfund Anilinöl und 60 Pfund Arsensäure gefüllt. Dann mußte die Mischung stündlich neu auf rund 200 Grad erhitzt werden.

Am 21. Januar, einem Mittwoch, mußte Barthel in aller Frühe die Hebamme holen, bevor er zur Arbeit gehen konnte. Ein paar Stunden später kam die zweite Tochter zur Welt, die auf den Namen Margarethe getauft wurde.

Er brauchte jetzt dringender als je ein eigenes Heim. Doch er wußte zunächst weder, ob sich die Firma behaupten würde, noch, was ebenso wichtig war, ob seine Chefs ihn auf die Dauer behalten wollten. Sein Steuerstatus blieb deshalb auch unverändert. Er galt weiterhin als Tagelöhner mit über sechs Monaten Arbeit pro Jahr.

Die Trennlinie zwischen Arbeitern und Handwerkern war in jener Zeit noch reichlich unscharf, da Industrie und Gewerbe noch nebeneinander arbeiteten. Ohnehin waren 1861 – um nur ein Beispiel zu nennen – erst 14,3 Prozent aller männlichen Arbeiter Preußens in Fabriken oder im Bergbau beschäftigt. Gesellschaftliches Bewußtsein der Industriearbeiterschaft gab es erst in Ansätzen. Es unterschied sich regional erheblich.

## *Liberale Schutzpatrone der Arbeiter*

In Frankfurt formierte sich die politische Bewegung der Arbeiter zunächst unter dem Patronat der liberalen Parteien und ihrer Politiker. Der Auftakt dazu war die Bildung des Deutschen Nationalvereins im September 1859. Die Parole in Frankfurt hieß: »Einigung und freiheitliche Entwicklung des großen gemeinsamen Vaterlandes«. Die 1848 in Frankfurt geschaffene Reichsverfassung sollte endlich verwirklicht werden.

Die Versammelten akzeptierten in ihrem Wunsch nach Einheit sogar Preußens Führung, obwohl die Liberalen große Vorbehalte gegen eine Vormachtstellung dieses konservativen Staates zeigten. Tatsächlich kam es 1862 in Berlin zu ernsthaften Konflikten zwischen König Wilhelm I. und Kanzler Bismarck einerseits und dem Landtag andererseits.

In den Zeiten seiner größten Stärke, Mitte der sechziger Jahre, zählte der Nationalverein rund 20 000 Mitglieder. Seine Führer, wie die Hannoveraner Politiker Rudolf von Bennigsen und Johannes von Miquel, genossen im gebildeten Bürgertum hohes Ansehen. Zu ihnen gesellte sich bald Hermann Schulze-Delitzsch, einer der bekanntesten deutschen Liberalen. Er war 1861 Mitbegründer der Deutschen Fortschrittspartei.

Schulze-Delitzsch – von seinen Gegnern als »Arbeiterheiland« verspottet – wollte die soziale Frage durch Genossenschaften lösen. Der immens fleißige Sachse veröffentlichte zahlreiche Aufsätze und Bücher zu diesem Thema; zur Bibel für die um Reformen bemühten Schichten der Bevölkerung wurde das »Assoziationsbuch für deutsche Handwerker und Arbeiter«.

Im Gegensatz zu den Ideen Friedrich Wilhelm Raiffeisens lehnte Schulze-Delitzsch staatliche Eingriffe ab. Er war der Gründer der sogenannten Vorschußvereine, die das Ziel hatten, finanzielle Hilfe für die Schaffung von Arbeiter-Produktionsgenossenschaften zu geben.

Der jährliche Mitgliedsbeitrag für den Nationalverein betrug einen Taler. Das war für die breiteren Volksschichten zu hoch, zumal sich die Führung des Nationalvereins nicht entschließen konnte, eine monatliche Zahlung zu gestatten, durch die auch Handwerksgesellen und Fabrikarbeiter für den Verein zu gewinnen gewesen wären. Alle deutschen Arbeiter, hieß es statt dessen, seien »geborene Ehrenmitglieder« des Nationalvereins.

Diese gönnerhafte Einstellung entsprach der Grundhaltung des liberalen Bürgertums gegenüber Arbeitern und Handwerkern. Die liberale Partei wollte, daß ihnen mehr Rechte und ein besserer sozialer Status eingeräumt würden. Das aber sollte unter ihrer Führung geschehen. So wurden liberale Arbeiterbildungsvereine gegründet, daneben Turn- und Gesangvereine. Das Vereinswesen in Deutschland blühte mehr denn je.

In Höchst gründete der Buchhändler und Journalist Eduard Pelz den ersten Arbeiterverein. Er war auch im Nachbarverein Rödelheim aktiv und unterstützte die Organisation von Arbeiterkongressen. Barthel erfuhr es von seinem Freund Joseph, der mehrfach Sitzungen in Rödelheim besucht hatte. Er selbst ging allerdings nicht nach Rödelheim, sondern in den Gesangverein »Harmonie« im »Bären«. Von sich selbst sagte er: »Ich bin kein theoretischer Kopf.« Um so wichtiger aber wurde die Rolle des anstelligen und grundsoliden Mannes in der kleinen chemischen Fabrik.

Barthel erwarb sich in den Augen der Werksgründer bald eine besondere Vertrauensstellung. Er wurde das in jeder Firma unerläßliche Faktotum. Anstatt mit schwerer Lederschürze und blauem Drillich angetan in der Fuchsinfabrik zu stehen, kutschierte er zwischen Firmenkontor und Post hin und her, beförderte fertige Farbstoffe zur Bahn und holte Geld in der Bank ab. Als ein kleines Portierhaus gebaut wurde, versah Barthel auch diese Tätigkeit, bis ein fester Pförtner eingestellt werden konnte.

## *Nächtliche Überraschung*

Daneben war er auch eine Zeitlang Nachtwächter, und eine Episode aus dieser Zeit hat er seinen Kindern so oft erzählt, daß sich seine Tochter Anna Maria noch als ältere Frau lebhaft daran erinnert: »Der Vater hat einmal nachts etwas gehört, und da ist er aufgestanden. Bei uns haben alle Schlüssel der Fabrik gehangen an einem großen Schlüsselbrett im Hauseingang, die waren alle numeriert. Alle Schlüssel von den ganzen Räumen hingen dort, und da mußte der Vater um halb sechs morgens das Tor aufmachen, denn wenn die Leute kamen, mußte er ihre Namen vorlesen, ob sie alle da waren.«

»Und da ist er also nachts aufgestanden und hat sein Gewehr genommen. Dann waren noch sehr bissige Hunde da. Wenn die Leute nach Sindlingen gegangen sind durch den Wingertsweg, da haben die Hunde die Leute gestellt. Es waren sehr böse Hunde. Mit einem dieser Hunde ist er also hinausgegangen und hat sämtliche Schlüssel mitgenommen von den Räumen. Und nachts ist ja auch keine Maschine gegangen. Die wurden abends alle abgestellt. Also war niemand nach Arbeitsende in der Fabrik. Doch der Hund lief herum und hat geschnüffelt, und da hat der Vater aufgeschlossen und gerufen: ›Wer da?‹«

Erst in diesem Augenblick meldete sich die Stimme von Dr. Brüning: Er hatte persönlich prüfen wollen, ob sein Nachtwächter, Portier und Postkutscher wirklich auf dem Posten war.

Da es in den ersten zwei Jahren nur wenige Arbeiter gab, existierte noch keine Kantine. Deshalb brachten Mütter oder Ehefrauen das Mittagessen im »Henkelmann« in die Fabrik.

Wenn dann Barthel und andere Arbeiter abends die Fabrik verließen, trugen sie immer noch Spuren des Fuchsins an den Schuhen in die Stadt. Der Volksmund bezeichnete sie daher mit einem Ausdruck, der heute noch üblich ist: »die Rotfabriker«.

KAPITEL 2
# Gründerschicksale

Während die neue Fabrik in der Nähe des Schloßgrabens schon das erste Kilogramm Fuchsin erzeugte, rätselten die Einwohner von Höchst immer noch, wer eigentlich die Gründer des Unternehmens waren. Keiner von ihnen zählte zu den Einheimischen, keiner stammte auch nur aus der näheren Umgebung. Dr. Eugen Lucius kam aus Erfurt, sein kaufmännischer Kompagnon, Wilhelm Meister, aus Hamburg und der dritte Teilhaber, August Müller, aus Königswinter. Der Technische Direktor Dr. Adolf Brüning, Chemiker und Studienfreund von Lucius, war in Ronsdorf bei Elberfeld geboren.

Auch Johann Barthel, der erste Arbeiter, zu dem sich im Laufe der nächsten Wochen außer Abt und Wagner noch der Heizer Jonas Nathan aus Hadamar gesellte, konnte seinen Freunden am Stammtisch des »Bären« zunächst nichts über seine Chefs erzählen. Das Tempo, das die Chemiker Lucius und Brüning beim Aufbau der Fabrik vorlegten, ließ zu persönlichen Unterhaltungen wenig Zeit.

Selbst Alois Alexander Wagner, der 1849 das »Kreis-Amts-Blatt« in Höchst herausbrachte und sein eigener Redakteur, Setzer und Drucker war, konnte zunächst nichts Konkretes über den Hintergrund des neuen Unternehmens erfahren – ein Umstand, der den »alten Nachrichtenfuchs«, wie er sich selbst gerne bezeichnete, außerordentlich schmerzte. Wagner war ein geborener Journalist, er nahm nicht nur entgegen, was ihm das hohe Höchster Amt mitteilte, sondern er hörte darauf, was sich die Leute erzählten, die er bei seinen abendlichen Kneipentouren in den Gasthäusern der Stadt traf. Hier sei, so versicherte er nicht nur seiner Frau, die ihre Abende in einer Stube im Bolongaro-Palast alleine zubringen mußte, seine wertvollste Informationsquelle.

Am meisten hätte wohl der Holzhändler Balthasar Schweitzer

dem neugierigen Redakteur und den anderen Höchstern über den Hauptinspirator des Unternehmens, Dr. Eugen Lucius, verraten können. Denn zwischen dem eingesessenen Höchster Bürger und der Erfurter Familie Lucius bestanden alte Beziehungen. Sogar zwischen Erfurt und Höchst gab es ein kleines Stück Gemeinsamkeit.

Erfurt, Metropole Thüringens, gehörte wie Höchst viele Jahrhunderte zum Erzbistum Mainz. Mit der Auflösung der geistlichen Besitztümer und Herrschaften in Deutschland wurden beide Städte 1803 durch den Reichsdeputationshauptschluß dem Erzbistum genommen: Höchst wurde dem Herzogtum Nassau, Erfurt dagegen Preußen zugeschlagen. Von 1806 an stand Erfurt unter französischer Verwaltung.

Als Eugen Lucius 1834 in Erfurt geboren wurde, gehörten die napoleonischen und die Befreiungskriege schon der Vergangenheit an. Im Hause des Großkaufmanns Sebastian Lucius, der im politischen und sozialen Leben seiner Heimatstadt sehr aktiv war und dem seine Mitbürger sogar eine Kandidatur für das Frankfurter Paulskirchen-Parlament angeboten hatten, wurde viel über die politischen Verhältnisse in Deutschland und die unselige Kleinstaaterei gesprochen, die noch immer herrschte. Die Geschäfte des Kommerzienrates Lucius betrafen den Import englischer Garne; auch besaß er Spinnereien, Webereien, Druckereien und zahlreiche andere Unternehmungen.

Technischen Neuerungen gegenüber zeigte er sich aufgeschlossen. Lucius ließ 1842 die erste Dampfmaschine in Erfurt installieren, in seinen Webereien standen längst Maschinenwebstühle. Auch eine Färberei gehörte dazu.

Infolgedessen erhielt Sohn Eugen im Elternhaus, in dem insgesamt zehn Kinder aufwuchsen, die meisten Anregungen für seine spätere Karriere als Naturwissenschaftler und Unternehmer. Auf der Realschule in Erfurt gehörte Geschichte noch zu seinen Lieblingsfächern, bald aber gewann das Interesse an den neuen Naturwissenschaften die Oberhand.

Nach Absolvierung der Realschule ergab sich die Frage, wo man damals am vorteilhaftesten allgemeine Naturwissenschaften und Chemie studierte. Eugen Lucius wählte die Technische Hochschule in Hannover, wechselte aber dann bald zur Universität Berlin über.

Von Berlin zog Lucius 1855 in die kleine nassauische Residenz Wiesbaden. Dort hatte im Revolutionsjahr 1848 der Chemiker und Professor Carl Fresenius auf Initiative des Gewerbevereins ein Institut errichtet, das die Nassauer Unternehmen mit chemischen Analysen versorgte, in dem aber auch praxisnahe Chemie gelehrt wurde.

Fresenius war 1818 in Frankfurt geboren und Abkömmling eines alten Pfarrergeschlechtes. Er assistierte zunächst dem strahlenden Stern am Himmel der deutschen Chemie, Justus Liebig, in Gießen, dessen Laboratorium wie ein Magnet Studenten aus aller Welt anzog. Hier wurde nicht nur hohe Theorie gelehrt, sondern auch die Anwendung der Theorie. Die enge Verbindung zwischen wissenschaftlicher Arbeit und rascher Umsetzung der Ergebnisse in die industrielle Praxis war der Schlüssel zu dem kometenhaften Aufstieg der chemischen Industrie in Deutschland.

## *Hofmann – Begründer der Farbstoffchemie*

Kaum weniger bekannt als Liebig, war sein ehemaliger Schüler und Assistent mit dieser Entwicklung verknüpft: August Wilhelm Hofmann.

Fresenius erzählte seinen Schülern mitunter von Hofmann, den er für den genialen Nachfolger Liebigs hielt, und von seiner glänzenden Beredsamkeit, die er bewunderte.

Im Gegensatz zu Fresenius, der sich schon in jungen Jahren für die Chemie entschieden hatte, wollte Hofmann ursprünglich in seiner Heimatstadt Gießen Jura studieren. Doch nachdem er einige Vorlesungen Liebigs besucht hatte, sah er sich so sehr von der Chemie gefesselt, daß er umsattelte. Er studierte seitdem bei Liebig und wurde 1840 sein Assistent – eine nicht geringere Auszeichnung als das »Summa cum laude« seiner Doktorarbeit.

Schon der erste Auftrag, den Hofmann als Liebigs Assistent erhielt, begründete nicht nur seinen Ruhm, sondern zugleich den Aufstieg der deutschen Farbstoffindustrie. Schauplatz dieser glanzvollen Entwicklung war eine kleine Fabrik in Offenbach, die man die Keimzelle des heutigen Werkes der Hoechst AG nennen kann: Ein früherer Schüler von Liebig, Ernst Sell, hatte in Offenbach eine Teerdestillation eingerichtet. Von dem dabei gewonnenen Teeröl schickte Sell eine Probe an seinen früheren Professor Hofmann zur Untersuchung weiter.

## *Dem Anilin auf der Spur*

Hofmann wußte aus der Literatur, daß dieses Öl kleine Anteile saurer und basischer Stoffe enthielt. Der französische Chemiker Laurent hatte die sauren Anteile näher untersucht – Hofmann wandte sich deshalb zunächst den basischen zu. Da er für eine gründliche Analyse größere Mengen an Steinkohlenteeröl brauchte, fuhr er nach Offenbach. Im Gartenhaus der Fabrik, das Sell zu einem Laboratorium umfunktioniert hatte, begann er mit Hilfe von Salzsäure Steinkohlenteer zu destillieren.

Im Laufe einer Woche gewann Hofmann mit diesem Verfahren zwei Pfund einer öligen Substanz, die er in Gießen weiter untersuchte. Bald erkannte er, daß er die gleiche Substanz in der Hand hielt, die schon eine ganze Reihe von Chemikern auf anderen Wegen dargestellt hatten. Diese hatten der Verbindung die verschiedensten Namen gegeben. Hofmann übernahm den wohlklingendsten: Anilin.

So interessant allerdings diese Verbindung erschien – sie herzustellen war sehr mühsam. Hofmann suchte nun nach einem anderen Weg. Er fand ihn 1845. Als Ausgangssubstanz wählte er diesmal Benzol, eine Verbindung von sechs Kohlenstoff- mit sechs Wasserstoffatomen ($C_6H_6$), die der englische Chemiker und Physiker Michael Faraday zuerst entdeckt hatte.

Hofmann nitrierte das Benzol, das heißt, er ließ starke Salpetersäure ($HNO_3$) darauf einwirken. So kam er zum Nitrobenzol ($C_6H_5NO_2$). Wenn er auf die neue Verbindung anschließend Wasserstoff einwirken ließ, sie also reduzierte, entstand Anilin ($C_6H_5NH_2$).

Wo aber gab es größere Mengen von Benzol? Bisher war nur bekannt, daß es sich aus dem Benzoe-Harz gewinnen ließ. Als Hofmann feststellte, daß größere Mengen von Benzol im Steinkohlenteer enthalten sind, war diese Entdeckung nicht nur für die Wissenschaft, sondern vor allem für die Industrie von großer Bedeutung.

In England, immer noch Mutterland der Industrie und zugleich weltumgreifende imperiale Macht, erkannte man damals, daß zumindest in einem Punkt die Deutschen gewaltig aufgeholt hatten: Englands junge Chemiker studierten immer seltener an einer Universität ihrer Insel. Es zog sie vielmehr nach Gießen zu Liebig, zum »Mekka der neuen organischen Chemie«.

Britische Privatleute beschlossen damals, ein ähnliches Chemiezentrum in London aufzubauen. Sie baten Liebig, einen geeigneten Schüler für die Leitung eines solchen »Royal College of Chemistry« zu benennen. Liebig empfahl ihnen einen seiner Assistenten: Will, Fresenius oder Hofmann.

Doch Will hatte keine Lust, Gießen zu verlassen; Fresenius war jung verheiratet und obendrein Privatlehrer seines chemiebegeisterten Herzogs in Wiesbaden. August Wilhelm Hofmann reagierte ebenfalls nur zögernd auf die schmeichelhafte Einladung aus England. Er hatte sich gerade als Privatdozent in Bonn niedergelassen und fühlte sich wohl in dieser Stadt; das Leben am Rhein behagte seiner geselligen Natur. Überdies entdeckte er in dem Angebot einen schwerwiegenden Nachteil. Die Stellung am Londoner Institut war auf nur zwei Jahre befristet. In Bonn dagegen durfte er in wenigen Jahren mit einer außerplanmäßigen Professur rechnen. Erst eine Zufallsbegegnung stimmte ihn um.

## *Eine Königin im Labor*

Hofmann wohnte damals in einem Haus in der Nähe des Rheins; dort hatte er sich ein kleines Labor eingerichtet, in dem er nebenher private chemische Studien betrieb. Während der Beethoven-Feierlichkeiten von 1845 standen einmal unerwartet eine Dame und ein Herr vor seiner Tür.

Der Herr lüftete sein Inkognito und stellte sich als Prinz Albert von Coburg vor. Bei der jungen Dame handelte es sich um die 26jährige Königin Victoria von England. Jahrzehnte später wurde das ganze Zeitalter nach ihr benannt. Hier in Bonn empfand sie sich freilich weit weniger als Oberhaupt des britischen Reiches oder gar als künftige Kaiserin von Indien, sondern als neugierige Ehefrau, die ein Stück aus dem früheren Leben ihres Mannes kennenlernen wollte. Dieser hatte in seiner Junggesellenzeit einige Semester in Bonn verbracht, ausgerechnet im gleichen Haus, in dem nun Privatdozent Hofmann Anilin und Benzol in Retorten zusammenfügte.

Königin Victoria war eine sehr vielseitige Frau. Sie ließ sich von dem beredten Hofmann ein kleines chemisches Privatissimum halten. Phantasiebegabte Autoren berichteten später, Hofmann habe just während dieser chemischen Demonstration vor einer Königin erstmals Benzol aus Steinkohlenteer gewonnen. In jedem Fall schien Victoria von dem improvisierten Vortrag Hofmanns sehr angetan. Auf solch spannende Weise hätte man sie, bemerkte sie später, in die Grundbegriffe dieser Wissenschaft einführen müssen, als sie noch ein junges Mädchen war.

## *Inspiration für die Weltausstellung*

Nicht nur die Königin war eine aufmerksame Zuhörerin. Gespannt verfolgte auch Prinz Albert Hofmanns Stegreifseminar über die geheimnisvollen Verbindungen aus dem Steinkohlenteer und über die glänzenden Perspektiven der Chemie in den nächsten Jahrzehnten. Der Prinz, zu dessen Erziehern und Beratern der Arzt Christian Stockmar gehörte, war ein echtes Kind seiner Zeit. Er war an technischen Fragen ungemein interessiert. Da er in der englischen Gesellschaft kaum politischen Einfluß besaß, kümmerte er sich desto intensiver um wirtschaftlich-technische Fragen. Ihm ist es zu verdanken, daß Hofmann sich schließlich umstimmen ließ und nach England kam.

Albert wurde der Initiator der Londoner Weltausstellung von 1851. Der auf sein Betreiben im Hyde-Park erbaute Glaspalast wurde zum historischen Monument eines vergangenen industriellen Optimismus. Nur durch die schnelle Ausbreitung der Industrie, meinte er, würde es möglich sein, genügend Nahrung für die rasch wachsende städtische Bevölkerung zu schaffen.

In Großbritannien hatte sich die Einwohnerzahl in den vorangegangenen fünfzig Jahren verdoppelt. Aus 9 Millionen Menschen im Jahr 1801 waren 18 Millionen geworden. Die Dampfmaschine und die Eisenbahn hatten das Leben wirtschaftlich und technisch völlig verändert. Für viele Menschen waren neue Arbeitsplätze entstanden. Schon jetzt lebten in Großbritannien ebenso viele Menschen in Städten wie in Dörfern.

Als Königin Victoria die »Great Exhibition« eröffnete, bevölkerten Hunderttausende von Menschen die Straße zwischen Bukkingham-Palast und Hyde-Park. Insgesamt sechs Millionen Besucher sind vom Tag der Eröffnung, dem 1. Mai, bis zum Schlußtag, dem 15. Oktober 1851, gezählt worden.

Unter diesen sechs Millionen befand sich ein Herr aus Hamburg, der ein großes Handelshaus mit ausgedehnten Beziehungen nach Übersee betrieb. Sein Name war Wilhelm Meister. Er wurde von seinem 24jährigen Sohn Carl Friedrich Wilhelm begleitet.

Meister junior war trotz seiner Jugend ein weitgereister Mann. Er hatte nach der Realschule und der Lehre bei einem vornehmen Hamburger Kaufmann mehrere Jahre in der Karibik verbracht, wo sein Vater zahlreiche Handelsniederlassungen besaß. Er hatte St. Thomas in Westindien, Kuba und Venezuela besucht, um die Kunden des väterlichen Geschäfts an Ort und Stelle kennenzulernen.

Jetzt sollte Meister junior die Filiale in Manchester übernehmen. Um ihn auf den industriellen Schwung und das kaufmännische Geschick seines Gastlandes richtig einzustimmen, hatte ihn sein Vater zur Weltausstellung mitgenommen.

## *In einem Labor in der Oxford Street*

Hofmann wurde der Stammvater einer ganzen englischen Forschergeneration. Die Voraussetzungen dafür legte er in mehreren Labors und Hörsälen in der Oxford Street, wo nach seinen Plänen das Gebäude des »Royal College of Chemistry« entstanden war. Obwohl die privaten Spenden für die Gesellschaft nicht so reichlich flossen, wie die Gründer ursprünglich gehofft hatten, verstand er es, durch seine glanzvollen chemischen Demonstrationen bald zahlreiche Schüler anzuziehen; einige von ihnen gehörten später zu Englands bedeutendsten Chemikern.

Einen besonderen Ruf hatten damals in England die »Working Men's Lectures«: Vorlesungen für Arbeiter, in denen Wissenschaft allgemein verständlich einem breiten Personenkreis dargeboten wurde. Zu Hofmann, der so elegant zu demonstrieren und zu formulieren verstand, kamen bei solchen Gelegenheiten bis zu zweitausend Zuhörer. Eine besondere Ehre für ihn war es, wenn er der königlichen Familie seine Experimente vorführen durfte. Königin Victoria und Prinz Albert schätzten ihn seit der Begegnung in Bonn besonders.

Das galt auch für die älteste Tochter des Paares: die liebliche, zugleich sehr energische und zielbewußte Prinzessin Victoria, in der Familie kurz »Vicky« genannt, die ihren Vater vergötterte. Sie zeigte besonderes Interesse für Naturwissenschaften und durfte daher schon als zehnjähriges Mädchen dem preußischen Prinzen Friedrich Wilhelm die Weltausstellung zeigen. Friedrich Wilhelm wiederum war von der kleinen Person so begeistert, daß er ihr fünf Jahre später, bei einem Aufenthalt in Schottland, weißes Heidekraut schenkte und bei den Eltern um ihre Hand anhielt.

Lange danach, als Kronprinzessin von Preußen, dankte Victoria auf ihre Weise dem Lehrer von einst, der ihr in den Küchenräumen der Schlösser Windsor und Osborne seine chemischen Experimente vorgeführt hatte. Daß Hofmann vom König in den Adelsstand erhoben wurde, geschah auf ihre Anregung hin.

Ursprünglich hatte er nur zwei Jahre in England bleiben wollen. Daraus wurden dann zwanzig Jahre. Hofmann schuf in dieser Zeit in England die Grundlagen für eine moderne Farbstoffchemie. Seinem Gastland sicherte er damit einen großen Vorsprung auf diesem Gebiet.

## *Der erste Anilin-Farbstoff*

Im Jahre 1855 wurde der 17jährige Henry William Perkin Hofmanns Assistent. Er, und nicht sein Meister, machte in dem großen Farbstoff-Wettkampf den ersten erfolgreichen Zug.

Hofmann beschäftigte sich auch in London mit Anilin und Benzol, wobei ihm der Gedanke kam: War es nicht auch denkbar, daß noch ganz andere Verbindungen aus dem Steinkohlenteer gewonnen werden könnten? Beispielsweise Arzneimittel? Eines der wichtigsten in dem schmalen therapeutischen Arsenal der Ärzte war damals das Chinin. Es stammte nicht, wie der Name vermuten läßt, aus China, sondern wurde aus der Rinde eines in Südamerika wachsenden Baumes gewonnen.

Diese Substanz war das einzig wirksame Mittel gegen Fieber, sie wurde vor allem bei dem gefürchteten Wechselfieber, der Malaria, eingesetzt, an der Millionen Menschen litten. Seefahrer schleppten die Krankheit immer wieder in englische Häfen ein. Da Chinin von weit her kam und deshalb entsprechend rar war, kostete es natürlich auch sehr viel. Deshalb erschien der Gedanke verlockend, diese Arznei oder ihre Grundstoffe aus dem Steinkohlenteer zu gewinnen. Das würde dann Europa unabhängig machen von den Importen aus den Gebieten jenseits des Ozeans.

Während Perkin im Auftrag Hofmanns über Chinin experimentierte – übrigens erfolglos, denn Chinin ist hochkompliziert –, hatte er in den Ostertagen des Jahres 1856 einen anderen, unerwarteten Erfolg. Als er unreines Anilin mit Kaliumbichromat mischte, entstand überraschend eine Verbindung mit leicht violettem Farbton. Perkin vermutete, einem neuen Farbstoff auf der Spur zu sein. Jedenfalls erschien ihm die Mixtur interessant.

Er untersuchte also diese Verbindung, fügte Alkohol hinzu und erhielt plötzlich eine schöne, rotviolette Substanz, deren Farbe an Malvenblüten erinnerte.

Nachdem er rund 100 Gramm des neuen Stoffes, »Mauvein« genannt, aus dem Anilin gewonnen hatte, unterrichtete er seinen Lehrer Hofmann und ließ sich die von ihm gefundene Verbindung patentieren. Da er erst 18 Jahre alt war, war das keineswegs einfach. Perkin brach gegen den Rat Hofmanns sogar sein Studium ab und überredete seinen Vater, das ganze Geld der Familie in ein Unternehmen zur Produktion dieses Anilinfarbstoffes zu stecken. Der Vater, der anfangs gegen das Chemiestudium seines Sohnes gewesen war, ließ sich überzeugen. Er verkaufte seine Baufirma und errichtete 1857 eine Farbstoffabrik in Greenford Green.

## *Farben und Fabriken*

Zuerst zögernd, dann aber begeistert, als sie die Vorzüge des neuen Malvenfarbstoffs erkannten, übernahmen die französischen Textilfabrikanten diese Neuerung aus England. Die Geburtsstunde einer neuen Industrie hatte geschlagen. Jetzt wandte sich auch Hofmann wieder der Anilinchemie zu. Mit dem Rosanilin entdeckte er den Hauptvertreter der Anilinfarbstoffe, als er Anilin und Chlorkohlenstoff zusammenfügte. Er fand auch heraus, daß beim Rosanilin drei Wertigkeiten eines Methanmoleküls durch Benzolringe mit je einer angehängten Aminogruppe (NH$_2$), das heißt durch drei Anilin-Reste, ersetzt sind.

Zwei französische Chemiker, Charles Girard und Georges de Laire, entdeckten bald darauf das Anilinblau, indem sie Hofmanns Rosanilin mit Anilin erhitzten. Durch weitere gezielte Manipulation von Benzol-, Anilin- und Rosanilinmolekülen wurden fortan immer neue Farbstoffe hergestellt, beispielsweise Hofmanns »Violette«, die bei den Modeschöpfern sehr beliebt waren.

Am wichtigsten für den weiteren industriellen Aufschwung wurde ein Farbstoff, Anilinrot, den Hofmann 1856 durch die Einwirkung von Chlorkohlenstoff auf Anilin gewann. Der französische Chemiker François Verguin in Lyon ersetzte den Chlorkohlenstoff durch Zinntetrachlorid und kam so zu einem identischen Farbstoff, den er Fuchsin nannte.

Zusammen mit den Gebrüdern Renard, die eine große Seidenfirma in Lyon unterhielten, konnte sich Verguin dieses Fuchsin in Frankreich und England patentieren lassen. Nachdem sie auch noch ein Verfahren Girards und de Laires erworben hatten, bei dem Arsensäure an Stelle von Zinntetrachlorid zur Oxydation verwandt wurde, besaßen Verguin und die Renards für einige Zeit ein Monopol auf die Fuchsinfabrikation.

Die »Société de la Fuchsine« in Lyon beherrschte allerdings nur für kurze Zeit den Markt. Bald gelang auch anderen Firmen mit leicht abgeänderten Verfahren die Herstellung. Sie besaßen dabei in August Wilhelm Hofmann einen entscheidenden Verbündeten, der seine unzähligen Forschungsergebnisse auf dem Farbstoffgebiet publizierte, unbekümmert um alle Patent- und Firmeninteressen.

Noch bereitete allerdings den meisten Fabrikanten der Schritt von der Darstellung im Labor, wo es meist nur um einige Gramm einer Substanz ging, in die Produktion von mehreren hundert Kilogramm erhebliche Schwierigkeiten. Doch so primitiv auch oft noch die Methoden waren, so unausgereift die Technik, so schwach die finanzielle Basis manch schnell emporgeschossener Firma, so groß waren die Begeisterung und manchmal auch der wirtschaftliche Erfolg der neuen Unternehmer. Das beweist allein der Anstieg des Verbrauchs von Anilinöl: Im Jahre 1867 konsumierten die Farbenhersteller anderthalb Millionen Pfund, 1868 stieg der Verbrauch auf zwei und 1869 auf dreieinhalb Millionen.

## *Lucius erwirbt einen Freund*

In dem Institut von Fresenius wurden die Entdeckungen, die Perkin in Hofmanns Londoner Labor gemacht hatte, rasch bekannt. Der Professor hatte nicht nur die Berichte in Fachzeitschriften gelesen, Hofmann selbst informierte den alten Freund aus den Gießener Tagen während eines Besuchs in der Heimat über diesen Fund.

Im Wiesbadener Institut gab es damals einen neuen Schüler, mit dem sich Lucius bald anfreundete. Der Neue war vier Jahre jünger als er, hieß Brüning und stammte aus dem Bergischen Land. Sein Vater war dort Friedensrichter gewesen, später wurde er Direktor einer Versicherungsgesellschaft. Adolf Brüning hatte gerade erst sein Abitur gemacht und war noch Neuling auf dem Gebiet der Chemie. Er wollte bei Fresenius die Grundlagen dieser Wissenschaft erlernen und in etwa zwei Jahren eine technische Hochschule besuchen.

Lucius nahm Brüning bald unter seine Fittiche. Beide arbeiteten nicht nur im Labor zusammen, sondern verbrachten auch oft ihre freie Zeit mit ausgedehnten Wanderungen im Taunus. Hier übernahm der sonst zurückhaltende Brüning die Führung – er war schon immer ein großer Wanderer gewesen. Irgendwann muß ihm Lucius auf solchen Streifzügen oder bei einem Spaziergang erklärt haben, daß er sich so bald wie möglich selbständig machen wolle. »Mir macht das Leben erst Spaß«, meinte er, »wenn ich eines Tages mein eigener Herr bin.«

Leider hat Brüning, ein eifriger Tagebuchschreiber, das Gespräch nicht in allen Einzelheiten aufgezeichnet. Man darf aber annehmen, daß er die Pläne seines Freundes mit jener liebenswürdigen Bedachtsamkeit angehört hat, die er – nach dem Zeugnis seiner Bekannten – schon in seiner Jugend besaß. Noch, wird Brüning erwidert haben, liegen Jahre des Studiums und der praktischen Ausbildung vor uns. Überdies verfügte Brüning trotz seiner bürgerlichen Herkunft für Projekte im Stile von Lucius über ein zu geringes Kapital.

## Zwischenspiel in Manchester

Anfang 1857 ging für Lucius und Brüning die Zeit bei Fresenius zu Ende. Lucius hätte sich schon jetzt am liebsten auf eigene Beine gestellt. Er dachte auch an eine Beteiligung an einem chemischen Unternehmen. Sein Blick richtete sich dabei auf die Firma Trommsdorff in Erfurt. Doch Trommsdorff lehnte ab. Vielleicht erschien den Herren ein Mann wie Lucius mit seinen 23 Jahren zu jung, vielleicht war man auch an neuen Teilhabern momentan nicht interessiert.

Fresenius riet dem Schüler, erst einmal sein Studium fortzusetzen. Auf seine Empfehlung reiste Lucius nach Manchester. Hier konnte er nicht nur englische Industriebetriebe und das Handelsgeschäft kennenlernen, sondern auch sein Chemiestudium fortsetzen. Brüning ging ebenfalls ins Ausland. Er folgte Professor Adolf Strecker an die technische Hochschule nach Kristiania, der norwegischen Hauptstadt, die seit 1924 Oslo heißt.

Lucius' Lehrer in Manchester war Edward Frankland, ein sehr bemerkenswerter Mann, der sich durch Selbstunterricht zum Chemiker ausgebildet und dann noch bei Liebig und bei Bunsen in Heidelberg studiert hatte. Seit 1851 war er Professor am Owens College. Seine Forschungen galten der Struktur von metallorganischen Verbindungen. Ihm war es 1850 gelungen, organische Moleküle, die Zinkatome enthielten, darzustellen. Zwei Jahre später entwickelte er eine wegweisende Theorie: Ihr zufolge besitzen alle Atome eine Wertigkeit, das heißt eine festgelegte Fähigkeit zur Bindung mit Wasserstoffatomen.

Manchester war keine schöne, dafür aber eine ungeheuer dynamische Stadt, die einen Mann wie Lucius anziehen mußte. Sie hatte über 400000 Einwohner und war nach London die zweite Großstadt der Insel. Hier befand sich das Zentrum des Wollhandels, hier wurde die Baumwolle aus Übersee verarbeitet, hier befanden sich die großen Seidenfabriken, Färbereien und Bleichereien, und hier gab es selbstverständlich auch Firmen, in denen die neuen synthetischen Farbstoffe aus dem Steinkohlenteer hergestellt wurden.

Lucius sah in Manchester erstmals sieben, ja acht Stockwerke hohe Fabriken, in denen 500 oder 600 Maschinen Baumwolle automatisch verarbeiteten.

Insgesamt besaß die Stadt damals über 100 Baumwollfabriken, in denen etwa 30 000 Arbeiter beschäftigt waren. Die Maschinen, die zur Baumwoll- oder Seidenstoffherstellung verwendet wurden, waren alle in England, dem damals größten Industrieland der Welt, gebaut; das Königreich war nicht nur in der Textil- oder Eisenindustrie führend, sondern das Land der ersten industriellen Revolution schlechthin.

## *Erste Begegnung mit Meister*

Entsprechend weit waren zu dieser Zeit auch die politischen Auseinandersetzungen zwischen Fabrikanten und Arbeitern fortgeschritten. Daß der Marx-Gefährte Friedrich Engels in Manchester lebte, hatte allerdings andere Gründe: Er stand der dortigen Filiale der väterlichen Spinnerei vor.

Ob sich Eugen Lucius und Friedrich Engels begegneten, ist fraglich, obwohl Lucius gelegentlich von einem »intensiven gesellschaftlichen Kontakt der in Manchester lebenden Deutschen« sprach. Wichtig war für Lucius zweifellos die Begegnung mit Wilhelm Meister, dem jungen Mann aus Hamburg. Meister hatte sich hervorragend in Manchester etabliert, das Handelsgeschäft seiner Familie florierte, er stand überdies vor seiner Naturalisierung als englischer Bürger.

Lucius, von Manchester und seiner industriellen Dynamik stark beeindruckt, war mehr denn je entschlossen, eine eigene Firma zu gründen. Er konnte sich dabei den weltläufigen und kaufmännisch versierten Wilhelm Meister als idealen Partner vorstellen.

Auch Wilhelm Meister war von Lucius sehr angetan. Er kannte viele erfolgreiche Handelsleute in Hamburg, in Westindien und natürlich auch in Manchester. Doch niemand erschien ihm besser zum Unternehmer geeignet als der junge Chemiker aus Erfurt, der so viel Energie und Selbstvertrauen ausstrahlte.

## Bei Bunsen und Kekulé

Lucius mußte seine Hoffnung, bald Unternehmer zu sein, noch zügeln. Es kam jetzt vor allem darauf an, das chemische Examen zu bestehen. Professor Frankland kannte die Situation an den deutschen Hochschulen gut, er stand seit seiner Zeit in Gießen und Heidelberg mit zahlreichen Chemieprofessoren in enger Verbindung. Also riet er 1858 Lucius, nach Heidelberg zu gehen. Dort lehrte Robert Wilhelm Bunsen, der bedeutende geologische, mineralogische, elektro- und photochemische Forschungsarbeiten geleistet hatte. Gerade arbeitete er an seinem Hauptwerk »Chemische Analyse durch Spektralanalyse«, das er 1860 zusammen mit Kirchhoff vorlegte. Seine Laufbahn hatte damit ihren Höhepunkt erreicht, sein Name stand weltweit für die deutsche Forschung. Sein englischer Schüler H. E. Roscoe sagte einmal von Bunsen: »As an investigator he was great, as a teacher he was greater, as a man and friend he was greatest.« Ein guter Forscher, ein besserer Lehrer, doch am größten als Mensch und Freund.

Noch bedeutender für die Entwicklung der organischen Chemie war indessen der 29jährige Privatdozent August Kekulé. Seinen wahrhaft genialen und bahnbrechenden Erkenntnissen der Struktur der organischen Verbindungen verdanken die Chemiker späterer Generationen ihre erfolgreiche Strategie der zielgerichteten Veränderung von Molekülen. Der Darmstädter Beamtensohn Kekulé, ein hervorragender Zeichner, hatte ursprünglich Architektur studieren wollen, erlag aber in Gießen ebenso wie einst August Wilhelm Hofmann der Faszination Liebigs. Nur mit erheblichem Widerstand und nach Ablauf einer Bedenkzeit von einem Jahr hatte die Familie zugestimmt, daß er Chemie studierte. Sie sei, so argwöhnte der Familienrat, eine eher brotlose Kunst.

Später studierte Kekulé auch in England, wo er Frankland kennenlernte. Dieser hat ihn mit seiner Theorie von den Bindungskräften der Atome, den Valenzen, nachhaltig beeinflußt.

Von Liebig hatte Kekulé einst gelernt: »Wenn Sie Chemiker werden wollen, so müssen Sie sich Ihre Gesundheit ruinieren. Wer sich nicht durch Studieren die Gesundheit ruiniert, bringt es heutzutage in der Chemie zu nichts.«

Kekulé hatte diesen etwas zweifelhaften Ratschlag Liebigs beherzigt. Er war ein rastloser Arbeiter geworden: »Während vieler

Jahre waren mir vier und selbst drei Stunden Schlaf genug. Eine bei den Büchern durchwachte Nacht wurde nicht gerechnet; nur wenn zwei oder drei aufeinander folgten, glaubte ich, mir einen Verdienst erworben zu haben«, berichtete er in seinen Lebenserinnerungen.

*Einfälle im Traum*

Kekulé interessierte sich nicht allein für die Summe der Bestandteile eines Moleküls, sondern auch dafür, wie sich dessen Atome räumlich zusammenfügen, um eine Verbindung herzustellen. Schon in jungen Jahren gab er wichtige Anstöße zur Entwicklung der Strukturchemie. Er fand heraus, daß Kohlenstoff vierwertig ist, ein Atom Kohlenstoff also vier Wasserstoffatome binden kann. Der Sauerstoff dagegen ist zwei-, der Stickstoff dreiwertig.

Einige seiner großen Ideen zur Strukturchemie sind Kekulé in einer Art von Wachträumen eingefallen, bei denen sich seine außerordentliche Phantasie, losgelöst von den strengen Denkgesetzen des Chemikers, frei entfalten konnte. So etwa während der Zeit seiner Arbeit im Labor Stenhouse in London.

»Die Abende verbrachte ich«, berichtete er Jahrzehnte später, »bei meinem Freund Hugo Müller in Islington, am entgegengesetzten Ende der Riesenstadt. Wir sprachen da von mancherlei, am meisten aber von unserer lieben Chemie. An einem schönen Sommertage fuhr ich wieder einmal mit dem letzten Omnibus durch die zu dieser Zeit öden Straßen der sonst so belebten Weltstadt; ›outside‹, auf dem Dach des Omnibusses, wie immer. Ich versank in Träumereien. Da gaukelten vor meinem Auge die Atome. Ich hatte sie immer in Bewegung gesehen, jene kleinen Wesen, aber es war mir nie gelungen, die Art ihrer Bewegungen zu erlauschen. Heute sah ich, wie vielfach zwei kleinere sich zu Pärchen zusammenfügten; wie größere zwei kleinere umfaßten, noch größere drei und selbst vier der kleinen festhielten, und wie sich alles in wirbelndem Reigen drehte. Ich sah, wie größere eine Reihe bildeten und nur an den Enden der Kette noch kleinere mitschleppten...«

Der Ruf des Schaffners riß Kekulé aus diesem traumhaften Tanz von Atomen und Molekülen. In seiner Wohnung in der Clapham

Road verbrachte er einen Teil der Nacht, um jene Traumgebilde wenigstens in Skizzen zu Papier zu bringen. »So entstand«, erzählte er, »die Strukturchemie.«

Kekulé erkannte auch, daß sich die Kohlenstoffatome nicht nur mit anderen Atomen, sondern untereinander binden können, sei es mit einer, mit zwei oder mit drei Bindungen. Sie bilden Ketten und Ringe von Kohlenstoff-Atomen, manche verzweigt, manche unverzweigt.

Kekulés einfachstes Modell war damals Methan, das aus einem Kohlenstoffatom und vier Wasserstoffatomen besteht. Es hat die Formel $CH_4$ und ist ein Kohlenwasserstoff, bei dem die vier Wertigkeiten des Kohlenstoffs besetzt sind – in diesem Fall durch Wasserstoffatome.

Bei dem Kohlenwasserstoff $C_2H_4$ (Äthylen) halten sich zwei Kohlenstoffatome gegenseitig fest, es entsteht eine Doppelbindung (»ungesättigt«). Ein Beispiel für eine Dreifachbindung des Kohlenstoffs ist $C_2H_2$ (Azetylen).

Bald waren den Chemikern die Kohlenstoffketten geläufig. Man staunte allerdings immer mehr über die ungeheure Vielfalt der Kohlenstoffverbindungen. Schon um 1865 waren davon etwa 3000 bis 4000 bekannt, 1910 waren es rund 150 000 – heute kennen wir etwa 6 Millionen solcher »organisch« genannter Substanzen.

In Kekulés Tagen blieb es schwierig, die Struktur ausgerechnet jenes Kohlenwasserstoffs darzustellen, der die Basis für die gesamte Farbstoffchemie abgab: des Benzols. Seine Analyse war längst geschehen: Benzol besaß die Summenformel $C_6H_6$. Sechs Kohlenstoffatome und nur sechs Wasserstoffatome. Wie ließ sich die von Kekulé proklamierte Vierwertigkeit des Kohlenstoffatoms in Einklang bringen mit ebenso vielen einwertigen Wasserstoffatomen? Wie sollte eine gerade und offene Benzolkette aussehen?

Viele Chemiker zerbrachen sich über die Konstitution des Benzols die Köpfe, bis Kekulé an einem Winterabend im Jahre 1861 dieses Geheimnis gleichsam »im Traume« löste.

Kekulé schilderte viele Jahre später, wie ihn der große Einfall überkam: »Während meines Aufenthaltes in Gent bewohnte ich ein elegantes Junggesellenzimmer in der Hauptstraße und hatte während des Tages kein Licht. Für den Chemiker, der die Tagesstunden im Labor verbringt, war das kein Nachteil. Da saß ich und schrieb an meinem Lehrbuch, aber es ging nicht recht, mein Geist war bei anderen Dingen.«

Kekulé drehte den Stuhl nach dem Kamin und versank in Halbschlaf. Wie damals im Omnibus in London gaukelten die Atome vor seinen Augen. »Kleinere Gruppen hielten sich diesmal bescheiden im Hintergrund. Mein geistiges Auge, durch wiederholte Gesichte ähnlicher Art geschärft, unterschied jetzt größere Gebilde von mannigfacher Gestaltung. Lange Reihen, vielfach dichter zusammengefügt; alles in Bewegung, schlangenartig sich windend und drehend. Und sieh, was war das? Eine der Schlangen umfaßte den eigenen Schwanz, und höhnisch wirbelte das Gebilde vor meinen Augen. Wie durch einen Blitzstrahl erwachte ich; auch diesmal verbrachte ich den Rest der Nacht, um die Konsequenzen der Hypothese auszuarbeiten.«

Bald mündeten Kekulés Überlegungen in die faszinierende Lösung: Das Benzol bestand nicht aus einer geraden Kette, sondern die Kette war zu einem Kreis zusammengefügt, einem geschlossenen Ring aus Kohlenstoffatomen, die abwechselnd einfach oder doppelt aneinander gebunden waren. Da es ihm unbequem erschien, dabei stets kreisförmige Ringe zu zeichnen, wählte Kekulé ein Sechseck als Symbol. An jedem Eck hing ein Wasserstoffatom.

Hofmann sagte einmal bewundernd von dieser Formel: Alle seine Farbstofferfindungen gäbe er hin für diese eine geniale Schöpfung.

Doch keines der Wasserstoffatome war am Benzolkern sozusagen »festgeschmiedet«, jedes ließ sich ersetzen durch ein anderes, einwertiges Atom oder eine einwertige Gruppe von Atomen, einen sogenannten »Rest«. Jetzt war dem »Schöpferdrang« der Chemiker kaum mehr eine Grenze gesetzt.

Als dann auch noch Kekulés Mitarbeiter in Gent, Wilhelm Körner, die Numerierung der Atome an den sechs Ecken des Benzolrings einführte, wurden Tausende von neuen, ringförmigen Verbindungen herstellbar und der Farbstoffchemie zahlreiche neue Kreationen eröffnet. Neben den Benzolring traten der Chinolinring, der Pyridinring und schließlich auch Verbindungen, die wie Naphthalin aus zwei oder wie Anthrazen aus drei Ringen bestanden.

Kekulé stellte all diese Benzolabkömmlinge unter ein gemeinsames Dach: Er gliederte sie in die »aromatische« Chemie ein und unterschied davon die »aliphatischen«, deren typische Vertreter unter anderen die Fettsäuren sind.

## *Promotion und erste Firmengründung*

Lucius verfolgte in Heidelberg diese Entwicklung sehr aufmerksam. Voll Ungeduld wartete er auf das Ende seines Studiums; anschließend wollte er sofort eine eigene Firma aufbauen.

Im Juli 1858 war es soweit. Lucius promovierte mit einer Arbeit über Bleikristalle in Gießen. Noch im Jahre 1858 kaufte Lucius in Frankfurt die Drogenfabrik Wippermann am Oederweg 34. Er nannte sein Unternehmen »Drogen-Engros-Geschäft« und »Drogen-Pulverisier-Anstalt«.

Von Anfang an betrachtete er diesen Betrieb, in dem vor allem importierte Chinarinde verarbeitet wurde, nur als erste Stufe zu einer viel umfangreicheren unternehmerischen Tätigkeit. Frankfurt kam dabei als Standort nicht in Frage – die Stadtväter duldeten hier keine größere Industrie. Aus diesem Grund hatten sich bereits mehrere neue chemische Fabriken in der Nachbarschaft der Freien Stadt angesiedelt.

Trotzdem schien Lucius die Handelsmetropole mit ihrem reichen Bürgertum und den vielen internationalen Verbindungen als Ausgangspunkt für Unternehmungen hervorragend geeignet. So beantragte er das Bürgerrecht – kein Problem bei einem Mann, der ein Kapital von 100 000 Talern nachweisen konnte, das ihm seine Familie aus dem väterlichen Erbe zur Verfügung stellte.

Auch in privater Beziehung erwies sich Frankfurt für Lucius als wichtiger Ort. Als ihn sein jüngerer Bruder Robert, der später bei Bismarck Minister wurde, einmal in Frankfurt besuchte, bummelten beide durch die Straßen. Bei dieser Gelegenheit sah Eugen im Schaufenster der Fotohandlung Schäfer das Bild eines Mädchens, das ihn gefangennahm.

»Die muß meine Frau werden«, erklärte er kategorisch. »Nun«, sagte der Bruder trocken, »wenn es so ist, dann handle!«

Ein paar Tage später lernte Lucius tatsächlich das Fräulein kennen. Das schöne Mädchen hieß Maximiliane Eduarde und war die Tochter des Kunstmalers Jacob Becker. Er hatte 1842 eine Professur am Städelschen Kunstinstitut in Frankfurt erhalten und wurde als bemerkenswerter Genre- und Porträtmaler, einige sagten, »als verspäteter Romantiker«, geschätzt.

Hätte Lucius schon länger in Frankfurt gelebt, dann hätte er Fräulein Becker vermutlich längst irgendwo in Öl auf Leinwand erblickt; denn die anmutige Maximiliane ist, ebenso wie ihre attraktive Mutter, ein Lieblingsmodell Beckers gewesen.

## *Der Gesandte Bismarck in Frankfurt*

Zu Beckers berühmtesten Modellen zählten Otto von Bismarck und dessen Frau Johanna, von denen Lucius im Hause Becker viel hörte. Bismarck war 1851 von König Friedrich Wilhelm IV. als preußischer Gesandter an den Bundestag in Frankfurt geschickt worden. Bei diesem Bundestag handelte es sich um das oberste Organ der 38 deutschen Staaten, die seit dem Wiener Kongreß den Deutschen Bund bildeten.

Bismarck, der anfangs ohne seine Frau in der Stadt lebte, genoß die Frankfurter Geselligkeit, die sich in vielem von der bescheidenen ostelbischen Junkergesellschaft abhob, die der Gutsbesitzer Bismarck bisher gewohnt war.

Da sein Posten in Frankfurt mit immerhin 30 000 Talern dotiert war, konnte er durchaus standesgemäß leben. Frau Johanna fiel es allerdings schwerer als ihrem Mann, sich in der gesellschaftlich anspruchsvollen Stadt einzuleben. Sie war ganz auf ihr »Ottochen« angewiesen, wie sie ihn in kleiner Gesellschaft ungeniert zu nennen pflegte.

Frau von Bismarck genoß die Beziehungen zu dem Malerehepaar Becker und war glücklich. Beckers führten ein Haus, dem Frau Wally eine herzliche Gastlichkeit, dazu künstlerisches und musisches Flair zu geben wußte. Oft erfreute sie die Gäste mit Liederabenden. Sie besaß eine Stimme, von der kein Geringerer als Mendelssohn-Bartholdy angetan war.

Diese Frau Wally Becker, die von ihren Gästen Herzlichkeit, aber keine Finessen erwartete, avancierte bald zur Vertrauten der Frau von Bismarck, die keineswegs die Frau des hohen Diplomaten herauskehrte, sondern ein plauderfreudiges, gutmütiges Naturell besaß. Böse konnte sie nur werden, wenn sie den Eindruck gewann, irgend jemand meine es nicht gut mit ihrem Mann, der allerdings keineswegs schutzbedürftig auf seine Umgebung wirkte.

Auch als Bismarck als Gesandter nach Petersburg an den Zarenhof ging, vergaßen sie nicht ihre Freunde am Main. Vor allem Frau Johanna korrespondierte regelmäßig mit Frau Becker und war an allen gesellschaftlichen Vorgängen in Frankfurt lebhaft interessiert. Über die Verlobung von Maximiliane mit dem vielversprechenden Chemiker Lucius zeigte sich Frau von Bismarck sehr erfreut.

In der Familie Becker blieb die Erinnerung an den großen Mann lebendig. So erzählte man von dem unvergleichlichen Appetit des Gesandten, der schon zum Frühstück ein Dutzend Eier, ein ganzes Hühnchen und mehrere Sorten Fleisch verzehren konnte. Wenn Lucius in späteren Jahren gelegentlich im Hause Bismarck zu Gast war, erfreute er den Kanzler mit Bismarck-Anekdoten aus Frankfurter Tagen.

## *Brüning in Berlin*

Mit seinem Freund aus der Zeit bei Fresenius, Adolf Brüning, hielt Lucius auch während dieser Frankfurter Jahre engen Kontakt. Wann immer er Pläne für die Gründung einer eigenen Firma aufwarf, spielte der Freund in ihnen eine Rolle. Lucius vertraute sich ihm vorbehaltlos an. Dieses Vertrauen stellte er noch höher als Brünings sachliche Kompetenz.

Brüning verbrachte seine Zeit nach dem Abschied von Fresenius mit chemischen Studien bei Professor Adolf Strecker an der Hochschule von Kristiania. Anschließend diente er als Einjährig-Freiwilliger bei der Armee – nicht bei einem der noblen Regimenter Preußens, sondern bei der reitenden Feldartillerie. Er promovierte bei Bunsen in Heidelberg und trat anschließend in die Färberei, Druckerei und Wäscherei W. Spindler in Berlin ein.

Die Industrialisierung breitete sich in diesen Jahren auch in Berlin mit Macht aus. Der Ausbau des Eisenbahnsystems schuf die Grundlagen für Industrie und reichen Handel. Jedes Jahr reckten Dutzende von neuen Fabriken ihre Schornsteine in den Himmel. Der Maschinenbau erlebte eine große Blüte, die Berliner Handelsgesellschaft bereitete den Boden für die großen Geldinstitute der nächsten Jahre vor.

Auch kleine und mittlere Firmen wie die Spindlersche konnten überraschend erfolgreich sein in diesen Jahren. Wilhelm Spindler, der Gründer des Unternehmens, hatte als 22jähriger im Jahr 1832 mit einer Waschbank an der Spree angefangen. Das erste Betriebskapital stammte von einem Onkel. Ein Jahrzehnt später übersiedelte Spindler bereits in eigene Räume in der Wallstraße. Der Färbermeister errichtete auf seinem neuen Grundstück eine Dampffärberei und stattete sie mit den neuesten technischen Hilfsmitteln aus. Auch erwarb er nach und nach das umliegende Terrain; bald betrug das Areal der Fabrik über vier Morgen. Vier- und sogar sechsstöckige Gebäude erhoben sich auf ihm.

Nach einem weiteren Jahrzehnt wandte sich Spindler auch der chemischen Reinigung zu. Er brachte diesen Zweig seiner Fabrikation zu einer solchen Blüte, daß die Firma über die Grenzen Deutschlands hinaus Ansehen erwarb.

Adolf Brünings Rolle bei Spindler blieb nicht auf die Chemie beschränkt. Er verliebte sich in Klara, die Tochter Wilhelm Spindlers. Die Eltern waren einverstanden, der Termin der Hochzeit festgelegt. Brüning sollte danach die Firma zusammen mit den Söhnen Spindlers leiten.

Doch da erreichte ihn der entscheidende Brief seines Studienfreundes Lucius. Auf die Frage, ob er immer noch eine »freie Insel« sei, konnte Brüning nur mit einem zufriedenen »Nein« antworten. Wie aber stand es mit Brünings Bereitschaft, in die Firma einzutreten, die sein Freund plante? Lucius schilderte die Aussichten seines neuen Unternehmens in so verlockenden Farben, daß Brüning einfach nicht ablehnen konnte. Eine Fabrik zur Herstellung der neuen Anilinfarben war etwas ganz anderes als eine Dampffärberei und chemische Reinigung.

Lucius kam zum Abschluß der Verhandlungen nach Berlin. Er hatte sich in den Kopf gesetzt, Brüning an seiner Seite zu haben, wenn er seine Pläne realisierte. Lucius machte sogar Eindruck auf Brünings Schwiegervater, den erfolgreichen Mann, dem man nicht so leicht imponieren konnte. Auch Klara Spindler war für die Umsiedlung nach Frankfurt. Geheiratet wurde jedoch in Berlin.

## Vier Männer – eine Geschäftsidee

Unter Lucius' Freunden sollte noch ein weiteres Paar zueinanderfinden. Er half sogar ein wenig mit. Wilhelm Meister reiste 1860 von Manchester nach Wiesbaden. Er wollte etwas gegen das Rheuma unternehmen, das ihn seit einiger Zeit quälte, obwohl er erst 42 Jahre alt war.

Als Meister bei dieser Gelegenheit Lucius in Frankfurt besuchte, lernte er die älteste Tochter des Ehepaares Becker kennen: Marie. Sie war zwei Jahre älter als Maximiliane, die Gemahlin seines Freundes, und ebenfalls sehr hübsch. Frau Becker berichtete darüber Näheres in ihren Erinnerungen: »Meister war in Manchester Chef der väterlichen Firma, und wir unterstützten anfänglich seine Bewerbung nicht, da ich meine Tochter zu gut kannte, um nicht vorauszusehen, daß in einem fremden Land das Heimweh und die Sehnsucht nach den Ihren sie zu keinem ruhigen Genusse eines Herzensglückes würden gelangen lassen. Aber Marie hatte ihrem Bewerber eine dauerhafte Neigung eingeflößt, so daß er zu allen Opfern bereit war. Schon ein halbes Jahr nach ihrer Begegnung schrieb er an meinen Mann, daß er die Absicht habe, bei erster Gelegenheit seine Geschäftsverbindung in England aufzulösen; ob er da nicht doch um Maries Hand werben dürfe. – Ich mußte damals nach Pyrmont, wohin Meister kam, um sich Maries Jawort zu holen, und dort fand auch die Verlobung statt.«

Nach der Hochzeit übersiedelte das junge Paar nach Manchester. Zwar war ein Aufenthalt von nur einem halben Jahr geplant, doch Marie packte schon nach wenigen Wochen das Heimweh nach der Heimat am Main. Das graue Manchester, dem die stürmische Industrialisierung tiefe Narben zugefügt hatte, gefiel ihr nicht. In fast jedem Brief an die Mutter klagte sie, sie werde sich wohl nie an die englische Industriestadt gewöhnen und vermisse die Poesie, die sie im Elternhaus umgeben hatte.

Frau Wally Becker war eine viel zu aktive Natur, als daß sie auf solche Klagen gleichgültig blieb. »Die Sorge ließ mich nicht ruhen. Ich überlegte in manch schlafloser Nacht, was man zur Beschleunigung ihrer Rückkehr tun könne. Mein ganzes Denken, Dichten und Trachten richtete sich darauf, Mittel und Wege zu finden«, berichtete Frau Becker. »Ich wandte mich an meinen Bruder August in Antwerpen um Rat und Hilfe. Er hatte viele Geschäftsverbindungen und konnte vielleicht etwas Passendes ausfindig machen. In der Angst meines Herzens schrieb ich ihm eine Zeitlang fast jeden Tag einen Brief.«

August Müller, der in Antwerpen ein florierendes Unternehmen besaß, wußte tatsächlich Rat. Er stand gerade in Verhandlungen mit einem belgischen Chemiker namens de Changy, der an der Entwicklung eines Verfahrens arbeitete, um Anilin direkt aus dem Steinkohlenteer zu gewinnen, ohne den Umweg über Benzol und Nitrobenzol.

Müller erzählte von diesem Vorhaben seiner Familie und auch Eugen Lucius. Der fand die Pläne de Changys interessant und bot seine Mitarbeit an. Hier ergab sich endlich die Chance, eine eigene Firma aufzubauen. Wenn man dann noch seinen Schwager Wilhelm Meister dazunähme, den welterfahrenen Kaufmann, dann müßten sie ein hervorragendes Gründergespann abgeben.

Vorsorglich reiste Lucius für einige Monate nach Antwerpen, um, wie Frau Wally Becker schrieb, »die Sache reiflich zu überlegen und die Chancen zu prüfen«. Die Umstände sprachen für sich, er fand in de Changy einen genialen, kenntnisreichen Chemiker, seine Vorschläge versprachen reichen Gewinn. Man setzte sich mit Wilhelm Meister in Verbindung. Auch er ging auf den Vorschlag ein, sich an der Gründung einer neuen Fabrik zu beteiligen.

Lucius hätte gewiß auch ohne das Projekt von de Changy seine eigene Firma aufgemacht. Dafür sprachen schon die Pläne, die er einst mit Brüning bei Fresenius in Wiesbaden geschmiedet hatte. Jetzt, mit Hilfe der Familie, ein solches Unternehmen zu starten, war natürlich wesentlich angenehmer und zugleich sicherer.

Den günstigsten Standort fand Lucius, wie schon früher erzählt, in Höchst, der kleinen nassauischen Stadt, die er durch seinen Besuch bei Balthasar Schweitzer bereits kannte. In Nassau herrschte im Gegensatz zu Frankfurt Gewerbefreiheit, obwohl die Regierung in Fragen der Industrialisierung eine etwas unklare, schwankende Haltung einnahm. Etwaige Vorbehalte gegen die Konzessionierung, hoffte Lucius, würden sich überwinden lassen. Nachdem er sich die Gegend vor den Toren von Höchst noch einmal gründlich angesehen hatte, bat Lucius Schweitzer, die erforderlichen Grundstücke für ihn zu erwerben. Wie dies im einzelnen vor sich ging, zeigt ein Briefwechsel zwischen ihm und Schweitzer, der erst vor kurzem wieder aufgefunden wurde.

Das gesamte Gelände befand sich in der Hand von vier verschiedenen Eigentümern. Während der Kauf zweier Grundstücke ohne Komplikationen vonstatten ging, gab es mit den beiden anderen Schwierigkeiten. Das eine gehörte einem gewissen Peter Anton Balling, der aber »seit einer Reihe von Jahren abwesend ist und sich in Kalifornien befinden soll«, wie Schweitzer am 24. April 1862 an Lucius schrieb. »Derselbe ist großjährig«, so fuhr Schweitzer fort, »und sein Vermögen wird von dem während seiner Minderjährigkeit bestellten Vormund fortverwaltet, und es fragt sich nun, ob derselbe auch Vollmacht zu Veräußerungen besitze.« Er besaß sie, und der Verkauf kam nach einigem Hin und Her schließlich zustande, vielleicht nicht zuletzt deshalb, weil Schweitzers Vater mit dem Vormund gut befreundet war.

Erheblich schwieriger gestaltete sich der Kauf des vierten Grundstücks. Der Inhaber, Jean Baptist Henrich aus Höchst, wohnte zur Miete und mußte innerhalb acht Wochen ausziehen. Deshalb war er gerade dabei, »sich möglichst schnell ein Häuschen auf fragliches Grundstück zu stellen«, wie Schweitzer Lucius mitteilte. Außerdem war ein Teil dieses Grundstücks mit Korn bestellt, das Jean Baptist Henrich natürlich noch ernten wollte. Es war eine mißliche Lage. Schließlich war Henrich aber doch »zum augenblicklichen Verkauf des Grundstücks bereit«, allerdings zu einem Preis, der weit über dem lag, was die anderen drei Grundstücksbesitzer erhalten hatten.

Wohl oder übel stimmte Schweitzer schließlich zu. »Ich hoffe«, schrieb er am 28. April 1862 an Lucius, »daß Sie mit diesem Abschlusse einverstanden sind und bedaure nur, daß gerade dieses Grundstück so hoch über seinem wirklichen Werth gekommen ist.« Schweitzer hatte das potentielle Bauland an diesem Tag für 950 Gulden gekauft. »Um jedoch andere Verkäufer nicht stutzig zu machen«, veranlaßte er Henrich, den Kaufpreis nur auf 700 Gulden protokollieren zu lassen, und stellte ihm über die weiteren 250 Gulden einen Schuldschein aus.

Auch dann waren noch nicht alle Probleme beseitigt. Unmittelbar an die frischerworbenen Grundstücke grenzte die Bleiche an – die heutige »Schützenbleiche« in Höchst –, und man befürchtete nicht ganz zu Unrecht, daß der Gemeinderat gegen die Errichtung einer chemischen Fabrik an dieser Stelle Bedenken äußern könnte. Zu allem Überfluß erhob auch noch ein Anrainer namens

Winckler, Weinhändler und Besitzer des Neuen Schlosses, Einspruch gegen die geplante Fabrik. Seine Begründung: »Durch die Fabrikation entstehen der Vegetation nachtheilige Dämpfe und Niederschläge sowie für den Menschen schädliche und empfindliche Gerüche.« Außerdem fürchtete er Explosionen und Feuersgefahr. Winckler suchte sogar Nachbarn auf, um sie zu überreden, sich seinem Protest anzuschließen, was diese wiederum »entschieden ablehnten«, wie Schweitzer am 15. Juni 1862, diesmal in einem Brief an Wilhelm Meister, erleichtert mitteilte.

Trotzdem mußte noch ein wissenschaftliches Gutachten durch die Chemiker Kahselmann und Fresenius angefertigt werden, das positiv für die Firmengründer ausfiel. Nachdem man sich geeinigt hatte, daß »der Schornstein in einer solchen Höhe ausgeführt werden solle, daß die Bleicherei keinerlei Schaden durch die projectirte Anlage erleiden könne«, stand der Erteilung der Konzession durch die herzogliche Regierung in Wiesbaden nichts mehr im Wege. Aufregung gab es allerdings bis zum Schluß. Ein wichtiger Plan, der zur Konzessionierung nötig war, ging verloren. Ein ehrlicher Finder gab ihn aber glücklicherweise bei der Verwaltung der Taunus-Eisenbahn ab.

Der Gesellschaftervertrag war am 30. Januar 1863 abgeschlossen worden. Das Gründungskapital betrug zunächst 66450 Gulden. Lucius, Meister und Müller hatten je ein Drittel dieser Summe aufgebracht. Brüning, der damals noch nicht über die Mittel verfügte, sich an der Firma zu beteiligen, stand ihr als technischer Direktor zur Verfügung und war mit 25 Prozent am Gewinn beteiligt – ein Beweis, wie wichtig es Lucius gewesen war, den Freund von Anfang an in diesem Unternehmen zu haben.

Brüning heiratete seine Braut Klara Spindler und zog zunächst nach Höchst, wo auch Meister sich niedergelassen hatte. Lucius wohnte in Frankfurt. Zwei Kutschen beförderten sie jeden Morgen ins Büro. Dort, im Comptoir Meisters, schrieb der kaufmännische Hilfsangestellte Gustav Martinengo am 24. März 1863 in steiler Schrift die erste Rechnung aus, nachdem die kleine Belegschaft die Farbstoffproduktion aufgenommen hatte. Es handelte sich um ein Pfund Fuchsin. Der Erlös betrug 30 crt.

1863 wurden unter der Leitung von Brüning und Lucius etwa 10 bis 14 Pfund Fuchsin am Tag produziert – ein sehr bescheidener Anfang einer späteren Weltfirma.

Bald meldete sich die nächste Generation: Noch 1863 kam der erste Sohn der Familie Meister zur Welt. Er erhielt den Namen Wilhelm und wurde Jahrzehnte später Regierungspräsident in Wiesbaden und gehörte dem Unternehmen als Aufsichtsrat an. Im nächsten Jahr war es bei den Brünings soweit. Adolf Brüning konnte am 8. August im Höchster Standesamt die Geburt seines ersten Sohnes Gustav anzeigen. Als der stolze Vater das Gebäude verließ, traf er seinen ersten Arbeiter, für den er eine besondere Vorliebe besaß: Johann Barthel.

Für Johann Barthel wurde der Weg zum Standesamt freilich schon bald zur Gewohnheit, da ihm seine Frau insgesamt 16 Kinder schenkte. Diesmal war es erst Barthels dritter Besuch. Seine Frau hatte ihm die dritte Tochter, Josephine, geboren. Sie kam am gleichen Tag zur Welt wie Gustav Brüning, der später Generaldirektor der Firma wurde.

Johann Barthel fühlte sich wohl als Rotfabriker und vergaß seine Auswanderungspläne. Er erhielt am 21. Mai einen Kredit von 175 Gulden von der Firma. Damit tat er, was ihm Generationen von Rotfabrikern nachmachen sollten: Er baute sich ein Häuschen.

KAPITEL 3
# Alizarin macht frohe Gesichter

In den Anfangsjahren standen Eugen Lucius und Adolf Brüning täglich acht bis zehn Stunden im Labor.

Wir wissen das von Barthels Tochter Anna Maria, die damals als Sechsjährige freien Zugang zur Fabrik hatte. Sie erinnerte sich 77 Jahre später an diese Zeit und an die beiden Herren, »die eifrig mit Gläsern und Kruppern hantierten«. Sie trugen bei der Arbeit dunkle Anzüge mit Westen – nicht den weißen Kittel, der später zur Uniform der Chemiker wurde. Sie traten würdevoll und gelassen auf wie ihre Professoren in Gießen und Heidelberg. Beide hatten mächtige Bärte, was sie älter aussehen ließ. Doch Lucius war, als die Firma 1863 gegründet wurde, erst 29, Brüning sogar nur 24 Jahre alt.

Direkt über dem Labor, nur ein Stockwerk höher, befand sich das Comptoir – ein einzelnes großes Zimmer, in dem Anna Maria ebenfalls ein und aus ging. Dort saß Wilhelm Meister, der Hamburger Kaufmannssohn. Als vorsichtiger Hanseat hatte er seine Firma in Manchester und seinen Wohnsitz auf der britischen Insel noch nicht aufgegeben. Er wollte abwarten, wie sich die Dinge in Höchst entwickelten, bevor er sich dem neuen Unternehmen mit Haut und Haaren verschrieb.

Neben ihm arbeitete der Kaufmannsgehilfe Gustav Martinengo. Er stammte aus Remagen, seine Vorfahren waren vor langer Zeit als Silberschmiede aus Italien gekommen. Auch er trug stets einen dunklen Anzug und setzte, sobald er das Zimmer verließ, unfehlbar seinen steifen, schwarzen Hut auf. Doch er war ein freundlicher, gutmütiger Mensch, dieser erste kaufmännische Angestellte in der Geschichte des späteren Weltkonzerns. Wenn er allein war, besuchte Anna Maria ihn und lachte über seine Scherze. Sie erinnerte sich noch genau an den großen Vorrat von Seifenstücken, die zusammen mit den Jod- und Säuredämpfen aus der unteren Etage dem Zimmer ein charakteristisches Parfum verliehen, an das man sich aber schnell gewöhnte. Martinengo teilte die Seife stückweise an die Arbeiter aus mit dem Rat, sich gründlich zu waschen. Sauberkeit war kein Luxus, sondern oberstes Gebot in allen Chemiewerken der Zeit. Es gab genug Schadstoffe im Betrieb, die unangenehme Ekzeme hervorriefen, wenn man sie nicht rechtzeitig von der Haut herunterwusch.

Barthel und seine Kollegen arbeiteten zwölf Stunden pro Tag. Das war für die damalige Zeit eher die Ausnahme als die Regel. Noch 1870 lag die mittlere wöchentliche Arbeitszeit in Deutschland bei rund 78 Stunden. Das waren 13 Stunden täglich bei sechs Arbeitstagen; einen freien Samstag gab es damals nicht. Manche Betriebe ruhten nicht einmal sonntags.

Das erscheint uns heute hart. Doch die meisten Arbeiter stammten vom Lande, und dort war ein Vierzehn- oder Sechzehnstundentag die Norm. Auch die Handwerker in der Stadt arbeiteten kaum weniger, wenn sie ihre Familien satt bekommen wollten.

### *Preisverfall beim Fuchsin*

Lucius und Brüning mußten im Labor nach neuen Verbindungen suchen, die als Farbstoffe benutzt werden konnten. Die Zeit war farbentoll geworden, und das hatte keineswegs nur positive Seiten. Die Konkurrenz schlief nicht, und vom Fuchsin allein konnte die neue Fabrik nicht leben. Überall schossen ähnliche Farbwerke aus dem Boden; in Offenbach stellte die Firma K. Oehler Fuchsin her, in Elberfeld ein gewisser Friedrich Bayer und im benachbarten Biebrich die Firma Kalle & Co. Auch in England, Frankreich und der Schweiz gab es Unternehmen, die das gleiche Ziel verfolgten.

Das reichhaltige Angebot führte zu einer Gesetzmäßigkeit, die schmerzhaft, aber unerbittlich war. Überkapazitäten ließen unweigerlich die Preise verfallen. Hatten die Höchster im Gründungsjahr für ein Pfund Fuchsin bis zu 20 Taler erhalten, waren es schon nach einem Jahr nur noch 8.

Alarm in Höchst. Neue Modefarben mußten her. Doch die Hoffnung auf die Methode des Belgiers de Changy, Anilin direkt aus Steinkohlenteer herzustellen, erwies sich als trügerisch. Weder

Brüning noch Lucius brachte es fertig, seine Erfindungen bis zur industriellen Anwendung zu entwickeln. Dieser Fehlschlag zerstörte die Aussicht, mit Hilfe niedriger Herstellungskosten die Konkurrenz zu schlagen. Nach wie vor war das Ausgangsmaterial für neue Farben Benzol, und das war nur in England zu haben. Die Preise, die man dort für den Rohstoff forderte, waren keineswegs von der gerühmten Zurückhaltung der Briten bestimmt.

## *Der erste Höchster Originalfarbstoff*

Immer finsterer wurde das Gesicht von Teilhaber Müller, der wehmütig an sein schönes Geschäft in Antwerpen zurückdachte. Dort hatte er als Kaufmann aus Überproduktion und sinkenden Preisen Profite gezogen; als Produzent lernte er nun die Kehrseite der Medaille kennen.

Diese Tendenz zur rapiden Verbilligung der Erzeugnisse, damals noch verschlimmert durch das Fehlen patentrechtlichen Schutzes vor Nachahmung, kennzeichnet die Entwicklung der chemischen Industrie in ihrer Frühzeit.

Wenn man die Konkurrenz ausschalten wollte, galt es nur eins: die Nase immer vorn zu haben, zu forschen, zu rationalisieren und neue Produkte auf den Markt zu werfen.

Das Ende der Partnerschaft kam rasch. Müller besprach sich im Sommer 1863 erst mit Lucius und Meister, dann mit Adolf Brüning. Die Partnerschaft wurde im gegenseitigen Einverständnis gelöst, Müller zog 1864 seinen Anteil aus der Firma zurück, an seine Stelle trat als Teilhaber Brüning.

Ob das klug von Müller war, bleibt offen. Denn kaum hatte er den D-Zug nach Antwerpen bestiegen, feierte man in Höchst eine Farbenpremiere. Aus der Rotfabrik war über Nacht eine Grünfabrik geworden, das Labor hatte den ersten »Höchster Originalfarbstoff« geliefert.

Die Geschichte dieses Aldehydgrüns, wie es anfangs genannt wurde, zeigt, welche Zufälle damals das Farbengeschäft bestimmten. Ein französischer Chemiker namens Cherpin hatte Azetaldehyd auf Fuchsin einwirken lassen, was dem Fuchsrot einen blauvioletten Farbton verlieh. Die Farbpalette der Modesalons, besonders der Damenschneider, war um eine Nuance bereichert worden; doch das Produkt war leider nicht lichtecht. Erst als ein Fotograf Cherpin den simplen Rat gab, es wie er und seine Kollegen zu machen, die ihre Gelatineplatten nach der Belichtung fixierten, änderte sich das. Als der Chemiker seine labile Violettfarbe mit unterschwefelsaurem Natrium, kurz Fixiernatron genannt, versetzte, verwandelte sich die Farbe nochmals; aus dem Violett wurde ein prächtiges, lichtbeständiges Grün, das die Pariser Couturiers »nouveau vert«, Neues Grün, tauften.

Lucius, der den internationalen Markt ständig beobachtete, experimentierte mit dem hausgemachten Fuchsin und entdeckte dabei, daß es möglich war, nach der Behandlung mit dem Azetaldehyd durch die Einwirkung von Schwefelwasserstoff und schwefliger Säure den gleichen Effekt zu erzielen wie Cherpin. Das stank zwar fürchterlich, ergab aber ein ähnliches Grün wie die Pariser Farbe. Ein weiterer Erfolg war, daß es gelang, das Höchster Grün auch in Pastenform herauszubringen, was unter anderem einen Markt bei den Lederfärbern erschloß. Cherpins Grün konnte nur in verdünnter Lösung hergestellt werden, die für diesen Zweck wertlos war. Sie drang nicht ein, sondern wurde abgestoßen. Lucius aber ließ sich einmal von einem Kunden ein Stück gegerbtes Leder geben und beobachtete sein Verhalten im Färbebad. Er entdeckte, daß der Farbstoff sich in Form eines Teiges absetzte.

Das brachte ihn und Brüning auf den Gedanken, daß der Gerbstoff im Leder an dem Vorgang beteiligt war und den Farbstoff ausfällte. Der grüne Teig konnte getrocknet, in Alkohol gelöst und dann als Paste abgefüllt werden.

Es war ein wichtiger Schritt auf dem Weg zum Erfolg. Nicht nur der deutsche, auch der europäische Markt war an der Paste interessiert.

## *Das Abendkleid der Kaiserin*

In dieser Zeit erwies sich der belgische Verkaufsdirektor in Höchst, August de Ridder, als ein Verkaufsgenie und Meister des Marketings. Er entwarf eine Strategie, die sich in den nächsten Wochen Zug um Zug bewährte. Zunächst ließ er sich einige Proben des neuen, lichtbeständigen Grüns geben und legte sie einigen Fachleuten in Krefeld vor, das damals Zentrum der deutschen Färberei war. Die Experten zeigten sich beeindruckt. Dann packte er zehn Dosen mit je einem Pfund des Aldehydgrüns in seinen Koffer und reiste nach Lyon, der heimlichen Hauptstadt der Seidenweber und Färber. Unterwegs legte er sein Vorgehen in der Stadt an der Rhone fest, und da er Aufzeichnungen machte, sind wir darüber genau informiert.

Es war ein dunkler Dezembernachmittag, als de Ridders Zug im Bahnhof von Lyon einfuhr. Da die mitgeführten Seidenproben bei künstlicher Beleuchtung am schönsten aussahen, ging er sofort zu der bedeutendsten Seidenfärberei der Stadt, zu Renard & Villet. Noch am selben Abend machte Renard einen Versuch mit einem Pfund des Farbstoffes.

Wie dieser Versuch ausgefallen war, erfuhr de Ridder am nächsten Tag in aller Frühe. Renard suchte ihn im Hotel auf und bat um die restlichen neun Büchsen des Farbstoffes. Als de Ridder zögerte und von den »Wünschen anderer Kunden« sprach, begann Renard zu drängen. Er besprach sich kurz mit den anderen Geschäftsinhabern. Danach machte er den Vorschlag, seine Firma werde Meister Lucius & Brüning die gesamte Jahresproduktion an Aldehydgrün abnehmen. Höchst dagegen mußte sich verpflichten, in Frankreich nur ihn allein zu beliefern. »Der Vertrag« – so bemerkte de Ridder lakonisch – »wurde abgeschlossen.«

Nachdem er Renard die restlichen neun Pfund ausgehändigt hatte, fuhr de Ridder zum Bahnhof. Kurz bevor sich der Zug nach Deutschland in Bewegung setzte, tauchte Monsieur Renard noch einmal auf dem Bahnsteig auf. Offenbar wollte er ganz sichergehen, daß de Ridder wirklich zurückfuhr und sich nicht heimlich mit Konkurrenten traf.

Renard wußte natürlich, welche Bedeutung Vorbilder haben. Er ließ unmittelbar nach de Ridders Abreise eine Partie Seide mit dem aparten Grün aus Höchst färben, das Garn verweben und den Stoff zur Schneiderin bringen. Nicht zu einer gewöhnlichen, sondern zur Hofschneiderin, die für die Gemahlin Kaiser Napoleons III. arbeitete. Kaiserin Eugenie war eine der schönsten Frauen Europas. Keine andere konnte eine Robe so majestätisch präsentieren wie sie.

Einige Tage später bemerkten es die Besucher der Pariser Oper mit Entzücken: Während sich bisher durch das Gaslicht das Grün der Kleider unvermeidbar in ein unvorteilhaftes Blau verwandelte, blieb die Abendtoilette der Kaiserin unverändert grün. Das war »merveilleux«! Bald begehrten Unzählige das von der ersten Dame Frankreichs favorisierte Grün. Für die Farbenhersteller in Höchst ein erster Sukzess, oder, wie die Pariser sagen, ein »succès fou«. Ein toller Erfolg.

*Patente und Nationalhymnen*

Natürlich hätte die Geschäftsleitung sich diese Erfindung gerne patentieren lassen. Das war aber in Deutschland nicht möglich, solange es immer noch aus zahlreichen selbständigen Staaten und Ländchen bestand. Da es noch kein Reich gab, existierte auch kein Reichspatentamt und vor allem kein einheitliches Patentgesetz. Dennoch gelang es Lucius am 23. Januar 1864, für das Höchster Aldehydgrün ein Patent anzumelden – in England. Es war das erste Patent der Farbwerke. Tausende sollten folgen.

Was für den Erfindungsschutz galt, galt ähnlich für Maße, Gewichte und Währungen. In Nassau zählte man nach dem süddeutschen System mit Gulden und Kreuzern; aus der Kölnischen Mark wurden 24 Gulden zu je 60 Kreuzern geschlagen; 105 Kreuzer entsprachen einem preußischen Taler.

Nicht einmal auf eine gemeinsame Hymne zur sinnbildlichen Unterstreichung ihrer nationalen Identität konnten die Deutschen sich einigen. Nach dem Sturz Napoleons sang man »Was ist des Deutschen Vaterland?«, aber auch »Stimmt an mit hellem, hohem Klang«. Nach 1870 folgte »Heil Dir im Siegerkranz« – gesungen nach der Melodie der englischen Nationalhymne. In Bayern bevorzugte man seit 1848 »Gott mit dir, du Land der Bayern«, in Württemberg erklang bei festlichen Anlässen »Preisend mit viel schönen Reden«, im Norden »Schleswig-Holstein, meerumschlungen«. Erst nach der Reichsgründung wurde in ganz Deutschland bei nationalen Feiern »Die Wacht am Rhein« gesungen. Als das Reich erstarkte, gewann das Lied »Deutschland, Deutschland über alles« an Bedeutung. Komponiert von dem Österreicher Joseph Haydn und gedichtet auf englischem Boden, war es aber eher eine großdeutsch-europäische Hymne als eine preußisch-nationale.

Die Zeit war reif nicht nur für eine gemeinsame Nationalhymne, sondern auch für einen gemeinsamen deutschen Staat.

*Preußen gegen Österreich*

Zwei Staaten konkurrierten um die Vormachtstellung in Deutschland: Österreich und Preußen. Die meisten der übrigen Länder hielten es mit einer dieser Parteien, aber einige – allen voran Bayern und Württemberg – bestanden auf ihrer Unabhängigkeit.

Wie der größte Teil der norddeutschen Fürstentümer setzte Nassau zunächst auf wirtschaftliche Zusammenarbeit mit Preußen. Doch als sich 1866 ein Waffengang zwischen den großen Gegnern abzeichnete, schlug sich der österreichfreundliche Herzog Adolph auf die Seite der Donaumonarchie. Er erklärte diese Absicht seinem Parlament, mit dem er ohnehin bereits wegen seines Domänenbesitzes zerstritten war. Die Mehrheit der Abgeordneten verweigerte ihm das nötige Geld. Aber Adolph blieb hart und brachte es durch eine heimliche Anleihe bei dem Frankfurter Bankhaus Rothschild fertig, einen Teil seiner Armee in Marsch zu setzen.

Bei dieser Gelegenheit machte ein junger Nassauer von sich reden; der Arzt und Pfarrerssohn Friedrich Wilhelm Grandhomme, ein Freund Brünings. Er war zu dieser Zeit Kreisarzt in Höchst und ein bedeutender Gewerbehygieniker. Der 1834 in Usingen Geborene machte aus seiner liberalen und nationalen Begeisterung kein Hehl. Als die Nassauer Truppen in Richtung Österreich marschierten, begleitete er sie als Truppenarzt, wobei er sich auch als sorgfältiger Beobachter erwies. Gewissenhaft verzeichnete er die Namen der Gefallenen, ebenso gewissenhaft versorgte er die Verwundeten und berichtete über sie in seinem Kriegsbericht vom 14. August 1866 in der Mittelrheinischen Zeitung:

»Die Pflege der hiesigen Verwundeten ist in jeder Beziehung eine ausgezeichnete und können die Anverwandten völlig beruhigt sein. Verbandsstücke, Bettzeug, Hemden, Erfrischungen – alles ist in reichlicher Menge vorhanden. Das einzige, was ich zu wünschen hätte, wären einige Flaschen guten alten Rheinweins.«

Den Wein erhielt er nicht; denn in Wiesbaden war man wütend über Nassaus Teilnahme an dem Krieg und erwog den Gedanken, Grandhomme vor ein Kriegsgericht zu stellen. Doch dann überstürzten sich die Ereignisse. Nach der Schlacht von Königgrätz und einigen Rückzugsgefechten in Mitteldeutschland, bei denen Bayern und Württemberger sich wacker schlugen und Blut umsonst vergossen wurde, griffen die Preußen nach dem Westen.

Schon am 16. Juli, knapp zwei Wochen nach Königgrätz, erschienen ihre Truppen in Frankfurt am Main. Die gemütlichen Frankfurter betrachteten sie nur als Säbelrassler. Als die Preußen aber maßlose Reparationsforderungen stellten, konnte der Bürgermeister Joseph Fellner die Schmach nicht ertragen und beging Selbstmord. Die ehemalige Freie Reichsstadt fühlte sich deklassiert, von Bismarck übel vergewaltigt. Dabei hatten ihn viele Frankfurter, darunter das Ehepaar Becker, in guter Erinnerung aus seiner Zeit als junger preußischer Gesandter im Bundestag.

Bismarck freilich neigte weniger zu sentimentalen Rückblicken. Er war überdies mit Wichtigerem beschäftigt als damit, den Frankfurtern ein Dasein als preußische Untertanen schmackhaft zu machen. Denn die Preußen hatten einen triftigen Grund für ihr Vorgehen. Es war nicht auszuschließen, daß Napoleon III. die Gelegenheit dieses deutschen Bruderkampfes benutzen würde, um das linke Rheinufer in seine Gewalt zu bringen. Zwei Tage später besetzten preußische Kürassiere auch Höchst.

Am 4. August 1866 wurde die Übernahme des Herzogtums Nassau und der Stadt Frankfurt durch Preußen verkündet. Herzog Adolph seinerseits erließ noch am 8. August einen letzten Tagesbefehl; das geschah allerdings vom sicheren bayerischen Günzburg aus. Er wurde mit einigen Millionen abgefunden und durfte ein paar Schlösser behalten. Aufgrund verwandtschaftlicher Bindungen wurde er später Großherzog von Luxemburg.

## *Nassau unter Preußen*

Das Unternehmen Meister Lucius & Brüning gehörte also künftig zu Preußen, zur »Hessen-Nassau« genannten Provinz, die aus zwölf Landkreisen gebildet wurde. Einer davon war der Main-Taunus-Kreis mit der Kreisstadt Wiesbaden und den Ämtern Wiesbaden (ohne die Stadt selbst), Hochheim, Rödelheim und Höchst.

Aus dem Herzoglichen Amt Höchst wurde über Nacht das Königlich-Preußische Amt Höchst. Gegen die Stationierung einer Militäreinheit in Höchst wehrten sich Bürgermeister Adelon und die Bürgerschaft allerdings heftig. Die Gemeinde Höchst, argumentierte Adelon, sei schwer verschuldet, das Steueraufkommen reiche kaum für die notwendigsten Ausgaben. Von den 630 Familien, die in Höchst lebten, seien kaum 50 als vermögend anzusehen; außer einigen Fabriken und mehreren kleinen Geschäftsleuten gebe es nur »geringe Handwerksleute«, die ihren Absatz in dem nahen Frankfurt suchen müßten, und »arme Tagelöhner«. Das Städtchen könne sich nur »durch Entwicklung einer größeren Industrie heben«. Industrielle würden sich aber nicht in Höchst niederlassen, wenn die Stadt Garnison werde. Man ersuche deshalb um »huldvolle Willfahrung« der gemeinderätlichen Bitte.

Der Beginn der preußischen Herrschaft in Höchst bedeutete zugleich auch das Ende des Zolls. Der Mainzolldiener Dick und der Zollbeseher Goedicke beendeten am 17. Februar 1867 ihren Dienst, die Zollgerätschaften wurden versteigert, das alte Zollamt am Main für 50 Gulden jährlich vermietet.

## Kurs auf Expansion

Da es den Farbwerken seit der Integration ins Preußische Königreich 1867/68 ausgesprochen gut ging, beschlossen ihre Inhaber, sich von der Anilinzulieferung unabhängig zu machen, bei der es häufig zu ärgerlichen und kostspieligen Engpässen gekommen war. In Zukunft sollte der wichtige Ausgangsstoff für die Farbenproduktion in der Firma selbst hergestellt werden.

Für einen solchen Ausbau war das Fabrikgelände in der Nähe des Schloßgrabens zu klein. Deshalb erwarb die Firma einen Kilometer stromabwärts, nahe dem Mainufer, ein großes Grundstück. Nachdem die Regierung in Wiesbaden die neue Anlage genehmigt hatte, begann im Frühjahr 1869 der Bau.

Wenige Tage vor Weihnachten des gleichen Jahres wurden die ersten 1740 Kilogramm Benzol nitriert, das heißt, mit Schwefel- und Salpetersäure vermischt. Dies geschah zunächst in kleinen Apparaten, denn die Höchster Chemiker besaßen noch wenig Erfahrung mit Nitroverbindungen, deren Abkömmlinge auch als Sprengstoffe dienten.

Nur Schritt für Schritt wurden größere Ansätze gewagt. Anfang Januar 1871 begann schließlich die Herstellung von Anilin aus Nitrobenzol; noch im gleichen Monat wurden über 15 000

Pfund Anilin produziert, so daß nun alle Farbstoffbetriebe damit beliefert werden konnten. Höchst war damit auf dem Anilinsektor autark.

Die Anilinfabrik war auf Brünings Betreiben so großzügig angelegt, daß sie die Keimzelle einer Entwicklung wurde, die schließlich alle Erwartungen übertraf.

## *Kindersegen im Hause Barthel*

Auch Johann Barthel, der »Allesmacher«, wie ihn seine Kollegen gelegentlich liebevoll-spöttisch nannten, zog um. Er durfte in einem Haus wohnen, das zur neuen Fabrik gehörte. Er war nicht nur Kutscher, Portier und Nachtwächter; gelegentlich vertrat er auch den Bademeister in dem neuen Bad für die Arbeiter der Farbstoffbetriebe.

Barthels Familie umfaßte jetzt seine Frau Eva, die Mädchen Anna Maria, Margaretha, Josephine, die am 6. September geborene Augusta und die Söhne Jakob, Martin und Joseph. Noch war kein Ende des Kindersegens in Sicht. Der nächste Barthel war ein Junge, der den Vornamen des Vaters erhielt: Johann. Er kam am 20. April 1873 zur Welt.

Um das schmale Budget aufzubessern, nähte Eva Barthel weiterhin Filter für die Farbstoffherstellung, wusch Fabrik-Handtücher, säumte Bettücher und half gelegentlich beim Reinigen des neuen Comptoirs.

In den Lohnlisten des Jahres 1874 findet sich deshalb häufig ihr Name. Meist erhielt sie in der Woche drei bis vier Gulden. Ihr Arbeitstag hatte kaum ein Ende. Aber ihrem Mann ging es auch nicht anders. Er bestellte noch einen kleinen Acker am Rande der Stadt, den er anfangs gepachtet hatte und später erwarb. Als gelernter Schuster kümmerte er sich natürlich auch um das Schuhwerk seiner Kinder. Kleider nähte seine Frau, manchmal sorgte auch Frau Klara Brüning für die Aufbesserung der Kindergarderobe im Hause Barthel. Er selbst erhielt bei Gelegenheit zwei ältere Anzüge Brünings, in denen er am Sonntagvormittag, wenn er sich mit seinen Freunden nach der Kirche im »Bären« traf, sehr stattlich aussah. Er revanchierte sich bei Frau Brüning, indem er häufig die schönsten Blumen aus seinem Gärtchen zu ihrem Haus in der Mainzer Landstraße 80 brachte.

## Beginn der Naturfarbstoff-Synthese

Wann immer Barthel zu Beginn der siebziger Jahre seine Chefs traf, in erster Linie Lucius oder Brüning, sah er zufriedene Mienen: Die Geschäfte gingen ausgezeichnet. Selbst Martinengo, der sich gerne etwas zweifelnd und skeptisch gab, war von einem solchen geschäftlichen Optimismus erfüllt, daß er zum ersten Mal im Leben den Wunsch äußerte, ein eigenes Haus zu besitzen.

In der Zeitschrift »Die Gartenlaube«, die er gelegentlich las, fand Barthel die Erklärung, warum im Comptoir und in der Leitung der Fabrik so gute Stimmung herrschte. Die »Gartenlaube« berichtete ausführlich über den Chemiker Carl Graebe, dem in Berlin die künstliche Herstellung einer Farbe gelungen war, die bisher nur in der Natur vorkam. Schon in der antiken Welt, so erfuhr Barthel, war aus der Wurzel des Krapps ein Farbstoff gewonnen worden – ein prachtvolles Rot, Krapp- oder Türkischrot, später allgemein »Alizarin« genannt. In Südfrankreich wurde der Anbau des Krapps auf weiten Feldern betrieben. Nicht weniger als 60 Millionen Mark betrug der Umsatz im Jahr.

Barthel kannte den Erfinder des künstlichen Alizarins recht gut. Graebe war 1864 in Höchst gewesen, damals noch als blutjunger Chemiker; ein freundlicher, fröhlicher Mann, sieben Jahre jünger als Barthel. Er stammte aus einem recht vermögenden Haus. Sein Vater hatte in New York eine Importfirma gegründet und war nach seiner Rückkehr aus den USA in Frankfurt amerikanischer Generalkonsul geworden. Daher war Graebe amerikanischer Staatsbürger, wie er Barthel einmal erzählte.

Graebes Eltern hätten es gerne gesehen, wenn ihr Sohn ebenfalls Kaufmann geworden wäre; doch ihn reizte der Maschinenbau mehr. Aus diesem Grunde besuchte er zunächst die Höhere Gewerbeschule in Frankfurt, wechselte dann aber zur Chemie über. Er studierte in Heidelberg bei Bunsen und ging darauf nach Marburg zu Professor Kolbe. Über seinen Freund Diehl kam Graebe dann nach Höchst, das er aber zum allgemeinen Bedauern bald verlassen mußte, weil er die Anilin- und Joddämpfe nicht vertrug.

Graebe ließ sich anschließend in Berlin nieder – nicht an der Universität, wo seit einiger Zeit Professor August Wilhelm Hofmann lehrte, sondern an der Gewerbeakademie. Dort hatte sich gerade der Privatdozent Dr. Adolf Baeyer etabliert, 30 Jahre alt, gebürtiger Berliner und Schüler von August Kekulé. Baeyer, später einer der erfolgreichsten Chemiker seiner Zeit und Nobelpreisträger, suchte einen Unterrichtsassistenten. Für ein Gehalt von 300 Talern im Jahr erhielt Graebe die Stelle.

Baeyer hatte sich damals ein hohes Ziel gesteckt: Er wollte den »König der Farbstoffe« entthronen, den blauen Indigo, der aus indischen Pflanzen gewonnen wurde – seit altersher einer der prächtigsten und auch teuersten Farbstoffe. Er lud Graebe ein, sich an der Erforschung und Synthese des Indigos zu beteiligen, verhehlte ihm aber nicht, welch lange Strecke dabei vor ihnen liegen würde; es handelte sich um ein kompliziertes Molekül. Im übrigen ließ Baeyer seinen Assistenten, zu denen auch der junge Carl Liebermann gehörte, viel Zeit für eigene Arbeiten. Das Schicksal wollte es, daß Graebe vor seinem Chef einen spektakulären Erfolg hatte.

Graebe hatte sich selbst die Aufgabe gestellt, mit Hilfe der neuen Strukturchemie den Naturfarbstoff Alizarin zu synthetisieren. Wie es auch Baeyer mit dem Indigo tat, versuchte er zunächst, die Grundbausteine des Krapprots herauszufinden. Als er dabei nicht richtig vorankam, gab ihm Baeyer eine entscheidende Hilfestellung. Der Professor hatte gerade eine besondere Methode gefunden, mit deren Hilfe sich hartnäckige Verbindungen allem Widerstand zum Trotz zerlegen ließen: die Destillation mit Zinkstaub.

Was beim Indigo funktionierte, ging vielleicht auch beim Alizarin. Graebe weigerte sich anfangs, diese Methode anzuwenden. Er vertrat den durchaus ehrenhaften Standpunkt, wenn sich dabei wirklich ein Fortschritt ergeben sollte, wolle er sich nicht mit fremden Federn schmücken. Doch Baeyer erteilte ihm – wie er später seinem Schüler Richard Willstätter erzählte – die förmliche Anweisung: »Graebe, Sie sind mein Assistent. Ich befehle Ihnen, mit Zinkstaub zu destillieren!«

Auf diese Weise fand der Assistent den Grundbaustein des Alizarins, das Anthrazen, einen seit längerer Zeit gut bekannten Kohlenwasserstoff aus drei Benzolringen.

Da Graebe durch Reduktion des Alizarins Anthrazen erhalten hatte, mußte er wieder zu Alizarin kommen, wenn er den Prozeß umkehrte und das Anthrazen oxydierte. Diese Überlegung erwies sich im Labor als richtig.

Damit war der Weg frei für die Synthese des wertvollen Naturfarbstoffes. Graebe und sein Kollege Carl Liebermann, der neben ihm in Baeyers Labor arbeitete, machten sich schleunigst an die ersten Syntheseversuche. »Wir waren so glücklich«, schrieb Graebe seinen Eltern, »gleich in das richtige Fahrwasser zu kommen.«

Graebe und Liebermann verbrachten nicht nur das darauffolgende Wochenende im Labor, sondern unzählige Tage; aber schließlich konnte Graebe der neugegründeten Chemischen Gesellschaft, zu deren Sekretären er gehörte, auf der nächsten Sitzung die ersten Resultate der Alizarinsynthese mitteilen.

Die beiden waren von dem Grundstoff Anthrazen ausgegangen, hatten es in Anthrachinon verwandelt und zwei Bromgruppen hinzugefügt. So entstand Dibrom-Anthrachinon. Den letzten Schritt zum Alizarin bildete dann die Verschmelzung des Dibrom-Anthrachinons mit Alkaliverbindungen. Das Resultat war ein Stoff mit der Summenformel $C_{14}H_8O_4$. Für dieses Verfahren erhielten Graebe und Liebermann ein Patent.

Noch lag vor den beiden Chemikern die Arbeit, die zahlreichen Verfahrensschritte während der Produktion in allen Einzelheiten auszuarbeiten. Auch die Beschaffung des erforderlichen Anthrazens bereitete große Schwierigkeiten: Im Labor brauchte man nur ein paar Gramm, um damit zu experimentieren. Für die industrielle Herstellung waren Tonnen des Stoffes erforderlich. Doch alle diese Probleme wurden mit der Zeit gelöst.

## *Kampf um den Alizarinmarkt*

Die Veröffentlichungen Graebes und Liebermanns über die Alizarinsynthese wurden in den großen Farbenfabriken der Zeit natürlich aufmerksam gelesen. Brüning nahm sofort Verbindung mit ihnen auf. Wären sie bereit, Hoechst eine Lizenz für die Herstellung des Farbstoffes zu erteilen? Als kluger Geschäftsmann, der einen Fehlschlag dieser Verhandlungen durchaus einkalkulierte, beauftragte Lucius allerdings gleichzeitig den hauseigenen Chemiker Ferdinand Riese, die Ergebnisse Graebes und Liebermanns so rasch wie möglich zu überprüfen. Lucius wollte auch wissen, ob sich eine andere Methode finden ließ, nach der Alizarin hergestellt werden könnte.

Riese fand tatsächlich in kurzer Zeit ein noch dazu preiswerteres und technisch sinnvolleres Darstellungsverfahren. Brom war nicht gerade billig. Er ersetzte es durch Schwefelsäure. Am 18. Mai 1869, etwa drei Wochen nach Rieses Erfolgsmeldung, deponierte Brüning die neue Alizarinsynthese beim Höchster Amtsgericht.

Wie recht Lucius gehabt hatte, sie so ungewöhnlich zu forcieren, zeigte sich schnell. Denn zur selben Zeit übertrugen Graebe und Liebermann, wie Lucius und Brüning schon seit einiger Zeit befürchtet hatten, ihr Patent an die Badische Anilin- und Soda-Fabrik in Ludwigshafen.

Den entscheidenden Anstoß hatte dabei Liebermanns Vater gegeben. Er besaß eine Fabrik, und die beiden Erfinder hatten ihn ursprünglich dafür gewinnen wollen, mit ihnen zusammen Alizarin zu produzieren. Nach einiger Überlegung indessen schlug Liebermann senior die Zusammenarbeit mit der BASF vor. Dort arbeitete seit kurzem einer der besten Farbstofftechniker, Heinrich Caro. Liebermann kannte Caro gut. Graebe ging sogar für einige Monate zur BASF, um bei der Umsetzung seiner Erfindung in den großtechnischen Maßstab mitzuhelfen.

Bei diesen Arbeiten kamen auch Graebe, Liebermann und Caro bald darauf, anstelle von Brom Schwefelsäure zu verwenden. Doch als sie dieses Verfahren in Preußen zur Patentierung anmelden wollten, erlebten sie eine schwere Enttäuschung. Die Behörden weigerten sich, ein Patent zu erteilen. Die neue Methode enthalte gegenüber jener auf dem Wege über das Dibrom-Anthrachinon keine neuen Erfindungsgedanken.

Professor Paul Duden, später technisches Vorstandsmitglied in Höchst, bezeichnete dies als »eine der größten Fehlentscheidungen, die auf dem Gebiet der chemischen Patente je vorgekommen sind«.

Zunächst waren die Höchster – angetrieben von Lucius – schneller als die BASF. Schon im Herbst 1869 brachten sie das erste Alizarin auf den Markt. Allerdings entsprachen die Ausbeute und die Qualität der ersten paar tausend Kilogramm noch keineswegs den Vorstellungen von Brüning oder Lucius; die Verbesserung der Produktion sollte noch viel Zeit und Geld kosten. Lucius begab sich sogar für einige Wochen nach Heidelberg ins Labor, um an Verfahrensverbesserungen zu arbeiten. Doch der entscheidende Vorsprung war erreicht: Hoechst war als erster am Markt, und die Kunden lernten rasch, das neue Alizarin vom Main zu schätzen.

August de Ridder, der Verkaufsstratege, reiste nach England, um den Anthrazen-Nachschub zu sichern. Nur bei den englischen Teerverarbeitern fielen zunächst große Mengen dieses hochsiedenden Kohlenwasserstoffs ab. Allerdings zeigten sich die englischen Firmen außerordentlich reserviert, als de Ridder vorsprach. Man befürchtete, er wolle lediglich Produktionsgeheimnisse auskundschaften.

Nach einer Reihe von Fehlschlägen erreicht de Ridder schließlich, daß er bei der Firma John Blott an der Themse empfangen wurde. Als er den Fabrikhof betrat, fiel sein Blick auf einen dunklen Berg von Teerabfall. Es handelte sich ohne Zweifel um rohes Anthrazen. Der wachsame Kaufmann bot kurzentschlossen der englischen Firma an, den ganzen »Abfall« zu kaufen: zwanzig englische Pfund für 1000 Kilo.

Es sei nicht schwierig gewesen, berichtete de Ridder anschließend den Herren Lucius und Brüning, die Firma John Blott für diesen Handel zu gewinnen. Man hätte dort gar nicht recht gewußt, was Anthrazen eigentlich sei und was man mit dem unansehnlichen Produkt anfangen sollte.

Dieser geglückte »Coup« ließ sich freilich nicht wiederholen. Als sich einige Zeit später erneut Aufkäufer aus Höchst einfanden, hatten John Blott und seine Kollegen ihre »Chemielektion« gelernt. Die Konkurrenz war aufgetaucht, und sie bot wesentlich höhere Preise. Die Höchster hatten Not, genügend Rohstoffe für die Herstellung ihres Alizarins zu bekommen.

Im Frühjahr 1870 faßten die Chefs des Unternehmens den Entschluß, eine große Alizarinfabrik zu bauen. Sie sollte in ihren Dimensionen alles übertreffen, was bisher an Farbenproduktionen vor den Toren von Höchst entstanden war. Doch als der Rohbau fast fertig war, brach am 19. Juli 1870 ein Krieg zwischen Frankreich und Deutschland aus. Nicht nur Preußen marschierte, sondern alle deutschen Staaten, darunter auch Hessen.

Schon bald zeigte sich eine Schwäche der französischen Kriegsführung. Sie war zu starr, um gegen einen Gegner zu bestehen, dessen Unterführern Feldmarschall Moltke größtmögliche Freiheit der Entscheidung gewährt hatte. In einer bereits aussichtslosen Lage übernahm Napoleon III. selbst das Kommando, konnte aber nicht verhindern, daß seine Armee am 1. September 1870 bei Sedan von den deutschen Truppen eingekesselt wurde. In dieser

Situation ließ er die weiße Flagge hissen, kapitulierte und dankte ab. Drei Tage später wurde die französische Republik ausgerufen.

Eine Folge, nicht ganz so bedeutend wie der Sieg von Sedan, hatte auch die Tätigkeit der deutschen Chemiker für Frankreich, wo sich bis zum Krieg – vor allem im Süden des Landes – riesige Krappfelder ausdehnten, die geradezu ein französisches Monopol auf dieses Rot begründet hatten. Als das synthetische Alizarin auf dem Weltmarkt erschien, standen die südfranzösischen Krappbauern plötzlich ohne Abnehmer da. In diesem Augenblick griff der Staat ein und befahl, daß die französischen Soldaten rote Hosen tragen mußten. Die Armee wurde zum stärksten Abnehmer der Krappwurzeln, und das half den Bauern eine Weile. Dann stellten sie sich auf andere Pflanzenkulturen um. Der Armee war freilich auch in den roten Hosen nur wenig »gloire« beschieden – das zeigte der weitere Verlauf des Krieges.

KAPITEL 4
# Fabrikherr und Volksvertreter

Die Schlacht bei Sedan versetzte ganz Deutschland in Jubel. Alle Glocken läuteten, und Wilhelm I. sprach: »Welche Wendung durch Gottes Fügung.«

Für Hoechst hatte sie noch eine besonders erfreuliche Konsequenz. Jetzt konnte unverzüglich die neue Alizarinfabrik fertiggestellt werden. Sie stand nicht mehr auf dem Gelände in der Nähe des Schloßgrabens, wo die Urzelle des Fuchsinbetriebes lag, sondern einen Kilometer stromabwärts. Dort befand sich bereits die Anilinfabrik, die Hoechst unabhängig von auswärtigen Produzenten machte. Brüning hatte beide Werke so großzügig angelegt, daß sich das Zentrum des Unternehmens sehr bald dorthin verlagerte.

Im Rückblick erscheint dieser Entschluß als kühn, aber wohlüberlegt. Wer zuerst mahlt, mahlt am besten. Wenn die deutschen Armeen nicht einen vernichtenden Rückschlag erlebten, woran aber in ganz Europa niemand glaubte, dann mußte am Ende dieses Krieges ein Deutsches Reich stehen; welche Zusammenhänge und gemeinschaftlichen Interessen es zwischen Politik, Wirtschaft und angewandten Naturwissenschaften gibt, wußten in dieser Zeit die Chemiker am besten. Deutschland war und blieb, auch nach dem erhofften Sieg, ein armes Land, dessen mittelmäßige Bodenqualität durch die Agrarchemie aufgebessert werden mußte, wenn man die Hektarerträge erhöhen wollte; ähnliches galt für die Farbstoffchemie, aus der in den kommenden Jahrzehnten die Arzneimittelchemie herauswuchs.

Der Reichstag, das neue deutsche Parlament, trat am 21. März 1871 zum erstenmal zusammen. Seine Kompetenzen waren allerdings ziemlich eng begrenzt. Der Kanzler und die Staatssekretäre waren vom Reichstag unabhängig, sie unterstanden dem Kaiser. Das Reich war somit nicht wirklich eine parlamentarische Demokratie geworden.

Forum der Länder, die nur einen Teil ihrer Souveränität abgaben, wurde der Bundesrat. In ihm verfügte Preußen über siebzehn von insgesamt 58 Stimmen. Präsident des Bundesrates sollte stets der König von Preußen sein.

Die Wahlen zum Reichstag waren kurz nach der Kaiserproklamation ausgeschrieben worden; sie fanden am 3. März nach dem Modus eines »allgemeinen, gleichen und geheimen Wahlrechts« statt. Wählen durften allerdings nur Männer – Frauen blieben bis 1918 vom Stimmrecht ausgeschlossen.

Das neue Reich zählte bei seiner Gründung rund 40,8 Millionen Einwohner. Zum ersten Reichskanzler ernannte der Kaiser Bismarck, der zugleich die Leitung der auswärtigen Politik übernahm und preußischer Ministerpräsident blieb. Bismarck stand nun auf dem Höhepunkt seiner staatsmännischen Karriere. Er war 56 Jahre alt, der Kaiser 74.

## *Bismarck und der Liberale Brüning*

Die Frankfurter hatten seit dem Jahr 1866 mit dem Eisernen Kanzler ein Hühnchen zu rupfen. Es war noch unvergessen, auf welch schimpfliche Art sie ihre Unabhängigkeit an Preußen verloren hatten, als Bismarck im Mai 1871 in der Mainstadt erschien, um sich mit dem Republikaner Jules Favre zu treffen, Außenminister der neuen Regierung Thiers in Paris. Er hatte bereits seine Bekanntschaft gemacht, als im Februar die Kapitulation von Paris verhandelt wurde, und nochmals während der Abfassung des Vorvertrages zu Versailles.

Die Frankfurter mochten kühl sein, aber sie waren auf jeden Fall neugierig. Als sie erfuhren, daß die beiden Herren den endgültigen Friedensvertrag ausgerechnet in ihrer Stadt zu Papier bringen und siegeln würden und daß dieses weltpolitisch wichtige Dokument den Namen »Frankfurter Frieden« erhalten sollte, änderte sich ihre Stimmung; und als eine Zeitung schrieb, man könne stolz darauf sein, »daß der erste große politische Akt des wiedererstandenen Reiches sich in der alten Kaiser- und Krönungsstadt vollzieht«, brach das Eis endgültig. Man besann sich wieder auf die Zeit, als der lebenslustige Junker als preußischer Gesandter im Bundestag durch die Straßen Frankfurts gewandert war. Man begrüßte es wohlwollend, daß er seine alten Bekannten besuchte, die Familie des Malers Becker, die seine Frau Johanna gemütvoll »Familie Sonnenschein« getauft hatte. Hier lernte er die Schwiegersöhne der Familie kennen, Eugen Lucius und Wilhelm Meister, aber auch – was für den Fortgang der Geschichte wichtiger ist – den »Dritten im Höchster Bund«, Adolf Brüning.

Brüning war nicht nur ein guter Chemiker und Planer von Großanlagen der chemischen Industrie, er hatte auch den klaren Blick des Naturwissenschaftlers und Unternehmers für das, was unter den gegebenen Umständen machbar war. Er begann sich, mit einem Wort, für die Politik zu interessieren.

Sein Mentor auf diesem glatten Parkett war zunächst jener Dr. med. Grandhomme, der seinen Ausflug mit der nassauischen Truppe zu den Österreichern gut überstanden hatte und mittlerweile als Kreisphysikus in Hofheim lebte. Er war nach wie vor ein Liberaler, aber nunmehr ein »staatstragender«.

Seit Sedan und der Reichsgründung waren die Liberalen auf den Kurs Bismarcks eingeschwenkt und bildeten in den nächsten Jahren seine zuverlässigen Verbündeten, sozusagen die »Reichspartei«. Sie wurden allgemein die Nationalliberalen genannt; unter diesem Signum hatten sie sich 1866 von der älteren Fortschrittspartei abgespalten. Bei ihrer Gründung stand die Forderung nach einer Einigung des ganzen Deutschlands unter ein und derselben Verfassung im Vordergrund, daneben befürworteten sie den Beitritt Süddeutschlands zum Norddeutschen Bund und schließlich eine Reihe von liberalen Reformgesetzen. Damit hatten sie schon im alten Norddeutschen Reichstag 53 Mandate erobert, und sie blieben auch im ersten Reichstag erfolgreich, wo sie 120 von 382 Sitzen erhielten.

Ein vernünftiger Gedanke Grandhommes war, daß seine Partei zwar über zahlreiche Idealisten, Theoretiker und Juristen verfügte, weniger aber über Männer der Praxis, die Erfahrungen aus dem Alltag des Wirtschaftslebens ins Parlament einbrachten. Es drängte Brüning, sich parteipolitisch zu betätigen, und da er inzwischen Bismarck persönlich kennengelernt hatte und bereit war, seine Politik zu unterstützen, willigte er ein.

Brüning wurde 1874 als Kandidat der Nationalliberalen Partei des Wahlkreises Wiesbaden I aufgestellt und erhielt auf Anhieb rund 60 Prozent aller abgegebenen 20000 Stimmen – für einen Neuling in der Politik ein erstaunlicher Erfolg.

Schon bei der ersten Reichstagssitzung, an der er teilnahm, erkannte der illusionslose Mann aus Höchst, daß durch seine Partei ein deutlicher Riß ging. Der stärkere rechte Flügel, die eigentlichen Nationalen, wurde von dem Verwaltungsjuristen Johannes Miquel geführt, in der Mitte stand wie eine Eiche der 50jährige Rudolf von Bennigsen, am linken Flügel der Rechtsanwalt Eduard Lasker, gebürtig in Posen, 45 Jahre alt und ein brillanter Redner. Obwohl Miquel und Lasker einmal im Norddeutschen Reichstag eine »Lex Miquel-Lasker« durchgebracht hatten, bekämpften sie sich ständig. Lasker war es auch, der die Nationalliberale Partei schließlich sprengte, indem er mit einer Gruppe gleichgesinnter »Sezessionisten« austrat und damit den Kanzler seiner besten Verbündeten beraubte.

Miquel und Bennigsen nahmen den Neuling Brüning unter ihre Fittiche. Mit Miquel verbanden ihn noch Jahre später freundschaftliche Beziehungen.

Da Brüning finanziell unabhängig war, machte es ihm nichts aus, daß die Parlamentarier keine Diäten erhielten. Das geschah nach dem Willen Bismarcks, der empfand, daß es »zu viele Berliner im Reichstag« gebe, und im Jahr 1881 einmal bemerkte: »Ich halte es im Interesse des Reichs für eine große Gefahr, wenn es dahinkommen sollte, daß die Mehrheit (der Parlamentarier) unter die Herrschaft derjenigen Abgeordneten fiele, die eine andere, eine bürgerliche Beschäftigung nicht haben, die gewerbsmäßig Volksvertreter und deshalb im Reden die Geübtesten sind, und die Stoffe, über die gesprochen wird, auf Monate und Wochen vorher sorgfältig durchgearbeitet haben, weil sie dieselben auch in der Publizistik vertreten und ihnen Anklang zu verschaffen suchen.«

Bismarck, der meist im Streit mit den Parteiführern und dem Kronprinzenehepaar lag, zog sich oft für viele Monate auf seinen Besitz Friedrichsruh zurück. Dort lebte er als Landedelmann und führte mit nur wenigen Beamten die Regierungsgeschäfte. Mit großer Regelmäßigkeit verfaßte er Rücktrittsgesuche, die der Kaiser ebenso regelmäßig ablehnte. Er litt nicht selten unter seinem Kanzler, doch er bewunderte ihn und hielt ihn für unersetzbar.

*Eine Krankenkasse für die Rotfabriker*

Während Brüning in Berlin weilte, brauchte er sich keine Sorgen um das Geschäft zu machen. Das Alizarin, wichtigstes Produkt am neuen Standort der Fabrik, verkaufte sich hervorragend. 1869, als erst winzige Mengen von Alizarin angeboten werden konnten, hatte der Umsatz gerade 224 Taler betragen. 1871 waren es schon 31 000 gewesen, 1873 rund 1,5 Millionen. Mußte das Reich 1872 noch 224 000 Kilogramm Krapp einführen, so ging die Einfuhr bis 1905 auf 4200 Kilogramm zurück. Die Krapp-Anbauer mußten sich auf Getreidekultur umstellen.

Diese hervorragende Geschäftslage erlaubte den Farbwerken Hoechst etwas, das Bismarck erst neun Jahre später allgemein durchsetzen konnte: die soziale Sicherung der Arbeiter. Die neue Einrichtung, »Hilfskasse für erkrankte Arbeiter« genannt, wurde 1874 in Höchst eingeführt. Jeder Arbeiter wurde Mitglied dieser Kasse.

Die Farbwerke zahlten wöchentlich die Hälfte eines Beitrages an die Unterstützungskasse, die andere Hälfte mußte von den Mitgliedern der Kasse aufgebracht werden. Außerdem stellten sie Fabrikärzte, deren Behandlung unentgeltlich war. Sämtliche Kassenmitglieder wurden auch gegen die Folgen nicht von der Firma verschuldeter Unfälle versichert. Das Unternehmen zahlte die Prämien.

Krankengeld gab es am dritten Tag einer Erkrankung für zunächst 13 Wochen. Es betrug 60 Prozent des Tageslohnes. Nach 13 Wochen konnte die Zahlung um weitere 13 Wochen verlängert werden, bis zu insgesamt einem Jahr.

Die Unterstützung betrug während des zweiten Quartals allerdings nur noch 50 Prozent, während des dritten 40 Prozent und während des letzten im Höchstfall 30 Prozent des Lohns.

Der Erkrankte mußte, so verlangte es das Kassenstatut, »sofort am ersten Tag, unter Einholung eines Krankenbuches, den für ihn vorgesehenen Fabrikarzt zuziehen und über den Grund und die Zeit der Arbeitsunfähigkeit eine ärztliche Bescheinigung beibringen«. Wer das unterließ, verlor den Anspruch auf Unterstützung.

Das Krankengeld wurde jeweils am Sonnabend gezahlt. Dazu mußte der vom zuständigen Fabrikarzt ausgestellte Krankenschein vorgelegt werden. Auf dem Schein war die Zahl der Tage, die der Erkrankte arbeitsunfähig war, angegeben. Krankenscheine, die von einem anderen Arzt ausgestellt worden waren, wurden nicht angenommen, es sei denn, es lag dafür die Genehmigung des zuständigen Fabrikarztes vor.

Den Anspruch auf Krankengeld verlor, wer sich nur krank stellte oder auf andere Art die Kasse schädigte, wer ohne Genehmigung des Vorstandes den Kassenbezirk verließ oder sich ohne Erlaubnis in die Behandlung eines anderen Arztes begab; wer das Krankenbuch nicht rechtzeitig einholte oder es nicht rechtzeitig zurückgab; wer öffentliche Lokale oder Schankstätten besuchte oder Arbeiten ausführte, die sich mit dem Krankenzustand nicht vertrugen.

Den Vorstand der Kasse bildeten sechs Mitglieder. Zwei wurden von der Firma ernannt und vier von den Arbeitern gewählt.

## *Barthel wird Stiftungsvorstand*

Ein weiterer Akt unternehmerischer Sozialpolitik folgte ein Jahr später. Am 11. Juni 1879, dem Tag, an dem Wilhelm I. und seine Frau, Kaiserin Augusta, ihre goldene Hochzeit feiern konnten, errichtete die Firma Meister Lucius & Brüning eine Stiftung mit einem Kapital von 150 000 Mark.

Die »Kaiser Wilhelm- und Augusta-Stiftung« hatte den Auftrag, Arbeiter, Invaliden, Witwen und Waisen Unterstützung zu zahlen. Außerdem wurden Aufsehern und Arbeitern Darlehen gewährt, wenn sie sich ein Häuschen bauen wollten. Mitglieder waren alle Aufseher und Arbeiter der Firma, deren festes Gehalt 1800 Mark jährlich nicht überstieg.

Die Geschäfte der Stiftung führte ein siebenköpfiger Vorstand. Drei der Mitglieder wurden von den Inhabern der Firma bestimmt, drei von den Aufsehern und Arbeitern, und zwar so, daß die Aufseher ein Mitglied, die Arbeiter zwei wählten.

Am 28. August 1882 wählten im Speisesaal der Alizarinfabrik die Arbeiter ihre zwei Vorstandsmitglieder. Zahlreiche Kollegen reizte dieses Amt. Sie meldeten sich als Bewerber.

Weitaus die meisten Stimmen, nämlich 169, erhielt Johann Barthel. Der ganze Saal applaudierte, als das Ergebnis bekannt wurde. Der Gewählte erhob sich und dankte; er muß bei dieser

Wahl gespürt haben, daß er in den letzten zwei Jahrzehnten das Vertrauen und die Freundschaft zahlreicher Kollegen erworben hatte.

## *Der Farbstoff der Morgenröte*

Alizarin blieb für lange Zeit der Star unter den Farbstoffen. Doch zusätzlich erschloß sich Hoechst eine Gruppe von Farbstoffen, die ebenfalls eine glänzende Karriere machten: die Resorcinfarben. Dazu zählte vor allem ein Farbstoff, der sehr poetisch nach der Göttin der Morgenröte benannt wurde: das Eosin.

Die Eosine waren die letzte Farbstoffgruppe, die dem Markt angeboten wurde, ohne daß sie durch ein Patentgesetz gegen Nachahmung geschützt war. 1878 verabschiedete der Reichstag das langersehnte, für ganz Deutschland verbindliche Patentgesetz, an dessen Entwurf Brüning mitgewirkt hatte.

Noch im gleichen Jahr konnten die Farbwerke ihr erstes Reichspatent anmelden, einen sogenannten Azofarbstoff, für den der Chemiker Peter Grieß die Grundlagen schuf, der einst in Offenbach in der kleinen Teerdestillation von Sell gearbeitet hatte.

## *Folgen eines gewonnenen Krieges*

Zwei Errungenschaften des Frankfurter Friedens erwiesen sich schon zu Beginn der siebziger Jahre als – vorsichtig ausgedrückt – problemgeladen für die deutsche Regierung: die Heimkehr Elsaß-Lothringens ins Deutsche Reich und die fünf Milliarden Franc Kriegsentschädigung, die Frankreich zahlen mußte.

Was die Elsässer betrifft, so waren sie keineswegs beglückt über die Tatsache, daß man ihnen ihre Eigenständigkeit nahm und aus ihnen, zusammen mit den Lothringern, Bewohner eines heterogenen »Reichslandes« machte.

Ein Danaergeschenk waren auch die Entschädigungen. Frankreich brachte dank der Geschicklichkeit von Thiers die Summe in kurzer Zeit auf. Es war ein reiches Kolonialland mit Niederlassungen, die sich vom Fernen Osten über Afrika bis nach dem Norden Südamerikas erstreckten. Doch im Reich richtete das französische

Gold viel Schaden an. Die Banken machten plötzlich verführerische Angebote und finanzierten kritiklos Bauherren und Gründer fragwürdiger Fabriken; Stahlwerke und Hochöfen schossen wie Pilze aus der Erde.

Noch sechzig Jahre nach diesem unerwarteten Boom erinnerte sich ein greiser Berliner Großkaufmann lebhaft an jene Zeit einer flüchtigen Prosperität, »in der die Maurer, Poliere und nicht selten sogar die einfachen Bauarbeiter mit der Kutsche zur Arbeitsstelle fuhren«.

Dem Goldrausch folgte ein Katzenjammer. Die fünf Milliarden, einmal ausgegeben, kehrten nicht mehr zurück. In ihrem Kielwasser gab es unzählige Konkurse und Pleiten, Maschinenfabriken und Schaufenster von pompösen Geschäften standen leer, die Warenlager waren mit dem »Kuckuck« des Gerichtsvollziehers geschmückt.

Psychologisch bewirkte dieser Zusammenbruch, daß die Arbeitsmoral sank und die deutschen Exportwaren vorübergehend an Qualität verloren. Das wurde von den Engländern bemerkt und genutzt. Sie wiesen behaglich auf die minder Qualität deutscher Erzeugnisse hin und bestimmten 1887 durch den »Merchandise Marks Act«, daß bei Importen das Herstellerland durch ein »Made in...« benannt werden mußte; doch diese Vorsichtsmaßnahme kam zu spät. Inzwischen hatte sich der Arbeitsmarkt im Reich beruhigt, und das »Made in Germany« verwandelte sich in ein internationales Gütesiegel. Es bezeichnete das Produkt als besonders zuverlässig und wertbeständig und verschaffte der deutschen Industrie einen Vorteil im Ausland – in Süd- und Nordamerika, aber auch im Mittleren und Fernen Osten.

Endlich wurde auch eine einheitliche Reichswährung geschaffen. An die Stelle preußischer Thaler und süddeutscher Gulden traten die Mark und der Pfennig, über deren Wert die neue Reichsbank als zentrales Notinstitut wachte. Es gab jetzt auch goldene Zwanzigmarkstücke, die man im Ausland einwechseln konnte, ohne einen Valutaverlust befürchten zu müssen.

*Eine Goldmedaille für Hoechst*

Die Weltausstellung von 1873 in Wien stand deutlich im Zeichen des erwähnten wirtschaftlichen Katzenjammers, der inzwischen auch das Alpenland erreicht hatte. Bei dieser Gelegenheit nahm der Vertreter der Farbwerke – natürlich war es der unternehmungslustige Brüning – eine der begehrten Goldmedaillen in Empfang, die eine Jury dem Chemiewerk am Main für einen Fortschritt besonderer Art zuerkannte.

Das Triumvirat in Höchst hatte sich von den Geldangeboten der Banken nicht beeindrucken lassen. Die Firma stand auf einer gesunden finanziellen Basis und setzte fremde Geldmittel nur ein, wenn sich das Kapital rasch verzinste – durch Innovationen wie den Neubau von Werkshallen, durch eine voraussehbare Expansion des Marktes für ihre Produkte, aber auch durch Maßnahmen, die den Betrieb für die Mitarbeiter weniger gefährlich machten. Man nahm nicht billiges Geld auf, weil es zufällig von allen Banken angeboten wurde, und »machte irgend etwas daraus«. Statt dessen dachte und handelte man nach dem alten Spruch des soliden Unternehmers, der immer nur so viel Geld wie nötig und so wenig wie möglich borgt.

Wie schon berichtet, wurde das begehrte Fuchsin aus Anilin gewonnen, dem man Arsensäure als Oxydationsmittel zusetzte. Diese aber war hochgiftig und besonders gesundheitsgefährdend, die Arbeiter mußten durch besondere Maßnahmen geschützt werden.

Jahrelang hatten Meister Lucius & Brüning und die anderen Fuchsinfabrikanten Europas nach einem Ersatz für die Arsensäure Ausschau gehalten. Im Jahr der Reichsgründung war es den Chemikern am Main gelungen, das Arsen durch andere Stoffe zu ersetzen.

Die Beamten in Wiesbaden zeigten sich von dem sozialen Fortschritt, der darin steckte (und dessen Kosten schließlich das Werk tragen mußte), offenbar wenig beeindruckt. Vielleicht dachten sie wie alle Behörden der Welt: Das Arsenverfahren ist zwar gefährlich, aber genehmigt; warum es jetzt durch eine Neuerung ersetzen, für deren Genehmigung wir die Verantwortung tragen müssen? Also forderten sie ein Gutachten von Fresenius an, der auf den ersten Blick die Vorzüge der Erfindung erkannte und infolgedessen schrieb, daß er keinerlei Bedenken habe »und vielmehr dafür halte, daß es freudig begrüßt werden müsse, wenn es gelänge, alle Schwierigkeiten zu überwinden, welche sich bisher der fabrikmäßigen Herstellung des Fuchsins ohne Arsensäure entgegenstellten«.

Dieser Meinung schloß sich auch die Jury der Wiener Weltausstellung an.

## Veränderungen in den Farbwerken

Die Weichen des Unternehmens standen weiterhin ganz auf Expansion. Der Finanzbedarf wuchs angesichts ständiger Ausbauvorhaben steil an. In Anbetracht dieser Dynamik erschien die Rechtsform der »Offenen Handelsgesellschaft«, mit der man vor 17 Jahren begonnen hatte, nicht mehr zeitgemäß. So wurde das Unternehmen im Januar 1880 in eine Aktiengesellschaft umgewandelt. Das Grundkapital wurde zunächst mit zehn Millionen Mark festgesetzt.

Lucius, Meister und Brüning wechselten über in den Aufsichtsrat. Sie behielten gleichwohl alle Fäden des Geschäftes fest in der Hand. Das garantierte nicht allein ihre hohe Autorität als Gründer der Firma, sondern auch der Besitz der neuen Aktien, die sich vorerst noch fast ausschließlich im Eigentum der Familien befanden.

Klugerweise aber hielten diese schon bei der Verteilung der höchsten Managementposten eisern an der Devise von Lucius fest: »Die überragenden Mitglieder der Familie an die Spitze, die anderen mehr für die ornamentalen Posten.«

In den Vorstand der neuen »Farbwerke, vormals Meister Lucius & Brüning« wurden August de Ridder und Carl König berufen.

August de Ridder, 1837 in Antwerpen geboren, hatte zum wirtschaftlichen Aufstieg des Unternehmens entscheidend beigetragen. Er war ein großes Verkaufsgenie und dabei sicher nicht von kleinlichen Skrupeln geplagt, wenn es um die Erschließung neuer Märkte ging.

De Ridder bearbeitete den ersten Kundenkreis für Farbstoffe zuerst von Antwerpen aus. Von dort aus wagte er sich immer wieder in die »Höhle des Löwen«, nach England. Auf der Insel war zwar der Wettbewerb am erbittertsten, die Chancen waren aber auch besser für ideenreiche »Newcomer«.

Einmal wäre er um ein Haar auf das Betreiben einer Konkurrenzfirma in einen Prozeß verwickelt und verhaftet worden. Die Anklageschrift lag schon vor, und de Ridder mußte zunächst fluchtartig die Insel verlassen. Die Klage war von einer englischen Firma angestrebt worden, mit der Hoechst in guten Geschäftsverbindungen stand – die auch prompt wieder aufgenommen wurden, nachdem die Auseinandersetzung vorbei war. Man war damals nicht nachtragend. »Let's be good friends again«, erklärten die Engländer großmütig.

De Ridder wußte sehr gut um seinen Wert für das Unternehmen, das Meister und er aus der provinziellen Enge Nassaus geführt hatten. Er bestand auf einem hohen Gehalt und Gewinnbeteiligung, arbeitete hart und führte das Leben eines Grandseigneurs in Kronberg-Schönberg, wo sein großer Park, wie man sagte, zeitweise die Pflege durch nicht weniger als 15 Gärtner verlangte.

Eine Sammlung alter Gemälde war seine besondere Passion, Paris seine Lieblingsstadt, sein Schneider saß in London. Hochdotierte Abwerbungsversuche anderer Firmen schloß sein geschäftlicher Ehrenkodex aus.

Übrigens blieb er von allen, die einst mit ihm begonnen hatten, am längsten im Vorstand, nämlich bis 1907. Es versteht sich von selbst, daß er als erster ein Elektro-Auto fuhr, welches aber am Neuenhainer Berg nicht selten zu streiken pflegte.

### *Der »Säurekönig«*

Das technische Vorstandsmitglied Carl König besaß weniger großbürgerliche Neigungen als de Ridder. König war der Sohn eines protestantischen Pfarrers, stammte aus der Pfalz, hatte in Heidelberg Chemie studiert und als Assistent unter Bunsen gearbeitet. Seine industrielle Karriere begann bei den Chemischen Werken Griesheim, danach war er leitender Chemiker einer Düngemittelfabrik.

Als König 1869 nach Höchst umsiedelte, standen knapp hundert Arbeiter in den bescheidenen Fabrikräumen. Jetzt, im Gründungsjahr der neuen Aktiengesellschaft, beschäftigte die Firma 1650 Arbeiter, 40 Aufseher, 25 Chemiker, 10 Techniker und 45 Kaufleute. An dieser erfolgreichen Entwicklung hatte der stets etwas ernste, sein protestantisches Pfarrer-Elternhaus nicht verleugnende, arbeitsbesessene König wesentlichen Anteil.

Der Vertrag, den König 1874 erhalten hatte, war nobel. Er bekam ein jährliches Gehalt von 1800 Talern und – was noch wichtiger war – 7 Prozent des Nettogewinnes. Dieser wurde nach den Bestimmungen des Gesellschaftsvertrages von Meister Lucius und Brüning errechnet. Königs Anteil wurde einem Kapitalkonto gutgeschrieben und mit 5 Prozent jährlich verzinst. »Von diesem Guthaben«, so heißt es im Vertrag, »kann Dr. König 15000 Thaler (fünfzehntausend) jährlich entnehmen. Bei Entnahme eines größeren Betrages bis zu 25 Prozent seines Capitalguthabens bedarf es einer dreimonatigen Kündigung...«

Auch bei dem Bau eines schönen, geräumigen Hauses unterstützte die Firma ihr Vorstandsmitglied. König wollte kein feudales, aber ein größeres Haus, denn er hatte zwei Söhne und vier Töchter. Drei davon heirateten junge, hoffnungsvolle Männer aus der Firma. Frieda und Amalie suchten sich Chemiker aus. Die kluge Louisa dagegen wählte den Juristen Adolf Haeuser, der es zu einer der höchsten Positionen in Höchst bringen sollte. Er wurde im Ersten Weltkrieg Generaldirektor. Man nannte ihn wegen seines langen, wallenden Bartes den »lieben Gott«. Wir werden auf ihn noch ausführlicher zu sprechen kommen.

König, unter dessen Leitung sich das Unternehmen mit dem Bau der Anilinfabrik schon seine eigene Zwischenproduktbasis aufgebaut hatte, schlug nun noch einen weiteren Schritt vor. Er vertrat die Meinung, die Farbwerke sollten auch die riesigen Mengen an Säuren selbst herstellen, die sie bisher von den Chemischen Werken Griesheim bezogen hatten.

Als die ersten Überlegungen dieser Art durchsickerten, bewirkte dies bei dem Leiter der Griesheimer Fabrik einen regelrechten Schock. Die Säurelieferungen nach Höchst machten einen erheblichen Teil des gesamten Umsatzes aus. Um diesen lebenswichtigen Kunden zu halten, versuchte man das Äußerste. Man bot den Farbwerken sogar Griesheimer Aktien zum Vorzugspreis an. Überdies offerierte man den Abschluß eines langfristigen Liefervertrages. Der Preis der Säuren sollte sich an den Gestehungskosten orientieren und lediglich um einen festen Zuschlag erhöht werden.

Alles vergebens. Hoechst war nicht mehr davon abzubringen, die Hunderttausende von Tonnen Säuren selbst herzustellen. Der Bedarf war wegen der immer größeren Alizarinproduktion zu hoch, um noch den Bezug von auswärts zu rechtfertigen.

## *Ein Pfälzer baut die neue Fabrik*

Der Chemiker, den sich die Firmengründer für den Aufbau der Säurefabrik holten, stammte wie König aus der Pfalz. Er hieß Philipp Pauli und war 1836 in Oggersheim geboren, also 44 Jahre alt. Pauli hatte in Gießen und Heidelberg studiert und 1858 bei Bunsen promoviert.

Da er als Chemiker zunächst in Deutschland keine Arbeit gefunden hatte, ging er für einige Zeit als einfacher Färber nach Frankreich. Er lernte dabei den Umgang mit Farbstoffen von der Pike auf. 1859 kam er in einer englischen Sodafabrik unter. In Manchester wurde er über seinen Freund Carl Schorlemmer mit Friedrich Engels und Karl Marx bekannt. Das von beiden verfaßte »Kommunistische Manifest« war gerade dabei, eine gewisse Berühmtheit zu erlangen. Marx lebte allerdings, obwohl er erst vor wenigen Jahren eine Erbschaft gemacht hatte, armseliger denn je. Gegenwärtig besaß er kaum die nötigen Pennies, um die Briefe zu frankieren.

Was Friedrich Engels und Karl Marx an dem tatkräftigen, aber biederen Pauli fanden, ist nicht genau zu sagen. Doch es entstand mit der Zeit eine Familienfreundschaft, die sich fortsetzte, als Pauli nach Deutschland zurückging.

Vor allem Engels und seine Angehörigen versäumten es fast nie, wenn sie zu Besuch nach Deutschland kamen, in Mannheim die Familie Pauli zu sehen. Auch ein reger Briefwechsel entwickelte sich. Darin ging es allerdings nicht um weltrevolutionäre Themen, die nach wie vor Engels' und Marxens Denken beherrschten, sondern um alltägliche Sorgen und Erlebnisse. So schrieb Engels häufig von der schwankenden Gesundheit seiner Frau, die regelmäßig an die See mußte, um ihre Konstitution zu kräftigen.

Oft berichtete Engels auch von seiner Tochter »Pumps«, die

einige Zeit bei dem Ehepaar Pauli in der Rheinau bei Mannheim verbracht hatte. Auch das Schicksal eines englischen Plumpudding spielt in den Briefen eine Rolle. Engels hatte ihn Pauli schenken wollen, aber die Post hatte nicht mitgespielt. Politische Bemerkungen finden sich nur vereinzelt.

Pauli war damals Vorstandsmitglied der »Rheinau«. Dieses Unternehmen war auf seine Initiative hin gegründet worden und hatte sich auf die Herstellung von Säuren spezialisiert. Pauli, der hier seine englischen Erfahrungen verwerten konnte, war bei der »Rheinau« fast zum unumschränkten Gebieter geworden.

1880 allerdings akzeptierte er ein hochdotiertes Angebot, nach Höchst zu kommen und den Aufbau der Säureproduktion zu übernehmen. Wahrscheinlich auf Vorschlag von Carl König trat Pauli »ins dick nationalliberale Hoechst« ein, wie es seine Frau in einem Brief an Engels formulierte. Diese Charakterisierung war nicht falsch, denn nicht nur Brüning, sondern auch Meister und Lucius sahen in dieser Partei, die die Interessen des Großbürgertums vertrat, ihre politische Heimat.

Pauli wiederum reizten wohl die weit größeren Möglichkeiten, die Hoechst im Vergleich zur »Rheinau« bot – und das Gehalt plus Beteiligung am Nettogewinn!

Offenbar störten sich die liberalen Firmeninhaber nicht an dem Umgang ihres neuen Direktors. Wahrscheinlich hielten sie Pauli lediglich für eine Art von Salonsozialisten – eine Spezies, die ja ohnehin bald in der deutschen Gesellschaft einen Platz finden sollte. Schwerer wogen für die Chefs das Können und die berufliche Erfahrung Paulis.

Nachdem Carl König 1883 mit nur 47 Jahren überraschend gestorben war – der Bürodiener traf ihn tot an seinem Schreibtisch an –, wurde Pauli sogar in den Vorstand berufen, wo er offenbar nicht gerade gesellschaftsverändernde Vorstellungen durchzusetzen pflegte.

In der Fabrik erwarb sich Pauli bald den Ruf eines rauhbeinigen, aber sehr effizienten Technikers, der seine Vorhaben unerbittlich erfüllte. Der Aufbau der Säurefabrik vollzog sich unter seiner Leitung zeitgerecht und ohne größere Schwierigkeiten.

Am 24. Mai 1880 wurde das Konzessionsgesuch der Farbwerke eingereicht, ein knappes halbes Jahr später die Genehmigung erteilt, und zwischen Februar 1881 und Februar 1882 konnten die ersten drei Systeme nach dem sogenannten Kammerverfahren die Produktion von Schwefelsäure aufnehmen. Verarbeitet wurde Schwefelkies aus deutschen und spanischen Lagern.

Neben hochkonzentrierter Schwefelsäure wurde Oleum, also rauchende Schwefelsäure, nach dem Verfahren von Clemens Winkler hergestellt, aber auch Sulfat, Salzsäure, Salpetersäure, Sulfosäuren, Chlor- und Chlorierungsprodukte, Benzaldehyd und Benzoesäure, Nitroaromaten, Naphthole und Resorcin. Von 1884 an wurde auch Nitrit und ab 1886 Ätznatron fabriziert. Hoechst hatte damit seine Produktionsbasis gewaltig gestärkt und unabhängig gemacht – nicht zuletzt dank Paulis Fähigkeiten und Tatkraft.

Bei der Obrigkeit gab es mehrfach wegen Paulis merkwürdiger Verbindungen zu den Erzvätern des Sozialismus geheime Bedenken. So hieß es beispielsweise in einem vertraulichen Papier des Landratsamtes, wo es um die Bildung eines Kuratoriums für ein Realprogymnasium ging: »... möchte ich nicht unterlassen, bezüglich des Dr. Pauly, der persönlich für schroff und tyrannisch gilt, zu bemerken, daß derselbe, wenn auch nicht ausgesprochen der sozialdemokratischen, so doch der süddeutschen Demokratenpartei angehört und mit einem angeblichen Professor der Chemie namens Carl Schorlemmer aus Manchester, welcher nach einer hier vorliegenden Mitteilung des Kgl. Polizei-Präsidiums zu Berlin mit den hervorragendsten Führern der deutschen Sozialdemokratie verkehren soll, in Verbindung steht und von demselben im vorigen Jahre in Höchst auch besucht worden ist.«

Und danach, im gleichen Schreiben: »Aus diesen Gründen würde ich die Beanstandung der Wahl des Dr. Pauly eventuell beantragen, wenn nicht das große Farbwerksetablissement Farbwerke, vormals Meister Lucius & Brüning, zu Höchst, dessen erster Direktor Pauly ist, einen namhaften Zuschuß zur Bestreitung der Kosten für das Realprogymnasium gäben und daher eine Vertretung derselben im Kuratorium gerechtfertigt erschiene und eventuell der bewilligte Zuschuß zurückgezogen werden könnte. Auch ist wohl anzunehmen, daß der politische Einfluß des Dr. Pauly gerade in der Stellung als Mitglied des Kuratoriums weniger zur Geltung kommen wird, während derselbe in Arbeiterkreisen allerdings nicht erwünscht ist.«

Für das Prorealgymnasium hatten übrigens die Bürger in

Höchst, die ihren Kindern den »Weg nach oben« bahnen oder sichern wollten, lange und hart kämpfen müssen. Die Höhere Schulbehörde in Kassel machte immer wieder Einwände und fragte wiederholt nach, obwohl die Farbwerke zu wesentlicher Finanzhilfe bereit waren und umfangreiche Listen jener Persönlichkeiten aus der Firma vorlegten, die ihren Kindern diesen Bildungsweg ermöglichen wollten. Das waren nicht ausschließlich die sogenannten Fabrikbeamten, sondern auch Männer aus dem Kreis der Aufseher, wie etwa Abt oder Taufkirch. Dazu kamen Geschäftsleute. Arbeiter befanden sich nicht darunter. Offenbar bestanden im Hause Barthel oder Merkel derartige Pläne nicht.

Daß das Prorealgymnasium schließlich doch noch gebaut werden konnte, ist sicher vor allem den Bemühungen Brünings zuzuschreiben, der schließlich sogar beim Kultusministerium in Berlin intervenierte. Für seine eigenen Kinder, wie auch für die Meisters, kam die neue Schule in Höchst allerdings zu spät. Brüning und Meister schickten ihre Söhne auf das städtische Gymnasium in Frankfurt. Für Brüning war die Schulfrage sogar einer der Gründe, warum er sich ein Haus in Frankfurt baute, denn er fühlte sich eigentlich im Höchster Schloß recht wohl, von dem aus sein Kutscher Jakob Hingott genau eineinhalb Minuten Fahrzeit in die Fabrik benötigte.

### *Brüning als Mäzen*

Brüning konnte es sich auch erlauben, neben Geschäft und Politik und der Arbeit im Höchster Stadtparlament freigebig die Künste zu fördern. Als Mentor auf diesem Gebiet bewährte sich schon seit den sechziger Jahren der Frankfurter Maler Ernst Schalck, Mitbegründer und Zeichner der Zeitschrift »Frankfurter Latern«. Seit 1878 gehörte Brüning auch der Frankfurter Künstlergesellschaft als außerordentliches Mitglied an.

Als diese Gesellschaft ihr 25jähriges Stiftungsfest feierte, wurde der Bau eines Künstlerhauses beschlossen. Das Geld sollte durch den Verkauf von Kunstwerken aufgebracht werden, die von den Künstlern kostenlos zur Verfügung gestellt wurden. Brüning trat dabei eifrig als Käufer in Erscheinung, wie es seine Freunde wohl auch erwarteten.

Nachdem Frankfurt 1875 im Palais von Thurn und Taxis endlich auch seine erste Kunstausstellung hatte zeigen können und somit ein wenig gegenüber Berlin und München aufgeholt hatte, gründeten begeisterte Bürger einen Kunstgewerbeverein, um Frankfurts Image in dieser Beziehung weiter zu stärken. Der spendable Brüning wurde erster Vorsitzender der Vereinigung, der anzugehören in Frankfurt bald eine gesellschaftliche Qualifikation bedeutete.

Damals war gerade Brünings Villa in der Mainzer Landstraße 80 fertig geworden. Sie konnte sich gewiß nicht ganz vergleichen mit den noblen Besitztümern der Finanzaristokratie der Mainmetropole, aber das neue Haus bot eine gute Gelegenheit, es mit Werken von Künstlern der Stadt zu schmücken. Bald gehörte eine Einladung in die Mainzer Landstraße 80 zu den ersten gesellschaftlichen Ereignissen der Stadt.

Später schuf sich Brüning noch einen respektablen Landsitz in Bad Homburg vor der Höhe. Das kleine Bad erfuhr eine ungeheure Aufwertung, seit Kaiser Wilhelm dort alljährlich Manöver veranstaltete und der Kronprinz, die Zarenfamilie und vor allem der Prinz von Wales dort regelmäßig zu Gast waren. Albert Edward, der Sohn Königin Victorias, in der Familie »Bertie« genannt, brachte in die Stadt sogar einen leicht mondänen Zug. Wie so häufig, kreierte der »bestangezogene Mann Europas« auch in Homburg eine modische Extravaganz: eben den Homburg, den Hut, auf den die Herrenwelt gewartet zu haben schien.

Frau Brüning las in der Zeitung, daß die Villa des Spielbankkönigs Louis Blanc in Homburg zum Verkauf stand und wohl schon einen Käufer gefunden habe. »Das wäre doch eigentlich auch für uns etwas Passendes gewesen«, meinte Frau Klara Brüning beim Frühstück zu ihrem Mann. Brüning erwiderte nichts; doch noch am gleichen Tag setzte er sich in die Bahn, und kurz darauf gehörte ihm – für hunderttausend Mark – die Villa. Er ließ den Besitz ausbauen und den prächtigen englischen Garten weiter verschönern. Bei den Kaisermanövern von 1883 weilte Generalfeldmarschall Graf Moltke in Brünings Haus zu Gast.

## *Mit Lucius in Berlin*

Wenn er sich zu den Reichstagssitzungen in Berlin aufhielt, wohnte Brüning im vornehmen Kaiserhof, wie es seiner Stellung als erfolgreicher Fabrikherr zukam, dem es wirklich nichts ausmachte, daß mit dem Mandat keine Diäten verbunden waren.

Am gesellschaftlichen Leben nahm er nur wenig teil, obwohl er die Stadt und ihre Menschen sehr mochte. Seine Frau war ja eine geborene Berlinerin.

Gelegentlich traf er seinen Freund Lucius zum Abendessen im Kaiserhof oder in einer der vortrefflichen Weinstuben der Stadt. Lucius gehörte seit 1879 dem preußischen Abgeordnetenhaus an. Er war als einer der Vertreter der Stadt Frankfurt in diese Kammer gewählt worden. Da beide eingeschworene Nationalliberale waren, müssen solche Begegnungen recht einträchtig verlaufen sein.

Auch bei Bismarck waren sowohl Brüning wie Lucius öfter eingeladen, mit ihnen auch Robert Lucius, Eugens Bruder, der Landwirtschaftsminister. Er wurde später einer der Mitbegründer der Freikonservativen Partei.

Robert Lucius, später Freiherr Lucius von Ballhausen, hat interessante Erinnerungen an Bismarck veröffentlicht. Darin erzählt er auch: »Bismarcks hatten während der Bundestagszeit viel mit der Familie des Malers Jacob Becker verkehrt und hatten besonders für die Töchter Marie, später Frau Meister, und Max(imiliane), später Frau Eugen Lucius, eine sehr große, treue Anhänglichkeit bewahrt.«

Eugen Lucius hielt sich nie bei Bismarcks auf, ohne daß sich Fürst und Fürstin nach den beiden Damen erkundigt hätten. Bismarck erinnerte sich der Frankfurter Tage mit einer für ihn ungewöhnlichen Sentimentalität.

An das Rednerpult im Reichstag trat Brüning fast nie. Dennoch war sein Einfluß in der Fraktion nicht gering. Die Partei litt allerdings immer mehr an starken inneren Spannungen. Ihr linker Flügel war nicht geneigt, die fast bedingungslose Unterstützung Bismarcks endlos fortzusetzen, wie er es während des Kulturkampfes gegen die sogenannten ultramontanen Kräfte des Katholizismus getan hatte.

Nun aber drängte es Bismarck zur großen Auseinandersetzung mit den Sozialdemokraten. Diese Partei war, vor allem seit sich die

»Eisenacher« und die Anhänger des verstorbenen Lassalle 1875 in Gotha zur Sozialistischen Arbeiterpartei vereinigt hatten, Jahr für Jahr stärker geworden. Als sich die SAP zum erstenmal den Wählern stellte, im Januar 1877, erzielte sie auf Anhieb 493 000 Stimmen. Jeder Zwanzigste votierte für sie.

Führer der Sozialdemokraten war August Bebel, gelernter Drechslermeister, Autodidakt und Selfmademan mit beachtlichen rhetorischen Gaben. Schon als Abgeordneter der Sächsischen Volkspartei hatte er Bismarck bis aufs Blut zu reizen verstanden. Auch im Gothaer Programm der SAP waren einige Punkte enthalten, die den bürgerlichen Kräften massiv gegen den Strich gehen mußten, etwa: »In der heutigen Gesellschaft sind die Arbeitsmittel Monopol der Kapitalistenklasse; die hierdurch bedingte Abhängigkeit der Arbeiterklasse ist die Ursache des Elends und der Knechtschaft in allen Formen... Die Befreiung der Arbeiter erfordert die Verwandlung der Arbeitsmittel in Gemeingut der Gesellschaft und die genossenschaftliche Regelung der Gesamtarbeit mit gemeinnütziger und gerechter Verteilung des Arbeitsertrages. Die Befreiung der Arbeit muß das Werk der Arbeiterklasse sein, der gegenüber alle anderen Klassen nur eine reaktionäre Masse sind...«

Das klang eigentlich nicht nach gewaltsamem Umsturz der Gesellschaft. Doch Bismarck hörte den verschwörerischen Grundzug heraus, den es bei einem Teil der Partei auch tatsächlich gab.

Schon vor den Wahlen des Jahres 1877 hatte die Regierung einen ersten Vorstoß gegen die Sozialisten unternommen. Bei der Reform des Strafgesetzbuches hatte sie eine Bestimmung beantragt, die jeden mit Gefängnis bedrohte, der »in einer den öffentlichen Frieden gefährdenden Weise verschiedene Klassen der Bevölkerung gegeneinander öffentlich aufreizt oder wer in gleicher Weise die Institute der Ehe, der Familie und des Eigentums öffentlich durch Rede oder Schrift angreift«.

Doch der Reichstag lehnte diesen Entwurf, der so sehr nach Polizeistaat schmeckte, einmütig ab. Fortschrittler, aber auch Nationalliberale fanden die Vorlage indiskutabel.

Bismarcks Chance kam, als zwei Attentate auf Kaiser Wilhelm I. verübt wurden. »Ich begreife nicht, warum immer auf mich geschossen wird«, stöhnte der 81jährige Monarch. Es gelang, die Verbrechen den Sozialdemokraten in die Schuhe zu schieben und die öffentliche Meinung und schließlich auch die Nationalliberalen umzustimmen. Der Weg war frei für das »Gesetz gegen die gemeingefährlichen Bestrebungen der Sozialdemokratie«.

Es war jetzt noch schärfer gefaßt. Verboten wurden darin alle sozialdemokratischen Versammlungen, ebenso die Schriften der Partei. Wenn nötig, konnten der kleine Belagerungszustand verhängt und Agitatoren verhaftet oder ausgewiesen werden. Das Gesetz wurde am 21. Oktober 1878 mit 221 gegen 149 Stimmen angenommen. Auch Brüning hat dafür gestimmt.

Zwei Tage später standen die Sozialdemokraten unter dem Ausnahmegesetz. Es wurde zunächst für nur zwei Jahre beschlossen, später aber mehrfach verlängert. Seine Wirkung war gering, denn im Reichstag konnte die Partei weiterhin mit ihren Abgeordneten auftreten, und die Parteiorganisation wurde weitgehend in die Schweiz verlagert. Am Ende stand die Sozialdemokratie stärker da als je zuvor.

## *Brüning als Zeitungsverleger*

Um den Interessen seiner Partei ein größeres Forum zu verschaffen, betätigte sich Brüning sogar als Verleger. In Frankfurt gab es die Tageszeitung »Frankfurter Journal«. Sie war gegründet worden, um nach der Annexion der alten Reichsstadt durch Preußen versöhnliche Stimmung zwischen Berlin und Frankfurt zu erzeugen. Sogar der Polizeipräsident von Madei hatte sich daran beteiligt.

Der Aktiengesellschaft, der das Blatt gehörte – Brüning und sein Kompagnon Meister waren an ihr beteiligt –, erschien seine wirtschaftliche Lage nicht mehr tragbar. Brüning, der einmal gesagt hatte, wenn es um die Sache seiner Partei gehe, sei er bereit, Haus und Hof zu opfern, erwarb das Blatt und stellte es in den Dienst der nationalliberalen Sache. Er vereinigte es mit der »Frankfurter Presse«, die er ebenfalls kaufte, und verschaffte der Zeitung eine starke Resonanz. Besonders in Baden, einem Hort des Liberalismus, fand das »Frankfurter Journal«, das zweimal am Tag erschien, zahlreiche Leser. Allerdings blieb es ein Verlustgeschäft.

Brüning wurde auch Mitbegründer und eine der Hauptstützen

des deutschen »Colonialvereins«. Der am 6. Dezember 1882 gegründete Verein wollte »das Verständnis der Notwendigkeit, die nationale Arbeit dem Gebiete der Colonisation zuzuwenden, in immer weitere Kreise tragen«.

Das Organ des deutschen Colonialvereins, die »Deutsche Colonial-Zeitung«, wurde in der Druckerei des »Frankfurter Journals« hergestellt und von Brüning subventioniert.

Brüning unterstützte die Kolonisationspläne nicht nur theoretisch. Er stellte auch größere Geldsummen zur Verfügung, um Ländereien in Argentinien, in Paraguay und im afrikanischen Kongo zu erwerben.

Für die Nationalliberalen bildeten Bismarcks Pläne zur Bekämpfung der Sozialisten eine schwere Belastungsprobe. Viele ihrer Abgeordneten – auch Brüning – trösteten sich vielleicht zu leichtgläubig mit der Versicherung, die mit ihren Stimmen beschlossenen Maßnahmen richteten sich ja nur gegen Störenfriede der Gesellschaft.

Ein anderer Schritt des Kanzlers spaltete die Partei. Bismarck gab die Politik des Freihandels auf und entschloß sich zur Einführung von Schutzzöllen, so wie es die Konservativen im Interesse der Stahl- und Eisenindustrie und der Landwirtschaft verlangten.

Im August 1880 verließen 20 Abgeordnete die nationalliberale Fraktion. Sie wollten den Kurs ihrer Führer Bennigsen und Miquel nicht weiter mitmachen. Beide hielten trotz der Schutzzölle an der Politik Bismarcks fest.

## *Auftakt zur Sozialgesetzgebung*

Brüning und ein Teil der Nationalliberalen kam Bismarck erst wieder näher, als es um die große Sozialpolitik ging. Den Auftakt dazu bildete ein Antrag, den der freikonservative Abgeordnete Carl Freiherr von Stumm, Unternehmer und Politiker, schon am 27. Februar 1879 im Reichstag eingebracht hatte. Danach sollten für alle Fabrikarbeiter Kranken-, Unfall- und Altersversorgungskassen eingerichtet werden. Stumm schwebte dabei das System der Knappschaftskassen vor, das ihm als saarländischem Arbeitgeber wohlvertraut war.

Bismarck, dessen Passion der Außenpolitik gehörte und weniger wirtschaftlichen und sozialen Themen, entwickelte 1881 lebhaftes Interesse für die Sozialgesetzgebung. Es ging ihm dabei vor allem darum, die Arbeitermassen nicht weiter in die Arme der Sozialdemokratie zu treiben.

Bismarck ließ sich zunächst von Wilhelm neben seinen bisherigen Ämtern auch noch das preußische Ministerium für Handel und Gewerbe übertragen. Er wollte so schon in einem möglichst frühen Stadium die Ausarbeitung der entsprechenden Vorschriften beeinflussen. Bismarck lud Sachverständige aus der Industrie, darunter Adolf Brüning, nach Berlin und Friedrichsruh ein, um ihren Rat zu hören.

Alle sollten sehen, welche Priorität der Kanzler der Sozialgesetzgebung beimaß. Deshalb eröffnete Bismarck am 27. Januar 1881 einen Volkswirtschaftsrat, in dem neben Kaufleuten und Fabrikanten auch Handwerker, Landwirte und Arbeiter zu Wort kommen sollten. Er legte ihm im Namen des Kaisers den Entwurf eines Gesetzes über die Unfallversicherung der Arbeiter vor und betonte dabei ausdrücklich, es handele sich hier nur um den ersten Schritt. Der Unfallversicherung sollte eine Invaliditäts- und Altersversicherung folgen.

Das Krankenversicherungsgesetz wurde am 15. Juni 1883 verabschiedet. Es sah eine Zwangsversicherung aller Arbeiter vor, die weniger als 2000 Mark im Jahr verdienten. Gleichzeitig wurden die Leistungen der Krankenkassen festgelegt. Danach erhielt jeder Versicherte eine kostenlose Behandlung durch die Ärzte. Arzneimittel waren ebenfalls kostenlos. Im Falle der Erwerbsunfähigkeit wurde Krankengeld bis zur Hälfte des durchschnittlichen Tageslohnes gezahlt.

Dieses erste Krankenversicherungsgesetz wurde noch oft verändert und novelliert. Das System der Krankenkassen aber blieb im wesentlichen erhalten. Schon 1893 gab es mehr als 7 Millionen Versicherungspflichtige. Für ärztliche Behandlung, Medikamente und Krankengeld wurden mehr als 100 Millionen Mark ausgegeben. Fast 3 Millionen Krankheitsfälle wurden registriert, die Zahl der Krankentage betrug fast 50 Millionen.

Mochte vieles auch noch verbesserungswürdig sein – Deutschland hatte auf dem Gebiet der Sozialversicherung einen beispielhaften Weg eingeschlagen.

Brüning, der mit Lucius und Meister längst in der eigenen Firma eine Betriebskrankenkasse geschaffen hatte, durfte das neue Gesetz auch als »seines« betrachten, weil er bei den Beratungen tatkräftig mitgewirkt und dabei seine Erfahrungen eingebracht hatte.

Von 1881 an war er allerdings nicht mehr Mitglied des Reichstags. Er hatte sich zwar wiederum in seinem alten Wahlkreis beworben, aber das war nur mit halber Kraft geschehen, und so hatte ein anderer Kandidat das Rennen gemacht.

An Brüning waren die endlosen Auseinandersetzungen in der Partei nicht spurlos vorübergegangen. Und im Wahlkreis hatten ihm manche vorgeworfen, er stünde für einen Liberalen zu weit rechts. Diese Vorwürfe waren unbegründet. Gewiß, Brüning dachte ausgesprochen national, der Aufstieg des Reiches begeisterte ihn, und in Bismarck sah er den richtigen Mann, wenngleich er den Kanzler keineswegs unkritisch betrachtete. Gerade weil er ihm nahestand, gesellschaftlich im Hause Bismarck verkehrte, sah er die Schwächen des Kanzlers intensiver als mancher andere. Er machte sich auch Sorgen um das Verhältnis zwischen Bismarck und dem Kronprinzenpaar, das von Bismarck so oft brüskiert wurde.

Im Gegensatz zu Bismarck schätzte er den Kronprinzen Friedrich Wilhelm sehr. Er schien – vor allem für einen Hohenzollern – mit wahrhaft liberalem Öl gesalbt, mochte dies auch weitgehend auf den Einfluß seiner hochintelligenten Frau zurückgehen. Das Reich brauchte in Zukunft einen liberalen und sozialen Idealen verpflichteten Monarchen.

Auch wenn Brüning kein Reichstagsmandat mehr besaß, blieb er in enger Verbindung zu den Führern der Partei, vor allem zu Miquel, der Oberbürgermeister von Frankfurt geworden war. Er finanzierte weiterhin das »Frankfurter Journal«, ohne allerdings in dessen redaktionelle Gestaltung einzugreifen. Das hätte liberalen Prinzipien widersprochen und war unnötig – der Grundkurs der Zeitung blieb ohnehin getreulich auf der süddeutsch-liberalen Linie.

## Hohe Ehren und früher Tod

Welche Wertschätzung Brüning bei Kaiser Wilhelm und dem Kronprinzen genoß, wurde für die breite Öffentlichkeit im Herbst 1883 sichtbar. Am 28. September wurde die Einweihung des Niederwalddenkmals im großen Rahmen gefeiert. Nachdem am Vorabend schon ein Fest im Frankfurter Palmengarten stattgefunden hatte, lud der Kaiser am Abend der Einweihung Gäste zu einem Diner im Wiesbadener Schloß ein, darunter auch Adolf *von* Brüning. Ihm war an diesem Tag der erbliche Adelstitel verliehen worden.

Mit 45 Jahren hatte er den Gipfel seines Lebens erreicht: Er führte eine glückliche Ehe und sah sechs Söhne heranwachsen. Einer davon würde sicher einst sein Werk weiterführen.

Doch Anfang 1884 überfiel ihn ein Nierenleiden. Es verschlimmerte sich schnell, das Herz wurde in Mitleidenschaft gezogen, die medizinischen Kapazitäten runzelten die Stirn. Was zunächst unvorstellbar erschien, zeichnete sich bald unerbittlich ab: Er war dem Tode verfallen und konnte sein Krankenlager nicht mehr verlassen.

Noch vom Krankenbett aus kümmerte sich Brüning um die Farbwerke und um die Sache seiner Partei, die sich in einer tiefen Krise befand. Von der einst größten Fraktion des Reichstags waren nur mehr einzelne Gruppierungen übriggeblieben, die mühsam nach Zusammenhalt suchten. Am 22. Februar 1884 fand in Brünings Haus in Frankfurt ein Treffen führender Nationalliberaler statt, bei dem es um das künftige Schicksal der Partei und des deutschen Liberalismus ging.

Lucius, Freund und Weggefährte, weilte noch einige Male an Brünings Bett. Er wußte, daß die Ärzte die Familie auf das Schlimmste vorbereitet hatten.

### »... immer war er zu Opfern bereit«

Adolf von Brüning starb am 21. April um drei Uhr morgens. Der Geistliche Ehlers sagte an seinem Grab im Frankfurter Hauptfriedhof: Für Brüning sei jedes Gelingen seiner Werke »nur eine neue Aufforderung zu rastloser Tätigkeit, und zwar zu einer Tätigkeit, welche nicht das Eigene suchte, sondern durchaus gemeinnützig gerichtet war. Deshalb war er unablässig bemüht, die soziale Frage in dem nächsten Kreise praktisch zu lösen – durch treue Fürsorge für seine Arbeiter, für deren Gegenwart und Zukunft, durch den immer regen Eifer, wie ihr Werktagsleben, das Einerlei der täglichen Beschäftigung, so auch Erholungsstunden und Feierzeiten mit idealen sittlichen Gütern zu schmücken und zu bereichern. Immer war er zu Opfern bereit – tief durchdrungen davon, daß nur durch Demut und Barmherzigkeit die Kluft könne ausgefüllt werden, welche sich immer bedrohlicher zwischen den verschiedenen Ständen und Klassen in unserem Volksleben auftut.«

Brünings Hoffnung, seine Partei möge wieder zu einer einigen, liberalen Kraft werden, erfüllte sich nicht. Die große Zeit der Nationalliberalen schien für immer vorbei zu sein. 1884 formierte sich ein Teil der ehemaligen Fraktion, die Sezessionisten, mit der Fortschrittspartei zu einer neuen politischen Gruppierung: der Freisinnigen Partei.

Brünings großes Lebenswerk, die Farbwerke, dagegen blieb in steter Aufwärtsentwicklung. Sein ältester Sohn Gustav, der für die Familie den letzten Vergißmeinnichtstrauß auf den Sarg legte, sollte künftig großen Anteil daran haben.

Unter den Rotfabrikern aber blieb das Gedenken an Adolf von Brüning noch lange lebendig. Das zeigte sich an den kleinen menschlichen Episoden, die noch viele Jahrzehnte später von dem ersten Werkschef berichtet wurden. Da war Maria Schlapp, Frau eines der ersten Arbeiter, die noch ihren Enkeln erzählte, wie sie einmal in die Firma gekommen sei, um ihren kranken Mann zu entschuldigen. Vor dem Personalgebäude traf sie einen Mann im blauen Arbeitsanzug. Sie erzählte ihm auf gut Hessisch, »deß der Adam net komme könnt, weil er es so mit dem Maache hat«. Der Angesprochene entpuppte sich als Adolf von Brüning, der für Arzt und Medikamente sorgte.

KAPITEL 5
# Die Wirtschaft am Wingertsweg

Ein Jahr vor dem 25jährigen Firmenjubiläum schied Johann Barthel, der Urahn späterer Rotfabriker, aus dem Unternehmen aus. Er war erst 54 Jahre alt und keineswegs verbraucht, doch er hatte einen kleinen Unfall erlitten.

»Der Vater hat etwas an den Arm gekriegt, und da konnte er nicht mehr«, erzählte Jahrzehnte später Barthels älteste Tochter Anna Maria ihrem Enkel Wilhelm.

Was für eine Verletzung das war, bleibt ungeklärt. Allzu invalid kann Barthel indes nicht gewesen sein, denn er führte einen offenbar lang gehegten Plan durch und eröffnete eine Wirtschaft. Seine Pension betrug zwar nur 45 Mark, doch während seiner 24 Jahre bei Hoechst hatte er trotz der großen Kinderzahl doch einiges zurücklegen können. Seine Töchter, an Arbeit frühzeitig gewöhnt, erwiesen sich jetzt als Segen. Er brauchte in seiner Wirtschaft keine fremden Kräfte: Mutter Barthel, die Metzgerstochter, stand mit jeweils zwei Mädchen in der Küche, zwei bedienten in der Gaststube, die anderen waren für die Zimmer des Hauses zuständig, von denen Barthel ein oder zwei vermietete. Sogar einen kleinen Schlafsaal unterhielt er einige Zeit. Wie eng es in dem Haus am Wingertsweg 12 wurde, kann man sich vorstellen.

Die Wirtschaft, bald Treffpunkt durstiger Rotfabriker, befand sich in der Nähe der Fabrik. Barthel hatte das Haus einem Handwerker namens Leip abgekauft und ausgebaut. Die 13 500 Mark, die er dafür benötigte, stammten zum Teil von der Landesbank; eine zweite Hypothek hatte Frau von Brüning gegeben, die Barthel und seiner Familie sehr gewogen war.

Zunächst wurde nur Flaschenbier ausgeschenkt; doch das Geschäft ließ sich so gut an, daß Barthel bei der Gemeinde anfragte, ob er einen kleinen Anbau als zweite Gaststube und Schankbetrieb benutzen dürfe. Er erhielt die Genehmigung.

»Da haben wir unser Bier verzapft, im Sommer wurde auch in dem kleinen Garten ausgeschenkt«, erzählte Anna Maria Barthel im Jahre 1942 ihrem Enkel Wilhelm, der gerne zuhörte, wenn die Großmutter von »de Kinnerdaache« der Farbwerke berichtete. Wilhelm brachte alles in seiner sauberen Knabenhandschrift zu Papier, so daß uns auf wenigen Seiten ein liebenswertes Dokument aus der Frühgeschichte der Rotfabrik erhalten blieb.

Deshalb wissen wir auch, wie viele Hektoliter Bier Johann Barthel damals wöchentlich an seine früheren Kollegen ausschenkte: Es waren in guten Zeiten 24. Dazu kamen noch Schnaps und das Höchster Nationalgetränk »Äppelwoi«, den Barthel selbst kelterte. Sein Name findet sich daher sogar im Keltereiverzeichnis der Stadt. Apfelwein, pflegte er zu sagen, braucht Pflege und professionelles Geschick.

*Der erste Schwiegersohn in Sicht*

Anna Maria, Barthels Älteste, half der Mutter meist in der Küche. Vielleicht hat sie deshalb einen jungen Mann kaum bemerkt, der sich seit einiger Zeit in der Wirtschaft einfand. Erst ihre Schwester Augusta, genannt Gustl, machte sie auf ihn aufmerksam.

Martin Merkel hieß der junge Mann. Er war 1858 in Wallstadt in der Nähe von Mannheim geboren. Seine Vorfahren waren allesamt Leinweber, doch er hatte es vorgezogen, Maurer zu werden. Offenbar war er in seinem Beruf besonders tüchtig, denn als sein Chef in der chemischen Fabrik Rheinau, Dr. Philipp Pauli, nach Höchst übersiedelte, um hier den Aufbau der großen Säurefabrik zu leiten, hatte er Merkel überredet, mitzukommen. Er brauche dort einen erfahrenen und zuverlässigen Polier, meinte Pauli.

Also zog Martin Merkel im Jahr 1880 tatsächlich nach Höchst. Schon nach kurzer Zeit schrieb er seiner Jugendliebe und hielt um ihre Hand an. 1884 brachte sie einen Sohn zur Welt, der auf den Namen Fritz getauft wurde. Dann geschah ein Unglück: Vier Tage nach der Geburt starb Frau Merkel im Kindbett.

Der Neugeborene wurde nach dem Tod der Mutter zunächst von Merkels Schwester Gretel versorgt, die sich auch um den Haushalt des Bruders kümmerte. Das ging freilich nur kurze Zeit gut, denn die erst Achtzehnjährige wollte zurück zu ihren Eltern.

»Du mußt eben trotz deinem Schmerz wieder heiraten«, rieten die Kollegen. Auch Pauli bestärkte seinen Polier in solchen Überlegungen. »Sie sind doch noch ein junger Mann«, sagte er.

Anna Maria Barthel ahnte bald, daß sich Martin Merkel mit Heiratsgedanken trug. Deswegen verhielt sie sich besonders zurückhaltend, wenn Merkel in der Gaststube erschien. Sie wollte aus Liebe geheiratet werden und nicht, um einem Witwer das Kind aufzuziehen und ihm den Haushalt zu führen.

Doch eines Mittags – Vater Barthel hatte sich gerade zu einem Schläfchen niedergelegt – war niemand in der Gaststube, außer Anna Maria und Martin Merkel. Da bekannte Merkel, daß er gerne wieder heiraten wolle. »Und da hat er mich dann gefragt. Ich habe ihm dann gesagt, ich könne ihm keinen Bescheid geben, das müßte ich mir schon sehr genau überlegen.«

Barthel und seine Frau konnten ihrer Tochter bei dieser Entscheidung nicht helfen. Sie sei Mitte Zwanzig und müsse es selber wissen. Onkel Franz, der Bruder von Johann Barthel, riet ihr zu. »Nimm ihn. Der Merkel ist ein sehr ordentlicher Mann und hat eine gute Stellung.«

Während Anna Maria noch schwankte, erhielt sie einen Brief Merkels, in dem er sie offiziell um ihre Hand bat, ihr seine Zuneigung versicherte und ausführlich seine Verhältnisse schilderte.

»Diesen Brief habe ich dann tagelang im Rock getragen und wußte nicht, was ich machen sollte«, sagte sie. Schließlich schrieb sie entschlossen »Ja« auf den Brief und unterzeichnete ihn nochmals zur Sicherheit. Ihre eigentlichen Beweggründe teilte sie Enkel Wilhelm nicht mit.

Als Martin und Anna Maria heirateten, war neben dem Brautpaar Mutter Eva Barthel am glücklichsten. Bei ihren vielen Töchtern mußte sie die Augen offen halten, wenn sie alle unter die Haube bringen wollte. Wahrscheinlich hat sie damals jeden männlichen Gast im akzeptablen Alter genau darauf betrachtet, ob er als künftiger Schwiegersohn in Frage komme.

Der nächste Ehekandidat war der Rotfabriker Adam Ehry, Sproß einer alten Handwerkerfamilie der Stadt. Er heiratete die drittälteste Barthel-Tochter Josephine und begründete mit ihr eine inzwischen weitverzweigte Höchster Familie.

Die meisten von Anna Marias wie Josephines Nachkommen gingen später in die Rotfabrik. Das verstand sich von selbst. Man begegnet dem Namen Ehry immer wieder in den Papieren der Farbwerke.

### *Er sang und erzählte gerne*

Johann Barthel, gutmütig, gesellig und, »nach ein paar Gläsern«, sehr sangesfreudig, wurde ein guter Wirt. Der Gesprächsstoff ist ihm und seinen Gästen nie ausgegangen. Viele Rotfabriker gaben sich hier auf dem Weg zur oder von der Fabrik ein kurzes Stelldichein. Doch das Gasthaus war nicht nur eine Nachrichtenbörse. Frau Barthels nahrhafte Küche und das gute Bier bildeten den zweiten Anziehungspunkt. Barthels Erzählungen aus den alten Zeiten in Höchst hörte jeder gerne. Niemand kannte wie er die immer größer werdende Schar von Kollegen, die jungen Männer von einst, die etwas geworden waren oder deren Weg nicht ganz so erfolgreich verlaufen war, was auch zum Schicksal gehörte. Nicht jeder – tröstete sie Barthel – konnte es eben zum Aufseher oder zu noch Höherem bringen.

In Barthels Wirtschaft waren alle gleich; es gab keine Rangordnung. Barthel, der Erfahrene, wußte für alle Wechselfälle des privaten und beruflichen Lebens den rechten Rat.

Natürlich genoß er auch deshalb Respekt, weil er die Herren der Chefetage, Lucius und Brüning, noch als blutjunge Chemiker gekannt hatte. Alle lauschten, wenn er berichtete, wie er mit den beiden im Arbeitsanzug im ersten Fabrikschuppen der Firma gestanden und begierig darauf gewartet hatte, ob sich Anilinöl und Arsensäure wirklich in rotes Fuchsin verwandeln würden.

Die Arbeit in jenen Tagen war hart, die Hitze im Schuppen oft unerträglich, manchmal wurde man von dem Anilingeruch geradezu benebelt. Auch die Arbeit im Hof der Fabrik war nicht leicht; es gab noch keine Gabelstapler zum Beladen der Fuhrwerke – ein Gerät, dessen Erfinder die ersten Rotfabriker sicher gerne mit einem Nobelpreis bedacht hätten.

Barthel gehörte auch nicht zu den Kräftigsten, doch er besaß Ehrgeiz, als Wirt wie einst als Faktotum in der Fabrik – er sorgte für einen abwechslungsreichen Speisezettel und schickte eine seiner Töchter jeden Abend zum Bärenwirt am Schloßplatz, um sich über das dortige Menü des nächsten Tages zu informieren.

Das war nicht schwierig; denn Barthels Sohn Joseph war der Bärenwirt.

Auch für Musikdarbietungen sorgte der begeisterte Sänger in seinem Lokal. Einmal veranstaltete er sogar »eine musikalische Reise um die Welt«.

Damit seine Wirtschaft auch von dem blühenden Höchster Vereinswesen ein wenig profitierte, gründete er neben einem Gesangverein den »Sparverein Neue Hoffnung«, der natürlich in seinem Lokal zusammentraf. Als Präsidenten gewann Barthel den Bürogehilfen Jean Maria Brenner aus der Emmerich-Joseph-Straße, als Sekretär fungierte sein Schwiegersohn Martin Merkel. Kontrolleur wurde sein Freund, der Aufseher Johann Prinz. Den Beirat bildeten die Rotfabriker Johann Friedel und Joseph Baumgardt. Das Amt des Rendanten oder Kassenführers übernahm Barthel selbst.

Wie gut sich die Wirtschaft anließ, zeigt Barthels Steueraufkommen. Es betrug 45,35 Mark. Barthel fand diesen Steuerbetrag zu hoch. Er bat um Neufestsetzung.

## *Das erste Jubiläum*

Als im Juni 1888 das 25jährige Bestehen der Fabrik gefeiert wurde, war Barthel in seinem Element. Alle Häuser in den Höchster Straßen und Gassen waren geschmückt, Fahnen wehten, am Abend brannten Tausende von Lichtern in den Fenstern.

Barthel trug einen schwarzen Anzug und marschierte in dem Fackelzug der fünfhundert ältesten Arbeiter und Aufseher, den sein Freund Abt anführte. Vor dem Garten des Kasinos dankte Abt im Namen seiner Kollegen Herrn Dr. Eugen Lucius. Lucius überreichte dann jedem von ihnen ein Etui. Darin befand sich ein ansehnlicher Geldbetrag.

»Sichtbar ergriffen«, wie der Redakteur Alois Müller vom Höchster Kreisblatt notierte, »hielt Lucius eine kleine Rede.« Er erwähnte dabei auch, sein Kollege Wilhelm Meister und er hätten der »Kaiser Wilhelm- und Augusta-Stiftung« aus dem heutigen Anlaß weitere 30 000 Mark überwiesen.

»Die Musik«, so berichtete Müller, »intonierte jetzt die Nationalhymne, und freudig bewegt stimmte alles in die lieben Klänge ein, während der ganze Garten und die angrenzenden Straßen in buntem Licht erglänzten. Der Fackelzug löste sich alsdann auf; die Teilnehmer rückten in die ihnen reservierten Gastlokale und brachten dort in froher Runde den Rest des Abends in gemütlichster Weise zu.«

Der Aufsichtsrat hatte die Beamten der Fabrik und zahlreiche Gäste zu einem Festessen in das Kasino geladen, über das der Reporter des Blattes ebenfalls rühmend berichtete:

»Der Saal war für; diesen Abend besonders prächtig geschmückt, die Bühne stellte eine wahrhaft entzückende Pflanzengruppe dar, aus welcher die Büste unseres allverehrten Kaisers Friedrich hervorragte; die Terrasse war zu einem zeltartigen Empfangszimmer umgewandelt worden, wo das Festkomitee die Besucher – circa 230 – empfing.«

Mehr noch des Patriotismus: »Beim Festmahle, das alsbald seinen Anfang nahm, galt selbstverständlich der erste Toast dem Landesherrn; Herr Dr. Buhl, erster Vizepräsident des deutschen Reichstags und Mitglied des Aufsichtsrats der Farbwerke, brachte den Trinkspruch auf seine Majestät in zündenden Worten aus, und begeistert stimmte alles in das Hoch ein.«

## *Ein Trinkspruch von Martinengo*

Schließlich erhob sich auch Gustav Martinengo, der »älteste Beamte der Farbwerke«, wie das Kreisblatt ihn bezeichnete, um auf das Wohl der Stadt Höchst zu trinken. »Freudig«, wird in dem Artikel hervorgehoben, »stimmte die Versammlung in das dreifache Hoch ein.«

Martinengo hatte sein eigenes Jubiläum bereits im Februar gefeiert. Auch er hatte allen Grund, zufrieden zurückzublicken. Aus dem kaufmännischen Hilfsangestellten mit einem Gehalt von zunächst 35 Gulden war ein würdiger Prokurist und angesehener Bürger der Stadt geworden. Er war mit der Tochter von Ludwig Döft verheiratet, einem Kaufmann, der in vielen Ämtern der Stadt Einfluß ausübte.

Die beiden Söhne Martinengos besuchten die Realschule, denn sie sollten es nach dem Wunsch ihrer Eltern eines Tages noch weiter bringen als der Vater. Martinengo hatte sich ein stattliches

Haus gebaut, und zwar in der Feldbergstraße 12, die sich allmählich mit den benachbarten Straßen zum Höchster Westend entwickelte, wo sich viele Beamte und Chemiker der Farbwerke niederließen. So wohnte direkt neben Martinengo der Prokurist Adolf Diehl, der später in der Firma zum Direktor avancierte und zum Stadtverordnetenvorsteher gewählt wurde. Daß zu einem Prokuristenhaushalt auch ein oder zwei Dienstmädchen gehörten, versteht sich und war von der Firma durchaus gewünscht. Schließlich konnte eine Frau Prokurist oder Frau Doktor nicht persönlich den Abfalleimer vor das Tor tragen. Selbst der sozial so aufgeschlossenen, mit Engels korrespondierenden Frau Pauli wäre das zu weit gegangen.

Das Gehalt war angemessen und erlaubte neben häufigem Aktienerwerb auch noch den Kauf von ein oder zwei Grundstücken im Jahr, denn der Staat stellte bescheidene Steueransprüche. So mußte Martinengo zum Beispiel im Jahr 1880 nur 120 Mark Klassensteuer bezahlen.

## *Alltag in einer Fabrik*

Natürlich brachten die Farbwerke zu ihrem 25jährigen Bestehen auch eine Festschrift heraus, die Professor August Laubenheimer verfaßte. Daraus ergibt sich, daß das Unternehmen im Juni 1888 genau 1860 Arbeiter, 50 Aufseher und neun Ingenieure und technische Beamte besaß. Das sogenannte Comptoir-Personal zählte 86 Kaufleute und 57 Chemiker.

Die effektive Arbeitszeit betrug damals neuneinhalb Stunden. Im Vergleich zu anderen Firmen war sie wesentlich kürzer. Der Vorstand ging, wie der Arzt Grandhomme berichtete, »von der Ansicht aus, daß eine solche, etwas verkürzte Arbeitszeit die Leistungsfähigkeit der Arbeiter erhöhe, und daß somit an Arbeitskraft gewonnen werde, was an Arbeitszeit verloren gehe«.

Das war eine nicht nur soziale, sondern auch kluge Einstellung, denn viele Arbeiter wohnten damals nicht in Höchst, sondern im weiteren Umkreis. Da der Fußmarsch in die Fabrik oft ein bis zwei Stunden dauerte – und am Abend nochmals die gleiche Zeit –, wäre die Belastung unerträglich geworden. Für manche von ihnen begann der Arbeitstag um vier Uhr früh.

Gearbeitet wurde gewöhnlich in zwei Schichten. Die erste begann morgens um sechs Uhr und dauerte bis nachmittags um fünf. An Pausen gab es eine halbe Stunde zum Frühstück und eine Stunde für das Mittagessen.

In Abteilungen, wo Tag und Nacht gearbeitet werden mußte, dauerte eine Schicht von sechs Uhr abends bis sechs Uhr morgens, die andere von sechs Uhr morgens bis sechs Uhr abends. Für die Überstunden gab es zehn Prozent Lohnzuschlag, für die Nachtschicht nochmals einen Zuschlag von zehn Prozent des Tageslohnes.

Akkordarbeit war selten, da der technische Ablauf in chemischen Betrieben das nicht zuließ.

Der Durchschnittslohn des Rotfabrikers betrug 3 Mark und 10 Pfennig pro Tag.

Zu den Löhnen kamen noch Monats- oder Jahresprämien hinzu. Sie konnten bis zu 100 Mark im Jahr und mehr betragen. Im Jahr 1882 wurden Prämien von insgesamt 16869 Mark verteilt: 4 Arbeiter erhielten Gratifikationen von über 100 Mark, 46 solche von 50 bis 100 Mark, 87 konnten 25 bis 50 Mark in Empfang nehmen. Rechnete man die Prämien zu den Lohnsummen, so verdiente ein Arbeiter, der einige Jahre in der Fabrik beschäftigt war, etwa 1000 Mark im Jahr.

## *Mitbestimmung beim Speisezettel*

Für das leibliche Wohl sorgten mehrere »Menagen« (Kantinen). Es gab 1882 zwei: Eine verpflegte die Beschäftigten in der Alizarinfabrik, der Säurefabrik, dem Bauwesen, der mechanischen Werkstätte und dem Fuhrwesen. Die andere diente den Beschäftigten in der Anilin- und Farbenfabrik.

Für jede Menage gab es einen Speisesaal. Rund 950 Arbeiter nahmen darin regelmäßig ihr Essen ein. Eine besondere »Menage-Ordnung« regelte den von den Arbeitern selbst verwalteten Betrieb. Einem »Menagenausschuß« anzugehören, war ein sehr respektables Privileg. Hier ein Auszug aus dieser

## Menage-Ordnung

§ 1 Die Verwaltung der bestehenden Menageküchen geschieht durch die Arbeiter selbst.
§ 2 Die Arbeiter wählen zu diesem Zweck alljährlich einen Ausschuß von 6 Mitgliedern durch absolute Majorität.
§ 3 In diesem Ausschuß ist die Firma durch einen Bevollmächtigten vertreten.
§ 4 Jeden Monat wählt der Ausschuß aus seiner Mitte einen Obmann, dem die Leitung und Überwachung der Küche übertragen ist.
§ 5 Der Ausschuß ernennt die Person, welche die Küche besorgt. Er beschließt über die Bezugsquellen von Fleisch und anderen Bedürfnissen der Menage.
§ 6 Die Einlage eines jeden Arbeiters beträgt zwanzig Pfennig pro Tag.
§ 7 Die Firma zahlt für jeden beteiligten Arbeiter zehn Pfennig pro Tag und den angestellten Koch und die Küchenjungen. Sie stellt die nötigen Räume nebst Inventar und trägt die Heizungskosten.
§ 8 Die Ausgaben und Einnahmen der Menage werden in einer besonderen Kasse mit Einsichtnahme des Ausschusses verrechnet.
§ 9 Die Teilnehmer haben den Anordnungen des Obmanns, die Menageverhältnisse betreffend, Folge zu leisten.

Für seine 20 Pfennig erhielt der Rotfabriker zweimal täglich einen halben Liter Kaffee und ein Mittagessen. Die Nachtschichtarbeiter konnten sich für zwei Pfennig um Mitternacht einen halben Liter Kaffee kaufen.

Brot, und häufig auch Milch, brachten die Arbeiter mit. Manchmal hatten die Frauen Wurst, Käse oder Butter eingepackt, falls die Haushaltskasse dies erlaubte oder ein besonderer Tag war.

Was aßen die Rotfabriker am Abend? Der Arzt Dr. Grandhomme sah ihnen aufmerksam in die Töpfe. Er berichtete: »Das Nachtessen zu Hause besteht bei den meisten aus Kaffee und Brot, Suppe oder Dickmilch und Kartoffeln« – das in der Rhein-Main-Gegend übliche »Menü« der Arbeiter und Kleinbauern.

Natürlich bezog die Firma die wichtigsten Nahrungsmittel – Kartoffeln, Linsen, Bohnen usw. – im Großen. Den Schlüssel zu dem Magazin, in dem diese nahrhaften Schätze lagerten, verwahrte der Oberaufseher der jeweiligen Fabrik. Jeden Vormittag wurden die Schlüssel dem Obmann der Menage anvertraut. Obmann und Koch holten dann aus dem Magazin die Nahrungsmittel für die Küche, verschlossen das Magazin wieder und gaben den Schlüssel an den Aufseher der Fabrik zurück. Auf diese Weise erfolgte eine strenge Kontrolle von Küche und Magazin. Offenbar hatten einige frühere Vorkommnisse zu dieser Zeremonie geführt, die Ähnlichkeit mit dem Ritual in Tresorräumen von Banken zeigte.

## *Fleisch – nicht fettreich*

Wo die anderen Nahrungsmittel eingekauft wurden, bestimmte der Menagenausschuß. Das Fleisch wurde jeden Tag von den Metzgern in Gegenwart des Menagenobmannes und des Kochs abgeliefert und sofort gewogen. Es mußte entbeint sein; auf 100 Kilo durften nicht mehr als 14 Kilo Knochen kommen. Der Menagenobmann achtete auch darauf, daß das Fleisch nicht sehr fettreich war. In dieser Hinsicht waren die Rotfabriker verwöhnt.

Die zwanzig Pfennig für Essen und Kaffee wurden den Arbeitern vom Lohn abgezogen. Die Beiträge und der vom Werk aufgebrachte Zuschuß flossen in für die beiden Menagen getrennte Kassen.

Die Menagen besaßen in der Nähe der Fabrik mehrere Äcker. Darauf wurden Kartoffeln und Gemüse angebaut. Zeigte die Kasse einen kleinen Überschuß, wurden Kartoffeln, Hülsenfrüchte und andere Nahrungsmittel gekauft, falls die Preise gerade besonders günstig waren.

Als Fleisch gab es hauptsächlich Ochsenfleisch. Jede Mittagsportion sollte 170 Gramm enthalten. Der Obmann prüfte, ob der Koch dabei mit richtigem Augenmaß die Fleischstücke schnitt.

## Suppen gab es häufig

Grandhomme fand sogar heraus, daß sich die Gewohnheiten der Esser von der einen zur anderen Menage leicht unterschieden. »Der Kartoffelverbrauch ist auf der Anilin-Fabrik etwas größer als auf der Alizarin-Fabrik, ebenso der Verbrauch an Kaffee, während der Verbrauch an Hülsenfrüchten ziemlich gleich ist. Reis, resp. Gerste, wird auf der Alizarin-Fabrik gar nicht, auf der Anilin-Fabrik höchstens alle vier Wochen einmal gekocht: Gewöhnlich wird zwischen Kartoffel-, Linsen-, Bohnen- und Erbsensuppe abgewechselt.« Für alle Suppen, besonders die Kartoffelsuppe, wurden neben den Gewürzen reichlich Sellerieblätter, Weißkraut usw. verwendet.

Als Arzt wollte es Grandhomme natürlich genau wissen: Wie mußte das Essen beschaffen sein, um »einen Arbeiter leistungsfähig zu erhalten«? Er fand,

1. die Nahrung muß genügende Mengen von Nahrungsstoffen enthalten,
2. diese Nahrungsstoffe müssen in einem richtigen Verhältnis zueinander stehen,
3. es muß die Möglichkeit einer Resorption der Nahrungsstoffe vom Darm aus ohne zu große Belästigung der entsprechenden Organe vorhanden sein,
4. es müssen mit den Nahrungsmitteln eine Anzahl sogenannter Genußmittel, Tee, Kaffee, Alkohol, Gewürze etc. verbunden sein, welche durch die Anregung des Nervensystems und durch Erregung der Sekretion der Drüsen sowohl auf die Verdauung als auch auf die Resorption von wesentlichem Einflusse sind.

Grandhomme stützte sich auf Ernährungswissenschaftler, nach denen »eine richtige Verteilung der Nahrungsstoffe auf die verschiedenen Tageszeiten nicht ohne Einfluß auf die Leistungsfähigkeit des Arbeiters ist«.

Von den notwendigen Nahrungsstoffen sollten 59 Gramm Eiweiß, 34 Gramm Fett und 160 Gramm Kohlenhydrate im Mittagessen enthalten sein. Nach den Untersuchungen von Grandhomme nahm jeder Arbeiter in den Farbwerken täglich rund 74,5 g Eiweiß, 15,4 g Fett und 210 g Kohlenhydrate zu sich.

Grandhomme bemerkte dazu: »Es besteht somit, neben dem Plus an Eiweiß und Kohlenhydraten, ein nicht unwesentliches Minus an Fett. Diese Differenz ist erst in den letzten Jahren eingetreten, indem die Arbeiter zur Zeit fettes Fleisch viel weniger gern essen als früher; allein wissenschaftlich betrachtet, ist dieses Minus an Fett keineswegs zu Ungunsten des Nährwertes der Mittagskost zu betrachten, weil das Plus an Eiweiß sehr bedeutend ist und durch die Zersetzung von Eiweiß bekanntlich eine nicht unwesentliche Menge von Fett geliefert wird.«

Was die Tageskost anbelangte, so ging Grandhomme davon aus, daß jeder Arbeiter täglich etwa 750 Gramm Brot aß; zusammen mit dem Mittagessen ergaben sich 15,4 g Fett, 116 g Eiweiß und 430 g Kohlenhydrate am Tag. Das bedeutete nach den Lehren der Ernährungswissenschaftler ein kleines Defizit an Fett. »Da jedoch die meisten Arbeiter Butter, Käse, Wurst und anderes mit in die Fabrik brachten, also Nahrungsmittel, die Fett enthielten, so dürften wir die Bedingung, welche wir an eine richtige Kost der Arbeiter stellen, nämlich daß dieselbe eine genügende Menge von Nahrungsmitteln enthalte, als erfüllt betrachten«, konstatierte Grandhomme.

Was das Befinden der Rotfabriker anging, so fand der Arzt, es sei im allgemeinen sehr gut und die Zahl der Erkrankungen gering.

Grandhomme vermerkte »die Tatsache, daß die jetzige Art der Ernährung der Arbeiter aus deren eigener Initiative hervorging, indem dieselben, selbständig in der Auswahl ihrer Nahrungsmittel, nach anfänglich längerem Schwanken und Experimentieren durch ihre praktischen Erfahrungen zu den jetzigen Zusammensetzungen ihrer Suppen gekommen sind.«

## *Arbeitsordnung anno 1880*

Die Arbeitsordnung von 1880 zeichnete sich durch einen bemerkenswert sachlichen Ton des Umgangs zwischen Unternehmen und Arbeitnehmern aus. Von einem obrigkeitlichen Stil wie in anderen Werken war nichts zu merken.

## Fabrik-Ordnung
## von Meister Lucius und Brüning in Höchst a. M.

§ 1 Jeder Arbeiter empfängt bei seinem Eintritt ein Exemplar dieser Fabrikordnung.

§ 2 Die Kündigung kann gegenseitig jederzeit stattfinden.

§ 3 Die Arbeiter stehen unmittelbar unter einem Aufseher, dessen Anordnungen sie willig Folge zu leisten haben.

§ 4 Die Glocke verkündet den Arbeitern des Morgens und des Abends den Anfang und das Ende der Arbeitszeit.

§ 5 Bei verspätetem Erscheinen meldet sich der Arbeiter bei seinem Aufseher, welcher die Zeit des Arbeitsantritts bestimmt.

§ 6 Wer die Arbeit vor oder nach dem regelmäßigen Schichtwechsel verläßt, hat sich beim Portier (Nachtwächter) abzumelden.

§ 7 Es darf kein Arbeiter ohne Anzeige und Erlaubnis seines Aufsehers ausbleiben. In unvorhergesehenen Fällen hat er sich über den Grund seines Ausbleibens genügend zu rechtfertigen.

§ 8 Ruhiges, anständiges Benehmen wird jedem Arbeiter zur Pflicht gemacht. Er hat auf Reinlichkeit an sich selbst, wie in seinem Arbeitsraum streng zu achten und den für die einzelnen Arbeitsräume getroffenen Anordnungen pünktlich Folge zu geben.

§ 9 Kein Arbeiter darf einen anderen Theil der Fabrik betreten, als denjenigen, wo ihm seine Beschäftigung angewiesen.

§ 10 Kein Arbeiter darf ohne Erlaubnis des Aufsehers seine Arbeit verlassen; insbesondere muß derselbe an seinem Platze bleiben, wenn in einer der Fabriken der Unterzeichneten durch Brand oder andere Ereignisse außergewöhnliche Störungen eintreten.

§ 11 Jeder Arbeiter ist für den Schaden verantwortlich, den er der Fabrik durch Nachlässigkeit, Unachtsamkeit oder Bosheit zufügt; er ist ferner für den Bestand der ihm anvertrauten Werkzeuge, Geräthschaften und Maschinen haftbar.

§ 12 Kommt Etwas an Maschinen oder Geräthen in Unordnung, so muß der Arbeiter sogleich seinem Aufseher Anzeige machen, der allein bezüglich Reparaturen das Erforderliche zu veranlassen hat.

§ 13 Angetrunkene Arbeiter werden in der Fabrik nicht geduldet. Neigung zur Trunksucht hat Entlassung zur Folge.
§ 14 Es ist untersagt, geistige Getränke in die Arbeitsräume mitzubringen.
§ 15 Das Tabakrauchen ist innerhalb der Fabrik und deren Höfen, wie auch bei dem geschäftlichen Verkehr zwischen den einzelnen Fabriken und der Eisenbahn verboten. Tabakspfeifen und Zündhölzer dürfen nicht mit in die Fabrikräume gebracht werden. Im Speisesaal ist das Rauchen während der bestimmten Ruhezeit erlaubt.
§ 16 Bei Nichtbeachtung der gegebenen Verordnungen können Strafen bis zu drei Mark zuerkannt werden.
§ 17 Die Arbeiter haben sich aller Mittheilungen, die Fabrikation betreffend, an Dritte, wie auch unter sich, zu enthalten.
§ 18 Das Mitnehmen von Materialien und fertigen Fabrikaten wird streng untersagt und jede Entwendung der Art, auch der kleinsten Probe, als Diebstahl verfolgt werden.
§ 19 Die Unterzeichneten werden an bewährte tüchtige Arbeiter jährliche Gratificationen austheilen.

## *Eine Fabrik von jungen Männern*

Die Rotfabrik des Jahres 1882 besaß eine junge Belegschaft. Die meisten Arbeiter standen zwischen dem 26. und 30. Lebensjahr. Von den insgesamt 1296 Arbeitern hatten 1143, also fast 90 Prozent, noch nicht das vierzigste Lebensjahr erreicht. Älter als 50 Jahre waren nur 48 Arbeiter, darunter die Veteranen der ersten Jahre, wie Barthel, Abt, Nathan, Schlapp oder Scherer. Jüngere Arbeiter zwischen dem 14. und 16. Lebensjahr wurden nicht in den Fabrikräumen, sondern in den Küchen als Spülbuben, in den Laboratorien und in der Expedition beschäftigt.

Der erste jugendliche Arbeiter war Johann Krump. Er war am 19. November 1857 in Okriftel geboren und bei seinem Eintritt im April 1871 13 Jahre und fünf Monate alt. Wahrscheinlich hatte ihn ein Verwandter namens Philipp Krump, der bereits seit 1865 in den Farbwerken arbeitete, nach der Schulentlassung mitgenommen.

Andreas Steinbrech, am 9. August 1861 in Eddersheim geboren, wurde mit 13 Jahren und sieben Monaten Rotfabriker.

Der allererste Lehrling des Unternehmens hieß Georg Gehringer. Sein Lohn betrug 50 Pfennig am Tag. Er wurde am 11. Januar 1864 in Michelstadt im Odenwald geboren; er folgte seinem Vater, Georg Gehringer sen., der seit 1874 im Alizarinbetrieb arbeitete. Sohn Georg wollte Schlosser werden. Er erhielt eine Ausbildung in den Mechanischen Werkstätten, die das Unternehmen einige Jahre zuvor eingerichtet und seither kontinuierlich ausgebaut hatte, wie es die stetige Vergrößerung der Fabrik verlangte.

Wie viele andere wurden auch die ersten Gehringers Begründer einer »Farbwerks-Dynastie«, die sich bis auf den heutigen Tag in der Firma gehalten hat. Erst im Juni 1987 hat der jüngste Gehringer seine Gehilfenprüfung abgelegt.

Die jugendlichen Arbeiter verdienten am Anfang 1,20 Mark bis 1,50 Mark am Tag; nach einigen Jahren stieg ihr Verdienst bis auf 3 Mark und höher.

Am besten wurde die Arbeit in den mechanischen Werkstätten bezahlt, am schlechtesten die Hofarbeit, wobei allerdings zu sagen ist, daß die Hofarbeit für viele junge Tagelöhner nur den Einstieg in die Rotfabrikerlaufbahn darstellte. 493 von den insgesamt 1296 Arbeitern des Jahres 1882 waren zuvor Tagelöhner gewesen; unter den übrigen waren 66 Maurer, 76 Schuhmacher, 22 Bäcker, 40 Schreiner, 22 Tüncher und 22 Weber.

Fast zwei Drittel von ihnen schätzten den Ehestand: 64,5 Prozent, das sind 837 Arbeiter, waren verheiratet. Sie mußten jetzt nicht mehr die Gemeinde um Erlaubnis fragen, wenn sie heiraten wollten. Das war eine alte Maßnahme, mit der die Behörden verhindern wollten, daß sich bei ihnen Leute niederließen, die der Gemeindekasse zur Last fielen. Die preußische Regierung fand dies ungerecht, weil es die Freiheit der Bürger beeinträchtigte. Das Gesetz wurde daher von Wilhelm I. abgeschafft.

Fast alle verheirateten Rotfabriker hatten Kinder, in der Regel zwei bis drei. Den Rekord hielten 1888 Johann und Eva Barthel mit 16 Kindern.

Rund die Hälfte der Beschäftigten stammte aus Höchst. Die anderen kamen vorwiegend aus Orten im Umkreis von etwa fünf Kilometern, wie Nied, Unterliederbach oder Sossenheim.

Ein weiteres Fünftel der Arbeiter kam aus weiter entfernten Ortschaften im Umkreis von etwa 14 Kilometern. Manche übernachteten daher in Höchster Schlafstellen. Sie wanderten nur am

Wochenende nach Hause. Das waren die sogenannten Schlafgänger, wohnhaft meist bei Handwerkerfamilien, die einen kleinen Zuschuß zur Familienkasse brauchen konnten. 258 Arbeiter, also etwa ein Fünftel, besaßen eine eigene Wohnung; 557 wohnten zur Miete.

In den siebziger Jahren begann das Unternehmen, den Wohnungsbau systematisch zu fördern: Werksangehörige erhielten Hypotheken zu günstigen Zinsen, wenn sie selbst bauen wollten.

Von der Firma wurden ab 1875 die ersten Häuser für Werksangehörige errichtet. Es handelte sich dabei um Einzel-, Doppel- und Vierfamilienhäuser. Grundsatz war, keine Massenquartiere zu errichten. Die Häuser sollten sich vielmehr in offener Bauweise präsentieren und den Bewohnern ein echtes Heim geben.

Damit die Rotfabriker einigermaßen individuell wohnen konnten, wurden sogar höhere Bau- und Grundstückskosten akzeptiert. Der durchschnittliche Kaufpreis für Baugelände in Stadtnähe betrug 1875 rund 5,50 Mark – er stieg bis 1910 auf über 15 Mark.

*Die Siedlung am Seeacker*

Die ersten Häuser für Arbeiter entstanden 1874/75 auf der Gemarkung »Seeacker«. Der Seeacker lag östlich vom Liederbach, dem »Haus-Rinnsal« der Farbwerke. Wahrscheinlich haben einige »Entgleisungen« des Liederbachs in Zeiten starker Niederschläge den »See«-Acker entstehen lassen.

Brüning war zu dem Bau von Arbeiterhäusern während des Besuches der Weltausstellung in Wien 1873 angeregt worden. Dort sah er einige Häuser, die von den fortschrittlichen, sozialen Gedanken der Zeit zeugten.

Weitere Vorbilder für den Seeacker waren Gebäude, die 1862 von der Chemischen Fabrik Griesheim errichtet worden waren, aber auch die Textilarbeitersiedlung »Cité ouvrière«, 1853 in Mülhausen im Elsaß entstanden.

Die ersten Häuser auf dem Seeacker waren Vierfamilienhäuser unter einem quadratischen Dach. Doch bei dieser Bauform zeigte sich bald ein Nachteil: Zwei Seiten der Häuser lagen nach innen. Sie erhielten kaum Tageslicht und ließen sich schlecht belüften.

Vorübergehend liebäugelte man in Höchst mit dem Plan, viergeschossige Häuser für je zwölf Familien zu bauen. Kosteneinsparungen verlockten dazu. Doch der junge Baumeister Heinrich Kutt wandte sich energisch dagegen. Er plädierte für das Doppelhaus im Cottage-Stil. Kutts Argumente gegen mehrstöckige Häuser waren nicht nur hygienischer und wirtschaftlicher Art: »Gibt es schon unter den gebildeten Ständen«, schrieb er in einer kleinen Denkschrift, »in Mietwohnungen nur zu häufig Anlaß zu Zank und Streit, um wieviel mehr muß dies bei den auf niedriger Bildungsstufe stehenden Arbeiterfamilien der Fall sein, wenn sie übereinander wohnen und darauf angewiesen sind, Keller, Treppe, Hofraum etc. gemeinsam zu benützen; eine Beeinträchtigung der eigenen Häuslichkeit wird nicht ausbleiben und die Kultivierung des Wirtshauslebens die weitere Folge sein. Ich glaube, daß die notdürftige Aufrechterhaltung von Frieden, Ordnung und Reinlichkeit in einem solchen Hause dem beaufsichtigenden Beamten mehr Arbeit und Sorgen verursachen würde als in unseren jetzt bestehenden 88 Wohnungen zusammengenommen.«

Um die Schlafzimmer machte sich Kutt besondere Gedanken: »Beim Vorhandensein größerer Kinder ist ein einziges, wenn auch geräumiges Schlafzimmer für die Sittlichkeit nicht förderlich; auch der pekuniäre Vorteil, den sich die Familie häufig durch Aufnahme eines ledigen Arbeiters zu verschaffen versucht, bzw. die Erlaubniß hierzu wäre in diesem Fall grundsätzlich auszuschließen.« – Sehr modern war seine Einstellung zur Hygiene:

»Der Einfluß des Sonnenlichts auf die Beschaffenheit der Luft in den Wohnungen und auf das Gemüt des Menschen ist unumstritten; bei der Stellung des Gebäudes mit den beiden Langseiten gegen Norden und Süden, wozu die Örtlichkeit nötigen würde, bekäme die Hälfte der Wohnungen kaum einen Sonnenstrahl in die Zimmer. Unsere Zweifamilienhäuser bieten hierin das denkbar Beste, da nur Küche, Hauseingang und Treppe nach Norden liegen.«

»Die äußere Erscheinung eines dreistöckigen, jeden Schmuckes entbehrenden Hauses fällt natürlich auch sehr ab gegen eine Anzahl kleiner Häuschen, die, ohne eines besonderen Schmuckes zu bedürfen, schon durch ihre konstruktive Erscheinung und abwechslungsreiche Silhouette einen freundlichen Anblick gewähren.«

Am meisten aber störte Baumeister Kutt der Mangel eines Gärtchens bei den mehrstöckigen Häusern. »Wenn man auch für jede Wohnung ein eingefriedetes Stück Gartenland zugeben wollte, so kann dies doch nimmermehr den die vollkommen separate Wohnung umgebenden Garten ersetzen, welcher alle Vorzüge des Cottage-Systems erst voll zur Geltung kommen läßt.«

Den von Kutt favorisierten Haustyp beschrieb Grandhomme so: »Alle Zimmer liegen nach Süden, alle Eingänge, Küchen und Treppen nach Norden. Die Abmessungen der Küche sind möglichst knapp gewählt, um den in jeder Beziehung verwerflichen Aufenthalt der Familie während des Tages in der Küche auszuschließen. Das Dachgeschoß ist ganz ausgebaut; der Vordergiebel enthält noch je ein Zimmer mit gerader Decke, der Seitengiebel eine größere Kammer mit halbschräger Decke und einem vollen Fenster, die noch als freundlicher Schlafraum für je eine Person Verwendung finden kann. Der infolge dieser Ausnützung des Dachgeschosses fehlende Dachraum wird nach den bisherigen Erfahrungen in Höchst nicht vermißt. Manche benützen, wenn sie nicht Kleinvieh halten, den Stall als Waschküche. Die Lüftung der Räume geschieht auf natürlichem Wege durch Öffnung der Fenster.«

»Das Äußere der Häuser ist als Ziegelfugenbau aus Felsbrandsteinen hergestellt. Die Flächen sind hell gefugt; die Lisenen, Bögen usw. mit roten Ofensteinen verblendet und unter Verwendung von gebrauchtem Formsand aus Eisengießereien dunkel gefugt. Mit der Farbe der Steine vereinigen sich der blaue Ton der Schieferdächer, das Grün der sauber gehaltenen Gärtchen und Spaliere und die weißen Vorhänge zu einem freundlichen Gesamteindruck.«

## *Ein Haus für viereinhalbtausend Mark*

Die Kosten für die Häuser waren nach modernen Maßstäben ausgesprochen niedrig. Ein Doppelhaus kostete etwa 9000, ein Einfamilienhaus rund 4500 Mark. Die Häuser blieben Eigentum der Firma. Der Mietpreis betrug zwischen drei und vier Mark in der Woche, das war etwa der fünfte Teil des Lohnes.

Einer der ersten Bewohner der Siedlung am Seeacker war Heinrich Schlapp, der 1864 von der Chemischen Fabrik Griesheim zu

Hoechst überwechselte. Er war als Sauberkeitsfanatiker in der Siedlung berühmt, dabei jedoch umgänglich und hilfsbereit, wenn in der Nachbarschaft kleinere Reparaturen notwendig wurden. Schlapp war einer der besten Kartenspieler der ganzen Siedlung, wie spätere Chronisten berichtet haben.

Die Siedlung wurde 1964 abgerissen, aber ältere Höchster erinnern sich ihrer noch wehmütig.

Freilich, wer sich eine Freizeit abseits vom beruflichen Alltag wünschte, für den war der Seeacker nicht ideal. Es gab zwar Nestwärme, aber keine Abgeschiedenheit. Nachrichten aus der Firma machten im Seeacker oft schneller die Runde denn als Mitteilungen am Schwarzen Brett in der Fabrik. Als Franz Ferdinand Barthel, ein Neffe unseres Helden Johann, zum Färbemeister befördert wurde, erfuhr es seine Frau, lange bevor ihr Mann nach Hause gekommen war. Der Hausfrauen-Spionagedienst des Seeackers funktionierte.

Die Überbringerinnen der guten Nachricht an die neue »Frau Werkmeister« vergaßen auch nicht hinzuzufügen: »Gell, Frau Barthel, jetzt dürfen Sie aber nicht mehr ohne Hut in die Stadt gehen.«

Immerhin, der Werkmeister Barthel konnte auch weiterhin im Seeacker, Haus 148, wohnen, was keineswegs selbstverständlich war. Denn die höheren Chargen wohnten oft nicht mehr in der Siedlung. Ganz waren die Klassenschranken eben doch nicht gefallen.

Am dankbarsten war damals Barthels Sohn Jakob. Er hätte bei einer Umsiedlung mit einem Schlag seine Freunde und Lieblingsplätze im idyllischen Seeacker verloren.

## *Widerstand der Alt-Zeilsheimer*

In den neunziger Jahren errichtete die Firma zwei weitere Wohnsiedlungen im Westen des Werkes. Die Siedlung »Mainfeld« bestand aus 42 Reihenhäusern mit sieben Einzel- und sechs Doppelhäusern. Sie lag auf dem Gelände des Werkes in der Nähe der Serumbetriebe.

Die größte Siedlung entstand damals in Zeilsheim, nachdem sich die »Alt-Zeilsheimer« lange Zeit mit allen Mitteln gegen den neuen Siedlungskomplex gewehrt hatten. Es gab dafür Gründe:

Zeilsheim, eine knappe Stunde von den Farbwerken entfernt, war eine bescheidene Landgemeinde mit weniger als tausend meist bäuerlichen Einwohnern. Diese befürchteten, die »Kolonisten« könnten sich ungebührlich breit machen und den beschaulichen Fluß ihres Lebens stören. Daher versuchte der Gemeinderat, die Genehmigung der Bauanträge immer wieder hinauszuschieben. Die werkseigene Baugesellschaft mußte schließlich an den Landrat appellieren, »einen vorläufigen Beschluß des Gemeinderats von Zeilsheim zu dem unsererseits beabsichtigten Kolonisationsgesuch herbeiführen zu wollen«.

Bei der Ausschreibung von 45 Doppel- und zehn Einzelhäusern kam die Höchster Baufirma J. Kunz Söhne mit einem Angebot von 436 224,80 Mark zum Zuge.

Jede Wohnung besaß – je nach dem Typ des Hauses – im Erd- und Dachgeschoß insgesamt vier bis sechs Räume. Hinzu kam ein »Ställchen für Kleinvieh und Gerätschaften«. Der Garten war 250 Quadratmeter groß. In ihm standen bereits drei Obstbäume.

Fließendes Wasser und Kanalisation gab es zunächst nicht. Gekocht und geheizt wurde mit Kohle oder Holz. Petroleumlampen oder Kerzen beleuchteten die Räume.

Lange nachdem die ersten Rotfabriker eingezogen waren, leisteten die Einheimischen noch Widerstand gegen ihre neuen Mitbürger. Sie fürchteten den Einbruch in »ihren« Gemeinderat und damit die Machtübernahme durch die »Neu«-Zeilsheimer.

Die Rotfabriker antworteten, indem sie eigene Wahllisten aufstellten, was sich aber wegen des preußischen Dreiklassenwahlrechts nicht auswirkte.

Obwohl die Baugesellschaft damals fast jeden Wunsch der Gemeinde erfüllte und vor allem ein neues Schulhaus und einen neuen Friedhof finanzierte, blieben die Einheimischen noch lange unversöhnt. Adalbert Vollert schrieb darüber in seiner Geschichte von Zeilsheim: »Neben der gesellschaftlichen Distanz pflegte man die religiöse Abneigung, hatte doch mit den Koloniebewohnern die Zahl der Protestanten sprunghaft zugenommen. Hinzu kamen handfeste wirtschaftliche Gründe. Die Ortshandwerker fühlten sich bei den Bau- und Reparaturaufträgen übergangen, und die ortsansässigen Händler beklagten sich über das werkseigene Kaufhaus, ›das den ganzen Gewinn zieht‹.«

»Die Fronten waren so verhärtet, daß bei der Kirmes Buden im

Dorf und in der Kolonie standen, und der Pfarrer sich Mühe gab, seine Kommunionkinder bei dem Erinnerungsfoto separat nach ›Dorf‹ und ›Kolonie‹ aufzustellen. Wer damals bei einem Bauern Milch, Eier oder Kartoffeln kaufen wollte und keinen Alt-Zeilsheimer Namen trug, wurde oft nicht bedient.«

Unter dieser Trennung litt auch das Vereinsleben. Es gab oft für die gleichen Sportarten einen Dorf- und einen Kolonieverein. Eine Heirat zwischen Alt- und Neu-Zeilsheimern schien lange undenkbar.

Das Werk entlastete mit diesen Siedlungen nur teilweise die Wohnungssituation in Höchst und den Nachbarorten. Im Kreis gab es zwar, wie Grandhomme betonte, keine »Massenwohnungen von Fabrikarbeitern«; doch in einzelnen Orten, besonders in Höchst, »wohnten die Arbeiter doch sehr dicht beieinander, und die meistenteils in den ältesten Häusern liegenden Schlafstellen, etwa vierhundert an der Zahl, lassen bezüglich ihrer Größe, öfters aber bezüglich ihrer Reinlichkeit, manches zu wünschen übrig«.

Die Farbwerke bauten auch eigene Schlafsäle. In diesen gab es Zimmer für jeweils sechs Arbeiter, einen gemeinsamen Aufenthaltsraum und eine geräumige Küche. Der Mietpreis pro Bett betrug in der Woche eine Mark – einschließlich der Bettwäsche; denn trotz häufiger Bäder verrieten die Laken der Schlafgänger, daß sie in einer Farbenfabrik arbeiteten. Natürlich gab es auch eine Hausordnung für die Schlafsäle. Darin hieß es unter Paragraph 4: »Abends zehn Uhr wird das Gas in den Zimmern gelöscht und die Haustüre geschlossen. Wer ausnahmsweise später nach Hause kommen will, muß dies längstens 5 Uhr nachmittags dem Hausmeister oder dessen Frau gemeldet haben.«

Wahrscheinlich hing es mit dieser Bestimmung zusammen, daß Grandhomme feststellen mußte: »Im allgemeinen ziehen die Arbeiter vor, einzeln für sich Schlafstellen bei Familien zu mieten, da sie hier bezüglich des Nachhausekommens am Abend bzw. in der Nacht nicht der kleinen Beschränkung persönlicher Freiheit unterliegen, wie sie in den Schlafsälen im Interesse der Ordnung besteht.«

## Höchster Hygieneprobleme

Mit Reinlichkeit und Hygiene war es im Kreis Höchst damals nicht zum Besten bestellt. Die Kritik Grandhommes deutet darauf hin: »Weitaus die meisten, insbesondere fast alle in den letzten Jahren erbauten Häuser, entsprechen in der Beschaffenheit ihrer Wohnräume den Anforderungen der öffentlichen Gesundheitspflege; dagegen läßt die Anlage der Aborte in den älteren Häusern sehr viel zu wünschen übrig und es eröffnet sich nach dieser Richtung für die Sanitätskommissionen ein ergiebiges Feld... Die menschlichen und tierischen Exkremente gehen in den weitaus meisten Häusern mit den Abfällen und Abwassern der Haushaltung in Gruben, von welchen jedoch nur ein Teil cementiert ist. Kanalisiert ist kein Ort; für Haushaltsabfälle besteht in Soden ein vollendetes, in Höchst ein fast vollendetes Abfuhrsystem.«

Im Jahre 1875 gab es in Höchst 338 Wohnhäuser bei 850 Haushaltungen. Im Durchschnitt wohnten in einem Haus zehn oder elf Menschen, das waren zwei bis drei Familien. Zu den 3957 Einwohnern kamen die schon erwähnten rund 400 Schlafgänger, in der Regel Rotfabriker. Ihre Familien wohnten irgendwo im weiten Umkreis. Sie konnten nur am Wochenende nach Hause.

Obwohl man schon dicht beisammen wohnte, sollte es in den kommenden Jahren noch enger werden. Zwar stieg die Zahl der Wohnhäuser bis 1885 auf 480. Aber 1880 lebten bereits 4978 Menschen innerhalb der Mauern von Höchst, 1885 war die Zahl auf 6165 angewachsen. Die Bevölkerung hatte in einem Jahrzehnt um 55,8 Prozent zugenommen.

Unter den Berufstätigen waren 60 Prozent Industriearbeiter, 30 Prozent Handwerker und Angestellte und nur noch rund 10 Prozent Landwirte.

Neben den Farbwerken existierten zahlreiche Gewerbebetriebe, darunter drei Möbelfabriken und eine große Holzhandlung. Hinzu kamen rund 185 selbständige Handwerksmeister mit 600 Gesellen und Lehrlingen.

Die Zahl der Wohnräume entsprach nicht dem Bevölkerungszuwachs. 1885 existierten in Höchst – wie erwähnt – 480 Wohnräume bei 850 Haushaltungen. Es wohnten also 12,8 Menschen und 2,6 Familien in jedem Haus. Die einzelne Familie zählte – im Durchschnitt gerechnet – 4,8 Köpfe.

*Krankheiten kamen jedes Jahr*

Dieses enge Aufeinanderwohnen mußte Grandhomme mißfallen: »Die Gesundheitsverhältnisse in Höchst sind nicht sehr günstig«, resümierte er, »wie dies bei der Dichtigkeit der Bevölkerung nicht anders zu erwarten steht.«

Von 1880 bis 1885 brach alljährlich Typhus aus. Allein 1880 wurden 15, 1885 12 Fälle registriert.

Die eigentlichen Ursachen des Typhus waren damals noch rätselhaft. Grandhomme und die beiden Ärzte in Höchst, Dr. Paul Schwerin und Dr. Sartorius, hatten die Brunnen der Stadt in Verdacht, aber noch war der Übertragungsmodus der Krankheit unbekannt. Man wußte nicht, daß der Typhus stets von Typhus-Bakterienträgern ausgeht. Diese Menschen hatten sich, mitunter schon Jahre zuvor, mit verseuchtem Trinkwasser, Milch oder Lebensmitteln infiziert, in denen sich kleine, höchst bewegliche Stäbchen, Typhusbakterien, tummelten. Der Berliner Mikrobiologe Gaffky, engster Mitarbeiter und späterer Nachfolger von Robert Koch, entdeckte sie 1884.

Diphtherie, auch Diphtheritis genannt, brach ebenfalls in fast jedem Jahr aus. Neun Kinder starben an dieser »Rachenbräune«. Auch ein Luftröhrenschnitt konnte oft einen qualvollen Tod nicht verhindern. Im gesamten Kreis wurden von 1880 bis 1885 551 Diphtherie-Erkrankungen gemeldet, von denen 48 tödlich ausgingen.

Wie beim Typhus waren die »Mikrobenjäger« in Berlin auch in diesem Fall erfolgreich bei der Suche nach dem Erreger. 1883 sah der Stabsarzt Friedrich Löffler schlanke Stäbchen mit einer keulenförmigen Anschwellung an einem oder an beiden Enden im Mikroskop. Diese Mikroorganismen waren, wie sich bald herausstellte, für die Krankheit verantwortlich. Es gelang, sie zu züchten und gegen die von ihnen ausgeschiedenen Gifte Gegengifte herzustellen.

Nur ein Jahrzehnt verging, bis ein Betrieb der Farbwerke das Serum produzierte, das dann Tausenden von Kindern das Leben rettete.

Wie mit der Diphtherie, die übrigens auch Erwachsene heimsuchte, mußten sich Patienten und Ärzte in Höchst mit Scharlach auseinandersetzen. 114 Kinder erkrankten in diesen Jahren daran. Sechs von ihnen starben.

Impfungen oder die modernen Antibiotika gab es damals noch nicht. Auch bei Scharlach war die eigentliche Krankheitsursache unbekannt – eine Überempfindlichkeitsreaktion gegenüber bestimmten Eitererregern.

## Pocken und Kindbettfieber

Im Sommer 1882 wurde Höchst von einer größeren Masernepidemie heimgesucht. 160 Kinder erkrankten, da diese Virusinfektion außerordentlich ansteckend ist. Auch kleinere Keuchhustenepidemien mußten registriert werden.

Obwohl schon seit Jahren gesetzlicher Impfzwang herrschte, brachen im Winter 1881 und im Frühjahr 1883 zwei Pockenepidemien aus. Die erste begann im November 1881 und endete im März 1882 in Rödelheim. Insgesamt handelte es sich um 48 Fälle, darunter hauptsächlich Personen, die nicht geimpft oder nicht nachgeimpft waren. 13 Kranke starben, 35 genasen.

Die größte Sterblichkeit mußte bei 22 Fällen von Kindbettfieber hingenommen werden. 14 Frauen starben. Für die Kreismedizinalbehörden war dies Anlaß, sehr energisch auf die hygienische Nachlässigkeit der Hebammen hinzuweisen.

## Vom Gesindehospital zum Krankenhaus

Noch kamen natürlich die meisten Höchster Neubürger zu Hause auf die Welt. Die Stadt besaß zwar seit 1858 ein winziges Spital, das zunächst auf die Initiative einiger Bürger entstanden war, die sich ein Hospital für kranke Gehilfen und Dienstboten wünschten, doch die Hausgeburt war allgemein üblich.

Die Urzelle des Höchster Krankenhauses bildete ein kleines Anwesen der Witwe Heinrich Sauer in der Kleinen Taunus-Straße, später Emmerich-Josef-Straße 9. Das erste Inventar bestand aus vier eisernen Bettgestellen, die vom Frauenverein beschafft worden waren. Das Essen wurde zunächst von der Verwalterin, Frau Julie Schweitzer, aus dem Frankfurter Hof bezogen, weil sich eine eigene Küche nicht lohnte.

## *Finanzspritze für das Krankenhaus*

Längere Zeit befand sich in dem Hospital nur ein Patient, der von dem Töchterchen des Spitalwirts abends zur Bettzeit meist erst aus einer Wirtschaft heimgeholt werden mußte.

Nachdem die Farbwerke entstanden waren, wurde der Bau eines Krankenhauses aktuell. Adolf Brüning stiftete 1875 dem Hospitalverein 10000 Mark. Er erklärte sich zu weiteren Leistungen bereit, wenn ein richtiges Hospital gebaut und unter städtische Verwaltung gestellt würde.

Dank dieser Finanzspritze konnte der Neubau schon 1876 bezogen werden. Er wurde ein paar Jahre später um eine »Blatternstation« erweitert, da in Höchst, wie erwähnt, immer wieder kleine Pockenepidemien aufflackerten.

Das Regiment des Spitalmeisters und seiner Frau endete, als Stadt und Krankenhausverein 1887 erreichten, daß vom Mutterhaus der »Armen Dienstmägde Jesu Christi« eine Oberin und zwei Schwestern in Höchst zur Krankenpflege stationiert wurden.

Ein Jahr später kam es zu Verträgen mit den Ortskrankenkassen und der Betriebskrankenkasse der Farbwerke. Damit erhielt das Krankenhaus eine solide wirtschaftliche Grundlage. Zuständiger Arzt wurde 1887 wiederum der rührige Dr. Wilhelm Grandhomme.

Nachdem er 1887 ein Adolf Brüning gewidmetes Buch (»Der Kreis Höchst am Main in gesundheitlicher und gesundheitspolizeilicher Beziehung einschließlich einer geschichtlichen und chronologischen Beschreibung desselben«) veröffentlicht hatte, war er am 2. April 1887 zum Kreisphysikus des neugegründeten Kreises Höchst berufen worden.

Grandhomme hatte sich in der Kreisstadt niedergelassen; da wurde ihm 1889 das Kreisphysikat des Stadtkreises Frankfurt anvertraut. Er wurde Sanitätsrat, später sogar Geheimer Sanitätsrat.

Trotz seiner zahlreichen Ämter widmete er sich auch weiterhin der Gewerbehygiene, die er so erfolgreich mit Hilfe Brünings in den Farbwerken eingeführt hatte. Man kann sagen: Er hielt die Hand weiter am Puls der Fabrik.

So untersuchte Grandhomme die Todesursache von 31 Arbeitern, die zwischen 1880 und 1885 in Höchst gestorben waren; davon 26 an inneren Krankheiten und fünf an Verletzungen. Die inneren Erkrankungen gingen auf das Konto von Tuberkulose, Lungenentzündungen, Herzkrankheiten, Schlaganfällen, Typhus, Krebs und Nierenleiden. Bei den meisten infektiösen Erkrankungen handelte es sich um die »weiße Pest« Tuberkulose. An ihr starben allein 14 Arbeiter.

Bei den fünf Todesfällen durch Verletzungen ermittelte Grandhomme: »Arbeiter Andree verbrannte sich mit entzündeten Gasen, welche beim Öffnen einer Kammer aus dieser schlugen. Arbeiter Usinger verunglückte durch einen in dem Raume ausgebrochenen Brand. Arbeiter Kohl wurde nach einer Explosion durch eine einstürzende Mauer erschlagen. Arbeiter Maurer ging als Maschinist mit Hilfe einer Leiter, ohne die Maschine abzustellen, an die Transmission, wurde am rechten Arme von den beiden Kammerrädern erfaßt und mit dem Halse zwischen diese gezogen. Der Tod erfolgte momentan. Arbeiter Euler wurde bei einem Brande, welcher gelegentlich der Destillation von Naphthylamin im Arbeitsraume entstand, von den Flammen erfaßt, lief verwirrt mit den brennenden Kleidern davon und erlitt hierdurch schwere und weit verbreitete Brandwunden, denen er Tage darauf erlag.«

Mit dem Verlust eines Armes war die Verletzung des Arbeiters N. verbunden, der aus Unachtsamkeit einem Rührer zu nahe gekommen war. N.s Arm mußte amputiert werden. »Die Wunde heilte gut und N. ist bereits seit zwei Jahren wieder im Dienst.«

Insgesamt ereigneten sich zwischen 1880 und 1885 1210 Fälle von Verletzungen. Bei den meisten handelte es sich um Wunden durch Quetschungen.

## *Anilin gerät in Verdacht*

Grandhommes besonderes Augenmerk galt dem »Anilismus«. Zu dieser Vergiftung führten eingeatmete Anilindämpfe, etwa in dem sogenannten Reduktionsraum, wo Nitrobenzol und Anilin zu Fuchsin verarbeitet wurden. Hier herrschte manchmal, besonders an heißen Tagen, eine von Anilindämpfen geschwängerte Atmosphäre.

Eine Anilinvergiftung äußerte sich in Müdigkeit, Schwäche, Kopfschmerzen, in taumelndem oder unsicherem Gang und fahler Gesichtsfarbe. Davon betroffene Arbeiter wirkten fast, als wenn sie betrunken wären. Unverkennbar war ein bläulicher Saum an den Lippen.

Manchmal wirkte das Anilin geradezu euphorisierend; es erzeugte ein erhöhtes Wohlbefinden (»Anilin-Pips«). Die Arbeiter merkten zunächst von der Vergiftung nichts, doch die Aufseher lernten im Laufe der Zeit sehr genau, die ersten Anzeichen – wie eben blaue Lippen – bei ihren Arbeitskollegen richtig zu deuten. Wurde der Erkrankte rechtzeitig aus dem Anilinraum gebracht, gingen die Störungen in wenigen Stunden völlig zurück.

Schwere akute Anilinvergiftungen sah Grandhomme in den siebziger Jahren glücklicherweise nur noch selten. Chronischen Anilismus beobachtete er nicht.

Damals wußte man noch nichts von der krebserzeugenden Wirkung bestimmter aromatischer Amine, wie sie der Frankfurter Arzt Ludwig Rehn 1895 zum ersten Mal beschrieb. Als Rehn nacheinander bei drei Arbeitern, die alle in derselben Firma beschäftigt waren, Blasenkrebs feststellte, schöpfte er Verdacht. Rehn vermutete, daß diese Blasentumoren auf das bei der Fuchsinherstellung verwendete Anilin zurückzuführen seien. In einem Artikel im »Archiv für klinische Chirurgie« und auf dem Chirurgenkongreß berichtete er darüber. Er hatte damit als erster den Krebs eines inneren Organs entdeckt, der durch äußere chemische Einflüsse hervorgerufen wurde. Er hatte den ersten »Berufskrebs« porträtiert.

### *Trinker durften nicht in die Fabrik*

Grandhomme kam es mehr aufs Vorbeugen als aufs Kurieren an. Deshalb legte er besonderen Wert auf eine gründliche Einstellungsuntersuchung bei den Arbeitern. Dreimal in der Woche standen er und seine Kollegen mit ihren Instrumenten im Ärzteraum für Untersuchungen bereit. Wer diese Inspektion nicht hinter sich gebracht hatte, durfte höchstens für ein paar Tage auf dem Fabrikhof, jedoch nicht in den Produktionsräumen arbeiten.

»Daß bei diesen Untersuchungen auf kleine körperliche Gebrechen weniger Wert als auf intakte Brustorgane gelegt wird, ist selbstverständlich«, betonte Grandhomme. »Von der Aufnahme ausgeschlossen sind alle, bei welchen Verdachtsgründe oder Zeichen der Trunksucht vorliegen.«

Allerdings herrschte bei der Auslegung des Begriffs »Trunksucht« damals wohl eine gewisse Toleranz. Grandhomme, ein derniger, fröhlicher, geradezu derber Mann, liebte, wie seine Freunde berichteten, eine »weinfrohe Gemütlichkeit«.

Von der Abstinenzbewegung, so meinte ein Kollege, wollte Grandhomme nichts wissen. »Der alte Korpsstudent sah in den Alkoholschäden nur Folgen der ›Verschlechterung der geistigen Getränke durch die Alkoholindustrie. Reine Weine haben noch keinem etwas geschadet‹, sagte er oft, wenn wir uns zurückhielten.« – Man konnte ihm das nicht verdenken, hatte er doch die 57er, 58er und 59er, die 65er und 68er, die köstlichsten, die im nassauischen Rheingau gewachsen waren, miterlebt.

So wird es im Kasino in den Farbwerken nicht zu streng zugegangen sein. Auf der anderen Seite durfte Grandhomme bei den Arbeitern im Anilin- und Fuchsinbetrieb einfach die Tatsache nicht übersehen, daß nach Alkoholgenuß Farbstoffe offenbar von der Haut intensiver aufgenommen wurden. »Leidet der Arbeitsuchende an Erkrankungen der Haut und der Augen, so gebieten die in den Fabrikräumen nicht zu vermeidenden Ausdünstungen, denselben nicht aufzunehmen. Eine Unterscheidung zwischen Fähigkeit zu Hofarbeiten oder Beschäftigung in den Räumen kann nicht gemacht werden, indem es täglich vorkommen kann, daß die Fabrikräume sich aus den Hofarbeitern recrutieren, und letzte deshalb hinreichende Gesundheitsverhältnisse besitzen müssen.«

Nach der Statistik Grandhommes hieß es 1878 bei 430 von 462 untersuchten Arbeitern »tauglich« und bei 32 »nicht tauglich«; 1880 waren von 569 Untersuchten rund 100 nicht tauglich. Wurden nur leichtere Krankheitserscheinungen gefunden, konnte die Untersuchung nach einigen Wochen wiederholt werden.

Zur Gesundheitsvorsorge war 1870/71 auch ein großes Badehaus gebaut worden. Damit es fleißig benutzt werde, wurde die auf das Baden verwendete Zeit als Arbeitszeit angerechnet. Die Badelustigen durften eine Viertelstunde früher Feierabend machen, und da überdies jedem Mann zehn Minuten seiner Arbeitszeit fürs Waschen und Umkleiden zur Verfügung standen, ergaben sich rund 25 Minuten Zeit zum Baden. Da die Arbeiter aus verschiedenen Bereichen der Fabrik auch die gleichen Badezellen benutzen konnten, kam es sicherlich zu kollegialer Kommunikation von Wanne zu Wanne.

Als »Beförderungsmittel der Reinlichkeit«, wie Grandhomme es ausdrückte, erhielten die in den Farbstoffbetrieben Beschäftigten wöchentlich ein sauberes Arbeitsgewand, Jacke und Hose, überdies zwei Handtücher und ein Pfund Seife – nicht zu verachten in einer Zeit, als die »große Wäsche« für viele Hausfrauen nicht nur ein Kostenfaktor, sondern eine kaum mehr vorstellbare Mühsal war.

## KAPITEL 6
# Gegen Schmerz, Fieber und Diphtherie

Mit Dr. Eduard von Gerichten trat 1883 ein Mann in die Farbwerke ein, der ihnen den Weg in eine neue Zukunft wies: in die pharmazeutische Produktion. Er war ein Schüler des berühmten Emil Fischer, wahrscheinlich einer der genialsten Chemiker des letzten Jahrhunderts.

Der junge Mann, den Lucius ausgesucht hatte, trat seine Stellung mit zwiespältigen Gefühlen an. Einerseits verdiente er 300 Taler, und das hieß: wesentlich mehr als ein Assistent in Erlangen, seiner letzten Stellung; andererseits hatte man ihm an der Hochschule beigebracht, daß große Erfindungen nicht die Aufgabe der Chemiewerke, sondern der Technischen Hochschulen und Universitäten seien.

Dazu gesellte sich die Tatsache, daß seine neuen Kollegen, die Chemiker von Hoechst, nicht überglücklich waren, einen unbekannten Mann in ihren Reihen zu haben, der ganz anderen Zielen nachging als sie.

Daß Dr. von Gerichten in Erlangen wichtige Arbeiten über die Verwandtschaft des Morphins mit Phenanthren durchgeführt hatte, bescheinigte ihm sein Lehrer Emil Fischer in seinen Memoiren. Er schrieb darin, von Gerichten habe damit »eine neue Periode für die Chemie des Alkaloids eröffnet«, und fügte hinzu: »Seine Anstellung hat sich für Hoechst sehr gelohnt; denn die Firma ist dadurch indirekt in den Besitz des Antipyrinpatents gelangt.«

Mit dem Namen Antipyrin (griechisch: gegen das Fieber) ist das Stichwort gegeben. Es ist das erste Arzneimittel in einer langen Reihe von chemischen Verbindungen, die das Unternehmen hervorgebracht hat. Wie das Rezept zustande kam, ist eine Geschichte für sich. Der neue Pharma-Abteilungsleiter hielt engen Kontakt mit seinen ehemaligen Freunden an den Universitäten

Erlangen und München. Einer von ihnen war Otto Philipp Fischer, ein Vetter Emil Fischers. Er hatte einen synthetischen Verwandten des Chinolins ($C_9H_7N$) entdeckt; die Substanz zeigte stark fiebersenkende Wirkung, was auch der Erlanger Pharmakologe W. Filehne bestätigte. Otto Fischer hatte auf diese Entdeckung bereits 1882 ein Patent erhalten. Durch seinen Freund von Gerichten erhielt Hoechst das Recht, diese Verbindung unter dem Namen »Kairin« auf den Markt zu bringen.

Von Sven Hedin weiß man, daß er es während seines langen, gefährlichen Marschs durch Tibet in seinem Reisegepäck mitführte. Als man feststellte, daß es mitunter unangenehme Nebenwirkungen zeigte, setzte die Firma es ab. Inzwischen gab es ein besseres Medikament.

Das zweite Mittel, das Hoechst herausbrachte, besaß sehr gute Eigenschaften und war ohne die Nebenwirkungen des Kairin. Dr. Eduard von Gerichten erhielt es diesmal von einem begabten Mitarbeiter Fischers aus Erlangen namens Ludwig Knorr. Entstanden war es aus einer gemeinsamen Arbeit von Fischer und Knorr.

Ludwig Knorr hatte sich schon als Schüler im Haus seiner wohlhabenden Münchner Eltern ein eigenes Labor geschaffen, in dem er experimentierte. Nach dem Abitur studierte er an der Münchner Universität, in der Adolf von Baeyer den Mittelpunkt der chemischen Fakultät bildete und so berühmte Schüler wie Richard Willstätter und Emil Fischer ausbildete.

Aus der Zusammenarbeit zwischen Fischer und Knorr entstand eine Arbeit über das Phenylhydrazin, ein Zwischenprodukt, das in späteren Arbeiten Fischers eine Schlüsselrolle spielte. Seine Formel war $C_6H_5\text{-}NH\text{-}NH_2$. Knorr teilte Eduard von Gerichten am 2. Juli 1883 brieflich mit, daß mit Hilfe von Phenylhydrazin und Acetessigester ein Pyrazolon-Derivat herstellbar sei, das geeignet sein müsse, als Ausgangsmaterial für ein antipyretisches Mittel zu dienen. Das war ein wichtiger Hinweis, der von der neuen Arzneimittelabteilung der Farbwerke sofort aufgenommen wurde. Diesmal wurde ein voller Erfolg daraus, den weder Knorr noch von Gerichten vorausgesehen hatten. Das sogenannte Antipyrin verdrängte rasch das Kairin. Lucius hatte mit der Berufung des neuen Abteilungsleiters eine glückliche Hand bewiesen – vermutlich, weil er engeren Kontakt mit der Hochschulforschung hielt als seine Kollegen im Aufsichtsrat. Als das fiebersenkende und schmerzstillende Mittel immer stärker gefragt wurde, übte es Einfluß auf die gesamte Pharmaforschung aus. Für die Zukunft der Arzneimittelindustrie war es deshalb bedeutend, weil es das erste Medikament war, das der Apotheker nicht nach dem Rezept des Arztes zusammenmischen mußte. Es konnte, so wie es aus der Fabrik kam – genau dosiert und fertig verpackt –, dem Kunden ausgehändigt werden. Das war natürlich ein Hinweis an andere Pharmawerke, der verstanden wurde. Der Siegeszug der Tabletten begann. Anfangs wurden sie noch abgezählt und in kleine Pappschachteln umgefüllt verkauft, etwas später aber in Glasröhrchen mit Korken fertig verpackt angeboten.

### *Fragen vor und nach dem Mittagsschlaf*

Eigentlich hätte Knorr am liebsten darauf verzichtet, seine Pyrazolon-Synthese wirtschaftlich auszuwerten, und statt dessen möglichst viel über die neue Verbindung veröffentlicht. Doch da war noch ein anderer Aspekt zu berücksichtigen. Der 24jährige war mit der Tochter des bekannten Historienmalers Piloty verlobt. Er könne deshalb, so ließ Knorr den Freund von Gerichten wissen, »den materiellen Standpunkt nicht ganz außer acht lassen«.

Zunächst erhob sich freilich noch ein großes Hindernis: Professor Fischer, so hieß es unter den Assistenten, stehe auf dem Standpunkt, ein Akademiker solle im Interesse der Wissenschaft auf die materielle Ausbeutung seiner Arbeiten verzichten. Er dürfe keine Patente nehmen.

Dr. Hermann Reisenegger, ein Mann aus dem Kreis von Emil Fischer, der später in den Vorstand der Farbwerke einziehen sollte, traf eines Tages Knorr reichlich deprimiert im Erlanger Stammcafé. »Aus meiner Heirat wird wohl vorläufig nichts«, vertraute Knorr ihm an. Auf die Frage, woran es fehle, sagte Knorr mit jener internationalen Geste, bei der man Daumen und Zeigefinger aneinander reibt: »Am Geld. Ich habe den Chef (der nur sieben Jahre älter war als er) heute vormittag gefragt, und er war nicht sehr zugänglich.«

»Dann frag' ihn nochmal nach dem Mittagsschlaf«, riet der erfahrene Reisenegger. »Am Morgen darf man ihm mit sowas nicht kommen. Da hat er den Kopf voller Ideen und hört gar nicht hin.«

Als Knorr am Nachmittag den ausgeschlafenen Emil Fischer nochmals aufsuchte, fand er ihn plötzlich voller Verständnis. Natürlich brauche man für einen Hausstand auch eine solide finanzielle Grundlage, meinte der Professor, und er sei selber durchaus kein prinzipieller Gegner der Zusammenarbeit zwischen Industrie und Hochschule. Das Geheimnis der Sache war: Fischer wollte die Tochter des Erlanger Anatomen Ludwig von Gerlach heiraten und wußte daher, daß man zum Ehestand Geld braucht.

Der Brief wurde abgeschickt, das Antipyrin wurde industriell hergestellt und brachte Gewinne, die selbst die verwöhnten Höchster Fabrikherren in Erstaunen versetzten. Ludwig Knorr, der als Erfinder und Berater an dem Verkaufsergebnis partizipierte, heiratete die Piloty-Tochter und nahm sechs Jahre später einen Ruf als Professor an die Universität Jena an, wo er 1921 starb.

Die Frage, ob der akademisch gebildete Chemiker das Recht hat, eine medizinisch wirksame Verbindung, auf die er gestoßen ist, an ein Chemiewerk zu verkaufen, ist offenbar in jener Zeit, als die Chemie aus einem praktischen Handwerk zu einer hohen Kunst wurde, mehrfach gestellt worden. Zu berücksichtigen ist dabei allerdings, daß Chemiker an Technischen Hochschulen oder Universitäten, soweit sie nicht Professoren und Ordinarien mit eigenem Lehrstuhl waren, oft ein Hungerdasein führten. In der Geschichte der Chemie – aber auch der Medizin – gibt es genug Briefe von entrüsteten Vätern, die ihre Söhne dringend davor warnen, als »Lehrer von Studenten« zu verkümmern. Tatsächlich war das aber nicht selten das Los der ewigen Assistenten.

Emil Fischer, dieser geniale Mann, der 1902 als zweiter Chemiker der Welt mit dem Nobelpreis für Chemie ausgezeichnet wurde, teilte, wie sein Verhalten gegenüber dem heiratslustigen Knorr zeigt, nicht die Skrupel seiner akademischen Kollegen. Er selber hat ein Jahr nach dem Empfang des Nobelpreises zusammen mit dem Mediziner J. von Mehring – Autor eines damals viel gelesenen Lehrbuchs über »Innere Medizin« – eine Substanz aus der Schatzkiste seines Lehrers von Baeyer erprobt, die dann in kurzer Zeit auf dem Weg über zahlreiche pharmazeutische Werke den Weltmarkt eroberte: ein Derivat der Barbitursäure, das, wie ein Zeitgenosse glaubhaft versichert, beim Aufenthalt des Zuges in der norditalienischen Stadt Verona kurzerhand auf den Namen »Veronal« getauft worden ist.

Solche Beziehungen zwischen Werk und Erfinder verstärkten sich naturgemäß, als man von den Schmerz-, Fieber- und Schlafmitteln überging zu der Suche nach weniger einfachen Medikamenten gegen die schweren Krankheiten und Seuchen der Zeit. Das System erwies sich als vorteilhaft für Erfinder und Hersteller. Dem Erfinder wurden vom Werk Mittel für seine Forschung zur Verfügung gestellt, die er als Privatmann nicht aufbringen konnte. Handelte es sich um eine große Sache, dann wurde seitens der entscheidenden Leute nicht geknausert. In dieser Zeit sind manche bedeutenden Chemiker mitunter von Werk zu Werk gewandert; »sie wurden abgeworben wie Opernstars«, sagte einmal ein Fachkundiger, der diese Übergangsperiode noch miterlebt hatte. Doch je größer die Aufgaben wurden, je mehr neue Diagnosen und Krankheitsbilder die Ärzte entdeckten, desto stabiler wurde die Kooperation. Die großen Werke richteten eigene Forschungsabteilungen ein, in denen neben namhaften Chemikern Ärzte, Tierärzte, Biologen und Biochemiker gemeinsam an einem neuen Arzneimittel arbeiteten. Die Zahl der von Industrielaboratorien entdeckten oder erfundenen Arzneimittel nahm zu, der Anteil der Mittel, die aus einem Privatlabor oder einer staatlichen Forschungsanstalt kamen, sank. Nach dem Zweiten Weltkrieg waren es 92 Prozent aller Arzneimittel, die von Pharmawerken auf eigenes Risiko entwickelt und auf den Markt gebracht worden sind.

## *Aspirin und Pyramidon*

Die Suche nach neuen Schmerzmitteln ging überall auf breiter Basis weiter.

In diesem Zusammenhang gab es eine Substanz, die den Chemiker seit langem interessierte: die Salicylsäure. Dieser Wirkstoff war 1838 von dem Turiner Chemieprofessor Raffaele Piria aus der Weidenrinde isoliert worden. 1859 gelang es Hermann Kolbe in Marburg, die Salicylsäure aus Phenol und Kohlendioxyd zu synthetisieren. Sie wirkte recht gut gegen Fieber. Doch sie konnte auch Magenreizungen hervorrufen. Daher bezweifelte man, daß sie als Medikament geeignet sei.

Doch dann begann man nach Abkömmlingen der Salicylsäure

zu suchen und wurde fündig. Die Acetylverbindung der Salicylsäure, zuerst von dem französischen Chemiker Charles Gerhardt synthetisiert, schien besser als die reine Salicylsäure. Gerhardt, obschon ein exzellenter Chemiker, konnte die Acetylsalicylsäure allerdings nicht rein und haltbar herstellen. Das schaffte erst der 29jährige Felix Hofmann bei der Firma Bayer, der die Synthese im Laborjournal vom 10. Oktober 1897 zum ersten Mal beschrieb. Hofmanns rheumageplagter Vater erhielt als erster Patient die neue Acetylsalicylsäure und konnte damit erfolgreich behandelt werden. Als »Aspirin« ging das neue Mittel um die Welt. Pariser Kokotten und nordamerikanische Goldsucher benutzten es, englische Kriminalschriftsteller beschrieben seine Wirkung, Büroangestellte nahmen es ebenso wie Bankiers. Das Aspirin trug auf seiner Verpackung das Bayer-Kreuz um die ganze Welt, selbst die Schafhirten von Südgriechenland und die Vaqueros in den südamerikanischen Pampas lernten es kennen.

Auch in Höchst war man zu dieser Zeit nicht faul. Nach dem Antipyrin erschien ein zweites Präparat der Firma, das es ähnlich wie Aspirin zu Weltruhm brachte. Man taufte es »Pyramidon«. Gleich dem Antipyrin war es ein Pyrazolon-Abkömmling. Professor Filehne in Erlangen, der schon das Kairin und das Antipyrin pharmakologisch geprüft hatte, war einer seiner Väter. Er hatte der Firma geraten, einen Antipyrinabkömmling, den er genau beschrieb, darzustellen, weil er sich von ihm eine noch größere therapeutische Wirkung versprach.

Der Auftrag dazu ging an einen Chemiker, der zu den Männern der ersten Stunde in der Pharmaabteilung gehörte:

Friedrich Stolz stammte aus einer alten Apothekerfamilie in Heilbronn. Er studierte in München Pharmazie und machte sein Examen mit Auszeichnung. Dieser Erfolg freute seine Eltern natürlich, doch ihre Freude währte nicht lange. Friedrich Stolz, ein Chemiker aus Leidenschaft, beschloß, in München zu bleiben und Privatassistent Adolf von Baeyers zu werden, den er als sein Vorbild betrachtete. Das verdroß seinen Vater, der ihm deswegen zahlreiche Briefe schrieb. Einer dieser Briefe klang besonders ungehalten:

»Ich wiederhole den Dir schon mehrfach gemachten Vorschlag, in München so bald wie möglich die brotlose Stelle und Künste aufzugeben, eine Gehilfenstelle (Verwalter) in Süddeutschland anzunehmen und hierdurch in Bälde, hoch zu Roß, zur Stadtapotheke zu kommen. Wie Dir bekannt ist, erhältst Du zehntausend Mark elterliches Vermögen, weitere zehntausend Mark gegen übliche Verzinsung, es wäre dann doch zum... holen, wenn es sich nicht so machen ließe, warum geht es denn bei den vielen bettelarmen Schulmeisterssöhnen, welche gar nichts haben, und gute Stadtapotheken erwerben und behaupten können?«

Der Vater war bereit, ihm auch in anderen, delikateren Fragen behilflich zu sein:

»In Erwartung einer reichen Hausfrau wird dann von Deiner lieben Mutter... schon der Weg gefunden werden, da Dir hierzu die diplomatischen Fähigkeiten ganz abgehen. Im Besitze einer Apotheke kannst Du noch nebenher den Chemiker und Doktor heraushängen, was auch keinen Schaden bringen wird.«

In einem anderen Brief wies Vater Stolz seinen Sohn darauf hin, »daß die brotlose Schulmeisterstelle bei dem hungrigen Professor von Baeyer zu nichts führe«.

Doch der begabte Chemiker ließ sich weder von den Aussichten auf eine reiche Frau noch von dem finanziellen Angebot des Vaters verlocken. Er konnte schon bald sein erstes Patent anmelden; es betraf Farbstoffe aus der Rosanilingruppe.

Nach Höchst kam er durch ein schriftliches Angebot von Dr. von Gerichten: »Durch gemeinsame Bekannte habe ich von Ihrem Wunsche gehört, in die Technik zu gehen. Nach Rücksprache mit der Direktion wurde ich beauftragt, Ihnen den Vorschlag zu machen, bei den Farbwerken als Chemiker einzutreten. Als langjährigem Privatassistenten von Professor von Baeyer soll ich Ihnen dieselben Bedingungen anbieten, unter denen seinerzeit Dr. Homolka eingetreten ist, also: dreitausend Mark jährliches Gehalt, exklusiv Gratifikation. Letztere wird durch Übereinkommen bestimmt, gibt aber der Direktion die Handhabe, besondere Leistungen besonders anzuerkennen.«

Stolz nahm an und wurde Chemiker in Höchst, womit er seine Eltern wohl einigermaßen ausgesöhnt hatte. Zwar stellte der Vater den Rang eines Industriechemikers sicher weit unter den des stolzen Besitzers einer Stadtapotheke, doch brotlos war die Kunst des Sohnes jetzt nicht mehr.

Mit dem Heiraten ließ sich Stolz allerdings noch Zeit. Dazu waren seine Gedanken viel zu sehr auf Formeln konzentriert; selbst wenn er seinem Lieblingssport huldigte, dem Radfahren, dachte er unentwegt an seine Arbeiten im Labor.

Filehnes Wunsch, einen bestimmten Abkömmling des Antipyrins zu synthetisieren, konnte er ohne Schwierigkeiten erfüllen. Er brauchte bloß in sein Regal zu greifen; denn er hatte die Substanz längst hergestellt, sie aber, bescheiden und sparsam wie er war, noch nicht prüfen lassen, weil er dem Unternehmen keine unnötigen Kosten machen wollte.

Die Prüfung wurde nachgeholt und zeigte, daß Filehnes Vermutungen richtig gewesen waren. Die Veränderung am Antipyrin-Molekül hatte Erstaunliches bewirkt: Das neue Dimethyl-Aminophenazon war drei- bis viermal stärker als das bisherige Mittel. Die Wirkung setzte bei ihm langsamer ein und klang auch allmählicher ab; dadurch wirkte es milder und war leichter dosierbar. Die Schweißausbrüche bei der Entfieberung der Patienten, die heftigen Schüttelfröste, zu denen es nach Gabe von Antipyrin gekommen war, blieben jetzt aus, zur großen Erleichterung der Patienten.

Das neue Präparat »Pyramidon« wurde ein weiterer Bestseller von Hoechst auf dem Pharmamarkt. Schon die ersten Berichte klangen gut, wenn auch nicht enthusiastisch. Professor Rudolf Kobert empfahl es ausdrücklich auf dem Tuberkulosekongreß in Berlin zur Bekämpfung des mit der Tuberkulose verbundenen Fiebers.

Andere Ärzte lobten, das Pyramidon senke nicht nur das Fieber, es hebe auch das Allgemeinbefinden der Patienten, stärke das Sensorium, wirke günstig auf Appetit und Schlaf. Dennoch setzte es sich zunächst nur langsam durch. Die Pharmaleitung in Höchst zeigte sich sehr vorsichtig, sie verfuhr nach der Devise: Gutes spricht für sich selbst. Man knauserte bei der Werbung, zudem fühlte man sich damals in erster Linie noch als Farbstoffunternehmen. Die Buchhalter klagten sogar über Anlaufverluste.

Auf die Dauer aber erzielte Pyramidon dann doch einen überwältigenden Erfolg. Es blieb über achtzig Jahre, nämlich bis 1978, ein fester Bestandteil des Arzneimittelschatzes.

*Medizin aus dem Pferdestall*

Bald gab es neben den synthetischen auch biologische Arzneimittel in der Apotheke. Professor August Laubenheimer, seit 1883 im Unternehmen, machte sich um diese Präparate besonders verdient.

Laubenheimer wurde 1848 in Gießen geboren. Nach dem Besuch des Gymnasiums studierte er Chemie, heiratete, habilitierte sich, wurde Professor und Vater von zwei Kindern. Nichts deutete darauf hin, daß er die Absicht habe, die Stadt jemals zu verlassen, so wenig, wie das seine Vorfahren getan hatten.

Daß ihn Eugen Lucius schließlich überredete, Gießen zu verlassen und in die Farbwerke einzutreten, hatte mehrere Gründe. Vielleicht reizte es Laubenheimer, der gerade ein Lehrbuch der organischen Chemie geschrieben hatte, einmal den engen Hörsaal mit der ganz andersartigen Perspektive der chemischen Forschung zu vertauschen, also von der Theorie auf die Praxis überzuwechseln; möglicherweise interessierte ihn auch das wesentlich höhere Einkommen. Wir wissen es nicht genau, denn Laubenheimer war kein Mensch, der über persönliche Dinge sprach. Höchstens ein Gespräch über Schmetterlingssammlungen oder über ein neues Zeiss-Mikroskop, in dem sich Mikroorganismen noch deutlicher darstellten, konnte in dem schweigsamen Professor rhetorisches Feuer entfachen. Biologie, besonders Mikrobiologie, die sich soeben unter dem Einfluß von Pasteur und Koch so stürmisch entwickelte, war sein eigentliches Interessengebiet.

In Höchst kümmerte er sich zunächst um Farbstoffe und synthetische Arzneimittel. Er entsprach dabei offenbar ganz den Erwartungen von Lucius; sein Gehalt wurde innerhalb eines einzigen Jahres dreimal erhöht. Laubenheimer wurde Prokurist, und nach dem Tod des technischen Direktors König empfahl Lucius dem Aufsichtsrat, ihn in den Vorstand zu berufen, was 1887 geschah. Er schrieb seinen Kollegen:

»Dr. Laubenheimer hat seit Dr. Königs Tod dessen Funktionen in der Oberleitung der Farbenfabrik und den Beratungen des Vorstands auf das Befriedigendste ausgeübt, und es erscheint daher allen Teilen sehr wünschenswert, daß der betreffende Herr nun auch mit der Autorität eines Vorstandsmitglieds ausgestattet wird. Durch diese Berufung erwachsen dem Geschäft keine Mehrkosten, da Dr. Laubenheimer bis jetzt 15 000 Mark im Minimum bezieht und auf die früheren Bedingungen Paulis mit 15 000 Mark Fixum und einem Prozent vom Nettogewinn engagiert werden soll. Wir führen auf diese Weise dem Etablissement nicht nur eine hervorragende Kraft, sondern auch einen taktvollen, charakterfesten Mann zu, dessen Aufsteigen von den älteren Angestellten als selbstverständlich hingenommen werden wird.«

## *Ein diplomatischer Chemiker*

Laubenheimer baute sich ein geräumiges Haus in der Feldbergstraße, die später in Leverkusener Straße umgetauft wurde, und pflegte die Verbindungen zu seinen früheren Kollegen an den Universitäten Gießen, Marburg, Leipzig und München, in besonderem Maß aber Berlin, das auf dem Gebiet der Medizin immer mehr in den Mittelpunkt rückte. In Berlin forschte und lehrte Robert Koch, der als kleiner Landarzt den Erreger des Milzbrandes bei Tieren gefunden hatte und 1882 die Tuberkelbazillen, die für die schlimmste der Volksseuchen verantwortlich waren, für die Tuberkulose – im Volksmund Schwindsucht genannt.

Diese Entdeckung hatte Koch weltberühmt gemacht. Man wußte, daß er seither, verschlossen und schweigsam wie stets, nach einem Mittel suchte, um den »weißen Tod« zu besiegen. Obwohl er als Universitätslehrer keineswegs eindrucksvoll wirkte, zog Koch Dutzende von hochbegabten jungen Ärzten und Chemikern an, die zum Teil sogar ohne Honorar bei ihm arbeiteten; so zum Beispiel August von Wassermann, Sohn eines Bamberger Bankiers, der später das nach ihm benannte Verfahren zur Syphilisdiagnose entwickelte.

Auf dem Zehnten Internationalen Ärztekongreß 1890 in Berlin berichtete Koch zum ersten Mal von seinem Mittel gegen Tuberkulose, Tuberkulin genannt. Koch drückte sich sehr vorsichtig aus, er hatte darüber eigentlich erst später berichten wollen, sobald die Erprobung der Substanz weiter fortgeschritten gewesen war. Doch kaum war die erste Mitteilung ausgesprochen, wurde er bereits als Sieger über die Tuberkulose gefeiert. Die »Frankfurter Zeitung« schrieb dazu: »Die ganze zivilisierte Welt hat heute ihre Blicke auf Robert Koch gerichtet. Diesseits und jenseits des Meeres, wo immer die Fortschritte der Wissenschaft verfolgt werden, wird das, was er in der Stille seines Laboratoriums erforscht und entdeckt hat, zum Eigentum aller. Die Zeitungen tragen die Kunde von der Ruhmestat Robert Kochs in die entlegenste Hütte und erschließen allenthalben eine neue Quelle des Heils, eine neue Hoffnung. In den gelehrten Gesellschaften erheben sich die Zierden der Wissenschaft von ihren Sitzen und feiern in Ausdrücken der Anerkennung und Bewunderung die unsterblichen Verdienste Kochs...«

Laubenheimer in Höchst hätte blind sein müssen, wenn er nicht die potentielle Bedeutung der Arbeit Kochs erkannt hätte. Doch bald stellte sich erste Enttäuschung über das Tuberkulin ein, das von Kochs Mitarbeiter Dr. Arnold Libbertz im Berliner Laboratorium hergestellt wurde.

Koch verriet anfangs nicht, woraus sich das Tuberkulin zusammensetzte. Erst nach Monaten teilte er mit: »Das Mittel, mit welchem das neue Heilverfahren gegen Tuberkulose ausgeübt wird, ist ein Glycerin-Extrakt aus den Reinkulturen der Tuberkelbazillen.«

Um möglichst schnell Erfahrungen in der Therapie zu sammeln, stellte die Stadt Berlin im Krankenhaus Moabit 150 Betten zur Verfügung. Hier, aber auch anderswo, erwies sich jedoch bald, daß Tuberkulin nur geringe oder überhaupt keine Wirkung zeigte. Sogar Verschlimmerungen des Leidens durch den Extrakt wurden beobachtet.

Die Enttäuschung nach dem ersten Jubel war maßlos. Koch wurde aufs schwerste angegriffen, es erschien plötzlich sogar fraglich, ob er wirklich die Leitung des neuen Instituts für Infektionskrankheiten übernehmen würde, das eigens in Berlin für ihn geschaffen werden sollte. Ein Kollege Kochs, Professor Edwin Klebs in Zürich, stellte damals ein Mittel her, das er Tuberculocidin nannte und das nach seiner Meinung nur die heilenden, nicht aber die giftigen Bestandteile der Tuberkelbazillen enthielt. Klebs gab das Präparat den Farbwerken zur Prüfung. Da das Tuberculocidin auf dem Tuberkulin aufbaute, bezog Hoechst das Tuberkulin von Kochs Mitarbeiter Libbertz in Berlin. »Dadurch«, so notierte Laubenheimer in seinem Rückblick, »kamen wir mit Koch in Beziehung. Damals war der Enthusiasmus, mit dem man das Tuberkulin zuerst begrüßt hatte, bereits verflogen und der Verkauf des Tuberkulin auf dem niedrigsten Niveau angelangt, so daß die Herren, die sich mit ihm befaßten, für die Idee zugänglich wurden, die Darstellung des Tuberkulin nach Höchst zu verlagern...«

Laubenheimer konnte Libbertz für den Gedanken gewinnen; dieser war auch bereit, für die Aufgabe in den Dienst der Farbwerke zu treten.

Natürlich fragt man sich, ob Laubenheimers Vorgehen zu jenem Zeitpunkt nicht riskant war. Er mußte sehen, meinten spätere Kritiker, auch im eigenen Haus, daß Koch einen schweren Rückschlag erlitten hatte, von dem er sich möglicherweise nie mehr erholen würde.

Laubenheimer ignorierte die Warnungen; denn er glaubte auch weiterhin an das Genie Kochs. Vor allem aber sah er in einer Verbindung mit Koch für seine Firma die Chance, in das Gebiet der Immunologie einzudringen, also die Herstellung bakterieller Sera und Impfstoffe zu betreiben. Der Rückschlag, den es gegeben hatte und den niemand leugnete, würde bald wieder überwunden sein. Mit einem Wort, Laubenheimer offenbarte eine Klarsicht, die für seine Firma langfristig von großer Bedeutung war.

Koch ließ den Sturm um das Tuberkulin auf einer Erholungsreise in Ägypten vorüberziehen und genoß sehr bald wieder höchstes Ansehen. Er war bereit, mit Hoechst einen Vertrag zu schließen. Das Dokument wurde im Dezember 1892 von Koch, seinem Mitarbeiter Libbertz und Kochs Schwiegersohn, dem Stabsarzt Pfuhl, unterzeichnet. Für 25 000 Mark übernahm Hoechst die von Libbertz geschaffenen Einrichtungen, in denen Tuberkelbazillen kultiviert und vermehrt wurden. Aus dem Filtrat der Kulturen, das keine Bakterien mehr enthielt, wurde Tuberkulin konzentriert, gereinigt und fertiggestellt.

Libbertz, der für seine Verdienste den Titel eines Sanitätsrats erhalten hatte, siedelte nach Frankfurt um und baute in Höchst den ersten bescheidenen bakteriologischen Betrieb auf. Die erforderlichen Laboranten brachte er aus Berlin mit, da in Höchst noch niemand Erfahrung im Umgang mit biologischen Präparaten hatte.

*Farbstoffe – Fährtensucher im Blut*

Schon in den Jahren 1889/1890 hatte Laubenheimer mit einem anderen Arzt in Berlin Verbindung aufgenommen, einem Schüler Robert Kochs, dem 1854 in Schlesien geborenen jüdischen Mediziner Paul Ehrlich – früher Oberarzt an der Charité, jetzt freier Forscher, wissenschaftlich erfolgreich, doch wirtschaftlich völlig von seinem wohlhabenden Schwiegervater abhängig. Mit dessen Hilfe hatte sich Ehrlich in der Steglitzer Straße ein kleines Labor eingerichtet und lebte nicht weit davon in der Lützowstraße.

Professor Ehrlich hatte Hände wie ein Färbermeister. Auch seine Anzüge, vor allem die Manschetten seiner Hemden, verrieten den täglichen Umgang mit Farbstoffen. Ehrlich benutzte seit seiner Studentenzeit Anilinfarben als Spurensucher im Organismus. Mit ihrer Hilfe hatte er bisher unbekannte Zellen aufgespürt, die er Mastzellen nannte. Sie spielten später in der Immunologie eine wichtige Rolle. Auch seine Doktorarbeit hatte Ehrlich über die Beziehung von Farbstoffen zu Zellen gemacht.

Die Affinität oder Verwandtschaft zwischen Farbstoffen, Zellen und Geweben blieb für ihn bis zu seinem Tod ein faszinierendes Schauspiel. Warum nahmen manche Zellen gewisse Farbstoffe geradezu begierig auf und andere wiederum überhaupt nicht? Während seiner Zeit als Oberarzt in der Charité hatte er vor allem die weißen Blutzellen untersucht. Er entdeckte in ihnen verschiedenartige Körnchen (Granula), die sich unterschiedlich zu Farbstoffen verhielten: Manche Granula bevorzugten saure, andere basische Farben. Die meisten weißen Blutkörperchen verhielten sich allerdings sowohl gegen basische wie auch gegen saure Farbstoffe ablehnend. Sie waren, wie Ehrlich es nannte, neutral.

Um aber auch die Granula solcher neutrophiler Zellen zu finden und anzufärben, kombinierte Ehrlich saure und basische Farbstoffe. Auf diese Weise klassifizierte er mit der Zeit alle weißen Blutkörperchen. Das führte zu dem Nachweis, daß die Leukozyten aus dem Knochenmark stammten. Insgesamt stellte Ehrlich fünf verschiedene Arten von Granula fest, mit deren Hilfe nun die »Steckbriefe« für die diversen Gruppen von weißen Blutkörperchen aufgestellt werden konnten. Seine Klassifizierungen waren eine Hilfe bei der Diagnostik von Blutkrankheiten, vor allem bei der Leukämie, dem gefürchteten »Blutkrebs«.

Robert Koch schätzte den ruhigen Ehrlich sehr. Ehrlich hatte sofort nach Kochs Entdeckung eine wichtige Färbemethode für den Tuberkelbazillus geschaffen, der erst dadurch für die Ärzte im Mikroskop gut sichtbar wurde. Als das Tuberkulin 1890 in der ersten Phase erprobt wurde, übernahm Ehrlich die Leitung einer Tuberkulosestation im Krankenhaus Moabit.

Laubenheimer versorgte den allmählich berühmt werdenden Arzt mit jedem neuen Farbstoff, der die Reaktionskessel in Höchst verließ. Außerdem registrierte er mit großem Interesse, daß Ehrlich daranging, nicht mehr nur tote, sondern auch lebende Zellen zu färben. »Man muß die normalen Gewebe mitten auf der Höhe ihrer Funktion tingieren«, schrieb Ehrlich, »das heißt, den Färbeakt in den Organismus selbst verlegen.«

Ehrlich unternahm diese »Vitalfärbungen« mit dem Höchster Farbstoff namens Methylenblau, den ihm auch Laubenheimer geschickt hatte, und entdeckte dabei eine außerordentliche Verwandschaft zu bestimmten Teilen der Nervenzellen. Auf diese Weise verfolgte er Nervenendigungen »in noch lebendem Zustande mit einer Deutlichkeit, die durch keine andere Methode erreicht werden kann«. Dieses Ergebnis leitete er sofort weiter an Laubenheimer und stellte sich dabei die Frage, wie sich diese Affinität des Methylenblaus zu den Nervenenden therapeutisch nutzen lasse.

Insassen der Königlichen Strafanstalt in Moabit, die an schweren Nervenschmerzen litten, waren die ersten Patienten, bei denen »Methylenblau medicinale« angewandt wurde. Ehrlich arbeitete dabei mit dem Chef der Anstalt, Professor Paul Guttmann, zusammen. Dieser verfügte über besondere Erfahrungen auf analgetischem Gebiet und hatte auch zu den ersten Prüfern des Antipyrins gehört.

Über die therapeutischen Effekte des Methylenblaus schrieb er: »Bei bestimmten Formen schmerzhafter Lokalaffektionen der Muskeln, Gelenke und Sehnenscheiden wirkt das Mittel schmerzstillend. Die Nebenwirkungen erwiesen sich als gering. Bläulicher Anflug der Haut und Schleimhäute konnte nicht beobachtet werden.«

Anschließend wollten Ehrlich und Guttmann herausfinden, ob Methylenblau auch auf Parasiten wirkt: etwa auf die malariaerzeugenden Plasmodien. Tatsächlich griff der Farbstoff die Plasmodien energisch an, während die Körperzellen der Patienten offensichtlich nicht geschädigt wurden.

Genau diesen Effekt hatte sich Ehrlich bei den ersten chemotherapeutischen Versuchen gewünscht: Die Substanzen sollten ein Höchstmaß an »Parasitotropie« entfalten und eine möglichst geringe »Organotropie«.

In der Berliner Klinischen Wochenschrift faßte Ehrlich 1891 seine Erfahrungen mit Methylenblau gegen Malaria zusammen: »Ob die Methylenblau-Behandlung des Wechselfiebers (Malaria) vor Recidiven der Krankheit, die auch bei Chinin-Behandlung öfters auftreten, schützen wird, sind wir heute noch nicht in der Lage zu beurteilen. Ebenso wird erst die Zukunft die so wichtige Frage entscheiden, ob bei den tropischen Formen der Malaria, die dem Chinin so vielfach trotzen, eine Combination der Chinin- mit Methylenblau-Behandlung Heilung herbeiführt.«

Ehrlich stand jetzt gewissermaßen vor der Pforte der Chemotherapie. Wenn Methylenblau, so berichtete er Laubenheimer nach Höchst, bei einigen Infektionen die Parasiten tötet, dann müßten auch andere Farbstoffe oder Kombinationen von ihnen auf andere Erreger wirken. Vielleicht könnten spezielle Verbindungen synthetisiert werden – als »maßgeschneiderte« Waffen gegen die kleinsten Feinde der Menschheit. Diese Feinde waren erst in den letzten Jahren aus dem jahrtausendealten Dunkel geholt worden, in dem sie bisher gelebt hatten. So wurden entdeckt: 1882 der Tuberkelbazillus, 1883 der Erreger der Cholera und der der Diphtherie.

Allerdings: Einen Sieg über die Mikroorganismen versprach zunächst nicht die Chemotherapie, sondern die Immunologie, die Lehre von den natürlichen Abwehrkräften des Körpers und seinen unsichtbaren Verbündeten wie den Antikörpern, Antitoxinen und bestimmten weißen Blutzellen.

Pasteur in Frankreich und Koch in Deutschland waren die Anführer in diesem Feldzug. Koch wurde 1890 zum Leiter des neuen Instituts für Infektionskrankheiten in Berlin. Wenn sein Tuberkulin auch in der Therapie enttäuscht hatte, so blieb es viele Jahrzehnte lang ein wertvolles Diagnostikum.

Koch gab Ehrlich in seinem neuen Institut einen Arbeitsplatz. Wie es dort ausgesehen hat, beschrieb einer der engsten Freunde Ehrlichs, der Serologe August von Wassermann. Ehrlichs Labor, erzählte Wassermann später, habe dem Besucher eine Symphonie von Farben dargeboten, mit Tausenden von Glasflaschen, alle gefüllt mit leuchtenden Anilinverbindungen. »Wer je einen Blick in diese beiden Räume getan hat, dem wird das unvergeßlich bleiben.«

### *Behring – der Dritte im Bunde*

Seit Juli 1889 gehörte zu dem Kreis der Koch-Assistenten auch der Stabsarzt Emil Behring, Sohn eines armen Schullehrers, geboren nur einen Tag später als Ehrlich, am 15. März 1854 im westpreußischen Hansdorf. Er hatte Pfarrer werden sollen, zog jedoch die militärärztliche Akademie in Berlin vor, an der Begabte umsonst studieren konnten, wenn sie sich für eine bestimmte Zeit zum Militärdienst verpflichteten. Behring befaßte sich schon als junger Arzt in verschiedenen preußischen Garnisonen mit der Bekämpfung der Diphtherie.

Am Institut Kochs wurde der japanische Arzt Shibasuro Kitasato Behrings kongenialer Partner. Beide veröffentlichen am 5. Dezember 1890 in der Deutschen Medizinischen Wochenschrift einen aufsehenerregenden Artikel »Über das Zustandekommen der Diphtherie-Immunität bei Tieren«. Sie wiesen dabei die Rolle der Antitoxine nach, die sich im Blut bilden und die von den Erregern ausgeschiedenen Gifte neutralisieren.

Welche Hoffnungen ein solches Resultat unter Ärzten und Laien weckte, war angesichts der grausamen Ernte verständlich, die der »Würgeengel der Kinder« hielt. Ohnmächtig standen die Ärzte oft vor den Betten ihrer kleinen Patienten. Selbst durch einen Luftröhrenschnitt konnten viele Kinder nicht mehr gerettet werden. Es waren nicht die Diphtheriebazillen, sondern die von ihnen ausgeschiedenen Gifte (Toxine), die ihre verheerende Wirkung ausübten.

Professor Laubenheimer sicherte seinem Unternehmen auch die Mitarbeit Behrings. Er schrieb am 6. Mai 1892 einen Brief an ihn, in welchem er die Unterstützung der Farbwerke Höchst anbot.

Die Berliner Diphtherieärzte brauchten eine solche Hilfe dringend. Sie versuchten seit einiger Zeit, Lämmer und Hammel mit den Erregern zu infizieren, um das antitoxinhaltige Serum zu gewinnen. Für größere Tierversuche reichte ihr Geld nicht aus.

Schon am 14. Mai 1892 fuhr Behring daher nach Höchst. Laubenheimer berichtete seinen Kollegen über den Besuch: »Behring war im Prinzip wohl damit einverstanden, daß wir uns an der Sache beteiligen, machte aber geltend, daß er in seiner amtlichen Stellung als Stabsarzt und Assistent an dem Institut für Infektionskrankheiten verpflichtet sei, den vorgesetzten Behörden von der Absicht, mit uns einen Vertrag einzugehen, Mitteilung zu machen, resp. die Erlaubnis hierfür einzuholen habe...«

Der Vertragsentwurf, den Laubenheimer am 16. Juli nach Berlin sandte, wurde zunächst von der vorgesetzten Behörde beanstandet. Doch am 25. September konnte Behring Laubenheimer mitteilen, das Kultusministerium und das Kriegsministerium hätten ihm das Verfügungsrecht über seine Arbeiten freigegeben.

Am 20. Dezember 1892 schlossen Hoechst und Behring den Vertrag »Über die Gewinnung des Diphtherie-Heilserums nach dem von Herrn Dr. Behring ausgearbeiteten Verfahren« ab. Behring erhielt für die Lieferung des Immunisierungsmaterials 3000 Mark und für das Jahr 1893 die Summe von 10000 Mark für seine weitere Versuchsarbeit.

Behring, der sich seinen Aufstieg so mühsam erkämpft hatte, erwies sich in der Folgezeit für Laubenheimer als schwieriger, mißtrauischer Geschäftspartner, der immer befürchtete, seine Interessen könnten nicht genügend gewahrt werden. Laubenheimer schätzte Behring sehr hoch und setzte alles daran, gütlich, wenn nicht freundschaftlich mit ihm auszukommen. Doch er mußte sich und dem Unternehmen einiges zumuten, das vermutlich andere nicht auf sich genommen hätten, die weniger beeindruckt waren von der neuen biologischen Therapie.

Selbst Laubenheimers Konzilianz wurde auf eine harte Probe gestellt, als Behring plötzlich 20000 Mark forderte, um seine Versuche fortzusetzen. Laubenheimer weigerte sich zunächst, seinen Vorstandskollegen und dem Aufsichtsrat die Bewilligung einer solchen Summe zu empfehlen. »Obwohl nämlich die Versuche«, schrieb er später, »keinen Zweifel darüber ließen, daß das Serum immunisierter Tiere die Giftwirkung aufzuheben vermöge, war doch noch kein Beweis dafür erbracht worden, daß man auch bei diphtheriekranken Menschen Heilung zu erzielen vermöge. Diese

Frage müßte meines Erachtens erst entschieden sein, ehe wir weitere Mittel in den Dienst der Sache stellen...«

Auch nach Gesprächen mit den Chefs einiger großer Kinderkliniken, die das Heilserum bei kranken Kindern anwandten, fiel Laubenheimer die Entscheidung noch schwer. Schließlich aber kamen er und seine Vorstandskollegen August de Ridder und Philipp Pauli doch zu dem Schluß, »mit Rücksicht auf die vielversprechenden Tierversuche Herrn Behring die geforderte Summe für die weiteren Versuche zu geben.«

Laubenheimer: »Was heute als richtig erscheint, war damals eine gewagte Sache, und es ist außer der Liberalität der hiesigen Herren, wesentlich dem Einfluß von Herrn Koch zu verdanken, daß wir damals mit Behring nicht auseinanderkamen.«

Offenbar war in jener Zeit das Verhältnis zwischen Koch und Behring noch intakt. Später, als Behring ein eigenes Mittel gegen die Tuberkulose zu entwickeln versuchte, kühlten sich die Beziehungen zwischen den beiden Herren merklich ab.

## *Ehrlich kommt zu Hilfe*

Wenn sich die Kinderkliniker zunächst sehr vorsichtig über ihre Erfahrungen mit Behrings Heilserum äußerten, so hatte das wohl darin seinen Grund, daß sie ein zu schwach konzentriertes Serum erhalten hatten. Es enthielt nur ein Fünftel bis höchstens ein Drittel jener Dosis, die sich später für Heilungen als notwendig erwies. Wie aber bekam man mehr Antitoxin von den Tieren? Während in Höchst schon die Großproduktion vorbereitet wurde, zeigte sich immer klarer: Behring schaffte es nicht, das Serum so potent zu machen, daß die Antitoxine die Toxine im kranken Organismus ausschalten konnten.

Behring geriet in Zeitdruck, Laubenheimer natürlich auch. Wie sollte er seinen Kollegen im Vorstand erklären, warum sich die Produktion verzögerte? Sie waren mit der Zeit immer skeptischer geworden gegenüber dem Projekt, das schon so viel Zeit und Geld gekostet hatte. Hinzu kam, daß in Deutschland, zum Beispiel bei Schering in Berlin, aber auch in Frankreich ebenfalls an einem Diphtherieserum gearbeitet wurde. Behrings Ergebnisse, die nicht zuletzt auf den Arbeiten von Emile Roux und Alexandre

Yersin vom Pariser Pasteur-Institut aufbauten, waren veröffentlicht, aber nicht durch Patente geschützt.

Aus diesem Grund war höchste Eile geboten. Behring, von Koch und Laubenheimer darin bestärkt, wandte sich an Ehrlich, der mit ihm zusammen am Institut von Robert Koch arbeitete.

Die beiden Ärzte hatten sich seit einiger Zeit angefreundet. Da sie ein sehr unterschiedliches Naturell besaßen, erlebte ihre Zusammenarbeit allerdings beträchtliche Höhen und Tiefen.

Ehrlich war seinem Freund im Können auf chemischem Gebiet weit überlegen. Er wußte, daß eine Immunisierung nach klaren chemischen Gesetzmäßigkeiten abläuft. Die den Versuchstieren injizierte Menge an Toxin mußte über mehrere Wochen hinweg regelmäßig gesteigert werden, wenn sie genügend hohe Antitoxin-Einheiten bilden sollten. Wenn man danach die Tiere in bestimmten Zeitabständen zur Ader ließ, spendeten sie ein Serum mit einem maximalen Antitoxingehalt.

Behring und Ehrlich schlossen sich am 14. Oktober 1893 zur gemeinsamen Entwicklung und Gewinnung hochwertigen Diphtherieserums zusammen. Die Vermarktung vertrauten sie den Farbwerken an, die ein Viertel des Erlöses behalten sollten. Den Rest wollten sie brüderlich teilen.

Ehrlich berichtete später: »Es ergab sich, daß Immunität kein vager Begriff sei, sondern ein genau bestimmter, der sich zahlenmäßig ausdrücken läßt. Die Höhe der Immunität entspricht dem Multiplum der tödlichen Dosis, welche das gefestigte Tier erträgt. Es zeigte sich bald, daß die Höhe der Immunität durch erneute Zufuhr von Giften immer weiter gesteigert werden könnte, vorausgesetzt, daß entsprechend dem Fortschreiten der Immunität wachsende Mengen von Gift injiziert würden. Vom Januar bis Mitte März wurden dann in einer Anzahl von Krankenhäusern Versuche an einer größeren Zahl von Patienten durchgeführt... Als Hauptergebnis unserer Untersuchungen möchten wir hervorheben:
1. Daß eine sichere Behandlung der Diphtherie nur an den ersten beiden Krankheitstagen möglich ist;
2. daß mit der Dauer der Krankheit immer größere Serummengen notwendig sind;
3. daß zur Erreichung therapeutischer Resultate je nach der Schwere des Falles 400 bis 700 Immunisiereinheiten in minimo erforderlich sind.

Nur einen Punkt möchte ich hervorheben, nämlich die ausgezeichneten Resultate, die wir in den beiden Krankenhäusern erzielt haben, in denen systematisch größere Mengen Serum und wiederholte Injektionen zur Anwendung gelangten.«

Im März 1894 gelang es Laubenheimer, Ehrlich durch einen weiteren Vertrag zu binden. Dieser wußte ebenso wie Koch und Behring durchaus seine wirtschaftlichen Interessen zu wahren. Selbst am Erlös solcher Antitoxine, die erst in den Farbwerken in gebrauchsfähige Form gebracht wurden, war er mit 50 Prozent beteiligt. Und von dem, was aus der farbwerkseigenen »Menagerie« hervorging, fielen noch einmal sieben Prozent für ihn ab. Laubenheimer konnte aufatmen. Er und seine Kollegen beschlossen: Nun sollte ohne Zeitverzug eine Herstellungsstätte für das Diphtherieserum errichtet werden.

## *Die Produktion beginnt*

Der Betrieb, in dem das Heilserum hergestellt werden sollte, lag etwas abseits von den übrigen Produktionsanlagen, aber direkt an der Chaussee nach Mainz. Es handelte sich um zwei umzäunte Gebäude: Das erste enthielt einen Brutraum, besser, einen Saal, mit einer Ausdehnung von zehn mal zwölf Metern. Darin standen 86 Brutschränke, in denen die Diphtheriebakterien auf Nährböden gezüchtet und die von ihnen ausgeschiedenen Gifte gewonnen wurden.

Daneben befanden sich zwei Laboratorien, in denen die Labordiener Buschmann und Pietsch arbeiteten, im Anschluß daran ein großer Kühlraum.

Im zweiten Gebäude, in das man von dem ersten durch einen zehn Meter langen Gang kam, standen die Pferde. Ihnen wurde das Diphtheriegift injiziert. Im Laufe der Zeit erzeugten die Pferde Antikörper gegen das Diphtherie-Toxin. War diese Antitoxinbildung im Organismus der Tiere an einem bestimmten Punkt angelangt, dann wurde im »Operationsraum« den Tieren Blut abgenommen. Dieses Blut füllte man in große Standgläser, deckte sie zu und stellte sie für etwa 24 Stunden in einen Eisschrank. In dieser Zeit senkten sich die festen Bestandteile, die Blutkörperchen und Blutplättchen, auf den Boden der Gefäße und bildeten dort eine dickliche rote Masse. Darüber befand sich das helle, strohgelbe Serum mit den Antikörpern. Das Serum wurde gereinigt, zentrifugiert und bakteriologisch auf Keimfreiheit untersucht.

Der Wert des Serums wurde von Behring und Ehrlich als normal eingestuft, wenn ein Zusatz von 0,1 cm$^3$ zu einem Kubikzentimeter der Giftlösung gerade ausreichte, um die Wirkung des Giftes aufzuheben. Genügten von dem Serum schon 0,01 cm$^3$, dann sprach man von 10 Serumeinheiten. Zur Heilung der Diphtherie wurden nach den ersten Erfahrungen etwa 400 Einheiten benötigt, also 1 cm$^3$ eines 40fachen Serums oder 1,3 cm$^3$ eines 30fachen Serums.

Die oberste Leitung des Betriebes übernahm Dr. Libbertz, dazu kamen ein Tierarzt, Dr. Caspar, und die beiden Labordiener Buschmann und Pietsch; sie waren die ersten in einer langen Reihe von Laboranten im Diphtherieserum-Betrieb. Ihr Verdienst war ihrer Verantwortung entsprechend hoch. Er betrug für jeden 100 Mark pro Monat.

Da es sich bei der Serumherstellung noch um biologisches Neuland handelte, wurde eine strenge »Instruktion« erlassen. Darin hieß es:

I. Der Verkehr mit den Bakterienkulturen und den durch dieselben krank gemachten Tieren ist mit Gefahren verbunden und erfordert deshalb größte Vorsicht.

II. Der Diener hat darauf zu achten, daß Unbefugte das Gebäude nicht betreten. Müssen Arbeiter behufs Arbeiten, Reparaturen etc. das Gebäude betreten, so hat der Diener den Arbeiten ununterbrochen beizuwohnen und darauf zu achten, daß die betreffenden Arbeiter Gegenstände unbefugt nicht anrühren, andere Räume als die, in welchen die Arbeit zu geschehen hat, nicht betreten und nach Vollendung ihrer Arbeit in dem Gebäude nicht länger verweilen.

III. Bei jedem, wenn auch nur vorübergehenden Verlassen des Gebäudes hat der Diener den Zugang stets sorgfältig zu verschließen.

IV. Der Diener hat, bevor er die Arbeitsräume betritt, seinen Rock gegen einen leinenen Kittel zu wechseln. Der Kittel muß nach jeder Verunreinigung durch Bakterien mittels strömenden Dampfs desinfiziert werden.«

Die »Instruktion« geht noch lange weiter – sie zeigt, wie sorgsam man jede Gefahr einer Infektion auszuschalten versuchte. Manche dieser Vorschriften wurden weiterentwickelt und dienten später als Modelle für die Arbeit in anderen Betrieben. Am 24. November 1894 wurde die Herstellungsstätte für das Diphtherieserum eingeweiht. Robert Koch, Emil Behring, Paul Ehrlich, Friedrich Althoff und Köhler, der Präsident des Reichsgesundheitsamtes, nahmen als Gäste daran teil.

August Laubenheimer betreute die Wissenschaftler. Er zeigte ihnen anschließend andere Teile der Fabrik, so einige Farbstoffbetriebe und die Anlagen zur Säureherstellung. Beim Mittagessen im Kasino saß dann die Elite der deutschen Bakteriologen, sonst nicht immer ein Herz und eine Seele, einträchtig beieinander.

In den ersten Wochen wurde das Diphtherieserum nur zögernd von den Ärzten verlangt. Sie wußten einfach noch zu wenig von der neuen Therapie. Als sich die Erfolge herumgesprochen hatten, wurde es schnell anders. »Das neue Diphtherie-Heilmittel der Farbwerke ist hier kolossal stark begehrt, so daß kaum allen Anforderungen entsprochen werden kann«, meldete das »Kreis-Blatt« in Höchst schon am 13. Dezember. »Tag für Tag gehen etwa 1000 Fläschchen mit dem merkwürdigen Saft in alle Himmelsrichtungen ab, und die Nachrichten über die erzielten Heilerfolge lauten immer günstiger und bestimmter. – Unter den hier zur Gewinnung des Heilserums gehaltenen Tieren befinden sich mehrere auffallend schöne Pferde, welche täglich im sogenannten Fohlenpferch der Farbwerke unter dem Reiter bewegt werden.« In den Stallungen, auch das wußte das »Kreis-Blatt« zu berichten, arbeiteten als Pfleger hauptsächlich ehemalige Kavalleriesoldaten.

Insgesamt wurden 1894 noch rund 75000 Fläschchen Serum den Ärzten und Klinikern zur Verfügung gestellt. Es gab drei verschiedene Sorten von Serum: Eine enthielt 600, die andere 1000, und die dritte 15000 Einheiten.

Noch ehe die Produktion anlief, fand im Oktober im Kultusministerium eine vertrauliche Konferenz statt. Koch, Behring und Ehrlich nahmen daran teil. Dabei ging es um die Frage, wie weit der Staat die Kontrolle des Serums vornehmen sollte. Sogar die Idee einer staatlichen Übernahme der Fertigung tauchte auf. Eine weitere Besprechung im gleichen Monat stand unter dem

Vorsitz des Präsidenten des Reichsgesundheitsamtes. Das Thema hieß: »Medizinal-polizeiliche Maßnahmen im Hinblick auf das Diphtherie-Serum«.
Behring hielt ein Referat. Er schilderte das Verfahren zur Serumherstellung in den Farbwerken. Die Einrichtungen dort, so betonte er, würden es bald erlauben, etwa tausend Fläschchen Diphtherieserum pro Tag herzustellen, mit je fünf Kubikzentimeter Serum.
Die Konferenzteilnehmer beschlossen, Wertbestimmung und Kontrolle des Serums nach den Vorschlägen von Ehrlich und Behring vornehmen zu lassen. Die Regierung müsse sich aber auch vorbehalten, die Fabrikation einer sachverständigen staatlichen Aufsicht zu unterstellen.

## *Erst Kollege, dann Kontrolleur*

Wer war dafür geeigneter als der Mann, der die Methode zur planmäßigen Immunitätssteigerung und zur Herstellung hochwertiger Sera geschaffen hatte: Paul Ehrlich. So wurde ihm am 20. Februar 1895 die Leitung einer Kontrollstation zur Prüfung des Diphtherieserums übertragen. Sie befand sich zunächst am Institut für Infektionskrankheiten in Berlin.
Schon ein Jahr später, am 1. Juni 1896, erhielt Ehrlich ein eigenes kleines Institut in Steglitz. Es hieß »Institut für Serumforschung und Serumprüfung«. Bei dieser Gelegenheit wurde der inzwischen 42jährige Arzt zum Geheimrat ernannt, genauer: zum Geheimen Obermedizinalrat.
Dafür mußte er allerdings seinen erst 1894 geschlossenen Vertrag mit Hoechst aufgeben, der ursprünglich nicht weniger als 15 Jahre hatte laufen sollen. Denn die Farbwerke waren ja nun der »Hauptkunde« des Instituts.
Während Behring weiterhin erhebliche Summen von Hoechst bezog, mußte sich Ehrlich mit 250 Mark Monatsgehalt als Institutsleiter begnügen. Ehrlich hätte ein Übermensch sein müssen, wenn ihn diese ungleiche Entwicklung nicht gewurmt hätte, zumal er überzeugt war, daß der Erfolg des Serums in erster Linie auf ihn zurückzuführen war.
Dennoch blieb die Freundschaft mit Behring ungetrübt. Das

geht aus einem Brief hervor, den Ehrlich in jenen Tagen an Behring schrieb: »Ich habe die Tage jetzt mit der Einrichtung des neuen Instituts kolossal zu tun; die Übersiedelung ist zwar schon vor einigen Tagen erfolgt, aber überall wird noch gehämmert, gesägt, gebohrt, gepackt – es ist furchtbar, so eine alte Klitsche einzurichten. Dafür hoffe ich aber, daß, wenn alles fertig ist, alles ganz praktisch sein und auch Deinen Beifall finden wird.«

Die »alte Klitsche« bestand aus zwei kleine Gebäuden, die früher einmal als Bäckerei und als Scheune gedient hatten. Seinem Freund August von Wassermann zeigte Ehrlich das dürftige Institut mit den Worten: »Klein – aber mein.« Zur Not, so fügte Ehrlich hinzu, könne er auch in einer Scheune arbeiten. Er brauche dazu nur Reagenzgläser, einen Bunsenbrenner und Löschpapier.

Im Auftrag des Kultusministeriums verfaßte Ehrlich 1897 eine Schrift: »Die Wertbemessung des Diphtherie-Heilserums und deren theoretische Grundlagen«. »Es bedarf keiner Erörterung«, so schrieb Ehrlich in dieser nur 34 Seiten umfassenden Schrift, »daß es für die ganze Diphtherie-Heilserumfrage sowohl vom praktisch-therapeutischen als vom rein wissenschaftlichen Standpunkt notwendig ist, Sera von genau bestimmtem Werte anzuwenden.«

Die so ungünstigen Resultate, die im Jahre 1895 in England bei der Serumbehandlung erzielt worden seien, beruhten hauptsächlich darauf, daß die Mehrzahl der in England verwandten Sera viel zu schwach gewesen sei, um therapeutische Effekte zu ermöglichen. Ebenso zeigten die Untersuchungen des dänischen Immunologen Madsen in Kopenhagen, daß dort ein für therapeutische Zwecke zu schwaches Serum angewandt worden sei, nämlich eines von dreißigfachem Wert.

»Derartige Vorkommnisse deuten darauf hin, daß der für die Wertbestimmung dienende Maßstab eine erhebliche Abschwächung erlitten haben muß«, folgerte Ehrlich, »weil es sonst nicht zu verstehen wäre, daß das in den Handel gebrachte Serum doppelt und dreifach zu hoch bewertet wurde.«

Ehrlich wünschte sich auf die Dauer ein größeres Institut, in dem neben der Wertbestimmung und Serumkontrolle auch andere zukunftsträchtige Arbeiten möglich würden. So hörte er genau hin, als aus Frankfurt Anfragen eintrafen, was er von einem Institut halte, das die Mainstadt für ihn errichten würde und das den Vorzug besäße, sich in der Nähe der Farbwerke zu befinden, der

Herstellungsstätte seiner geliebten Farben, aber auch der Sera und Impfstoffe.

Frankfurts Oberbürgermeister Franz Adickes hatte bei Ministerialdirektor Althoff vom preußischen Kultusministerium für derlei Pläne ausdrückliche Unterstützung gefunden. Der kluge Althoff, der seine Wissenschaftler genau kannte, mochte es sogar für ganz erwünscht halten, wenn das »Dreigestirn«, Koch, Behring und Ehrlich, nicht in engster Tuchfühlung arbeitete. Vor allem der Gegensatz zwischen Koch und Behring war beinahe unerträglich geworden. Behring selbst, inzwischen Professor in Marburg, begrüßte, ja förderte Ehrlichs Umzug an den Main. Er hoffte immer noch, Ehrlich werde ihn wie einst beim Diphtherieserum unterstützen. »Ehrlich und ich«, sagte Behring einmal zu einem dänischen Immunologen, »wären zusammen unschlagbar.«

Auch Ehrlich war, wie er seinem Vetter und Freund, Professor Carl Weigert, nach Frankfurt schrieb, etwas berlinmüde. So übersiedelte er mit seinen beiden Töchtern Stefanie und Marianne von der Spree an den Main. Weigert hatte ihm für 25000 Mark ein hübsches Haus in der Westendstraße 62 besorgt, das sogar einen kleinen Garten besaß. Im Vorort Sachsenhausen entstand das für Ehrlich »maßgeschneiderte« Institut, für das er die Bezeichnung »Königliches Institut für experimentelle Therapie« durchgesetzt hatte, weil er sich keineswegs nur auf die Prüfung der in Höchst hergestellten Sera festlegen lassen wollte. Am 8. November 1899 wurde das Institut eingeweiht. Wissenschaftler, Industrielle, Vertreter der Stadt und des Landes waren anwesend. Nur einer fehlte: Emil Behring.

Er war verärgert, fühlte sich beim Aufbau und der Zielplanung eines Instituts übergangen, das er doch wesentlich mit initiiert hatte. Wahrscheinlich hatte er subjektiv dabei nicht ganz unrecht, denn Ehrlich versuchte tatsächlich, sich mit dem Institut von Behring zu emanzipieren. Er hatte den Eindruck gewonnen, nicht ohne Schützenhilfe seiner Frau, daß bei der Entwicklung des Diphtherieserums aller Ruhm und alle wirtschaftlichen Vorteile an Behring gegangen waren.

Meinungsverschiedenheiten bei der Bewertung einzelner Sera durch das Institut waren zu erwarten und blieben auch nicht aus. Behring pochte auf kollegiale Nachsicht, Ehrlich aber wollte und mußte die Unabhängigkeit seines Amtes wahren. Daher geriet der freundschaftliche Verkehr zwischen den beiden Wissenschaftlern gelegentlich ins Stocken, wenn er auch niemals ganz aufhörte. Denn der schnell beleidigte Behring stand auch nicht an, von sich aus Versöhnungsschritte einzuleiten.

Mit Laubenheimer in Höchst waren die Beziehungen Ehrlichs ungetrübt. Der Farbwerkskutscher Wüst holte den kleinen Geheimrat für gewöhnlich am Bahnhof in Höchst ab, wenn Ehrlich Laubenheimer im Büro oder in der Feldbergstraße besuchte. Ehrlich trug, wie Wüst berichtete, stets eine Kiste Zigarren unter dem Arm, die er sich auch nicht abnehmen ließ – denn Havannas, möglichst schwer, und viele Flaschen Mineralwasser waren die Lebenselixiere des Forschers. In seinem Rock verbarg der Arzt stets eine ganze Reihe von Farbstiften, mit deren Hilfe er seine Ideen bildlich darstellte, wenn ihm spontan etwas einfiel.

Bei einer solchen Demonstration im Hause Laubenheimers mußte auch einmal die blütenweiße Tischdecke der Frau Geheimrat Laubenheimer herhalten, wie sein Sohn Kurt Jahrzehnte später erzählte. Die starke, ruhige Zuversicht, die Laubenheimer für Ehrlich aufbrachte, wirkte wiederum stimulierend auf dessen sprudelndes Temperament.

Der andere Freund in Ehrlichs ersten Frankfurter Tagen wurde Dr. Arthur Weinberg. Arthur war Chemiker, sein Bruder Carl Kaufmann. Sie waren Inhaber der Firma Cassella, die einst als Farbstoffhandlung gegründet worden war, später auch eine sehr erfolgreiche Farbstoffproduktion betrieb. Auch von Cassella hatte Ehrlich schon in seiner Berliner Zeit zahlreiche Farbstoffe erhalten.

Die Weinbergs spielten in Frankfurt eine große Rolle. Arthur besaß ein Gestüt, dessen Pferde auf allen Rennplätzen Pokale und andere Trophäen errangen; in seinem Haus gab es erlesene Konzerte. Carl gehörte zu den Gründern des ersten Golfklubs in Frankfurt. Die Brüder traten häufig als Mäzene in Erscheinung. Kaiser Wilhelm verlieh ihnen deshalb bald nach der Jahrhundertwende den Adelstitel.

Weinberg erschloß Ehrlich wertvolle Beziehungen zum jüdischen Großbürgertum Frankfurts. Hier fanden sich die wohlhabenden Bürger, die stets bereit waren, philanthropische und wissenschaftliche Bestrebungen zu unterstützen. Viele Frankfurter hofften, auf solche Weise die Regierung in Berlin bewegen zu können, der Errichtung einer Universität zuzustimmen, mochte vorläufig dafür auch wenig Aussicht bestehen, denn in Berlin verwies man in diesem Zusammenhang stets auf Marburg. Die dortige Universität müsse ausreichen.

In Frankfurt gab es, wie es der Arzt Carl von Noorden einmal formulierte, eine »Großgeselligkeit«. Ein Empfang reihte sich an den anderen. Wer Erfolg haben wollte, konnte sich bei solchen Gelegenheiten nicht ausschließen. Sogar Ehrlich, dem gesellschaftliches Leben wenig behagte, nahm an solchen Empfängen in Frankfurt wesentlich häufiger teil als früher in Berlin. Nur so konnte er zu Mitteln kommen, die ihm in seinem staatlichen Institut fehlten. Am liebsten vergrub er sich freilich in sein Institut in der Sandhofstraße oder zwischen den Büchern in seinem Haus in der Westendstraße. An beiden Orten herrschte eine unglaubliche Unordnung, inmitten derer sich der Meister selbst allerdings mühelos zurechtfand.

Wenn ihn seine Frau wieder einmal beschwor, er brauche doch frische Luft, dann suchte Ehrlich tatsächlich den Stadtpark auf – allerdings im Inneren einer Pferdedroschke, die sich mit dem Qualm seiner Havannas füllte. Er verließ das Gefährt nicht, bis er im Institut oder wieder zu Hause angekommen war. Nur für Kriminalromane nahm er sich Zeit. Sie regten ihn zum Denken an, sagte er.

## *Behrings Bruch mit Hoechst*

Auf Emil Behring warteten gleich zu Beginn des neuen Jahrhunderts hohe Ehren. Wilhelm II. verlieh ihm anläßlich des 200jährigen Bestehens des Königreichs Preußen den erblichen Adel. Im Jahr 1901 wurde Behring der erste medizinische Nobelpreis zuerkannt.

Das Verhältnis zwischen Behring und Hoechst wurde freilich mit jedem Tag schwieriger. Behring spielte fortwährend mit dem Gedanken, ob er nicht mit einer anderen Firma oder als selbständiger Unternehmer sich am besten stellen würde. Laubenheimer mußte einen großen Teil seiner Kraft darauf verwenden, den Starrkopf bei der Stange zu halten oder Mißverständnisse, die unentwegt auftraten, aus dem Weg zu räumen. Aus vielen Indizien spürte er, wie sich in Behrings Gedanken der Wunsch entwickelte, sich von den Farbwerken zu trennen. »Ich habe öfters mit der Wahrscheinlichkeit gerechnet«, schrieb Laubenheimer später, »daß ein Zusammengehen mit Behring nicht mehr möglich sei, ich habe aber geglaubt, den Zeitpunkt hierfür nach Möglichkeit hinausschieben zu sollen, und zwar mit Rücksicht auf den Verdienst, den wir hatten.«

Im Jahre 1903 mußte Laubenheimer erkennen, daß ihm dies nicht mehr lange gelingen würde. Bald darauf sickerte in Höchst die Nachricht durch, Behring verhandele mit Geheimrat Duisberg von Bayer, um sich möglicherweise mit der Konkurrenz zusammenzutun. Dieser Plan, so besagten die Informationen, werde sogar von Ministerialdirektor Althoff unterstützt.

Laubenheimer, der mit so viel Mühe die Zuwendung seines Hauses zu den immunologischen Präparaten durchgesetzt hatte, fühlte sich offenbar derlei Ränken nicht mehr gewachsen. Obwohl er erst Mitte Fünfzig war, litt er seit längerer Zeit an Kreislaufbeschwerden und Depressionen. Er legte sein Amt im Vorstand nieder.

Es kam dann doch nicht zu einem Bündnis zwischen Behring und Bayer. Die Persönlichkeit von Duisberg, dem Schöpfer von Elberfeld und Leverkusen, beeindruckte Behring durchaus. Vielleicht aber waren es gerade diese Eigenschaften, die Behring vorsichtig stimmten. Bei einem Manne wie Duisberg würde er schwerlich erreichen, was ihm unverrückbar vorschwebte: Herr im eigenen Haus zu sein.

## *Laubenheimer stirbt am Schreibtisch*

Ein paar Monate später wurde Laubenheimer zum Aufsichtsratsmitglied ernannt. Er kam in dieser Funktion noch regelmäßig ins Büro. Dort, an seinem Schreibtisch, ereilte ihn am 22. Juli 1904 der Tod. Das Gerücht ging um, er habe Selbstmord begangen. Doch nach den Eintragungen im Tagebuch Gustav von Brünings war es ein Schlaganfall. Professor Emil Fischer, Paul Ehrlich und viele andere trauerten um einen bedeutenden Chemiker und um einen nicht minder großen Menschen. Laubenheimer wurde am 24. Juli in seiner Heimatstadt Gießen beerdigt, die er nur verlassen hatte, um nach Höchst zu ziehen.

KAPITEL 7

# Heimchen und Wöchnerinnen-Asyl

Maria Schlapp, die Frau des Arbeiters Adam Schlapp, konnte es sich nie verzeihen, daß sie ausgerechnet an diesem Vormittag des Jahres 1891 zu lange auf dem Höchster Markt geblieben war. Während sie sich nach Gemüse umsah, hatte sich in ihrem Haus allerhöchster Besuch eingefunden. Die Witwe des 1888 verstorbenen Kaisers Friedrich III., die sich nach dem Tode ihres Mannes Kaiserin Friedrich nannte, sah sich die kleinen Häuser an, in denen einige Arbeiter aus der ersten Generation der Rotfabriker mietfrei ihren Lebensabend verbrachten, unter ihnen Adam Schlapp, Jonas Nathan und Joseph Baumgardt.

Kaiserin Friedrich, in der Familie kurz »Vicky« genannt, liebte den Taunus. Sie hatte sich als Kronprinzessin oft in Schloß Homburg aufgehalten und war so entzückt von den Waldbergen über dem Main, daß sie nach dem Tod ihres Mannes dort ihren Witwensitz baute – eine Anlage im Stil eines englischen Landsitzes, die sie »Schloß Friedrichshof« taufte. Die Mittel, die sie dazu benötigte, waren ihr überraschend durch eine Erbschaft zugefallen.

Inoffiziell spielten bei der Wahl des Ortes noch andere Gründe mit. Vicky vertrug sich nicht mit ihrem ältesten Sohn, Kaiser Wilhelm II., der ihr, kaum daß sein Vater gestorben war, alle Möglichkeiten politischer und sozialer Betätigung in der Hauptstadt Berlin entzog. Er machte kein Hehl daraus, daß er sie am liebsten zu ihrer Mutter nach England zurückgeschickt hätte; doch diesen Gefallen tat sie dem ungeliebten Sohn nicht. Wahrscheinlich sah sie voraus, daß es dort zu kräftigen Meinungsverschiedenheiten zwischen ihr und ihrer siebzigjährigen Mutter, Königin Victoria, Kaiserin von Indien, kommen würde. Zwei willensstarke Frauen, die mit großem Gefolge ständig zwischen Balmoral Castle in Schottland und der Themse hin und her reisen, geraten leicht miteinander in Konflikt, und das wollte Vicky vermeiden.

## *Künstler zogen nach Kronberg*

In Schloß Friedrichshof bei Kronberg konnte sie so leben, wie es ihr behagte, und Gäste empfangen, vor allem ihren Lieblingsbruder »Bertie«, später König Edward VII., der häufig in Bad Homburg zur Kur weilte, oder das Zarenpaar. Die Gemahlin des Zaren Nikolaus II., eine geborene Prinzessin von Hessen-Darmstadt, russisch Alexandra Feodorowna genannt, war Vickys Nichte.

Neben den hochwohlgeborenen gab es auch schlichtere Gäste, vor allem Künstler aus der benachbarten Künstlerkolonie. Das Haus war voll von Skulpturen, Gobelins, Teppichen und Vasen; vor allem aber voller Bilder, von denen nicht wenige von Vicky gemalt waren. Wenn sie nicht malte oder Gäste bewirtete, las sie. Ihr Hauptinteresse war das, was man heute die »soziale Frage« nennt. Es gab kaum ein Buch über die Kernfrage der Zeit, das sie nicht besaß und auch gelesen hatte. Hand in Hand damit ging ihr Interesse an der Lage der Frauen und der »Frauenbewegung«, die zu dieser Zeit voll eingesetzt hatte, vor allem in England. Auch darüber enthielt ihre Bibliothek eine umfangreiche Literatur, von John Stuart Mill und Emmeline Pankhurst bis hin zu den neuesten Schriften über Emanzipation in deutscher Sprache.

Diesem Interesse folgend, war sie nach Höchst gefahren, um die »Heimchen«-Siedlung der Farbwerke zu besichtigen, in der die ältesten Mitarbeiter der Firma ihr Altenteil genossen. Ihr Interesse war groß, sie ließ sich diese »Austragstuben« der Industrie vom Keller bis zum Dach zeigen, und sie war offenbar besonders angetan von den kleinen Gärten mit ihren Blumen, da sie selbst sich in Friedrichshof – allerdings in größeren Dimensionen – leidenschaftlich gern mit Blumenzucht befaßte.

In Erinnerung an die Zeit, als sie selber, zehnjährig, ihren späteren Mann Friedrich durch die Londoner Weltausstellung mit ihren chemischen Produkten geführt hatte und später den Privatvorlesungen des Chemikers August Wilhelm Hofmann gelauscht hatte, fragte sie die Insassen aus. Wie geht es zu in einer Farbstofffabrik, wie lange wird täglich gearbeitet, mit welchen Maschinen, Kesseln und Anlagen? Sie brachte es dabei fertig, den etwas scheuen Jonas Nathan zu bewegen, ihr einen farbigen Bericht über die erste Dampfmaschine und das neue Kraftwerk auf dem Gelände der Farbwerke zu geben.

Dies alles mitzuerleben hatte Maria Schlapp versäumt, weil sie zu vertieft gewesen war in die Salatköpfe und Kohlraben auf dem Markt. Sie wollte von ihrem Mann erfahren, wie das Kleid der Kaiserin ausgesehen hatte, welchen Hut sie trug, ob sie einen Schirm besaß, welcher Art ihr Schmuck war, am Hals, an den Fingern, an den Handgelenken.

## *Grand Prix für ein kleines Haus*

Als die Kaiserin-Witwe die Siedlung besichtigte, standen erst etwa zwei Dutzend Häuser. Die ersten 20 Heimchen hatte Wilhelm Meister gestiftet, als er sich 1890 aus dem Aufsichtsrat zurückzog. Meister wollte damit seine Verbundenheit mit den Männern demonstrieren, die als erste ihre Arbeitskraft und damit einen erheblichen Teil ihres Lebens für den Aufstieg der Firma eingesetzt hatten.

Zu den 100000 Mark, die er zur Verfügung stellte, waren dann noch einmal Gelder von Lucius gekommen, mit denen abermals 20 Häuser gebaut werden konnten. Weitere Stiftungen der Familien Meister und Lucius folgten nach dem Tode der beiden Werksgründer. So standen nach der Jahrhundertwende insgesamt 136 schmucke Heimchen in einer grünen, fast idyllischen Welt im Schatten der Rotfabrik.

Es gab mehrere Grundtypen bei diesen Häusern: Der kleinere diente der Aufnahme älterer Ehepaare, deren Kinder längst erwachsen waren. Die größeren Häuser waren für Familien bestimmt, in denen die Kinder noch zu Hause wohnten. In den kleineren Häuschen gab es drei Räume, ein Wohnzimmer und eine kleine Küche im Erdgeschoß, dazu ein Schlafzimmer unter dem Dach. Die größeren Häuser hatten Wohnzimmer, Küche und zwei Schlafzimmer. Dazu kam noch ein kleiner Stall.

Die Kosten für ein Heimchen bewegten sich, je nach Größe, zwischen 3500 und 4500 Mark.

Eines dieser Häuser kam zu internationalem Ruhm. Es wurde in Paris aufgebaut und auf der Weltausstellung von 1900 gezeigt. Die Jury zeichnete es mit dem »Grand Prix« aus. Seit fast einhundert Jahren steht es neben den anderen Heimchen – freundlich anzusehen und selten beachtet, ein »Monument« früher sozialer Errungenschaften.

*Die neuen Sozialgesetze*

Nachdem der Reichstag 1883 das Gesetz zur Krankenversicherung verabschiedet hatte, konnte ein weiteres Gesetz über die Unfallversicherung in Angriff genommen werden. Zwar bestand schon seit 1871 eine gesetzliche Haftpflichtversicherung, doch den Betroffenen nutzte sie oft nur wenig. Sie machte nämlich den Anspruch des Verletzten davon abhängig, ob ein Verschulden des Arbeitgebers nachgewiesen werden konnte.

Das Unfallversicherungsgesetz, das der Reichstag am 6. Juni 1884 annahm, verlangte einen solchen Nachweis nicht mehr. Jeder Versicherte hatte Anspruch auf Entschädigung.

Diese Entschädigung umfaßte die Kosten des Heilverfahrens von der 13. Woche der Erwerbsunfähigkeit an. Bis dahin mußten die Krankenkassen bezahlen. Überdies gab es eine Rente für die Zeit der Behinderung, die von dem Grad der Erwerbsunfähigkeit abhing. Im Todesfall erhielten die Hinterbliebenen eine Rente.

Die Lasten für diese Unfallversicherung hatten die Unternehmer zu tragen, die sich in Berufsgenossenschaften zusammenschlossen.

Die Berufsgenossenschaft der chemischen Industrie wurde 1885 in Berlin gegründet. Sie kümmerte sich bald in sehr verdienstvoller Weise um die Unfallverhütung in ihren Mitgliedsfirmen und regte umfassende Aufklärungsmaßnahmen für die Arbeiter an. So gelang es im Laufe der Zeit tatsächlich, die ursprünglich sehr besorgniserregenden Unfallzahlen beträchtlich zu senken.

Im Jahre 1893 waren in Deutschland 18 Millionen Menschen gegen Unfälle versichert. Die Zahl der Verletzten betrug in jenem Jahr 264 000; für 62 000 hatte die Unfallversicherung aufzukommen. Tödlich verletzt wurden 6336 Menschen. Sie hatten 12 763 Hinterbliebene. Dauernd erwerbsunfähig wurden 2507 Menschen.

Auch innere Erkrankungen konnten als Folge eines Unfalls gelten. Kam es zu Streitigkeiten, traten besondere Schiedsgerichte in Aktion. Als letzte Instanz fungierte das Reichsversicherungsamt.

## In Rente erst mit siebzig

Am 22. Juni 1889 nahm der Reichstag das dritte der großen Sozialgesetze an: die Invaliditäts- und Altersversicherung. Dieses Gesetz gab allen Versicherten einen Anspruch auf Rente, ohne Rücksicht auf ihr sonstiges Einkommen. Es wurde allerdings erst mit Erreichen des 70. Lebensjahres wirksam oder bei Versicherten, die ab einem bestimmten Zeitpunkt nicht mehr fähig waren, sich ein Mindesteinkommen zu erwerben.

Die Kosten der Invaliditäts- und Altersversicherung übernahmen das Reich, die Arbeitgeber und die Arbeitnehmer durch ihre Beiträge.

Wie hoch die Invalidenrente war, hing von der Zahl der Wochen ab, in denen Beiträge geleistet wurden, und von der jeweiligen Lohnklasse des Arbeitnehmers. Dazu kam noch ein Grundbetrag zwischen 114,70 und 415,50 Mark im Jahr.

Die Altersrente in den ersten Jahren nach der Verabschiedung des Gesetzes bewegte sich zwischen 106,40 und 191 Mark pro Jahr. Träger der Versicherung waren die Landesanstalten.

Im Jahre 1894 erhielten im Reich 240 000 Personen eine Alters- und 91 500 eine Invalidenrente. Für beide Leistungen mußten 34,4 Millionen Mark aufgewendet werden.

Die Sozialdemokratie hatte sich vergeblich gegen diese Gesetze gestellt; sie gingen ihr nicht weit genug. Bebel verlangte statt dessen in einem Antrag, daß der Kreis der Versicherten weiter gefaßt und das Rentenalter auf 60 Jahre gesenkt werde. Der Reichszuschuß sollte auf 90 Mark erhöht werden. Um diese Kosten aufzubringen, forderte Bebel, sollte der Staat alle Einkommen über 3000 Mark mit einer progressiven Reichseinkommensteuer belegen.

Die Sozialdemokratische Arbeiterpartei, die spätere SPD, von Bismarck in den Ausnahmezustand gedrängt, war in den Untergrund gegangen und hatte radikalere Töne angeschlagen. Im Parteiprogramm wurde in dem Satz, die Partei werde mit allen gesetzlichen Mitteln ihre Ziele anstreben, das Wort »gesetzlich« gestrichen.

Doch so radikal, wie sich die SPD damals gab, war ihre Führung nicht. Unter der Fassade der marxistischen Orthodoxie waren schon »Ketzer« am Werk. Der bedeutendste dieser »Revisionisten« war Eduard Bernstein, gelernter Bankkaufmann und enger

Freund der führenden Männer der SPD. In einer Artikelserie in der »Neuen Zeit«, dem Organ der sozialistischen Intellektuellen, und in einem Buch »Die Voraussetzungen des Sozialismus« übte Bernstein Kritik an den sozialistischen Erzvätern Marx und Engels. Viele der im »Kommunistischen Manifest« enthaltenen Prophezeiungen hätten sich nicht bewahrheitet, schrieb er. So habe sich die Zuspitzung der gesellschaftlichen Verhältnisse nicht in der Weise vollzogen, wie es im Manifest vorausgesagt wurde.

Bernstein: »Es ist nicht nur nutzlos, es ist auch Torheit, dies zu verheimlichen. Die Zahl der Besitzenden ist nicht kleiner, sondern größer geworden. Die enorme Vermehrung des gesellschaftlichen Reichtums wird nicht von einer wachsenden Zahl von Kapitalisten aller Grade begleitet. Die Mittelschichten ändern ihren Charakter, aber sie verschwinden nicht aus der gesellschaftlichen Stufenleiter.«

### Reformen – statt Revolution

Im Leben der Völker lassen sich wichtige Epochen nicht einfach überspringen, meinte Bernstein. Deshalb müsse sich die Sozialdemokratie auf ihre unmittelbaren Aufgaben konzentrieren, auf den Kampf um die politischen Rechte der Arbeiter und auf ihre wirtschaftliche Besserstellung. Kurz: Reformen statt Revolution.

Was Bernstein offen aussprach – ohne Billigung der Parteiführung –, war nicht so weit entfernt von dem, was liberale bürgerliche Kreise der Arbeiterschaft einzuräumen geneigt waren; selbst Wilhelm II. liebäugelte mit der Vorstellung, ein »Kaiser der Armen« zu werden, wie einst sein Vorfahr Friedrich der Große es genannt hatte: »Je veux être un roi des gueux.« Natürlich war der Kaiser wie stets von wechselnden Ratgebern beeinflußt. In diesem Fall beriet ihn besonders sein früherer Erzieher Hinzpeter.

Bismarck, der jetzt häufig auf seinem Landgut im Sachsenwald weilte, mußte nach Berlin kommen, um mit dem Kaiser und den Ministern über eine Erweiterung der Arbeiterschutzgesetze zu beraten. Kernpunkte der Reform waren ein Verbot der Sonntagsarbeit und der Nachtarbeit für Frauen und Kinder sowie die Einschränkung der Frauenarbeit in den letzten Schwangerschaftswochen.

Auch das Gesetz gegen die Sozialdemokratie, das dreimal verlängert worden war, sollte entschärft werden, vor allem der Ausweisungsparagraph, wonach Menschen aus ihrer Heimat vertrieben werden konnten, wenn sie für ihre politische Gesinnung öffentlich warben.

## *Der Sturz des Titanen*

Bald wurde offenbar: Der junge Kaiser, der einst mit unglaublicher Schwärmerei an Bismarck gehangen und sich seinetwegen mit seinen Eltern mehrfach entzweit hatte, wollte den Mann loswerden, zu dem er einmal gesagt hatte: »Ich ließe mir stückweise ein Glied nach dem anderen für Sie abhauen, eher als daß ich etwas unternähme, was Ihnen Schwierigkeiten bereiten würde.« Das war 1888 gewesen, in dem Jahr, in dem der damals 29jährige Wilhelm den Thron bestiegen hatte.

Bismarck kannte Wilhelm: seine Sprunghaftigkeit, den Abscheu gegen systematische Arbeit und seine Anfälligkeit für Schmeichler und ihre Einflüsterungen. Trotzdem war er erstaunt, als ihn einige Zeit nach Wilhelms Schwur Zar Alexander III. in seiner unverblümten Art fragte: »Sind Sie eigentlich sicher, daß der Kaiser Sie zu behalten wünscht?«

Wilhelm wollte allein regieren, wollte am liebsten sein eigener Kanzler sein. Friedrich, sein großer Vorfahr, so redeten ihm die Gegner Bismarcks ein, wäre niemals »der Große« geworden, wenn er einen Bismarck als Kanzler gehabt hätte.

So wurde ausgerechnet die Arbeiterschutzgesetzgebung zum Zankapfel zwischen Kaiser und Kanzler. Es hätte genausogut ein anderes Thema sein können. Bismarck, der einst ungezählte Male mit seinem Rücktritt gedroht hatte, konnte sich jetzt nur schwer zu einem Rücktrittsgesuch entschließen. Als das entsprechende Schreiben nicht gleich im Schloß eintraf, schickte ihm Wilhelm Abgesandte, die um das Schriftstück baten.

Peinlicher ging es nicht mehr. Schließlich lag das Gesuch auf dem Schreibtisch des triumphierenden Kaisers. Nachdem er sein Ziel erreicht hatte, zeigte er sich wieder voller Huld gegenüber dem abgehalfterten Kanzler und sprach von dessen »erschütterter Gesundheit«, die den Getreuen leider zu dem Rückzug aus dem

Amt genötigt habe. Bismarck konterte in aller Öffentlichkeit und erklärte, er habe sich gesundheitlich nie wohler gefühlt. Die Tatsache änderte sich dadurch nicht: Der »Titanensturz« war vollbracht.

Nachdem Bismarck 1890 das Reichskanzlerpalais geräumt und sich in den Sachsenwald zurückgezogen hatte, ging man auch in Berlin zur Tagesordnung über.

Noch 1891 wurde im Sinne Wilhelms der Arbeiterschutz wesentlich ausgebaut. In einer umfassenden Novelle zur Reichsgewerbeordnung von 1861 wurde eine Reihe von Maßnahmen beschlossen: der Elfstundentag für Arbeiterinnen; das generelle Verbot der Nachtarbeit, das Verbot, Kinder unter 13 Jahren in Fabriken zu beschäftigen. Eine 24stündige Sonntagsruhe wurde zur Regel für alle Arbeiter in Fabriken, Werkstätten, Bergwerken, Baustellen und auch im Handelsgewerbe.

In den nächsten Jahren wurde die Novelle von 1891 weiter verbessert und die Kinderarbeit noch stärker eingeschränkt. Schon bald fiel auch das Sozialistengesetz, das die Sozialdemokraten in den Untergrund gedrängt hatte. Noch lange wirkte in der SPD die Verfemung nach, der sie ausgesetzt gewesen war. Manches in ihrer weiteren Geschichte, in ihrem Verhalten gegenüber dem Staat, wird nur verständlich, wenn man die Zeit kennt, da Deutschlands große Arbeiterpartei in der Illegalität wirkte und nur durch konspirative Taktiken überlebte.

Große Teile der Arbeiterschaft blieben auch in der Folgezeit mißtrauisch. Sie akzeptierten zwar gerne die Errungenschaften, verlangten aber einen weiteren Ausbau der Sozialgesetzgebung und standen hinter der SPD, die in ihren Augen Vorkämpferin für weitere ökonomische Verbesserungen blieb. Mit fast jeder neuen Wahl gewannen die Sozialdemokraten mehr Stimmen. Schon bei der Reichstagswahl von 1890 war die SPD – an der Stimmenzahl gemessen – die stärkste Partei. Nur durch die Eigenheiten des Wahlrechts blieb ihr Zuwachs an Mandaten geringer. Immerhin: 1893 erhielt die SPD 44, 1898 56 und 1903 81 Sitze. Da es immer noch keine Diäten gab, erhielten ihre Reichstagsabgeordneten Entschädigungen aus der Parteikasse.

*Die sozialen Extraleistungen*

Von der staatlichen Sozialpolitik abgesehen, gestaltete sich die soziale Landschaft in einzelnen Teilen des Reiches durchaus unterschiedlich. Manche Firmen erfüllten gerade ihr vorgeschriebenes Soll, andere entschlossen sich zu sozialen Sonderleistungen, die auch von der ungewöhnlichen Konjunktur in den neunziger Jahren begünstigt wurden. Hoechst – aber auch die anderen Großfirmen der Chemie – marschierten hier in der Spitzengruppe der Industrie. Manche ihrer Maßnahmen wurden bald zu Vorbildern für andere Unternehmen.

Über die Leistungen der Farbwerke auf dem Gebiet der Betriebskrankenkassen, der Invalidenkassen usw. wurde schon berichtet. Sie waren vor den staatlichen Maßnahmen eingeführt worden und mußten nur noch dem gesetzlichen Rahmen angepaßt werden. Daß die Firmenleitung dabei die Absicht hatte, ihren Arbeiterstamm so eng wie möglich an das Unternehmen zu binden, ist einleuchtend. Dieses Interesse bestand auf beiden Seiten und war daher ethisch unanfechtbar.

Zu den frühen Sonderleistungen gehörte in Höchst ein Kaufhaus, das 1884 für Arbeiter und Angestellte errichtet wurde. Es machte sich die Möglichkeit des Großeinkaufs zunutze und führte Kolonialwaren, Obst und Gemüse, Fleisch- und Wurstwaren, Brot, Getränke und Genußmittel, Zigarren und Tabake, aber auch Kleider, Wäsche, Stoffballen, Bettzeug und Schuhe. Die Preise lagen nicht wesentlich unter denen anderer Kaufhäuser.

Der Vorzug des Firmeneinkaufs lag darin, daß der Gewinn in Form einer Dividende den Käufern am Ende des Jahres wieder zufloß. Sie betrug in den ersten Jahren zwischen fünf und sieben Prozent; sie konnte danach auf jährlich mindestens 10 Prozent erhöht werden.

Das Kaufhaus fand so viel Zuspruch, daß schon 1896 ein weit größerer Neubau notwendig wurde. In der Siedlung Zeilsheim wurde eine Filiale eingerichtet. Später entstand auch im bayerischen Zweigwerk Gersthofen ein Firmenkaufhaus. Um größere Anschaffungen wie etwa Fahrräder oder das Heizmaterial möglich zu machen, wurden auch entsprechende Kredite gegeben.

Der Umsatz im Jahre 1903 betrug im Kaufhaus 890 000 Mark. Davon fielen auf die Lebensmittel 637 000 Mark, auf Manufakturwaren 163 000 Mark und auf Schuhwaren 53 200 Mark. Für die Reparatur von Schuhen sorgten drei Schuster im Kaufhaus.

Herr von Kilian, der Leiter des Kaufhauses, bestätigte in seinen Berichten den Rotfabrikern und ihren Frauen, daß sie sehr »qualitätsbewußt« einkauften. Nach seinen Beobachtungen war nur »beste Beschaffenheit der Waren« gefragt. Am liebsten allerdings, so bemerkte er, hätten die Kunden »beste Ware zum billigsten Preis«.

### *Mädchen werden Hausfrauen*

Daß auch ein guter Lohn nicht ausreicht, wenn Frauen nicht zu wirtschaften verstehen, hatte die Firmenleitung offenbar früh erkannt. Im Jahre 1894 wurde eine Haushaltsschule eingerichtet, in der 35 Töchter von Arbeitern eine gediegene Ausbildung erhielten. Ziel war, die Mädchen auf ihren späteren Beruf als »Hausfrau des Arbeiter- und Kleinbürgerstandes« vorzubereiten. Nicht, so wurde ausdrücklich vermerkt, auf »die Erwerbung einer Existenz in dienender Stellung als Köchin oder dergleichen«.

Die Hausfrauen in spe konnten in diese Schule, die von drei Gewerbelehrerinnen geleitet wurde, nach dem 14. Lebensjahr eintreten. Die Ausbildung dauerte ein Jahr. Unterrichtsfächer waren Kochen, Waschen, Bügeln, Flicken, Stopfen, Zeichnen von Schnittmustern, Kleidermachen, Zuschneiden, Maschinennähen, Nähen von Weißzeug sowie Haus- und Gartenarbeiten.

Im Frühjahr 1900 wurde in Höchst eine Institution gegründet, der romantische Gemüter den Namen »Storchennest« gaben, andere nannten sie schlicht, aber keineswegs abfällig, »das Asyl«. Die offizielle Bezeichnung lautete »Wöchnerinnen-Asyl«.

In der etwas umständlichen und lehrhaften Formulierungsweise der Zeit hieß es: »Die Anstalt soll den Zweck erfüllen, die Arbeiterfrauen und ihre Familien vor den mancherlei Mißständen zu bewahren, welche Entbindung und Wochenbett in ihren, wenn auch sonst ausreichenden Wohnungen mit sich bringen müssen; insbesondere sollen aber die Frauen dadurch gehindert werden, zu früh nach der Entbindung das Bett zu verlassen und sich wieder den Hausarbeiten zu widmen, was bekanntlich besonders geeignet ist, ihre Gesundheit zu untergraben.«

Der Aufenthalt im Heim war kostenlos. War eine Aushilfe im

Haus nötig, so übernahm die Firma zu zwei Dritteln die Kosten von einer Mark am Tag. Das andere Drittel hatte der Familienvater zu tragen.

15 Wöchnerinnen konnten untergebracht werden. Es gab dafür 6 Zimmer mit je zwei Betten und 3 Einzelzimmer. Dazu kamen Badezimmer, zwei Veranden und natürlich das wichtigste: ein moderner Entbindungsraum.

Die Besuchszeit war streng geregelt. Die neugebackenen Väter durften nur zwischen 12 und 1 Uhr vorbeikommen, und zwar jeweils nur auf eine Viertelstunde. Die Schwestern wechselten im Laufe der Jahre von Schwester Antonie über Schwester Melitta bis hin zu Schwester Hertha, an die sich die Frauen vieler Rotfabriker noch gut erinnern. Alle zusammen folgten einer alten Höchster Tradition: Sie waren resolut, aber tüchtig.

Rund 30 000 Rotfabriker – so viele wie die heutige Belegschaft des Werkes Höchst – erblickten im »Asyl« das Licht der Welt. Einige von ihnen zeigen noch heute dem Besucher bei der Fahrt entlang der Leunastraße, wo einst »ihr erstes Heim« stand. Heute befinden sich dort die Grünanlagen vor der Werksschule.

Die meisten Rotfabriker, von denen in diesem Buch erzählt wird, sind im »Asyl« geboren, so Jakob Barthel (1912), August Merkel (1892) oder Helmut Gehringer (1925). Ihre Frauen brachten wiederum dort die nächste Generation der »Asylanten« zur Welt.

## *Die Ärztin »vom Asyl«*

Die ärztliche Oberleitung des Heimes lag am Anfang bei dem Königlichen Kreisphysikus in Höchst. Später war die Werksärztin Fräulein Dr. Kuhn, eine beinahe schon legendäre Persönlichkeit, zuständig fürs »Asyl«.

Da sie im Seeacker wohnte, der an das Wöchnerinnenheim grenzte, und nach ihrer Pensionierung noch eine Kassenpraxis eröffnete, leistete sie vielen Patienten ärztliche Fürsorge von den Babyjahren bis ins reife Alter. Sie besaß ein glänzendes Gedächtnis; bei ihr bedurfte es keiner großen Anamnesegespräche. Sie wußte von jeder Kinderkrankheit ihrer Patienten, aber auch von den Leiden der Eltern und Großeltern. Obwohl aus dem Rheinland stammend, besaß sie echte Höchster Rauhbauzigkeit, war absolut zuverlässig und bereit, zu jeder Nachtstunde ihre Patienten zu besuchen. Zum Seeacker vergangener Tage gehörte für viele Bewohner die radelnde Ärztin mit der tiefen Stimme.

Ursprünglich sollte mit dem Wöchnerinnenheim ein Kindergarten verbunden werden. Daß dieser Plan wieder aufgegeben wurde, hing mit der Feststellung zusammen, »daß nur eine verschwindend kleine Zahl von Arbeiterfrauen der Farbwerke«, wie die Firmenleitung nicht ohne Genugtuung feststellte, »noch einen Nebenerwerb außer Haus sucht bzw. zu suchen nötig hat. Die wenigen, für welche es ein Bedürfnis ist, können die Kinder in eine der beiden am Platze bestehenden und von den Farbwerken unterstützten Kleinkinderschulen schicken.«

So erfolgreich die tägliche Arbeitszeit im Laufe der Jahre reduziert werden konnte – Urlaub schienen nur leitende oder mittlere Angestellte nötig zu haben. Es war deshalb für die Sozialgeschichte des Werkes ein entscheidender Markstein, als man sich im Jahre 1906 entschloß, auch den Arbeitern unter Weiterbezahlung des Lohnes einen jährlichen Urlaub zu gewähren. Danach erhielten Arbeiter, die seit zwei bis fünf Jahren im Werk waren, einen Urlaub von drei Tagen. Arbeiter mit mehr als fünf Dienstjahren hatten eine Woche Urlaub. Auf Wunsch konnte dieser auch in zwei Teilen genommen werden.

Der Urlaub der Aufseher betrug eineinhalb Wochen. Die meisten Arbeiter und Aufseher verwendeten den Urlaub für Arbeiten zu Hause, die sie sich längst vorgenommen hatten, zur Gartenpflege und anderem.

Urlaubsreisen gab es damals für die Arbeiterschicht noch nicht. Später gab es die Adolf-Haeuser-Stiftung, die – freilich nicht ohne bildungspolitische Hintergedanken – Reisen nach München finanzierte: Die Arbeiter sollten das Deutsche Museum besuchen.

## *Der Mann an der Spitze*

Das Rundschreiben über die Urlaubsregelung trug die Unterschrift eines jungen Generaldirektors: Dr. Gustav von Brünings, des ältesten Sohnes des Werksgründers. Gustav war 1864 in Höchst geboren und beim Tod seines Vaters erst 20 Jahre alt. Er studierte in Würzburg bei Emil Fischer und in München bei Adolf von Baeyer Chemie, wurde mit 29 Jahren in den Aufsichtsrat gewählt und mit 36 Jahren in den Vorstand berufen. Nur wenige Jahre später war er Generaldirektor. Offenbar hielten ihn die Gründerfamilien, die noch immer in der Fabrik das entscheidende Wort sprachen, für den fähigsten Mann aus ihrem Kreis.

Einer seiner Mitarbeiter charakterisierte Gustav von Brüning: »Er war ein energischer und strenger Charakter, der nicht nur an seine Angestellten und Arbeiter, sondern an sich selbst die größten Anforderungen an Pflichtgefühl, Tüchtigkeit und Pünktlichkeit stellte. Wie oft ist er morgens früh in der Fabrik oder im Büro erschienen und hat manchen Bummelanten dabei überrascht. Privatarbeiten während der Geschäftszeiten duldete er nicht. Er war geschätzt als ein gerecht denkender Chef, der aller Kriecherei abhold war, achtete streng auf Ordnung und Sauberkeit in der Fabrik und im Büro. Leider war seine Gesundheit oft angegriffen. Trotzdem hat er in seinem strengen Pflichtgefühl die Fabrikinteressen den Privatverhältnissen vorangestellt, ohne Rücksicht auf die eigene Gesundheit.«

Brüning kümmerte sich um alles in der Fabrik, ob es die großen Investitionsentscheidungen waren, die Personalpolitik oder die Besetzung der Werkskapelle. Auch wenn es in den Werkswohnungen einmal nicht so ganz moralisch zuging, fühlte sich der Generaldirektor zur Intervention aufgerufen.

Ebenso wie sein Vater war er Reserveoffizier, er gehörte dem Gemeinderat und später dem Kreisausschuß an und wurde schließlich mit dem Titel »Geheimrat« ausgezeichnet, der in der wilhelminischen Gesellschaft einen unvergleichlichen Klang besaß.

Die Arbeiter betrachtete Gustav von Brüning mit der strengen Güte eines Patriarchen, der die ihm Anvertrauten zwar liebt, aber doch nie vergißt, daß sie gelegentlich vom rechten Weg abzukommen drohen, wenn sie nicht mit fester Hand gelenkt werden. Anders als die Leitung der Farbenfabriken Bayer, die einen Arbeiterausschuß eingeführt hatten, und ohne Rücksicht auf die Tatsache, daß sogar das der Firma so wohlgesinnte »Kreis-Blatt« in vorsichtiger Form eine solche Einrichtung zur Diskussion stellte, vertrat Brüning entschieden den »Herr-im-Haus«-Standpunkt. Die Vorstellung, fremde Gewerkschaftsmitglieder könnten in die Farbwerke hineinregieren, war ihm ein Greuel. Deshalb erklärte er: »Wir betonen ausdrücklich, daß bei allen Maßnahmen zur Verbesserung der Lebenshaltung unserer Arbeiter die Forderungen der Organisation (gemeint waren gewerkschaftliche Zusammenschlüsse) nicht den geringsten Einfluß haben und daß wir nach wie vor jede Einmischung von außerhalb Stehenden ablehnen, und erinnern, daß wir gerechten Wünschen unserer Arbeiter, wenn diese uns direkt vorgebracht wurden, stets Rechnung getragen haben und Rechnung tragen werden.«

## *Der Fabrikarbeiterverband*

Brüning dachte bei »der Organisation« in erster Linie an den »Verband der Fabrikarbeiter« (genauer: »Verband der Fabrik-, Land- und gewerblichen Hilfsarbeiter Deutschlands«), der 1890 in Hannover gegründet worden war.

Brüning hat die Gefahr einer Art von »Einheitsfront«, in der die Arbeiter der Unternehmensführung gegenübertreten könnten, wahrscheinlich überschätzt. Zum Kummer des Verbandes interessierten sich nur wenige Rotfabriker für diese Organisation, vor allem nicht die große Schar jener, die vom Lande kamen und abends nach Hause wollten anstatt in die Versammlungslokale.

Der Kummer über das geringe Interesse der Arbeiterschaft ist noch heute in einer Schrift »Geschichte der Farbwerke Hoechst« zu spüren, die im Jahre 1984 herauskam. Darin heißt es zu diesem Thema: »Schlechte Arbeitsbedingungen genügten im allgemeinen nicht, um eine gewerkschaftliche Orientierung zu erreichen. Entscheidend für die Initiierung gewerkschaftlicher Tätigkeit waren jeweils die gewerkschaftlichen Hilfs- und Unterstützungskassen. Angesichts der Betriebskrankenkasse, der Unfallversicherung und der Pensionskasse waren die Möglichkeiten für die Gewerkschaften in Höchst gering. Erst die Einrichtung der Arbeitslosenunterstützung 1904 bot einen Anreiz, dem FAV beizutreten.«

»Auch die hohe Fluktuation der Arbeiter erschwerte die Arbeit im Fabrikarbeiterverband außerordentlich: Im Jahr 1910 zum Beispiel hatte die Zahlstelle des Verbandes in Höchst 373 Mitgliederzugänge und 362 Abgänge, bei einem Bestand von 640 männlichen und 19 weiblichen Mitgliedern.«

»Am 1. Juli 1914 konnte die Zahlstelle 1472 Mitglieder registrieren. Ende 1907 gab es sogar einen fest angestellten Geschäftsführer in der Zahlstelle Höchst.«

## Der Einfluß der Familie

Neben dem selbstbewußten Brüning, den manche gern den »Bismarck der Farbwerke« nannten, hatte es ein anderer Gründersohn nicht leicht: Herbert von Meister, zweitältester Sohn Wilhelm Meisters, der einst den ihm angetragenen Adel abgelehnt und nur für seine Söhne akzeptiert hatte. Der Älteste, Wilhelm, zog die Beamtenlaufbahn einer ihm zweifellos sicheren Karriere in der Fabrik vor. Herbert von Meister, zwei Jahre jünger als Brüning, studierte in Bonn, Dresden und Jena Chemie. Nach Promotion, Assistenzeit und einer Weltreise wurde er 1898 mit 32 Jahren in den Vorstand berufen. Er war wie Gustav von Brüning von schwacher Gesundheit, besaß aber offenbar bei weitem nicht das Durchsetzungsvermögen von Brünings.

Deshalb trat von Meister in der Brüning-Zeit nur wenig hervor und beschäftigte sich hauptsächlich mit wissenschaftlichen Kontakten, der Einstellung von Chemikern und der verwickelten Patentsituation auf dem Indigogebiet. Im Lindenhof in der Nähe von Sindlingen führten er und seine Frau Else ein verhältnismäßig zurückgezogenes Leben.

Eine der wichtigsten Positionen des Unternehmens befand sich ebenfalls in den Händen der Gründerfamilien: der Vorsitz im Aufsichtsrat. Er war seit 1902 mit Walther vom Rath besetzt, dem Schwiegersohn von Meisters, der für viele Jahrzehnte die Geschicke des Unternehmens mitbestimmt hat.

Auch die politische Tradition der Familie im Sinne einer aktiven Unterstützung der nationalliberalen Partei setzte vom Rath fort. Bismarck, den er über die Beziehung zwischen seinen Schwiegereltern und Lucius kennengelernt hatte, ermutigte den jungen Juristen ausdrücklich, sich um ein Mandat zu bewerben. Vom Raths Aussichten in Frankfurt waren zwar nur gering, aber der Fürst meinte: »Sie sind noch jung; wenn Sie zunächst einmal durchfallen, ist es für Sie auch nicht schlimm.«

Mit einer winzigen Mehrheit wurde vom Rath dann 1893 in das

Abgeordnetenhaus gewählt. Fünf Jahre lang gehörte er dem Parlament an, wo ihn in erster Linie die Probleme der Finanzen und des Budgets, aber auch Fragen des Wohnungsbaus beschäftigten.

Bei den Neuwahlen für den preußischen Landtag wurde vom Rath nicht wiedergewählt – er war der letzte nationalliberale Abgeordnete des Wahlkreises Frankfurt.

Vom Rath war Lucius, der 1902 schwer erkrankte, an die Spitze des Aufsichtsrates gefolgt. Er besaß damit die Schlüsselstellung im Unternehmen, wenn man von der des Generaldirektors absieht. Vom Rath nahm seine Position keineswegs leicht; er kam fast täglich in die Firma und hatte ein Büro direkt neben dem Gustav von Brünings. Keine wesentliche Entscheidung konnte ohne Zustimmung Walther vom Raths fallen. Man darf jedoch annehmen, daß sich beide gut miteinander verstanden, da sich bis zum Tode von Brünings im Jahre 1913 an den Führungsverhältnissen nichts änderte.

Die sozialen Maßnahmen der Werksleitung wurden von der Mehrzahl der eingesessenen Rotfabriker durchaus anerkannt; sie trugen wesentlich dazu bei, einen Stamm von Arbeitern fest an das Unternehmen zu binden. Wer ein Häuschen im Seeacker, in Zeilsheim oder im Mainfeld besaß, seine Frau zur Entbindung in das Wöchnerinnenheim oder die Tochter in die Haushaltungsschule schickte, im Kaufhaus des Werkes einkaufen konnte und selbst vielleicht in der Werkskapelle und im Gesangverein Mitglied war, der dachte nicht daran, zu einer anderen Firma zu gehen. Er war daran interessiert, seine Position im Werk zu verbessern und den sozialen Aufstieg seiner Nachkommen sicherzustellen.

## *Betriebsleiter berichten*

Das Problem für das Unternehmen, das ständig neue Arbeitskräfte benötigte, hieß: Wie läßt sich der ständige Wechsel jüngerer Arbeiter verhindern, der große Belastungen mit sich bringt? Die Berichte, die von 1901 an auf Anordnung von Brünings jährlich von den Leitern aller Betriebe geschrieben werden mußten, sind in diesem Punkt sehr aufschlußreich. So heißt es zum Beispiel in dem Bericht des Leiters des Glycin- und Indigobetriebes für 1902: »Der Arbeiterstand war einem raschen Wechsel unterworfen. Von 34 im Laufe des Jahres Eingestellten haben nur 16 ausgehalten.«

Der Leiter des Indigobetriebes berichtete: »Wie im Vorjahr war auch im Jahr 1902 der Wechsel der Arbeiter ein sehr starker, besonders im Frühjahr und Sommer.«

Der Leiter der Dianilfarbenherstellung schrieb: »Der Arbeiterwechsel im Dianilfarbenbetrieb war sehr groß und machte sich für den geregelten Fortgang der Fabrikation in oft recht störender Weise bemerkbar. Infolgedessen war der überwiegend große Teil der beschäftigten Arbeiter ungeschult und die Arbeit derselben erforderte eine unausgesetzte Überwachung durch die Vorarbeiter. Von den am 1. Januar 1902 beschäftigten Arbeitern waren nur 5 länger als 5 Jahre, 5 länger als 2 Jahre, 2 ein Jahr und 16 weniger als ein Jahr in der Fabrik tätig... Im Laufe des Jahres 1902 traten ein: 77 Arbeiter; es traten aus: 55 Arbeiter.«

Aus der Eosinfabrikation berichtete der Leiter: »Die im Winter 1901/1902 mit 2,20 Mark eingestellten zehn Arbeiter sind im Sommer 1902 alle fortgegangen, obgleich sie zum Teil bis auf 3,10 Mark gesteigert waren. Von den im Sommer 1902 mit 2,90 Mark eingestellten Arbeitern sind 10 wieder ausgetreten.«

»Die Arbeitsverhältnisse haben sich verschlechtert«, meldete der Leiter des Naphtholbetriebes. »Zuverlässige Arbeiter sind ausgetreten, während unter den Neueingetretenen nur selten gewissenhafte Leute zu finden sind, welchen die Bedienung schwieriger Apparate anvertraut werden kann.«

Die Gründe für den häufigen Wechsel wurden von den Betriebsführern ziemlich übereinstimmend geschildert: »Die hauptsächlichen Angaben beim Austritt«, so fand der Leiter des Betriebs Sulfat-Salzsäure, »sind: 1. Die Arbeit gefällt ihm nicht; 2. Die Arbeit ist ihm zu schwer; 3. Muß oder geht nach Hause; 4. Lohn ist ihm zu gering.«

## *»Die Arbeit ist zu schwer«*

In einem Schwefelsäurebetrieb hieß es vor allem: »1. Die Arbeit ist zu schwer; 2. Der Lohn ist zu wenig; 3. Gehe nach Hause, es gefällt mir nicht mehr.«

»Die meisten Arbeiter gaben für ihren Austritt keine Gründe an«, notierte der Leiter des Betriebes Dianilfarben. »Einigen war die Arbeit zu schmutzig, anderen der Lohn zu niedrig. Fast kein Tag verging, daß nicht ein Arbeiter fehlte.«

Im Indigo-M-Betrieb sah man die Ursachen, daß viele Arbeiter das Werk bald wieder verließen, darin, »daß während der wärmeren Jahreszeit die Gelegenheit zur Arbeit häufiger ist und viele Arbeiter selbst bei geringerem Verdienst andere Arbeitsgelegenheiten dem Arbeiten in chemischen Betrieben, besonders solchen, wo eine Verunreinigung oder lästige Dämpfe nicht ganz ausgeschlossen werden können, vorziehen. – Zu dem Arbeiterwechsel trägt auch oft der Umstand bei, daß viele Handwerker bei eintretender Arbeitslosigkeit in der Fabrik so lange Unterkommen suchen, bis sie wieder in ihrem Handwerk Beschäftigung finden.«

»Was die Ursache des Austritts anlangt«, so vermutete der Leiter des Chromotropbetriebes, »so dürfte in dem gewohnheitsmäßigen Weiterziehen der zum Teil auf der Wanderschaft befindlichen jungen Leute wohl der Hauptgrund zu suchen sein. Unzufriedenheit über die herrschenden Zustände, Klagen über zu niedrigen Lohn etc. sind als Gründe nicht bekannt geworden.«

Ein anderer Betriebsführer beobachtete, daß Arbeiter die Fabrik besonders häufig im Frühjahr verließen, und schloß, »daß meist Landleute im Sommer die Feldarbeit der Fabrikarbeit vorziehen.«

## *Weniger Wechsel bei hohem Lohn*

Je länger die Arbeiter in den Farbwerken waren, desto weniger neigten sie dazu, zu wechseln – diese Erfahrung machten fast alle Betriebe: »Unter den zehn ältesten Arbeitern mit einem Lohn von 3,20 bis 3,50 Mark hat kein Wechsel stattgefunden«, meldete der Methylenblaubetrieb.

Ganz ähnlich lauteten in diesem Punkt auch die Berichte der anderen Abteilungen: »Der Betrieb verfügt über einen festen Stamm älterer, gut geschulter und relativ hoch bezahlter Leute und hat infolgedessen unter Arbeiterwechsel wenig zu leiden«, hieß es in einem Bericht des Azobetriebes.

Die Klagen der Betriebsführer bezogen sich wesentlich darauf, daß manchen Arbeitern die Sauberkeitsvorschriften nur schwer eingetrichtert werden konnten. Doch Nachlässigkeit auf diesem Gebiet führte leicht zu gesundheitlichen Schäden: »Sehr häufig war der Anlaß der Anilin-Intoxikation die Unsauberkeit der Leute und das nicht vorgenommene Wechseln der Arbeitshemden vor dem Heimgehen...«, hieß es ebenfalls in dem Bericht des Anilinbetriebes.

Auch technische Mängel an den Arbeitsplätzen waren schuld am Wechsel der Arbeiter. Der Leiter des Melanogenbetriebes erklärte den »außergewöhnlich großen Arbeiterwechsel« dadurch: »Massenhafte Entwicklung von Schwefelwasserstoff konnte bis jetzt noch nicht ganz aus dem Raume entfernt werden.«

Wenig beliebt war offenbar auch die Schichtarbeit: »In den Betrieben, in denen man gezwungen ist, Tag und Nacht einerseits zu arbeiten und, um den Schichtwechsel herbeizuführen, am Sonntag 24 Stunden hintereinander arbeiten lassen muß, werden sich stets Schwierigkeiten durch häufigen Wechsel der Arbeiter einstellen, da das vierundzwanzigstündige Arbeiten für die betreffenden Arbeiter höchst unbequem und lästig ist. Es dürfte wohl angebracht sein, für die Arbeiter, die 24 Stunden arbeiten müssen, eine bessere Lohnklasse einzurichten. – Die Art und Weise, wie jetzt verfahren wird, eine Extrastunde, die widerruflich seitens der Fabrik zu zahlen ist, hat sich nicht bewährt. Die Arbeiter wollen genau wissen, was sie bekommen, und mißtrauen jeder sogenannten Extravergütung. Am besten wäre vielleicht, im Oleumbetrieb (rauchende Schwefelsäure) folgendermaßen zu zahlen: Für die ersten drei Monate vom Eintritt an den Minimallohn; in gewissen Räumen dann weitere Steigerung um 10 Pfennig, so daß nach eineinhalb Jahren der Maximallohn erreicht ist. Für die Sonntage müßte eine bestimmte Stundenzahl als Extralohn garantiert werden. Bei einer solchen Zahlung weiß der Arbeiter genau, was er im Laufe der Zeit erreichen kann, und hat ein Recht darauf, dieses zu beanspruchen. Es dürfte wohl sein, daß dann der Oleum-Betrieb einen größeren Stamm Arbeiter, als er jetzt schon besitzt, bekommen würde.«

Es gab damals noch keine Tarifverträge in der chemischen Industrie. Der Betriebsleiter setzte in Abstimmung mit der Unternehmensleitung die Tageslöhne fest. Sie betrugen im Jahre 1902 bei ungelernten Arbeitern zwischen 2,80 und 3,20 Mark. Am höchsten wurden mit 4,20 Mark die Maurer und Schreiner bezahlt.

Auch über Gewerbeerkrankungen wurde berichtet. Im Vordergrund stand dabei in manchen Betrieben der »Anilismus«, über den schon der erste Werksarzt Grandhomme ausführlich geschrieben hatte. Auch über einen Fall von glücklicherweise gutartigem Blasenpapillom (eine Geschwulst der Harnblase) wurde berichtet.

*Selterswasser statt Bier*

Sorgen bereitete der Werksleitung der häufige Alkoholgenuß bei Arbeitern. Ein Betriebsführer meldete: »Ein leider häufig beobachteter Grund des Austritts, unter Umständen auch der Entlassung von Arbeitern, ist der übermäßige Genuß geistiger Getränke, welcher namentlich nach den Löhnungstagen geradezu verheerend wirkt und oftmals Leute, die einigermaßen Brauchbarkeit versprechen, völlig directionslos macht.«

Der Kampf gegen den übermäßigen Alkoholgenuß, schrieb der gleiche Betriebsführer, sei ein aussichtsloser, und die Montage oder Samstage (Tage nach der Lohnzahlung und Kirchweihfesten) seien außerordentlich selten, an welchen die gesamte Belegschaft vollzählig anwesend sei.

Gustav von Brüning versuchte, wenigstens im Werk den Genuß von Alkohol einigermaßen einzudämmen. Aus diesem Grund wurde eine kleine Selterswasserfabrik eingerichtet und die Flasche Selterswasser für drei Pfennig, Zitronenlimonade für fünf Pfennig verkauft. Obwohl im Jahr 60 000 Flaschen Selterswasser und 500 000 bis 600 000 Flaschen Limonade getrunken wurden, blühte das Geschäft der Flaschenbierhändler in den Straßen rund um das Werk auch weiterhin.

Johann Barthel, von dessen florierender Wirtschaft wir berichteten, hatte von dem »Nachholbedarf« bei Arbeitsende freilich in jener Zeit keinen Gewinn mehr. Da alle Töchter verheiratet waren und nur noch aushilfsweise in der Wirtschaft mitarbeiten konnten, war seiner Frau Eva und ihm diese Arbeit zu schwer geworden. Vor allem das Aufbleiben, bis spät in der Nacht der letzte Gast endlich gegangen war, vertrug Barthel nicht mehr.

»Wie der Vater nachher nicht mehr konnte«, so erzählte Anna Maria Merkel ihrem Enkel Wilhelm, »die Kinder aber alle verheiratet waren, und niemand mehr helfen konnte, da haben wir das

Haus verkauft... Die Eltern sind ausgezogen in die Feldbergstraße 10.«

## *Barthel und seine Enkel*

Am 14. Februar 1907 ist Johann Baptist Barthel gestorben. Er wurde 74 Jahre alt.

»Die Mutter konnte nicht allein bleiben«, erzählte Anna Maria Merkel, »und eine Pflegerin hätte zu viel Geld gekostet. Da haben wir sie zu uns genommen.« Anna Maria lebte damals mit ihrem Mann Martin Merkel in der Seeacker-Siedlung. Frau Eva Barthel überlebte Johann Barthel um fünf Jahre. Als sie 1912 starb, war die »Barthel-Merkel-Dynastie« in der Rotfabrik fest verankert.

KAPITEL 8
# Angestellte im Cutaway

Vom 15. März 1904 an stand vor dem Hauptgebäude der Farbwerke, durch die damals noch die Straße nach Mainz führte, ein neuer Chefportier. Er hieß Johann Dietzler; die Rotfabriker nannten ihn den »grünen General«, denn Johann Dietzler trug seinen grünen Gehrock und die goldumrandete Mütze mit großer Würde. Jeder konnte auf den ersten Blick erkennen: Hier steht der stolze Repräsentant einer Weltfirma.

Im Gespräch war Dietzler freilich ein sehr umgänglicher Mann, einem privaten Trinkgeld nicht abhold. Ein besonders hohes erhielt er regelmäßig von Mister Metzler, dem New Yorker Vertreter der Firma. Leider kam Metzler nur alle zwei bis drei Jahre nach Höchst. Wenn das geschah, legte Dietzler mit besonderem Respekt die Hand an den Mützenschirm und sagte mit Verschwörermiene: »I hope, Sir, you will have a very nice day.«

Dietzler sagte es in akzentfreiem Englisch. Schließlich war er ja Amerikaner; 1870 in Allegheny bei Pittsburgh im Staat Pennsylvania geboren. »Free-born«, wie er gerne betonte.

Als Junge war Dietzler mit seinem Vater nach Frankreich gekommen, wo er im Laufe der Zeit mehr Berufe hinter sich gebracht hatte als irgendeiner seiner späteren Freunde in Höchst, die seine Geschichten gerne hörten.

Dietzlers erste berufliche Station war eine Glasbläserei, »in der man sich schnell die Lunge ruinieren kann«, wie er berichtete. Besser war da das Leben als Hilfskellner in einem Bistro in der Rue de Washington in Paris oder als Gehilfe bei einem Anstreicher und Maler. Mitunter hatte Dietzler auch als Polierer in einer Portemonnaiefabrik gearbeitet, bei einem Vergolder, wieder in einer der von ihm verabscheuten Glasbläsereien, als Hausbursche in einer Kleidernäherei und schließlich in einer Zuckerfabrik.

Anfang 1887 war Dietzler mit seinem Vater nach Frankfurt gezogen. Er arbeitete als Kellner, erst in Frankfurt, anschließend in Offenbach. Ein Bekannter seines Vaters vermittelte ihm dann eine Stelle im Flaschenbierhandel. Dort hielt Dietzler es zu seinem eigenen Erstaunen ein ganzes Jahr aus.

## Postbote in großer Uniform

Im Jahr 1887 heiratete Dietzlers Vater wieder, und die neue Frau Dietzler fand, Flaschenbierhandel sei für ihren Stiefsohn etwas zu gewöhnlich. Sie überredete Johann, sich um eine Stelle bei der Post zu bewerben. Er wurde tatsächlich angenommen und konnte am 18. August 1888 – dem Tag, an dem der neue Frankfurter Hauptbahnhof eröffnet wurde – seinen neuen Posten antreten. Johann Dietzler wurde zunächst Telegrammbote, später Briefsortierer und avancierte schließlich zum Postboten. Da er nicht gedient hatte, trug er wenigstens seine Postuniform mit großem Stolz. Sie kostete allerdings 63 Mark und 30 Pfennig, die er selber aufbringen mußte.

Im April 1898 wurde Dietzler befördert: vom Posthilfsboten zum Briefträger. 1903 erhielt er eine feste Anstellung. Seine Uniform war jetzt noch etwas eindrucksvoller, den Kragen seiner Jacke schmückten goldene Litzen, die Achsel eine goldene Schnur.

Das Gehalt war nicht so glänzend wie die Uniform: 114 Mark im Monat. Da er in der Zwischenzeit geheiratet und zwei Kinder in die Welt gesetzt hatte, mußte im Haushalt Dietzlers schon recht sparsam gewirtschaftet werden.

In seinem Revier war der adrette und stets fröhliche Briefträger sehr beliebt. Zu seinem Bezirk gehörte auch die Mainzer Landstraße nebst den Seitenstraßen. Hier gab es elegante Villen mit viel Hauspersonal. Einmal machte er bei dieser Gelegenheit die Bekanntschaft von Generaldirektor Dr. von Brüning, dem der gewandte und sprachkundige Postler offenbar auffiel; denn eines Tages fragte der Herr Generaldirektor, ob Dietzler ihn nicht einmal in Höchst besuchen wolle. Dort in der Fabrik, die Dietzler noch größer erschien, als er sie sich vorgestellt hatte, wurde er Herrn de Ridder, Herrn Dr. Roques und Inspektor Taufkirch vorgestellt, der alle Aufseher unter sich hatte. Offenbar machte er bei diesen

Herren einen sehr vorteilhaften Eindruck, denn Herr von Brüning fragte ihn schließlich, ob er nicht den Posten eines Chefportiers übernehmen wolle.

Natürlich wurde dieses Angebot zwischen den Eheleuten ausgiebig erörtert. Sollte er, nachdem er endlich seßhaft geworden war und eine Lebensstellung besaß, noch einmal wechseln?

Nach langen Überlegungen entschieden die beiden, das Angebot des Herrn von Brüning anzunehmen. Immerhin winkten 155 Mark Anfangsgehalt und die Leistungen der Pensionskasse.

Am 13. März zog Dietzler seine Postuniform aus und zwei Tage später den grünen Gehrock des Höchster Chefportiers an. »Ich muß es gleich bemerken«, notierte er später in seinen Lebenserinnerungen, »daß ich es nie bereut habe, daß ich, wie man sagt, umgesattelt habe. Bin auch heute noch dem Herrn Dr. von Brüning im Herzen dankbar, daß er mich an diese Stelle berufen hat.«

Dietzler unterstanden zunächst zwei Kassenboten, 54 Bürodiener und Ausläufer und 7 Putzfrauen.

## *Die Begegnung mit dem Kaiser*

Dietzlers größtes Erlebnis, das er Wort für Wort seinen Kindern überlieferte, fand an einem gewittrigen Tag im Jahr 1911 statt. Generaldirektor Gustav von Brüning weilte gerade in den USA, auch die übrigen Herren der Hauptverwaltung waren nicht mehr im Hause, denn es war schon nach vier Uhr nachmittags. Da stürzte der Bürodiener Petry zu seinem Vorgesetzten und stammelte voller Aufregung: »Herr Dietzler, soeben ist der Kaiser vorgefahren.«

Dietzler eilte zum Eingangsportal. Da kam ihm schon ein Offizier entgegen und sagte nur ein Wort, das für wilhelminische Untertanen magischen Klang besaß: »Majestät!«

Gleich darauf stand der Kaiser in großer Uniform vor dem Chefportier. Er deutete auf den Regen und meinte: »Es ist mir doch gestattet, während des Gewitters hier Unterkunft zu suchen?«

Dietzler, der sich schon wieder etwas gefaßt hatte, erwiderte: »Gewiß, Majestät. Wollen Majestät sich heraufbemühen?«

Während der Kaiser mit einigen seiner Begleiter die Treppe zum ersten Stock hinaufschritt, fuhr er fort: »Es tut mir leid, Majestät mitteilen zu müssen, daß niemand von unseren Herren hier zugegen ist, da wir bereits um vier Uhr Geschäftsschluß haben.« Der Kaiser erwiderte: »Na, da haben es die Herren hier aber gut.«

Dietzler wollte Wilhelm II. in den neuen Sitzungssaal im zweiten Stock führen; aber der Kaiser, der offenbar wenig Lust hatte, weitere Treppen zu steigen, fragte nur: »Ist denn hier unten kein Zimmer oder Raum, wo ich Platz finden kann?«, worauf Dietzler ihn in das große Besprechungs- oder Vorzimmer der Direktion geleitete und die Türen zu den Arbeitszimmern der Herren Dr. von Brüning und von Meister öffnete.

Wilhelm musterte die Räume und befand: »Hier ist es aber doch nett und schön.«

Ein Offizier des Gefolges scherzte: »Majestät, das werden wohl die Zimmer sein, wo die Aktien liegen, welche die hohen Dividenden geben.« Allgemeines Gelächter brach aus.

Während das Gewitter noch anhielt, schlug ein Blitz in eine der Hallen im oberen Werksteil. Feuer brach aus. Das alarmierte den Werksleiter Max Epting, der ganz in der Nähe am Zeilsheimer Weg wohnte. Epting eilte ins Werk, um die Löscharbeiten zu überwachen. Als er die vielen kaiserlichen Wagen vor dem Hauptportal stehen sah, kam er sofort herein. General von Plessen, der Adjutant des Kaisers, dem Dietzler schon einiges über die Fabrik berichtet hatte, stellte Epting dem Kaiser vor, der sich huldvoll nach der Situation des Werkes erkundigte.

Epting erhielt später den Roten Adlerorden 4. Klasse, während Dietzler, der sich zu Recht als der eigentliche Held des Intermezzos mit dem Kaiser empfand, leer ausging. Doch ein großer Triumph blieb ihm dennoch: »Wenn der Kaiser in den nächsten Jahren vorbeifuhr und ich an der Tür stand, wurde ich von diesem recht freundlich gegrüßt.«

Als der Oberingenieur Wach, der gegenüber dem Hauptbüro wohnte, dies einmal sah, fragte er Dietzler: »Wem hat der Kaiser denn so freundlich zugelächelt?«

Dietzler strich seinen Uniformrock glatt und antwortete: »Meiner Wenigkeit. Wir kennen uns nämlich.« Das Erstaunen des Oberingenieurs war Dietzler fast einen Kronenorden wert.

Als Gustav von Brüning zwei Wochen später von seiner Reise zurückkam, ließ er den Chefportier rufen und sagte: »Ich habe gehört, daß Seine Majestät dagewesen sind.« Dietzler erwiderte:

»Jawohl, Herr Doktor.« Darauf geschah, wovon Dietzler lange geträumt hatte: Herr von Brüning klopfte ihm auf die Schulter und sagte: »Ich habe davon gehört, und ich muß Ihnen meine Anerkennung aussprechen. Sie haben sich der Sache voll gewachsen gezeigt.«

»Wenn mir Dr. von Brüning 50 Mark gegeben hätte, wäre ich nicht so stolz gewesen wie bei diesen Worten«, berichtete Dietzler später. Nicht allerdings, ohne hinzuzufügen: »Das war auch die einzige Anerkennung, die ich in meinen 26 Jahren in den Farbwerken bekommen habe.«

## *Die Werkskapelle und der Durst*

Daß die Portiers in Höchst unter der Hand einen kleinen Handel mit Cognac und Zigarren betrieben, durfte Gustav von Brüning nicht wissen. Er führte gerade einen unnachgiebigen Feldzug gegen den Ausschank von Bier und anderen alkoholischen Getränken in den Kantinen. War Alkoholkonsum auch nicht völlig zu unterbinden, wollte er ihn wenigstens reduzieren.

Selbst die Werkskapelle fiel bei Brüning damals öfters in Ungnade. Die Konzerte dieser Kapelle, die meist aus Rotfabrikern bestand, die früher beim Militär Musiker gewesen waren, waren innerhalb und außerhalb des Werkes sehr beliebt. Ihr Repertoire reichte, wie aus begeisterten Berichten des »Kreis-Blatts« hervorgeht, vom »Tannhäuser« über »Cavalleria rusticana« bis zum »Puppenwalzer«. Doch unter der milden Stabführung Kapellmeister Wilhelm Kallenbachs neigten einige der Musiker zu heftigem Durst, und dann gab es Mißtöne im Werk.

Von der Nebentätigkeit des Chefportiers, die sich auch auf die Vermittlung von Zimmern und Wohnungen erstreckte, erfährt man aus den Erinnerungen, die einige der frühen Angestellten des Unternehmens hinterlassen haben. Dank Wilhelm Schaller etwa, der im März 1880 als Bürogehilfe in die Farbwerke eintrat, weiß die Nachwelt zum Beispiel auch, welch technisches Abenteuer die Benutzung des ersten Telephons in Höchst bedeutete:

»Es war eine einfache Telephonanlage«, berichtete Schaller. »Sie bestand aus zwei großen Telephonen in Säulenform von Siemens & Halske, ohne Mikrophon und ohne Batterie. Als Signalgeber diente ein anhängendes Hörnchen, wie solche auch bei Sprachrohrleitungen verwendet wurden. Die Leitung führte vom Büro des Ingenieurs Wach zur Mechanischen Werkstätte, für die der Ingenieur verantwortlich war. Wollte Wach diese Werkstätte anrufen, dann steckte er das Hörnchen auf seine Telephonmuschel und blies hinein. Zur Verstärkung des Tons befand sich in dem Hörnchen noch ein freihängendes Kügelchen, das auf der Membran des Hörers ruhte und beim Hineinblasen darauf trommelte. Dieses Signal war jenseits gut hörbar«, schrieb Schaller. »Beim Sprechen mußte das schwere Telephon abwechselnd vor den Mund oder an das Ohr gehalten werden. Erst später gab es zwei Telephone, das eine zum Hineinsprechen, das andere zum Hören.«

Als Schaller nach Höchst kam, begegnete er häufig noch Adolf Brüning, der fast jeden Tag in der Firma verbrachte. Brüning und sein Kompagnon Wilhelm Meister wohnten damals im sogenannten Brüningschen Anwesen in Höchst.

Schaller wurde zunächst Bürogehilfe im Fuhrwesen. »Das Fuhrwesen war damals auch gleichzeitig Bahnabteilung, Schiffs- und Stückgutabfertigung. Die sehr umfangreichen Arbeiten hatte bis dahin Stallmeister Kneip alleine verrichtet. Wir hatten etwa 20 Kutscher und Taglöhner, etwa 20 bis 24 Pferde, darunter zwei Reitpferde und drei Pferde für das Chaisenfuhrwerk. Rollbahnmaschinen gab es damals noch nicht. Die erste Rollbahnlokomotive kam im Frühjahr 1884.«

### *Im Zylinder in die Fabrik*

Schaller blieb bis zum Herbst 1884 im Fuhrwesen. »Es war die Zeit«, so schrieb er, »da noch manche Kaufleute der Farbwerke im Zylinder ins Geschäft gingen.«

Schaller wurde zum Militärdienst eingezogen. Als er bei einem Ausgang seinen Arbeitsplatz im Werk inspizierte, sah er voller Genugtuung, daß inzwischen auch das Fuhrwesen einen Telephonanschluß erhalten hatte.

Nachdem aus dem Soldaten Schaller wieder ein Zivilist geworden war, wurde er in das Lohnbüro versetzt, dem Herr Deitenbeck vorstand. Auch der versah sein Amt in korrektester Kleidung. Dunkler Anzug, steifer, hoher Kragen und Weste waren selbstverständlich. Die Weste zierte eine Uhrkette. Manchmal trug er sogar einen Cutaway.

Die neue »Telephon-Zentrale«, die aus einem Schaltbrett mit 15 Klappen und 2 Apparaten bestand, wurde nun von Schaller im Nebenamt betreut. Da das Hauptbüro des Unternehmens noch kein Telephon besaß – eine Ausnahme bildete nur die Exportabteilung –, wurden alle Gespräche, die die Herren des Hauptbüros wünschten, von der Telephon-Zentrale aus geführt. Wenn jemand am Apparat verlangt wurde, wurden Sprachrohr und Hausschellen in Bewegung gesetzt.

So versiert man in Höchst in der Welt der Farbstoffe war, der Umgang mit der Hochtechnologie des Telephons bereitete offensichtlich Schwierigkeiten. »Die Unterhaltung der Anlage war einem Manne namens Schmitt anvertraut. Er nannte sich Elektrotechniker. Dieser Schmitt reparierte die Apparate auf ganz besondere Weise. Er schaltete sich in meiner Gegenwart oft in die gestörte Leitung ein, führte ein Selbstgespräch und meinte dann: ›Ich weiß gar nicht, was Sie wollen. Sie hören doch, daß ich mich ganz gut verständigen kann.‹ So war zum Beispiel die Telephonverbindung mit der Güterabfertigung einige Wochen gestört – obwohl nur, wie sich dann herausstellte, eine Sicherung in der Zentrale versagt hatte.«

Als der Telephonverkehr weiter zunahm und zusätzlich zehn Klappen in Betrieb genommen wurden, verfaßte Schaller endlich das erste Telephonverzeichnis.

### *Griesheim erregt Aufsehen*

Um Arbeiter und Aufseher für die Elektrotechnik zu interessieren, schickte die Firmenleitung jeden Rotfabriker auf die große Elektrotechnische Ausstellung, die im Jahre 1891 in Frankfurt stattfand. Von der Gasfabrik des Unternehmens, also direkt am Seeacker, fuhren Wagen zur Ausstellung. Als Anreiz erhielt jeder ein Märkchen, mit dem er dann auf dem Ausstellungsgelände nicht nur seinen Bildungshunger stillen konnte: Es gab dafür eine Portion Rippchen mit Sauerkraut. Der Ausfall an Arbeitszeit wurde vergütet; die Führung durch die Ausstellung übernahmen Oberingenieur Wach und Baumeister Heinrich Kutt. Kapellmeister Kallenbachs Mannen gaben in der Ausstellungskantine drei Konzerte.

Bei dieser Ausstellung erregte ein elektrochemisches Verfahren Aufsehen, das von der Chemischen Fabrik in Griesheim entwickelt worden war. Es betraf die Zerlegung von Kochsalz mit Hilfe des elektrischen Stroms in Chlor und Natronlauge. Griesheim, einst der große Säurelieferant für die Farbwerke, hatte damit eine Pionierleistung erbracht, die in der ganzen Welt Anerkennung fand.

## *Stolze Farbwerksbeamte*

Die Hochburg der Höchster Angestellten war das 1893 errichtete Hauptverwaltungsgebäude, das Wilhelm Meisters altes »Comptoir« abgelöst hatte. Es lag an der Mainzer Landstraße, die damals noch mitten durch die Fabrik führte.

Der neue Angestellte Jakob Wüst, 20 Jahre alt, betrat dieses Gebäude zum ersten Mal im Jahre 1901. Alles war hier gediegen, würdig und leise. Die Kollegen, denen der Neuling vorgestellt wurde, waren »alles ältere, gesetzte Herren, die sich viel darauf einbildeten, Farbwerksbeamte zu sein. Man kannte bald fast alle mit Namen, denn die Zahl war nicht sehr groß. Stellungswechsel und Neueinstellungen kamen damals wenig vor. Erst in den nachfolgenden Jahren gab es einen rapiden Aufstieg fast aller Fabrikationszweige und eine rapide Personalvermehrung, womit die Ausdehnung der Fabrik Hand in Hand ging.«

Wenn man das Hauptverwaltungsgebäude betrat, begegnete man zunächst dem Portier, »der stets in großer Livree war« – dem Vorgänger von Johann Dietzler, da Dietzler erst 1904 in die Firma eintrat.

»Zu Neujahr«, so berichtete Jakob Wüst, »erwartete er von jedem ein Trinkgeld; dem konnte man sich nicht gut entziehen, das war altes Herkommen. Bei den Bürodienern war dasselbe der Fall.«

Rechts vom Eingang hingen mehrere Holztafeln, darauf standen die Namen jener Angestellten, die geschäftlich abwesend, krank oder im Urlaub waren. Damit die Tafeln jeweils auf dem neuesten Stand waren, erhielt der Portier die Urlaubskarten.

Links vom Treppenaufgang befand sich eine Tür. Darauf stand in Goldbuchstaben »Casse«. Wüst: »Hier waltete ruhig, in gemessenem Schritt, der alte Martinengo, einer der Kaufleute aus dem Gründungsjahr.« Martinengo sah man, nach dem Eindruck von Wüst, »schon äußerlich an, daß es ihm nicht schlecht ging«.

»Alles wurde ohne einen Pfennig Abzug, meist in Goldstücken, ausbezahlt – Papiergeld konnte man anschließend bei einem herumgehenden Beauftragten in Gold oder Silber umwechseln lassen.«

## *Das Reich als Steuerparadies*

Wüst hob hervor, daß es bei der Entgegennahme des Gehalts keine Abzüge gab. Dennoch waren die einst so paradiesischen Steuerzeiten vorbei. Noch 1880 hatte ein Mann mit dem Einkommen Adolf Brünings nur 1000 Mark Steuern bezahlt. 1883 waren es 2500 Mark. 1891 hatte Johannes Miquel, einst Oberbürgermeister von Frankfurt, nun preußischer Finanzminister, seine Steuerreform verwirklicht. Bis dahin bezog das Reich seine Einkünfte aus den indirekten Steuern, also den Verbrauchssteuern auf Alkohol, Tabak usw. Die Länder kassierten die direkten Steuern. Miquel führte die in England schon lange übliche Einkommensteuer ein. Sie betrug indes nur etwa 3 bis höchstens 10 Prozent des Einkommens und war – zum Ärger der Sozialdemokraten – nur sehr wenig progressiv. Hohe Einkommen wurden immer noch sehr geschont.

Das Reich war seit seiner Gründung 1871 in gewissem Sinn »Kostgänger« der Länder. Es erhielt von deren Steueraufkommen nur sogenannte »Matrikelbeiträge«; um deren Höhe wurde dann häufig zwischen Reich und Ländern heftig gefeilscht. Die höchsten Ausgabeposten des Reiches schluckte das Militär. Wenn für die Rüstung, etwa beim Aufbau der Flotte, ungewöhnliche Ausgaben notwendig wurden, dann mußte das Reich Anleihen auflegen.

Chef der Buchhaltung bei den Farbwerken in den Jahren nach der Jahrhundertwende war Gustav Adolf Diehl, damals Prokurist, später Direktor und ab 1907 Vorstandsmitglied.

Diehl war auch Stadtverordnetenvorsteher in Höchst – in dieser Eigenschaft gewissermaßen »Oberhaupt« der »Farbwerkspartei«, wie die radikale »Volksstimme« in Frankfurt die Mitglieder des

Gemeinde- und Kreisparlaments abschätzig titulierte, die in den Farbwerken beschäftigt waren. Sie seien nur deswegen so zahlreich, weil von der Leitung der Firma bei Wahlen eine massive Beeinflussung stattfände. Die »Volksstimme« nahm in fast allen Fragen eine überaus kritische, unfreundliche Haltung gegenüber dem Unternehmen ein. Unentwegt wurden soziale Mißstände »enthüllt« und die Arbeiter zum Kampf gegen ihre Arbeitgeber angestachelt. Ein Blatt, das von der Fabrikarbeitergewerkschaft herausgegeben wurde, »Der Proletarier«, blies häufig ins gleiche Horn.

»Chefbuchhalter Diehl war ein freundlicher älterer Herr, den ich nie anders gesehen habe als im Cutaway mit gestreiften Hosen«, schrieb Wüst. Die Buchhaltung befand sich ebenfalls im Hauptbüro, und zwar im hinteren, der Fabrik zugewandten Teil.

»Rechts vom Treppenaufgang war der Direktions-Sitzungssaal: hier saß auch Herr Walther vom Rath, der damals schon Vorsitzender des Aufsichtsrates war und jeden Tag von Frankfurt nach Höchst kam. Auch das Vorstandsmitglied August de Ridder sah man oft hier, eine überaus sympathische Erscheinung. Er soll sich viel in Paris aufgehalten haben und ein besonderes Interesse an Gemälden gehabt haben.«

Den Mitbegründer der Farbwerke, Dr. Eugen Lucius, hat Wüst zu seinem großen Bedauern nicht mehr kennengelernt. Lucius, der die meisten seiner Weggenossen von einst überlebte, fühlte sich nach der Jahrhundertwende gesundheitlich nicht mehr so recht auf dem Damm. In einem Brief an Gustav von Brüning vom 22. Juni 1901, als es um die neue Indigoproduktion ging, beklagte Lucius seine »große Vergeßlichkeit«. »Wie Du siehst«, schrieb Lucius, »ist es bald Zeit, mich von meinem verantwortungsvollen Posten zurückzuziehen.« Da Lucius keine Söhne hatte, wurde der Posten des Aufsichtsratsvorsitzenden dem Schwiegersohn Meisters, Walther vom Rath, übertragen. Lucius starb im Jahre 1903.

## *Niederlassungen im Ausland*

Im westlichen Flügel des Hauptbüros befanden sich die Verkaufsbüros. In einem großen Saal saßen etwa 60 kaufmännische Angestellte, die für den Verkauf von Farbstoffen, Pharmazeutika und

Vor- und Zwischenprodukten zuständig waren – die Vorhut einer Verkaufs-Heerschar, die heute 7476 Menschen umfaßt.

Schon damals gab es zwei große ausländische Niederlassungen: eine in Creil bei Paris, eine andere in Moskau. Die hohen Einfuhrzölle, mit denen sich viele europäische Staaten umgaben, und die Patentgesetze hatten den Aufbau dieser Werke notwendig gemacht.

Im ersten Stock des Verwaltungsgebäudes hatten Professor August Laubenheimer, der Begründer der Pharma, und Justizrat Adolf Haeuser ihre Büros. Haeuser, 1857 in Weilburg geboren, war der Sohn eines Offiziers. Obwohl der eifrige Korpsstudent, was Körpergröße und Kommandostimme anbelangte, durchaus ebenfalls Militär hätte werden können, entschied er sich für das juristische Studium in Marburg. Als Assessor bei der Staatsanwaltschaft in Wiesbaden machte er die Bekanntschaft der Familie Meister.

Auf Anregung Meisters trat Haeuser 1889 als Justitiar in die Farbwerke ein. Vorher hatte er auf Wunsch des Unternehmens zwei Semester Chemie bei Kekulé in Bonn studiert.

Daß Haeuser mit der Familie Meister gut bekannt war und 1890 die Tochter des ersten Technischen Direktors von Hoechst, Carl Königs, heiratete, war seiner Karriere sicher nicht abträglich. Entscheidend war aber die zunehmende Bedeutung, die das Patentwesen erhielt. Ob es die Azofarbstoffe waren, die in großer Zahl entwickelt wurden, ob das schwierige Verfahren zur großtechnischen Herstellung des Indigo, für das sich Hoechst mehr als hundert Patente sichern mußte, oder die Entwicklung neuer Arzneimittel – stets war die Sicherung der Patente wichtig. Auf diesem Gebiet fanden sich jedoch bald nur noch hochspezialisierte Juristen zurecht, zumal das erste deutsche Patentgesetz von 1877 infolge vieler Zusätze immer komplizierter geworden war.

Das Büro Haeusers war den Arbeitern und Angestellten auch mit Rechtsauskünften behilflich. So gewann Haeuser bald einen guten Einblick in das gesamte Werksgeschehen. Er vertrat die Farbwerke dazu in zahlreichen Körperschaften und nahm an der Reform des Patentrechts 1891 wesentlichen Anteil.

Aus all diesen Gründen wurde Haeuser auf eigenen Antrag 1905 zum stellvertretenden, 1907 zum ordentlichen Vorstandsmitglied ernannt. Walther vom Rath, der Schwiegersohn Wilhelm Meisters, dürfte dabei die entscheidende Rolle gespielt haben. Die Karriere Haeusers, bei dessen Eintritt in die Industrie einst einige Kollegen äußerten, das sei für einen »Prädikatsjuristen« eine verwunderliche Entscheidung, war damit noch lange nicht zu Ende, wie wir sehen werden. Daß Haeuser sich einst in Marburg nicht mehr die Zeit genommen hatte, seinen Doktor zu machen, sollte bald keine Rolle mehr spielen: Haeuser wurde im Laufe der Jahre Ehrendoktor sämtlicher Marburger Fakultäten, Ehrensenator und 1920 Vorsitzender des Marburger Universitätsbundes.

## *Wenn in Höchst die Glocke läutete ...*

Gegenüber dem Hauptbüro lag ein großer Garten. Von der Straße führte ein Laubengang zu einem massiven viereckigen Backsteingebäude, das Oberingenieur Wach bewohnte. Unter seiner Aufsicht stand Inspektor Louis Taufkirch, der für die Einstellung und Entlassung von Arbeitern zuständig war. Taufkirch war, nach dem Bericht von Wüst, »eine gefürchtete Person, die überall in der Fabrik zu finden war und die Leute zur Rede stellte, wenn ihm etwas auffiel«.

An den Garten grenzte von der oberen Fabrik her das technische Lager mit einem Glockenturm, an dem sich eine große Uhr befand. Die Zeit, die sie zeigte, war für die Menschen im Werk verbindlich. Die Glocke läutete zu Beginn und zum Ende der Arbeit.

Die Firma befand sich um die Jahrhundertwende in einer ausgezeichneten wirtschaftlichen Verfassung. Das 1899 auf 17 Millionen aufgestockte Grundkapital erbrachte in diesem Jahr 5,877 Millionen Mark Reingewinn. Die Dividende wurde auf stolze 26 Prozent festgesetzt. 3667 Arbeiter, 123 Aufseher und 367 Beamte waren im Unternehmen beschäftigt.

Daß 1900 bei einem Umsatz von rund 29 Millionen Mark der Gewinn (4,8 Millionen Mark) etwas zurückging und die Dividende auf 20 Prozent gesenkt wurde, hing mit Unruhen in China und anderen Faktoren zusammen.

Auch in den nächsten Jahren wurde jeweils eine Dividende von 20 Prozent ausgeschüttet. In wenigen Jahren konnten so die Aktionäre ihr eingesetztes Kapital verdoppeln – es war die goldene Zeit des Kapitalismus, zumindest für jene, die genügend Geld besaßen, um Aktien zu kaufen. Diese Gruppe von Wohlhabenden war im wilhelminischen Deutschland immerhin nicht klein.

Aus heutiger gewerkschaftlicher Sicht nahm sich die zunehmende Besserstellung der Arbeiter in jenen Jahren so aus: »Der vielzitierte Satz, daß die Arbeiter nach der Jahrhundertwende mehr als nur ihre Ketten zu verlieren hatten, ist insofern richtig, als ein Fabrikarbeiter, der den ›kritischen Wendepunkt‹ des 40. Lebensjahres noch nicht überschritten hatte, gesund war und eine feste Anstellung besaß, zur Zeit Wilhelms II. sehr viel besser leben konnte als sein Vater oder sein Großvater, wenn diese als Knecht auf einem Hof oder als Landarbeiter im agrarischen Osten ihr Leben gefristet hatten. Die Zeit des frühindustriellen Pauperismus war vorbei, und die Elendsgestalten, die Gerhart Hauptmann in seinem Drama ›Die Weber‹ dargestellt hatte, fanden sich allenfalls in den Rückzugsgebieten des Heimgewerbes, wo unmäßige Ausbeutung immer noch gang und gäbe war.«

Im Gegenteil: »Der städtische Industriearbeiter verfügte über ein Haushaltsbudget, das es ihm erlaubte, ohne schwere Nahrungssorgen zu leben, das aber zu schmal war, um teure Anschaffungen zu machen, komfortabel zu wohnen oder größere Ersparnisse beiseitezulegen. In Arbeiterhaushalten verschlangen die Ausgaben für Lebensmittel, Miete und Kleidung rund vier Fünftel des Familieneinkommens; für Bildung und Unterhaltung, Körper- und Gesundheitspflege, alle anderen Bedürfnisse bis hin zu Partei- und Gewerkschaftsbeiträgen blieben nur kleinere Summen, deren Verwendung wohlüberlegt sein wollte. – An den Erwerb bestimmter Güter – zum Beispiel den Kauf eines Fahrrades – war überhaupt nicht zu denken, denn die dafür erforderlichen 150 Mark entsprachen dem vollen Monatslohn eines hochqualifizierten Facharbeiters. Die ›Arbeiteraristokratie‹, in der das Familienoberhaupt pro Jahr 1800 Mark verdiente, war aber eine sehr kleine Minderheit. In den meisten Familien kam der Mann um 1910 auf ein durchschnittliches Jahreseinkommen von 1300 bis 1500 Mark, das lediglich durch Einnahmen der Frau, Kinderarbeit, Einkünfte aus Nebenerwerb, Zimmervermietung und den Verkauf von selbstangebauten Agrarprodukten um 10 bis 20 Prozent aufgebessert werden konnte. Mit diesem Familieneinkommen, sofern die Kinderzahl nicht allzu groß war, waren die Lebenshaltungskosten leidlich zu bestreiten, aber in Teuerungswellen oder dann, wenn eine Verdienstquelle ausfiel, mußte am Essen gespart werden.«

So weit Professor Schönhoven in der »Geschichte der deutschen Gewerkschaften«.

Wenn man die Lohnverhältnisse in den Farbwerken betrachtet, ergibt sich folgende Situation: Der Anfangslohn eines neueingestellten Arbeiters betrug 1903 28 Pfennig in der Stunde, der durchschnittliche Lohn rund 30 Pfennig. Wesentlich mehr verdienten allerdings die Handwerker. Maurer erhielten 4 Mark 20 am Tag, Zimmerleute ebenfalls, Küfer 4 Mark 10.

Alle Löhne stiegen in den nächsten Jahren etwas an, allerdings auch die Lebenshaltungskosten. Ein steiler Anstieg in den Löhnen kam erst mit dem Ausbruch des Weltkrieges.

Auch die Steuerstatistiken jener Zeit beweisen, daß sich die Einkommen der Arbeiter weiter erhöhten. Als Indiz dafür wurde im Reich der Verbrauch an Fleisch gewertet. Der jährliche Fleischkonsum stieg im deutschen Reich von 13,6 Kilogramm pro Kopf der Bevölkerung im Jahre 1816 auf 48,5 Kilogramm im Jahre 1911.

In Höchst betrugen diese Zahlen nach dem Verwaltungsbericht der Gemeinde im Jahr 1901 rund 65 Kilogramm, ein Jahr später 72 Kilogramm.

Gearbeitet wurde in Höchst nach der Jahrhundertwende zehn Stunden am Tag. Die Schicht dauerte von 6 Uhr morgens bis 12 Uhr und von 1 Uhr bis 5 Uhr nachmittags. Die Bürozeit für die Beamten dauerte von 8 Uhr morgens bis 12 Uhr und von 2 bis 6 Uhr am Nachmittag.

Die meisten Angestellten trugen, wie Wüst erzählte, eine alte Bürojacke; es fiel nicht weiter auf, wenn sie Risse hatte oder abgetragen war. Der Großteil der Herren hatte Voll- oder Spitzbärte, mindestens aber einen kräftigen Schnurrbart. »Daß jemand glattrasiert war, kann ich mich kaum erinnern. Es gab nur hohe Stehpulte mit vier oder sechs Pultdeckeln, dazu hohe Hocker ohne Rückenlehne. Flache Pulte hatten nur Prokuristen oder Höhere. Auf jedem Pult waren einige drehbare Lampen, Deckenlicht fehlte«.

»Die Bürodiener saßen nicht im Büro, sondern in kleinen Zimmern neben den Sprechzimmern, wohin eine Klingelleitung führte. Sie hatten die Aufgabe, Post auszutragen, einzusammeln, unterschreiben zu lassen, zu kopieren und kleine Laufgänge zu machen. Die Registratur besorgte der jüngste Angestellte der Abteilung. Briefe für die Fabrik oder an andere Abteilungen wurden alle zum Portier gebracht, der mehrere Laufjungen zum Austragen beschäftigte«.

»Zahlreiche Angestellte, besonders die Junggesellen und Auswärtswohnenden, aßen in unserem Kasino bei Bommersheim (so hieß der Pächter). Es gab ein komplettes Mittagessen mit Suppe, dazu trank man ein oder mehrere Biere, das Glas zu zehn Pfennig. Die Tischzeit wurde reichlich ausgedehnt, man hatte ja zwei Stunden Zeit.«

Wem nach etwas Abwechslung zumute war, der nahm sein Essen in einer der Höchster Gastwirtschaften ein, die speziell mit ihrem Mittagsmenü Farbwerksangestellte anzulocken trachteten. Die Preise im »Mainzer Hof«, im »Taunus« oder im »Nassauer Hof« waren moderat.

»Die Verheirateten von Höchst oder der nächsten Umgebung gingen oder fuhren mit dem Rad nach Hause, denn bei zwei Stunden Mittag konnte man das ganz gut machen. Das blieb so bis 1910, als die sogenannte englische Arbeitszeit eingeführt wurde, und zwar von ½ 9 Uhr bis 4 Uhr. Das war eine herrliche Zeit. Es gab freien Mittagstisch, sogenanntes Frühstück. Das Fleisch wurde jedem zugeteilt, das übrige gab es in Schüsseln, dazu ein Glas Tee und ein Brötchen.«

»Jeder hatte seinen bestimmten Platz im Kasinosaal, auch die Direktion aß in demselben Saal an einem langen Tisch, der seitlich aufgestellt war, und erhielt dasselbe Essen.«

Im Jahre 1911 hatte auch für die Arbeiter die »dicke Suppe« mit einem Stück Ochsenfleisch »ausgedient«. So nahrhaft dieser Rotfabriker-Eintopf auch war, es hatte doch viele Klagen wegen der Eintönigkeit und manchmal auch schlechten Verdaulichkeit dieser Speise gegeben. In der Speiseanstalt, die vorwiegend die Arbeiter der sogenannten »unteren Fabrik« verköstigte, wurde eine neue Speisenfolge eingeführt: Suppe und danach Gemüse und Fleisch. In wenigen Tagen gab es in dieser Menage einen solchen Andrang von Essern – sie war für 800 angelegt, aber 1500 kamen – daß auch die der »oberen Fabrik« auf solche Menüs umgerüstet wurde. Die »dicke Suppe«, die für einige Zeit noch im Angebot geführt wurde, hatte man offenbar wirklich satt.

Im Einvernehmen mit der »Menagekommission« wurde allerdings der Preis für das Mittagessen von 20 auf 30 Pfennig erhöht. Vor 30 Jahren betrug das Durchschnittsgehalt 2 Mark für Neueingetretene, jetzt immerhin 3 Mark 60. Vor allem aber waren die Preise für Nahrungsmittel in der Zwischenzeit gestiegen. So kostete das Ochsenfleisch damals 56, jetzt 78 Pfennige pro Pfund.

Ein kleiner Luxus war damals der Besitz eines Fahrrades. Um ihre Beamten und Arbeiter beweglicher zu machen, hatten die Farbwerke mit der Fahrradfirma Dürrkopp einen Großeinkauf vereinbart. Der Preis für ein Rad betrug dabei allerdings immer noch 165 Mark. Höchst stellte diese Räder bei einer Anzahlung von 10 Mark zur Verfügung. Jeden Monat mußten weitere 10 Mark abgezahlt werden, bis schließlich das Rad dann Eigentum seines Benutzers war.

Vor allem die Arbeiter, die weitere Wege zurücklegen mußten, waren über ihre Fahrräder glücklich. Mancher sparte sogar auf ein zweites Rad für die Frau oder Braut.

Die in Frankfurt wohnenden Arbeiter und Angestellten benützten freilich die Bahn. Der Weg vom Bahnhof ins Werk war ja nicht weit. Wie Wüst berichtete, bestand für die Farbwerksbeamten lange Zeit die Verpflichtung, in Höchst zu wohnen, damit ihre Steuern der Stadt zugute kamen. Ausnahmen mußten genehmigt werden, wurden jedoch ohne weiteres erlaubt.

Auch die Prokuristen und die meisten Direktoren kamen per Bahn. Die wenigen, die sich ein Auto hielten, waren Walther vom Rath, der Aufsichtsratsvorsitzende, Gustav von Brüning und Vorstandsmitglied August de Ridder.

Für die anderen Direktoren standen bequeme Chaisen mit schönen Pferden zur Verfügung, die sie von und zu der Bahn brachten. Wüst: »So ein tadelloses, aufs feinste ausgestattetes Chaisenfuhrwerk machte den besten Eindruck.« Später kamen mehr und mehr Autos dazu, die Pferdewagen verschwanden. Die Kutscher mußten umlernen. Nur Herbert von Meister ist nach den Erinnerungen von Wüst noch lange mit der Chaise gefahren.

Das Fuhrwesen befand sich gegenüber dem Firmenkaufhaus. »Hier standen auch die Pferde, und ein Kutscher hat dort gewohnt.« Die Farbwerke unterhielten damals auch noch einen großen Wagenpark mit Pferden, denn manches konnte mit der Kleinbahn, Rollbahn genannt, nicht befördert werden.

Die Mainzer Landstraße war noch nicht gepflastert. Es gab nur das Trottoir. Man erzählte in Höchst, der Fiskus und die Farbwerke könnten sich über den Ausbau der Straße nicht einigen. Wie auch immer – nach starkem Regen oder im Frühjahr war die Straße schlammig und voller Wasserpfützen. Vorüberfahrende Fuhrwerke bespritzten die Fußgänger. Schon beim Überqueren der Straße machte sich jeder die Schuhe schmutzig. Auch die Straßen und Wege, die durch die entfernteren Teile der Fabrik führten, waren natürlich nicht gepflastert.

## *Gratifikation für den Hausbau*

Einen wesentlichen Teil des Einkommens bildete bei den etwas älteren Angestellten die jährliche Gratifikation. Sie wurde jeweils zu Silvester ausbezahlt.

Wer während des Jahres keinen Vorschuß darauf genommen hatte, erhielt an diesem Tag eine recht beachtliche Summe. Viele Angestellte haben sich mit Hilfe dieser Gratifikation Grundstücke gekauft und Eigenheime gebaut.

Auch die Gehaltszulage der Angestellten wurde Silvester ausbezahlt. Dr. Roques, der Chef von Jakob Wüst, machte dies wie die meisten seiner Kollegen persönlich, »indem er das Couvert jedem schmissig auf das Pult feuerte«.

Vor hohen Feiertagen wie Weihnachten, Silvester, Pfingsten konnten die Angestellten im Hauptbüro meist gegen elf Uhr vormittags ihre Pulte verlassen. »Es hieß, wer fertig ist, kann gehen. Da beeilte sich natürlich jeder. Auch Wäldchestag, der Pfingstdienstag, war nach alter Tradition frei.« Leider blieb das nur bis etwa 1909 so. Urlaub gab es in jener Zeit auch für Angestellte nur wenig.

Die Arbeiterkantine befand sich in der Gartenanlage gegenüber dem Kasino. Dort stand auch ein Liebigdenkmal. Die Gartenanlage war Jakob Wüst in besonderer Erinnerung geblieben »wegen der schönen Konzerte, die mittwochs nach Arbeitsschluß hier stattfanden. Dirigent war der alte Kallenbach mit einem mächtigen weißen Barte. Auch der Höchster Gesangverein ließ sich bei solcher Gelegenheit vernehmen.«

»Ein Großteil der Belegschaft, soweit er Lust und Zeit hatte, setzte sich an die Gartentische, die im Sommer immer in dieser Anlage standen, trank Bier, rauchte oder aß etwas. Der halbe Liter kostete zehn Pfennig.« Viele Rotfabriker bedauerten es sehr, als beim Umbau der pharmazeutischen Expedition und beim Neubau der Expedition der Garten verschwand.

## *Ein Junggeselle stellte die Damen ein*

Zwei lange Stehpulte mit hohen Hockern ohne Rückenlehne bildeten das ganze Mobiliar der Pharmazeutischen Abteilung, die sechs Angestellte zählte. Ihr Chef war Dr. Roques, damals Prokurist, später Direktor und Vorstandsmitglied. »Ich habe ihn nie ohne Zigarette gesehen, die er ganz im Munde abbrennen ließ, ohne sie herauszunehmen«, erinnerte sich Wüst. »Durch das fortwährende Rauchschlucken hustete er oft und heftig. Seine Art war rasch und kurz, er machte selten viele Worte. Er war ein alter Junggeselle, der später die ersten Damen für die pharmazeutische Abteilung engagierte.«

Gustav von Brüning hatte im Dezember 1899 die Einstellung von jungen Frauen für die Verpackung von Pharmazeutika und die Buchbinderei angeregt. 1903 waren in der Buchbinderei bereits 14 Arbeiterinnen und 13 jugendliche Arbeiterinnen beschäftigt. Die ersten Schreibdamen kamen 1904.

Dr. Roques trug in der Regel einen Cut mit gestreiften Hosen und steifem Hut, so wie das damals Sitte war. Auch viele Angestellte sah man in dieser Kleidung ins Geschäft gehen. Ein Spazierstock in der Hand fehlte selten.

Bei der Einstellung des jungen Herrn Wüst im September 1901 kam einer der leitenden Herren der Pharma, Dr. Ammelburg, Mitarbeiter von Dr. Roques, in das Sprechzimmer, um den neuen Mitarbeiter in Empfang zu nehmen. »Ich sehe ihn heute noch, wie er im grünen Anzug mit grünem Jägerhütchen neben mir herging.«

Im sogenannten Versuchsraum, wo noch der Aufseher Neuer saß, erhielt der neue Hilfsbeamte seinen Platz. Damit er sich mit den einzelnen pharmazeutischen Präparaten vertraut machte, ließ Ammelburg ihn die Preisliste von 1901 abschreiben.

Diese Liste enthielt einschließlich der Heilsera etwas über 50 Präparate. Außer Antipyrin, Migränin, Pyramidon und Suprarenin umfaßte sie einige Schlafmittel und Wundpuder. Auch der Süßstoff »Höchst«-Sacharin war darin enthalten.

Wie aus dieser Aufstellung hervorging, stellte Höchst damals noch keine Tabletten her. Es wurde nur Pulverware verkauft, die rezeptmäßig verordnet wurde. Nur Migränin machte eine Ausnahme.

»Unsere Leitung war auch mit diesem Geschäft sehr zufrieden, und man lebte gut«, betonte Wüst. »In diesen Jahren wurde aber das Spezialitätengeschäft allmählich in der pharmazeutischen Industrie eingeführt und aufgebaut. Zunächst kam »Valyl« (ein Beruhigungsmittel) in Perlenform, dann Tabletten von Pyramidon- und später Novocain-Spezialitäten in den Handel. Von da an war es selbstverständlich, daß wir neue Produkte auch in Spezialitätenform herausbrachten. Damit haben wir umsatzmäßig außerordentliche Erfolge erzielt.«

Wüst machte auch bald Bekanntschaft mit dem Leiter des 1889 eingerichteten Zentrallaboratoriums, Professor Wilhelm Roser. »Sein Zimmer, höchst bescheiden eingerichtet, war im ersten Stock des Zentrallaboratoriums neben der Bibliothek.«

Wilhelm Roser war es in Marburg gelungen, die Struktur eines Alkaloids aufzuklären, des Narcotins. Da Eduard von Gerichten Höchst verlassen und sich ein Labor in Straßburg aufbauen wollte, Professor Laubenheimer im Vorstand für Fragen der allgemeinen Unternehmensorganisation viel Zeit aufbringen mußte, war Roser eingestellt worden. Er hatte eine wichtige Aufgabe in Höchst zu erfüllen. Sein Zentrallabor war die erste Station für die jungen Chemiker, die frisch von der Universität kamen. Bei Roser sollten sie in die industrielle Chemie eingeführt werden und die speziellen Bedürfnisse der einzelnen Produktionen kennenlernen. Sie sollten im Zentrallabor auch von Anfang an lernen, Betriebsaufgaben zu lösen, Verfahren zu verbessern oder neue zu entwickeln, und sich mit Patentfragen beschäftigen.

Roser, dessen private Lieblingsbeschäftigungen Mathematik und Musik waren – er spielte gerne und gut Cello – war für seine Aufgabe hervorragend geeignet: Er besaß als Naturwissenschaftler einen weiten Horizont und ein Gespür für neue Entwicklungen in der Chemie, er besaß Einfallsreichtum und dazu noch ein glänzendes Gedächtnis. So war er fast stets in der Lage, Literaturstellen in Publikationen und Patentschriften wiederzufinden, die er einmal vor Augen bekommen hatte. Überdies hatte Roser nicht den Ehrgeiz, auf jedem Patent, das durch sein Zutun zustandegekommen war, unter allen Umständen seinen Namen zu sehen – eine Versuchung, die für Chemiker in seiner Position leicht bestand.

So wurde das Zentrallaboratorium unter Roser, aber auch unter seinen Nachfolgern wie Karl Schirrmacher und anderen, zur »Pflanzstätte« für Generationen von Chemikern, deren Stern später im Unternehmen hell leuchten sollte.

KAPITEL 9

# Vom Adrenalin zum Salvarsan

Friedrich Stolz, den seine Eltern einst nur ungern Chemiker werden ließen, hat den Medikamentenschrank seiner Zeit nicht nur um das Pyramidon bereichert. Ihm und seinem Kollegen Franz Flächer gelang es bald nach der Jahrhundertwende, die Höchster Pharma in einem bisher unbekannten Bereich heimisch zu machen, in dem geringste Mengen größte Wirkungen ausüben können: Von den Hormonen ist die Rede.

Stolz, der verhältnismäßig spät, nämlich mit 39 Jahren, geheiratet hatte – seine beiden Passionen Chemie und Radfahren hatten ihm offenbar keine Zeit dazu gelassen –, war in den beiden Jahrzehnten, die er schon in den Farbwerken verbracht hatte, der Alte geblieben: Er war ein Pünktlichkeitsfanatiker, der Tag für Tag Schlag sieben Uhr morgens im Labor stand, um säuberlich Experiment um Experiment durchzuführen und zu protokollieren. Er war bescheiden geblieben wie in seinen Assistententagen unter Baeyer in München, wohnte noch immer in einer einfachen Werkswohnung in der Paulistraße vor den Toren der Fabrik und war peinlich darauf bedacht, der Firma keine ungebührlichen Unkosten zu bereiten, indem er etwa den Ofen durch eine Zentralheizung ersetzt wissen wollte. Und daß er alles mit dem Fahrrad erledigte, ob es sich dabei um einen Besuch in Frankfurt oder in Ludwigshafen handelte, versteht sich von selbst. Sogar in den Urlaub nach Italien fuhr er mit dem Rad. Verständlich, daß ihm dabei seine Frau Helene und die beiden Töchter mitunter die Gefolgschaft verweigerten.

Das Hormon, das um die Jahrhundertwende besonderes Aufsehen erregte, war das Adrenalin. Seine Entdeckung erfolgte in mehreren Etappen. Es wird von den Nebennieren gebildet, einem Konglomerat von Drüsen, die der römische Anatom Eustachi im 16. Jahrhundert erstmals beschrieben hat. Danach vergingen rund

300 Jahre, in denen sich niemand fragte, welchen Zweck diese Drüsen wohl erfüllten.

Erst als der englische Arzt Thomas Addison 1855 den Verdacht aussprach, daß es eine Krankheit gibt, die durch Insuffizienz oder Zerstörung der Nebennieren entsteht, wurde man auf sie aufmerksam. Symptome des Morbus Addison sind ständige Müdigkeit, auffällige Verfärbung der Haut, die dabei einen Bronzeton annehmen kann, Gewichtsabnahme, Muskelschwäche, Blutunterdruck, ständige Übelkeit und Magersucht. Der Morbus Addison führte damals zum sicheren Tod des Patienten.

Zwar schrieb 1889 der angesehene Wiener Anatom Joseph Hyrtl in seinem »Anatomischen Lehrbuch« über die Nebennieren, daß die »unbekannte Funktion dieser Organe sie gegen lästige Fragen in der Heilswissenschaft sichert«, doch das stimmte schon nicht mehr, als eine neue Auflage seines Buches herauskam. Der Autor war damals achtzig Jahre alt und offenbar nicht mehr ganz auf dem laufenden.

Inzwischen hatten nämlich mehrere Ärzte und Pharmazeuten die »lästige Frage« gestellt und teilweise beantwortet. Verschiedene Wissenschaftler hatten herausgefunden, daß Extrakte aus dem Nebennierenmark bei Tieren, die damit gespritzt werden, kurzfristig erhöhten Blutdruck hervorrufen.

Warum und für welche Zwecke im menschlichen Körper Drüsen, die ihren Inhalt nur an die Blutbahn abgeben, drogenähnliche Stoffe fabrizieren, wußte zu dieser Zeit niemand. Doch als es im Jahr 1901 dem Japaner Jokichi Takamine gelang, das Drüsenprodukt rein darzustellen, zeigte die pharmazeutische Industrie reges Interesse. Ein natürlicher Stoff, der den Blutdruck erhöht und auf die Blutgefäße zusammenziehend wirkt, wurde gerade in diesen Jahren dringend benötigt.

Das hing mit dem unbefriedigenden Stand der Chirurgie im ausgehenden 19. Jahrhundert zusammen. Es gab zwar Mittel, um den Patienten zu betäuben, doch der Durchschnittschirurg war oft nur ein geschickter Handwerker, der gelernt hatte, schnell zu arbeiten; seine Kenntnisse vom Knochengerüst waren ausreichend, seine physiologischen Kenntnisse minimal.

## *Adrenalin zur örtlichen Betäubung*

Damals bevorzugten die Ärzte, wo es immer ging, die Lokalanästhesie. Mit ihrer Hilfe konnten Splitter oder Eisenteile aus dem Muskelgewebe herausgenommen und die Wunden versorgt werden. Örtliche Betäubung genügte auch, wenn kleinere Geschwüre operiert werden mußten; sie wurde rasch beliebt bei den Zahnärzten, die mit ihrer Hilfe Zähne schmerzlos ziehen konnten.

Doch auch diese »kleine Chirurgie« war nicht ungefährlich. Das Betäubungsmittel war in der Anfangszeit giftig; sowohl das Kokain als auch das Heroin, das von den Neurochirurgen benutzt wurde, konnte den Patienten süchtig machen.

Auch als Ersatzmittel für diese schweren Betäubungsmittel geschaffen wurden, blieb ein zweites Problem: Operiert wurde im lebendigen Menschen, dessen Blutgefäße weiter arbeiteten. Das injizierte Mittel wurde daher nach einer gewissen Zeit ausgeschwemmt. Gab es einen Stoff, der die Blutgefäße für eine Weile arbeitsunfähig machte, dann konnte man nicht nur länger operieren, sondern auch mit einer kleineren Dosis des Betäubungsmittels auskommen.

Hoechst war an diesem Thema besonders interessiert, weil die Pharma-Abteilung des Hauses im Begriff stand, ein neues Anästhetikum unter dem Namen »Novocain« einzuführen. Es zeigte sich weniger giftig als das Kokain, und es war vor allem sterilisierbar. Wenn es gelang, die Wirkung des Novocains durch das Adrenalin zu intensivieren und gleichzeitig abzurunden, konnte man sicher sein, bei Zahnärzten und Anästhesisten ein Echo zu finden.

In den Jahren zwischen 1890 und 1900 befaßten sich daher immer mehr Chemiker mit der neuen Substanz. Der bedeutendste in dieser Gruppe war der Japaner Takamine, gleich begabt als Chemiker und Unternehmer. Takamine studierte erfolgreich chemisches Ingenieurwesen an der Kaiserlichen Universität in Tokio und gründete danach die erste Superphosphat-Industrie Japans; 1880 wanderte er nach Nordamerika aus, wo er sich in New Jersey ein Privatlabor einrichtete.

Takamines Isolierung des Adrenalins (auch der Name stammt von ihm, doch er wußte nicht, daß es ein Hormon war) galt lange

Zeit als mustergültig und wurde herangezogen, wenn man die Wirkung anderer Adrenalin-Darstellungen prüfte. Er wurde sogar einmal für den Nobelpreis nominiert, hat ihn aber nicht erhalten.

Neben ihm zeichnete sich der Amerikaner Thomas Bell Aldrich aus, der dem Adrenalin kurzerhand einen neuen Namen gab. Er nannte es Epinephrin, was sich im amerikanischen Sprachgebrauch bis heute gehalten hat.

## Um die Formel des Adrenalins

Zu den deutschen Pionieren gehörte der Chemiker Otto von Fürth, der ein Verfahren zur Gewinnung des Präparates aus den Nebennieren von Schlachttieren entwickelte; ebenso sein Lehrer Franz Hofmeister. Sie nannten es »Suprarenin«, und diese Bezeichnung wurde später von Höechst übernommen. Fürth lieferte der Firma zwei fertige Verbindungen: ein chemisch nicht einheitliches Produkt, das wenig zufriedenstellend war, und bald darauf ein aktives Suprarenin in Form eines stabilen Eisensalzes. Das war zwar verkäuflich, hatte aber etwa 40 Prozent unwirksamer Beimengungen. Fürth machte sich verdient um die Aufklärung der Konstitution der neuen Substanz. Ihre Summenformel hatte früher schon Aldrich richtig mit $C_9H_{13}NO_3$ angegeben.

Kaufmännische Überlegungen spielten in Höchst natürlich eine wesentliche Rolle bei der Entwicklung des Novocain-plus-Suprarenin-Konzepts. Sie führten zu der Einsicht, daß es zu teuer sei, den Stoff aus den Nebennieren zu gewinnen, die im Schlachthof pro Stück 2,5 bis 3,5 Pfennig kosteten. Danach wären 100 Gramm Rohadrenalin auf 265 Mark gekommen.

Also mußte man es synthetisieren. Es handelte sich, wie schon die Formel zeigte, um ein relativ einfaches Molekül. Die Ersparnis bei diesem Vorgehen wurde auf 90 Prozent errechnet.

Stolz übernahm es, das Adrenalin darzustellen. Ende März 1903 erschienen die ersten Bemerkungen aus seiner Feder zur Adrenalinsynthese. Er hatte sich dazu entschlossen, vom Brenzkatechin auszugehen – einem weißen, wasserlöslichen Pulver, das noch vor fünfzig Jahren jedem Amateurfotografen bekannt war, weil es die wichtigste Zutat des Entwicklers darstellte, in den er seine belichteten Platten zu versenken pflegte.

Stolz behandelte diese Verbindung zunächst mit Chloressigsäure, wodurch er, wie erwartet, Chloracetylbrenzkatechin erhielt: Der Benzolring mit seinen zwei OH-Gruppen wurde mit der CO-CH$_2$-Cl-Gruppe verbunden.

Beim nächsten Schritt gab es eine Schwierigkeit. Als er die Substanz mit Methylamin versetzte, vermerkte er, daß es nicht zu der erhofften Substitution gekommen war. Es gab »lediglich ein Salz«. Doch als er längere Zeit darüber nachgedacht hatte, schloß er, daß er die Reaktionszeit verlängern müsse, um das gewünschte Methylaminoketon zu erhalten. Das führte zu der gewünschten Wirkung.

Theoretisch müßte jetzt nur noch eine Reduktion durchgeführt werden, um das gesuchte Adrenalin zu erhalten. Doch die Reduktion mißlang. Ganz gleich, welche Mittel er einsetzte, es bildete sich kein einheitlicher chemischer Körper, nur Zerfallsprodukte, die allerdings beim Tierversuch eine so deutliche Wirkungssteigerung zeigten, daß er seine verschiedenen Reduktionsverfahren am Jahresende 1903 zum Patent anmeldete.

Längere Zeit verbrachte Stolz damit, alles nochmals nachzuprüfen und den Naturstoff Adrenalin zu analysieren. Dabei wurde ihm klar, daß es sich bei dem eigentlich wirksamen Teil dieser Substanz um eine optisch aktive, linksdrehende Verbindung handelt – eine Erfahrung, die ihm der Chemiker Hermann Pauly bestätigte.

Am 1. Juli 1904 endlich erhielt Stolz ein eigenes Labor und kurze Zeit darauf auch zwei Mitarbeiter, darunter Franz Flächer, der gleich ihm Pharmazeut und Chemiker war.

In dem Laborbuch und den Kladden finden sich die Arbeiten, die Flächer in Stolz' Auftrag durchführte. Da Flächer zugleich die Arbeit an dem aus Tieren gewonnenen Handelspräparat Adrenalin überwachen mußte, beobachtete er, wie hochempfindlich das Naturmaterial war.

Die technische Neuerung, die er Stolz im April des Jahres 1906 vorschlug und die auch zum Erfolg führte, war eine Reduktion bei niedriger Temperatur und neutraler bis saurer Reaktion. Bei diesem Vorgehen wurde vermieden, daß sich überflüssige und unwirksame Reduktionsprodukte bildeten.

Damit verfügte Hoechst über das erste vollsynthetische Adrenalin. Der Durchbruch war gelungen, obwohl – wie sich zeigte – noch einiges zu tun war, bis man es als Handelspräparat verwenden konnte.

## Wie Hormone wirken

Unabhängig von den Arbeiten europäischer und amerikanischer Biochemiker hatte sich in der gleichen Zeit ein Ärztegespann in England dem Problem von einer ganz anderen Seite genähert.

Der Physiologe Ernest Henry Starling kam bei der Erforschung der Peristaltik des Darmes, dieser schubweisen, wellenförmigen Bewegung der Darmwand, zur chemischen Untersuchung des Speisebreis. Dabei entdeckte er einen Stoff, den er analysierte und »Sekretin« nannte. Dieser veranlaßte offenbar die Abgabe von Fermenten des Pankreas, der Bauchspeicheldrüse – damals »Verdauungssaft« genannt – in den Zwölffingerdarm.

Nach den Vorstellungen des russischen Nobelpreisträgers Pawlow erfolgte dieser Ausstoß infolge eines Befehls, der nervöser Art war. Doch als Starling die betreffende Nervenbahn durchtrennte, wurde der Verdauungssaft weiter in Intervallen abgegeben. Das brachte ihn erstmals auf den Gedanken, daß es im Körper neben den bekannten Nervenbahnen noch ein zweites System der Vermittlung von Reizen und Befehlen gibt: den Blutstrom, an den innere Drüsen Botenstoffe abgeben, die am Zielorgan wirksam werden. Er nannte sie Hormone.

Starling hatte damit ein »Betriebsgeheimnis« des Organismus entschleiert. Wichtige Abläufe bei der Blutzuckerregulierung, der Fortpflanzung, aber auch bei Schock- und Angstzuständen werden von den Hormonen gesteuert. Diese entstehen in Drüsen ohne Verbindung zur Körperoberfläche, daher »endokrin« genannt. Sie liegen wie winzige chemische Fabriken im Körper verstreut, in der Hypophyse des Gehirns, in den Nebennieren, in den Geschlechtsorganen und in der Halsgegend. Unter ihren Produkten befindet sich auch das Adrenalin, dessen Aufgabe im menschlichen Körper damit geklärt war.

Starling machte noch zahlreiche Entdeckungen dieser Art, die er 1912 in seinem »Lehrbuch der Physiologie« niederlegte. Es wird immer wieder veröffentlicht – revidiert und auf den neuesten Stand gebracht.

So betrachtet, konnte er es verwinden, daß ihm der Nobelpreis dreimal verwehrt wurde – die ersten beiden Male aus politischen Gründen (1913 und 1914), das dritte Mal 1926, als sich das Gremium in Stockholm entschloß, den Preis an den dänischen Krebsforscher Johannes Fibiger zu geben. Starling hat sich selbst mit seinem Handbuch und durch den Begriff Hormone (Reizstoffe, Auslöser) ein Denkmal gesetzt. Bis 1980 sind über 50 verschiedene Hormone entdeckt worden, »und es würde mich sehr wundern«, schrieb ein nordamerikanischer Endokrinologe, »wenn es in der Zukunft keine Neuentdeckungen mehr geben würde«.

## *Rechts- oder linksdrehend?*

1906, anläßlich der Herbsttagung der deutschen Naturforscher und Ärzte, hielt Friedrich Stolz ein Referat über die Synthese des Suprarenins. Auf dieser Tagung erschien auch Ernest Henry Starling, der den Hauptvortrag über die Hormone hielt.

Nach dieser Vorstellung des neuen Suprarenins aus Höchst mußten noch zahlreiche Arbeiten geleistet werden. Die Frage, welcher optisch aktive Bestandteil des Kunstprodukts wirksam war, blieb noch längere Zeit offen, bis es schließlich gelang, in dem Razemat (der Mischung rechts- und linksdrehender Moleküle) den eigentlichen Wirkstoff zu finden.

Ein Problem blieben auch die Beimengungen im Suprarenin. Dabei wurde ein Stoff festgestellt, den man zeitweise Artenerol nannte. Er wurde 28 Jahre später durch die Arbeiten der Nobelpreisträger Katz, Euler und Axelrodt als »Noradrenalin« identifiziert, das bei der Übertragung von Nervenreizen und in der Arzneimittelforschung und Therapie eine Schlüsselrolle einnimmt.

In dieser letzten Phase der Feinarbeit spielten betriebsfremde Kritiker, die das Suprarenin auf seine Reinheit und Wirksamkeit untersuchten, eine für Hoechst wichtige Rolle.

Schließlich wurde Flächer damit beauftragt, das Herstellungsverfahren zu ändern, was ihm auch gelang. In dem ganzen Streit ging es vornehmlich neben der Frage der Wirksamkeit auch um die Sauberkeit des Präparates. Diese hing von solchen Kleinigkeiten ab wie der Wahl der Fläschchen, in die das Suprarenin abgefüllt wurde. Der Einfluß des Sonnenlichts und der Alkaligehalt des Glases wirkten sich dabei schädigend aus.

Zwei Jahre nach dem Abschluß dieser Episode entschloß sich der Vorstand in Höchst zu einem Schritt, der längst fällig war: Es wurde ein pharmazeutisches Labor eingerichtet.

Als nur ein Jahr später der Erste Weltkrieg ausbrach, konnte Hoechst den Feldlazaretten ein zuverlässiges Mittel zur örtlichen Betäubung – Suprarenin plus Novocain – zur Verfügung stellen. Friedrich Stolz, mittlerweile 54 Jahre alt, zeichnete aus seinem Privatvermögen 100 000 Mark Kriegsanleihe, was beweist, daß er kein armer Mann war. Bis 1930 blieb er aktiv im Dienst der Firma.

Stolz starb 1936 an einer Lungenentzündung, verbunden mit einer Herzschwäche, die ein Überbleibsel seiner wilden Jahre als Radfahrer war. Wenige Jahre zuvor hatte ihm die Universität Marburg den Titel eines Dr. med. h. c. verliehen.

## *Paul Ehrlich schuf die Chemotherapie*

Während Stolz am Suprarenin arbeitete, also in den ersten Jahren des neuen Jahrhunderts, hatte sich Paul Ehrlich ganz der Chemotherapie verschrieben. Er war zwar nach wie vor überzeugt, daß eine gezielte Immuntherapie – durch Antikörper – die ideale Medizin darstellte, und bekräftigte das auch, als er schrieb: »Die Antikörper sind gewissermaßen die Zauberkugeln, die ihr Ziel selbst aufsuchen, ohne den Organismus zu schädigen. Es ist daher der Weg der Immunisierung unter allen Umständen da, wo er gangbar ist, jeder anderen Therapie vorzuziehen.«

Leider gab es aber zu viele Infektionen, bei denen der Organismus aus verschiedenen Gründen nicht genug solcher schonender »Zauberkugeln« produzierte. Das körpereigene Abwehrsystem versagte vor allem dann, wenn es um größere Erreger ging, um Protozoen zum Beispiel, jene »Urtierchen«, die für Malaria und andere tropische Infektionen verantwortlich waren. Ähnlich verhielt es sich bei der Schlafkrankheit, die von Trypanosomen verursacht wird und in Afrika Tausende von Menschen tötet.

»In all diesen Fällen«, schrieb er einmal, »wird man versuchen müssen, die Parasiten innerhalb des Körpers durch chemische Mittel abzutöten. Dort also, wo die Serumtherapie nicht möglich ist, müssen chemische Mittel zu Hilfe kommen.« – »Es muß«, sagte er bei einer anderen Gelegenheit, »also an die Stelle der Serumtherapie die Chemotherapie treten.«

Bei seiner Strategie gegen Parasitenheere stützte sich Ehrlich auf seine »Seitenketten-Theorie«. Er hatte sie in Berlin erstmals geformt und später in Frankfurt weiter ausgebaut. Er ging – vereinfacht dargestellt – davon aus, daß alle Zellen an ihrer Oberfläche Rezeptoren besitzen, die bestimmte Stoffe aufnehmen können. Nur so kann es überhaupt zur Wirkung von Erregern kommen. Diese Rezeptoren könnten mit Hilfe chemischer Substanzen blockiert werden. In diesem Fall würde der normale Ablauf ihres Stoffwechsels gestört werden, und sie müßten durch die Blockade ihrer Rezeptoren zugrundegehen oder der körpereigenen Abwehr erliegen.

Die chemotherapeutische Forschung mußte also Verbindungen herstellen, die vor allem den Parasiten schädigten und den Organismus schonten, nicht oder kaum organotrop waren.

## *Die Kunst, »chemisch zu zielen«*

Um dies zu erreichen, bedurfte es der synthetischen Chemie. Ehrlich dachte an die Herstellung der Farbstoffe, an die vielen Variationen, die etwa am Benzolkern vorgenommen werden konnten, wenn er sagte, die Chemiker müßten »die Ausgangssubstanzen durch verschiedenartige Eingriffe weitgehend variieren«. Danach müßten die neuentstandenen Produkte auf ihren Heilwert geprüft werden, auf Organo- und Parasitotropie. Er nannte dies »chemisch zielen lernen«.

Bevorzugte Objekte, an denen Ehrlich die Wirkung neuer Verbindungen erproben wollte, waren zunächst die Trypanosomen, winzige spiralförmige Erreger. Sie übertragen viele Seuchen wie etwa die Schlafkrankheit über Zwischenwirte vom kranken auf den gesunden Menschen.

Inzwischen war es französischen Forschern gelungen, Trypanosomen auf Mäuse zu übertragen; die Tiere erkrankten und starben nach wenigen Tagen. Seitdem besaßen die Forscher in den Mäusen ideale Versuchstiere, mit denen sie die Wirksamkeit von Substanzen gegen diesen Erregertyp testen konnten.

Bei den chemischen Substanzen, die Ehrlich für diese Versuche benutzte, handelte es sich um Farbstoffe. Er wußte seit seiner Studienzeit, daß einzelne Farbmoleküle eine besondere Affinität zu Zellen und Geweben besaßen.

Schon 1901 fanden Ehrlich und seine Mitarbeiter heraus, daß

Trypanosomen sehr empfindlich auf einen roten Farbstoff der sogenannten Benzopurpurinreihe reagierten. Solche Benzidinfarbstoffe konnten wochenlang im Gewebe und Blut der Versuchstiere liegen, ohne ausgeschieden zu werden.

Unter den zahlreichen Farbstoffen der Benzidinreihe erwies sich das Trypanrot als besonders wirksam. Es besaß eine sehr intensive Wirkung, war besonders parasitotrop. Einige Versuchstiere konnten mit einer Trypanrot-Injektion geheilt werden.

## *Wie steht es mit dem Arsen?*

Ehrlich hielt die stickstoffhaltige Azogruppe im Trypanrot für die entscheidende Atomgruppe und suchte daher nach anderen, dem Stickstoff verwandten Elementen. Auf diese Weise kam er zu den Arsenverbindungen. Französische Bakteriologen hatten bereits beobachtet, daß arsenige Säure gegen jene Protozoen wirkt, zu denen auch die Trypanosomen gehören. In Frankreich war ein Farbstoff namens Trypanblau entwickelt worden, mit dem die Erreger bestimmter Tierseuchen erfolgreich bekämpft werden konnten.

Nach den Benzidinfarbstoffen prüfte Ehrlich eine neue Farbstoffklasse: die Triphenylmethanfarbstoffe. Zu ihnen gehörte das von Hoechst hergestellte Malachitgrün, dem einige Forscher einen Effekt bei Infektionen durch die Trypanosomen attestierten. Auch Parafuchsin und Trypanosan interessierten Ehrlich in diesem Zusammenhang. Beide Farbstoffe töteten die Trypanosomen rasch ab.

Schon am Anfang dieser Forschungen, im Jahre 1902, hatte Ehrlich einen Aufsatz über eine Arsenverbindung gelesen, die der französische Chemiker Antoine Béchamp 1863 gefunden hatte. Béchamp hatte sich mit dem Farbstoff Fuchsin beschäftigt und zu diesem Zweck Arsensäure und Anilin zusammengeschmolzen. Dabei war eine Verbindung entstanden, die später von den Vereinigten Chemischen Werken in Charlottenburg als »Atoxyl« herausgebracht wurde.

Allzu großes Aufsehen war dem Atoxyl nicht beschieden. Die Ärzte wußten schon seit dem Mittelalter, wie wirksam, aber auch wie gefährlich die alte »Morddroge« Arsen ist. In »chemisch gebändigter Form« und im Verein mit Anilin wurde es zunächst als Stärkungsmittel bei Blutarmut und zur Behandlung von Hautausschlägen verordnet.

Ehrlich und seine Mitarbeiter hatten 1902 auch Atoxyl gegen Trypanosomen angewandt. Ihr Interesse war jedoch bald wieder erloschen; der Trypanosomenstamm, an dem die Wirkung des Atoxyls erprobt wurde, hatte nicht reagiert. Er war zufällig, was Ehrlich nicht wissen konnte, »arsenfest«, gegen arsenhaltige Substanzen unempfindlich. Daher arbeitete er zunächst weiter mit Farbstoffverbindungen gegen Parasiten.

## *War »Atoxyl« doch wirksam?*

Im Jahr 1905 warteten die englischen Forscher Harold W. Thomas und Anton Breinl mit einer bemerkenswerten Nachricht auf: Bei ihren Versuchen verhielt sich Atoxyl zwar im Reagenzglas unwirksam gegen Mikroorganismen, doch im lebenden Organismus griff es Trypanosomen erfolgreich an.

Robert Koch rüstete noch 1905 eine große Expedition aus, um das Mittel gegen die Schlafkrankheit in Afrika zu erproben.

Sofort wandte sich Ehrlich wieder dem Atoxyl zu. Eine von Ehrlich zunächst eher intuitiv geäußerte Vermutung wurde dabei zur Gewißheit. Das Atoxyl reiste sozusagen unter falscher chemischer Flagge. Bisher galt es als Arsensäureanilid. Ehrlich und ein neuer Mitarbeiter, der Chemiker Alfred Bertheim, stellten aber dann fest, daß es das Natriumsalz der P-Aminobenzolarsonsäure war. Ehrlich nannte die neue Verbindung »Arsanil«.

Für den in der Chemie nicht Erfahrenen mag es sich dabei um einen geringfügigen Unterschied handeln. Für Ehrlich aber wurde das Atoxyl dadurch hochaktuell. Hätte es sich nämlich um ein Arsensäureanilid gehandelt, dann wäre diese Verbindung ziemlich uninteressant gewesen. Sie läßt sich durch Alkalien und Säuren lediglich in ihre ursprünglichen Komponenten auflösen: in Anilin und Arsensäure. Aus diesem Grund hatten sich die Chemiker bisher so wenig mit der Verbindung abgegeben. Dagegen kann ein Amino-Derivat der Benzolarsonsäure geradezu als Kernstück eines chemischen Experimentierbaukastens verwendet werden. Fügt man verschiedene Atomgruppen hinzu oder nimmt man andere weg, dann kommt es zu einer fast unendlichen Reihe neuer Verbindungen.

»Damit war der Synthese neuer Arsenverbindungen Tür und Tor geöffnet«, schrieb später Louis Benda, ein sehr begabter Chemiker, den Arthur von Weinberg von Cassella zu Ehrlich abgeordnet hatte, um den Freund zu unterstützen.

## *Darmstädter – ein Glücksfall für Ehrlich*

In Berlin hatte Ehrlich die Bekanntschaft eines Unternehmers gemacht, der Chemiker war und ihm zu einem völlig neuen Institut verhalf, in dem sich der Forscher ganz auf Chemotherapie konzentrieren konnte. Das war Professor Ludwig Darmstädter, 1846 in Mannheim geboren, damals Chemiker in Berlin, zuvor in Frankreich und England.

Darmstädter hatte sich an einer Glyzerinfabrik beteiligt, die Lanolin für pharmazeutische und kosmetische Präparate herstellte. Ihr erfolgreichstes Produkt war die berühmte Lanolinseife.

Als im Jahre 1900 die Fabrik Benno Jaffé & Darmstädter zur Aktiengesellschaft wurde, kam Darmstädter in den Aufsichtsrat des neuen Unternehmens. Es hieß nun »Vereinigte Chemische Werke«. 1902 brachte es das Atoxyl heraus.

Darmstädter besaß in Frankfurt eine Schwägerin, Frau Franziska Speyer, Witwe eines wohlhabenden Bankiers. Georg Speyer war an Krebs gestorben. Frau Speyer wollte etwas tun, um das Andenken an ihren Mann zu erhalten. Darmstädter riet ihr, sie solle für Ehrlich ein Institut stiften, das diesem größere chemotherapeutische Versuche ermöglichte als das staatliche Institut für experimentelle Therapie, das ja in erster Linie die von Hoechst hergestellten Heilsera prüfen mußte.

Im Jahre 1906 wurde das Georg-Speyer-Haus in Frankfurt eingeweiht. Ehrlich engagierte jüngere, vielversprechende Mitarbeiter, darunter den bereits genannten Alfred Bertheim und den Biologen Wilhelm Roehl, einen Schüler seines Freundes Professor Albrecht Kossel. Roehl hatte schon vor einiger Zeit an Ehrlichs Institut für experimentelle Therapie gearbeitet und war dann an die Medizinische Klinik nach Gießen gegangen. Von dort holte ihn Ehrlich zurück ins Georg-Speyer-Haus.

Ehrlich hatte, wie wir wissen, ausgezeichnete Beziehungen zu August Laubenheimer. Nach dessen Tod riß aber die Verbindung zu den Farbwerken Hoechst ab. Als Ehrlichs chemotherapeutische Ziele mit der Zeit deutliche Gestalt annahmen, wurde eine Zusammenarbeit mit den Vereinigten Chemischen Werken in Berlin anvisiert. Das lag deshalb nahe, weil diese Firma das Atoxyl herausgebracht hatte und Professor Darmstädter dem Aufsichtsrat des Unternehmens angehörte.

Darmstädter war im Sommer 1906 auf Urlaub, als ihn die Vereinigten Chemischen Werke telegraphisch ersuchten, Ehrlich an die Firma zu binden und einen Vertrag zwischen dem Kuratorium des Georg-Speyer-Hauses und den Chemischen Werken vorzubereiten.

Darmstädter reiste also nach Frankfurt und sprach mit Ehrlich und den Verantwortlichen im Georg-Speyer-Haus, die mit dem Vorschlag einverstanden waren. Am 7. November 1906 genehmigte das Kuratorium offiziell den Vertragsentwurf, der vorsah, daß alle von Ehrlich und seinen Mitarbeitern im Georg-Speyer-Haus gemachten Erfindungen durch die Vereinigten Chemischen Werke verwertet werden sollten.

Doch bei einer Aufsichtsratssitzung in Berlin gab es dann im letzten Augenblick Differenzen. Dr. Jaffé, einer der Mitinhaber, hatte vorgeschlagen, der vereinbarte Gewinnanteil für das Georg-Speyer-Haus solle nur für das Atoxyl gelten.

Darmstädter befürchtete, dadurch die Interessen des Georg-Speyer-Hauses zu schmälern, und lehnte Jaffés Vorschlag ab. Daraufhin machte ihm Jaffé den Vorwurf, er vertrete »Sonderinteressen«; auf der einen Seite diene er als Aufsichtsratsmitglied den Vereinigten Chemischen Werken, auf der anderen Seite vertrete er als Kuratoriumsmitglied die Interessen des Georg-Speyer-Hauses.

Der temperamentvolle und streitbare Darmstädter reagierte augenblicklich auf diese Unterstellung und trat aus dem Aufsichtsrat der Vereinigten Chemischen Werke aus.

Dieser unbedachte Streit kostete die »Vereinigten« in Berlin in der Folgezeit Millionengewinne, die durch die Auswertung der Patente von Ehrlich erzielt worden wären. Mehr noch, das Unternehmen an der Spree verspielte in diesen Minuten jede Chance, aus der Position eines kleinen Pharmawerkes an die Spitze der pharmazeutischen Industrie vorzurücken.

Die Rotfabriker in Höchst wiederum, die friedlich an ihren Farbkesseln oder vor den Reagenzgläsern mit analgetischen Substanzen werkelten, ahnten nicht, welchen Dienst ihnen der streitsüchtige Herr Jaffé erwiesen hatte. Sie hatten Paul Ehrlich vergessen. Jetzt sollte er der Firma Weltruhm bringen.

## *Weinberg empfiehlt Hoechst*

Ehrlich wandte sich zunächst nicht an Hoechst, eine Firma, deren leitende Herren er nur flüchtig kannte; statt dessen an seinen Freund Arthur von Weinberg. War die Firma Cassella zu einem Vertrag mit dem Georg-Speyer-Haus über seine Arsenverbindungen bereit?

Weinberg teilte Ehrlich postwendend mit, seine Firma habe ein Abkommen mit den Farbwerken getroffen. Darin war eine Arbeitsteilung vereinbart worden, die Pharma sollte eine Domäne von Hoechst sein.

Am 7. Januar 1907 schrieb er dann an Gustav von Brüning einen Brief:

»Geheimrat Ehrlich berichtet mir, daß er eine Verwertung der von ihm gefundenen Mittel gegen verschiedene Trypanosomen-Erkrankungen anstrebt. Ich schlug ihm vor, die Sache den Farbwerken in die Hand zu geben, da wir eine pharmazeutische Abteilung nicht besitzen, womit er ganz einverstanden war. Ich möchte Sie nun bitten, mich wissen zu lassen, ob es Ihnen paßt, nächster Tage mit Geheimrat Ehrlich – am besten in unserem Bureau – zu conferieren. Es steht Ihnen natürlich frei, andere Herren hinzuzufügen.«

Brüning scheint das Zukunftsträchtige dieser Offerte zunächst nicht erkannt zu haben; vielleicht war er gerade über beide Ohren mit dem Problem eines neuen Indigo-Verfahrens beschäftigt. Überdies sprachen weder Ehrlich noch Weinberg zu jenem Zeitpunkt von einem Mittel gegen Syphilis, nur von Verbindungen gegen Trypanosomen.

Daher antwortete er Weinberg am 9. Januar recht unverbindlich: »In Erwiderung Ihrer geehrten Zeilen danke ich Ihnen verbindlichst für die freundlichen Mitteilungen, die neuen Arbeiten des Herrn Geheimrat Ehrlich betreffend, und dafür, daß Sie ihm vorschlugen, die Sache mit den Farbwerken zu machen. Ich glaube, daß wir zu einer gemeinschaftlichen Besprechung Ihre Zeit nicht weiter in Anspruch zu nehmen brauchten, da unser Professor Ruppel, der sich speziell mit diesen Sachen befaßt, ohnehin in den nächsten Tagen Herrn Geheimrat Ehrlich geschäftlich aufsuchen muß und bei dieser Gelegenheit wohl die orientierenden Mitteilungen empfangen kann. Sollten Sie aber eine andere Art der Behandlung der Angelegenheit wünschen, so haben Sie vielleicht die Freundlichkeit, mich davon zu unterrichten.«

Professor Ruppel, seit 1903 Nachfolger von Arnold Libbertz als Leiter des Serumbetriebes, war ein früherer Mitarbeiter von Behring. Er führte zahlreiche neue Sera und Impfstoffe ein, darunter auch viele veterinärmedizinische. Der Angestellte Wüst, Zeitgenosse dieser Epoche, schrieb über Ruppel: »Professor Ruppel war im Umgang ein sehr angenehmer Mensch. Wenn er die Korrekturen von neuen Gebrauchsanweisungen zurückgab, sagte er oft: ›Unglaublich – kein einziger Fehler‹, dabei hatte er wieviel Druckfehler übersehen.«

Offenbar kam es zu überzeugenden Gesprächen zwischen Ehrlich und Ruppel, und in Höchst erkannte man allmählich die Chancen, die in einer Zusammenarbeit mit Ehrlich lagen. Er kam ja nicht mit leeren Händen, da er bereits über eine Verbindung verfügte, die wirkungsvoller und unschädlicher war als das Atoxyl. Sie trug die interne Labornummer »306« und erhielt später den Markennamen »Arsacetin«.

## *Der Vertrag mit Ehrlich*

Am 9. März schlossen die Farbwerke, die Firma Cassella und auf der anderen Seite das Georg-Speyer-Haus einen Vertrag. Darin wurde vereinbart, daß das Speyer-Haus den beiden Firmen »das Anrecht auf die von Ehrlich und seinen Mitarbeitern gefundenen Präparate überläßt, die zur Bekämpfung der Trypanosomen-Erkrankungen und anderer Erkrankungen geeignet sind.«

An dem Reingewinn wurde das Speyer-Haus zu 30 Prozent beteiligt. Ehrlich wiederum besaß seit dem 10. November einen Vertrag mit dem Speyer-Haus, der ihm 60 Prozent des sogenannten Angestelltenanteils der auf das Speyer-Haus entfallenden Summe vom Gewinn sicherte.

Hoechst lieferte von 1907 an die chemischen Rohmaterialien für die Versuche in Ehrlichs Labor im Speyer-Haus. Diesem ging es damals längst nicht mehr allein um die Trypanosomen. Er nahm jetzt auch die Spirochäten ins Visier.

Zu dieser Gruppe schraubenförmiger Mikroben gehörte auch der Syphiliserreger, den der Biologe Fritz Schaudinn am 3. März 1905 im syphilitischen Material entdeckt hatte – ein unendlich feines, sehr blasses, kaum wahrnehmbares »Schräubchen«, das sich im Untersuchungsfeld des Mikroskops lebhaft bewegte. Es war viel zierlicher als die gröberen Spirochäten, die man längst kannte.

Ehrlich hörte von dieser neuen Entdeckung zuerst durch den Chef seiner bakteriologischen Abteilung, Professor Max Neisser. Da Schaudinn zwischen den Trypanosomen und den bleichen Syphilis-Spirochäten – »Spirochaeta pallida« war der Erreger genannt worden – eine gewisse Verwandtschaft vermutete, schien es Ehrlich an der Zeit, sich nun auch mit den Spirochäten zu befassen.

## *Woher kam die Syphilis?*

Die Syphilis war die Pest, die Lepra und das AIDS jener Zeit, alles in einem. Die Zahl der berühmten Syphilitiker war groß, die Namen reichten von Ulrich von Hutten im 16. Jahrhundert bis zu dem Philosophen Friedrich Nietzsche, der im letzten Jahr des 19. Jahrhunderts daran starb. Sie soll von der Flotte des Christoph Kolumbus aus Mittelamerika nach Europa eingeführt worden sein; doch zahlreiche Medizinhistoriker weisen darauf hin, daß es schon im vorkolumbischen Zeitalter zahlreiche Beschreibungen einer Krankheit gab, die genau mit der Syphilis übereinstimmte.

Im Jahrhundert des Kolonialismus war jeder dritte Soldat der britischen Kolonialarmee mit ihr infiziert; in bürgerlichen Kreisen war sie verrufen als Bordellkrankheit und Zeichen der Zügellosigkeit. Theologen wiederum betrachteten sie nicht selten als eine Strafe Gottes für haltlose Menschen – eine Art Bremse der menschlichen Triebhaftigkeit.

Gegen diese Krankheit ein Chemotherapeutikum zu finden, erschien Paul Ehrlich als ein Ziel, mindestens ebenso wichtig wie die Bekämpfung der Schlafkrankheit durch das Atoxyl (das übrigens nicht, wie der Name andeutet, ungiftig war, sondern unter anderem die Augennerven angriff).

Die Schwierigkeiten bei der Entwicklung eines Mittels waren ihm klar. Es gab keinen Zwischenwirt, der Treponema pallida (so der moderne wissenschaftliche Name für den Erreger) dem Menschen vermittelte. Die Infektion erfolgte fast ausschließlich durch den Geschlechtsverkehr. Es gab zunächst kein passendes Modell der Erprobung, nur einen »Komplementbindungstest« von Wassermann, der die Krankheit im Menschen anzeigte (oder auch, im glücklichen Fall, seine Gesundheit).

Ehrlich und Bertheim machten 1907 im Georg-Speyer-Haus eine wichtige Feststellung. Sie hatten sich schon die ganze Zeit gewundert, warum die bisher von ihnen hergestellten Arsenobenzolverbindungen im Reagenzglas auf die Parasiten überhaupt nicht wirkten, ganz im Gegensatz zu ihrem starken Effekt im tierischen Organismus.

Nun hatte sich Ehrlich in seiner 1885 gedruckten Schrift »Das Sauerstoffbedürfnis des Organismus« gerade mit den Oxydations- und Reduktionsvorgängen in den Zellen eingehend beschäftigt. Deshalb fand er auch bald eine überzeugende Erklärung für diesen Sachverhalt. Im Gegensatz zur dreiwertigen Arsinsäuregruppe war im Arsanil der am Benzolring haftende sauerstoffhaltige Arsenrest fünfwertig. Man mußte also, schloß Ehrlich, »diese fünfwertige Substanz überführen in die Reduktionsprodukte, in denen Arsen nur dreiwertig fungiert«.

Mit anderen Worten: Die fünfwertigen Arsenverbindungen wirkten deshalb nicht im Reagenzglas, weil es erst im tierischen Organismus zur notwendigen Reduktion kam. »Wir müssen dem Organismus diese Arbeit abnehmen«, sagte Ehrlich zu seinen Mitarbeitern, »und von den fünfwertigen Arsenobenzol-Verbindungen zu den dreiwertigen übergehen. Um so mehr, weil sich im Organismus der Abbau natürlich in individuellen Schwankungen vollzieht.«

Ehrlich hielt diese Feststellung, daß man dreiwertige Arsenobenzole brauchte, für eine der wesentlichsten Erkenntnisse in der Chemotherapie. »Die Hauptursache, die zum Salvarsan geführt hat«, sagte er später, »bildete die Erkenntnis, daß nur die Reduktionsprodukte mit dem dreiwertigen Arsenrest imstande sind, parasitotrope Eigenschaften auszuüben.« Das war nach Ehrlich die

»für die Entwicklung der ganzen Arsentherapie maßgebende Feststellung«.

Zu den weiteren Voraussetzungen gehörten die Auffindung arzneifester Parasitenstämme und die Erkenntnis, daß es spezielle Chemorezeptoren an den Zellen der Parasiten gibt, die für die Verankerung der Heilstoffe unabdingbar sind. »Erst dadurch wurde eine rationale synthetische Darstellung von Arzneimitteln möglich.«

Endlich zeigten sich im Georg-Speyer-Haus, wie Ehrlich nun fast täglich nach Höchst berichtete, Fortschritte. Dem Arsacetin folgte das Arsenophenylglycin (Präparat 418), das eine noch größere Wirksamkeit zeigte – leider nur im Tierversuch. Die vorsichtige Prüfung am Menschen führte wiederum zu Enttäuschungen. Es kam zu Schäden an den Augennerven und anderen Organen.

## *Der Labordiener Rudolf erzählt...*

Außer den chemischen Substanzen, die Hoechst an das Georg-Speyer-Haus lieferte, brauchte Ehrlich einen erfahrenen Laboranten, einen »Labordiener«, wie es damals hieß. Hoechst stellte dazu einen der bestqualifizierten zur Verfügung, Herrn Rudolf.

Rudolf berichtete, welche Eindrücke er im Jahre 1908 im Frühjahr empfing.

»Der mächtigste Mann in der Sandhofstraße (wo das Speyer-Haus lag) war, wie mir anfangs schien, der Pförtner Kadereit, der mit Ehrlich schon aus Berlin nach Frankfurt gekommen war. Er tat mit dem Geheimrat immer sehr vertraut und sprach stets von ›wir‹. – Ehrlich war klein und zierlich, er hatte stets eine Zigarre in der Hand. In seinem sehr engen Zimmer herrschte eine schreckliche Unordnung. Alles war vollgestopft mit Zeitschriften und Manuskripten. An Wände und Tür waren Formeln gemalt.«

»Er kam jeden Tag mit der Pferdedroschke, ging niemals zu Fuß; die Ausnahme bildete nur der kleine Streifen zwischen seinem Staatsinstitut und dem Georg-Speyer-Haus. Manchmal hatte er auch seinen Dackel dabei. Der wurde ›Männe‹ genannt, und der Geheimrat mochte ihn offenbar sehr. Das hat mich sehr gefreut, denn ich mag Tiere auch sehr gerne. Alkohol trank der Professor nie, aber viele Flaschen Mineralwasser. Kadereit mußte ihm die stets holen, das überließ er keinem anderen... Mich fragte er manchmal, wie es in Höchst gehe und wer dort eigentlich mein Chef sei.«

Öfter kamen aus Höchst Besucher in das Speyer-Haus. So zum Beispiel der Chemiker Dr. Reuter, der den Produktionsbetrieb einrichten sollte, wenn Ehrlich das geeignete Präparat gefunden hätte.

Im März 1909 traf ein japanischer Mitarbeiter in Frankfurt ein: Dr. Sahahiro Hata. Er ging sofort an die Arbeit und prüfte alle bisher synthetisierten Präparate an Tieren: an Mäusen, um die Wirkung gegen Trypanosomen festzustellen, und an Hühnern, die mit Spirochäten infiziert waren und an Hühnerspirillose litten, die eine entfernte Verwandtschaft mit Syphilis hat.

Als Hata am 19. Mai 1909 das Präparat »592« testete, geriet er in große Begeisterung. Nach den ersten Tierversuchen meldete er seinem Chef: Diese Diamino-dioxy-arsenobenzol-Verbindung sei im Tierversuch sehr wirksam. Und was nicht weniger wichtig war: Zum erstenmal blieben offenbar Vergiftungserscheinungen bei den Tieren aus. Sofort erhielten die Chemiker Alfred Bertheim und Ludwig Benda von Cassella den Auftrag, die Verbindung reiner und besser löslich zu machen.

Ehrlich gab der neuen Verbindung die Labornummer »606«. Natürlich wußte er schon, daß er eine wichtige Substanz in der Hand hielt, nicht jedoch, daß »606« die berühmteste Präparatnummer der Welt werden sollte. Auch Ehrlichs Kollegen konnten das nicht ahnen.

Trotz der günstigen Tierversuche wollte Ehrlich sicherstellen, daß »606« nicht am Ende doch noch ernsthafte Nebenwirkungen beim Menschen auslöste. Ehrlich vergaß nicht die Erfahrungen, die er und andere Forscher mit Atoxyl, mit Arsacetin und sogar noch mit dem Arsenophenylglycin gemacht hatten. Bei allen drei Präparaten war es zu Schädigungen der Patienten gekommen.

Ehrlich wandte sich an einen Bekannten, Professor Konrad Alt, den Chef einer Klinik in Uchtspringe, in der sich neben Geisteskranken auch viele Paralytiker befanden.

Progressive Paralyse – im Volksmund Gehirnerweichung – war neben der »Tabes dorsalis« oder Rückenmarksschwindsucht eines der furchtbarsten Endstadien, die ein Teil der Syphilitiker erleiden konnte. Die Symptome reichten von stechenden Schmerzen, Nervenschädigungen, dem Verlust des Gleichgewichts, Störungen des Bewegungsablaufs und Schwerhörigkeit bis hin zur totalen Verblödung.

Die Paralyse trat meist erst zehn oder zwanzig Jahre nach einer Infektion auf, die der Betreffende vielleicht schon längst als »galante Krankheit« vergessen hatte. Doch unsichtbar verrichteten die Spirochäten (die »Teufelsschrauben«, wie sie der Dichter und Arzt Peter Bamm genannt hat) ihr Zerstörungswerk mit teuflischer Präzision.

Angesichts der verzweifelten Prognose bei progressiver Paralyse stimmte Alt sofort dem Angebot zu, das Präparat bei seinen Patienten zu testen. Er erprobte »606« bei einigen schweren Fällen von Spätsyphilis. Zwei seiner Oberärzte versuchten zunächst am eigenen Körper die Verträglichkeit von »606«. Dann injizierte Alt den ersten Kranken Dosen von 0,3 g der alkalisch gelösten Substanz in den Muskel.

Erfolgreicher als bei Hirnsyphilis, wo »606« im allgemeinen keine Heilung bewirkte, weil die Substanz nicht die sogenannte Blut-Hirn-Schranke überwand, erwies sich »606« bei frischer Syphilis. Anfangs glaubte Ehrlich, und mit ihm zahlreiche Ärzte, mit nur einer Injektion auszukommen. Es schien fast, als wäre die »Therapia magna sterilisans« wirklich gefunden. Nun mußte mit aller Macht die Großproduktion vorbereitet werden.

Am 30. Juni 1910 fuhr der Höchster Chemiker Dr. B. Reuter nach Frankfurt, um sich im Speyer-Haus die im Labormaßstab betriebene Herstellung von »606« anzusehen. Dr. Bertheim hatte sich eine sehr komplizierte, aus vielen Glasglocken und Glasbüretten konstruierte Apparatur zurechtgebaut, die sich natürlich für die fabrikmäßige Herstellung nicht eignete.

Für den ersten Ansatz wurden 197 g Nitro-oxy-benzolarsonsäure als Ausgangsstoff verwendet, die in viereinhalb Liter Wasser und 135 Kubikzentimeter Natronlauge gelöst wurden. Das Ganze spielte sich in einem 30-Liter-Kessel in einem Wasserbad ab. Die Apparatur mit Glasflaschen, Tontöpfen, Saug- und Druckleitungen war in Reuters Labor aufgebaut worden. Der erste Ansatz war in einem Tag fertiggestellt.

Schon am 9. Juli 1910 konnte Reuter das erste Produkt ins Georg-Speyer-Haus schicken. Ehrlich prüfte es und schrieb ihm, das Präparat sei »optimal« ausgefallen.

Daraufhin wurden gleich mehrere gleichartige Ansätze hergestellt, bis man dann am 27. Juli 300 Gramm Nitrosäure als Ausgangsprodukt benutzte. Ab Mitte August konnten dann in einer neuen, größeren Apparatur 600 Gramm Nitrosäure verwendet werden.

Dafür mußten drei neue Arbeiter eingestellt werden, die zunächst keine Übung in solchen Produktionen hatten. Mit Hilfe des Labordieners Rudolf, der nun schon zu den »606«-Pionieren gehörte, konnten sie aber schnell eingearbeitet werden. An manchen Tagen mußte von morgens früh um sechs bis abends acht oder zehn Uhr gearbeitet werden, damit die Herstellung jeweils an einem Tag abgeschlossen werden konnte.

Schon vier Wochen später konnte eine neue Apparatur in Betrieb genommen werden. Sie bestand aus verschiedenen Kesseln von 60 bis 400 Litern Fassungsvermögen, Porzellantöpfen, Tontöpfen, zwei emaillierten 1000-Liter-Kesseln für den Äther, der zur Reinigung gebraucht wurde, unzähligen Zwischenleitungen und einem Vakuumtrockenschrank. Insgesamt war es eine kleine Fabrik.

Leider wurden nun überraschend die Ausbeuten schlechter. Wie Reuter herausfand, lag das an der viel längeren Zeit, die zum Absaugen des Vorproduktes gebraucht wurde. Als man statt dessen abpreßte, ging es viel schneller, die Ausbeute stieg wieder. Allerdings brachen die Glasrührer und Tonapparate, so daß letztere durch Emaillekessel ersetzt wurden. Glas ließ sich nicht durch Zinn, wohl aber durch Silber ersetzen.

Reuter hatte schon aufgeatmet; von kleineren Pannen abgesehen, war die Produktion bis Mitte Oktober zufriedenstellend gelaufen. Nun aber wurden plötzlich die Ergebnisse mehrerer Operationen vom Speyer-Haus zurückgewiesen. Es stellte sich heraus, daß die Nitrosäure nicht den Anforderungen entsprach, man konnte offenbar so große Mengen mit dem einst von Bertheim geschaffenen Verfahren nicht mehr einwandfrei herstellen.

## Arbeit in Tag- und Nachtschichten

Drei Chemiker bemühten sich um eine Verbesserung. Schon nach kurzer Zeit wurden erneut gute Ansätze erzielt. Doch nach vier Operationen war das »606« nicht mehr gelb, sondern grasgrün. Diese Abweichung in der Farbe schmälerte zwar nicht die Qualität des Präparates, aber so konnte es natürlich nicht abgegeben werden. Als der Grund dafür gefunden und beseitigt war, mußten Tag- und Nachtschichten eingelegt werden, um den Produktionsausfall wieder aufzuholen. Dann aber verzögerte sich wieder die Produktion der Nitrosäure.

In dieser Situation übernahm Gustav von Brüning persönlich den weiteren Ausbau der Produktion. Er veranlaßte vor allem, daß so schnell wie möglich eine größere Apparatur konstruiert wurde. Alle Glasteile wurden durch Silberleitungen, alle Tongefäße durch emaillierte Eisengefäße ersetzt.

Ab Herbst machte die Herstellung von »606« weitere Fortschritte. Betriebsleiter Reuter konnte jetzt die wichtigsten Bedingungen für die Herstellung eines guten Endproduktes festlegen:
1. Gute Nitrosäure;
2. Schnelles Arbeiten mit Hydrosulfit bei niedriger Temperatur;
3. Vermeiden von Kupfer und Eisen in der Apparatur;
4. Schnelles Absaugen der Base;
5. Zur Rohbase darf beim Lösen nicht mehr als 1 Mol Salzsäure (HCl) zugegeben werden;
6. Der Äther muß gut fraktioniert sein, er darf vor allem keinen Aldehyd enthalten;
7. Die Rohbase oder Reduktionsflüssigkeit darf nicht über Nacht stehen;
8. Schnelles Hochgehen mit der Temperatur beim Reduzieren;
9. Klares Filtrieren der salzsauren Methyllösung.

Einfach also gestaltete sich die Herstellung von »606« nicht. Besonders, da sich die Verbindung als außerordentlich empfindlich gegen Sauerstoff erwies. Deswegen mußte entweder im Vakuum oder unter Kohlendioxyd gearbeitet werden.

Im Speyer-Haus hatten zwei Apotheker »606« abgewogen, in Ampullen abgefüllt und diese zugeschmolzen. In Höchst wurden dafür fünf Rotfabriker eingestellt, die das Abfüllen und Zuschmelzen natürlich erst lernen mußten.

*Das Städtchen Höchst, von der Wörthspitze aus gesehen (Gemälde von C. Zeyher, 1887)*

*Ansicht der Justinuskirche, um 1873*

*Die Firmengründer: Wilhelm Meister, Dr. Eugen Lucius und Dr. Adolf von Brüning*

*Ein historischer Tag: Am 1. 4. 1974 werden die Stechuhren abgeschafft. Rolf Brand und Erhard Bouillon bei der Demontage*

*Wilhelm Merkel, Urenkel von Johann Barthel, mit seiner Frau Ursula*

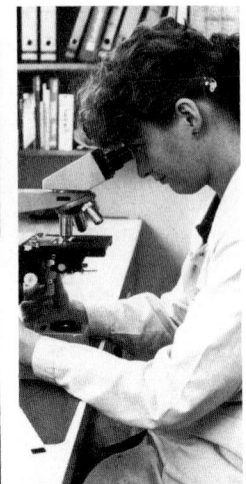

*Die fünfte Generation der Rotfabriker: Frank Gehringer, Martina und Sabine Merkel*

*Erhard Bouillon bei der Begrüßung der 87er Lehrlinge*

Im Juli 1910 hatte Reuter mit drei Kollegen angefangen. Von November 1910 waren 25 Mitarbeiter mit dem Wiegen und Pulverisieren beschäftigt. 20 Mann schmolzen die Ampullen zu. Bald waren im Betrieb ein Aufseher, 8 Arbeiter mit Wochenlohn und 46 Arbeiter mit Tagelohn beschäftigt. Zu diesen 55 Mitarbeitern kamen noch 3 Chemiker.

## *Manche bettelten um das neue Präparat*

»Man kann es heute nicht mehr nachempfinden, in welchem Maße bei uns alles auf Touren gebracht wurde«, schrieb Wüst. »Selbst unsere Direktion war fasziniert. Die Welt hatte erfahren, daß dieses neue Syphilismittel komme, so daß wir von allen Seiten bestürmt wurden, doch ja einige Ampullen zu schicken oder mitzuteilen, wo man es erhalten könne. Selbst Leute von Rußland sind hierhergekommen und bettelten um das Präparat.«

»Wir aber«, so fuhr Wüst fort, »konnten nicht helfen und mußten alle an Professor Ehrlich verweisen, der die Prüfung selbst leitete. Sobald sie soweit zum Abschluß gebracht war, wurde hier in Höchst mit der Fabrikation im großen begonnen, und die Abschmelzer brachten jeden Tag, unter Vorantritt von Apotheker Haas, die auf Vorrat abgeschmolzenen Ampullen hier ins Hauptbureau. Sie wurden im Nebenzimmer von Direktor Dr. von Meister abgestellt, und einige von uns, ich war auch dabei, mußten die Ampullen in seiner Gegenwart zählen und in einen eisernen Schrank tun. So besorgt war man um das Präparat, daß ja nichts gestohlen wurde. Schwerreiche Kranke hätten damals einige tausend Mark für ein paar Ampullen gegeben. Professor Wechselmann in Berlin, ein mit der Vorprüfung betrauter Kliniker, soll dabei zum reichen Mann geworden sein. Die Illustrierten Zeitungen brachten Bilder und Witze, die Tageszeitungen Artikel über das neue Wundermittel, die medizinischen Fachzeitschriften Aufsätze über die Prüfungsergebnisse, so daß wir uns in Höchst vor dem Ansturm kaum retten konnten.«

Während man sich in Höchst abmühte, die Probleme der Großproduktion zu bewältigen, wurde der Druck der Ärzteschaft immer größer, endlich das »606« für den allgemeinen Gebrauch freizugeben. Viele unter den Ärzten grollten ohnehin, weil sie von

Ehrlich nicht in die Schar der Prüfer aufgenommen worden waren. Sie lasen statt dessen seit Sommer 1909 und das ganze Jahr 1910 hindurch nur die Berichte der Kollegen, die das Salvarsan erprobten und es in den höchsten Tönen priesen. Manche der »Salvarsan-Ärzte« sollen sagenhafte Honorare bezogen haben, weil sie mit den von Ehrlich erhaltenen Prüfsubstanzen reiche Patienten behandelten, die jeden Preis für ein Präparat bezahlten, das sie davor bewahrte, daß aus einer »Jugendsünde« ein tödliches Siechtum wurde.

Wenn Ärzte sich an Ehrlich oder die Farbwerke wandten und um das Präparat baten, erhielten sie nur höfliche Absagebriefe; denn Ehrlich wollte den Kreis der Prüfer nicht weiter vergrößern. Nur so behielt er den Überblick über die jeweiligen Ergebnisse, noch war er vor allem nicht frei von der Sorge, es könnten plötzlich unerwartete Nebenwirkungen gemeldet werden.

Die Firma mußte daher mehrmals den Ärzten mitteilen, daß sich die Freigabe des Präparates verzögere. Bis November 1910 mußte sich die pharmazeutische Abteilung, deren Leiter mittlerweile Dr. Ammelburg war, immer neue Briefe einfallen lassen, um die Verzögerung der Salvarsan-Auslieferung zu begründen.

Endlich, Ende 1910, erhielten die Ärzte ein Schreiben: »Wir teilen Ihnen hierdurch mit, daß wir das neue Ehrlich'sche Arsenpräparat, das

›Diaminodioxyarsenobenzol‹
Mitte Dezember unter dem gesetzlich geschützten Namen
›Salvarsan‹

in den Handel bringen werden. Das Präparat, wofür wir Gebrauchsanweisung beilegen, wird in zugeschmolzenen Röhrchen, enthaltend eine Dosis von 0,6 g, abgegeben und ist durch Apotheker bzw. Drogisten zu beziehen.«

Es war ein besonderer Zufall, daß ein schon seit vielen Monaten anberaumter Vortrag Ehrlichs vor Ärzten in Frankfurt just am Tage der Freigabe des Salvarsans stattfand. So konnte Ehrlich eine große Zahl von Kollegen über die Erfahrungen mit dem neuen Mittel gegen die »Krankheit der Venus« aus erster Hand informieren. Ehrlich begründete bei dieser Gelegenheit noch einmal, warum Salvarsan so lange erprobt worden sei. Während man früher neue Mittel nur an einigen Kliniken, oft nicht einmal an hundert Fällen habe erproben lassen, so sei ein solcher Modus procedendi in Zukunft nicht mehr angängig, wenn man Mängel und unerwünschte Wirkungen eines Präparates vor seiner Einführung wirklich ausfindig machen wolle.

Die Hoffnung, eine Therapie mit völlig unschädlichen Substanzen durchzuführen, würde sich nach Ansicht Ehrlichs ohnehin kaum jemals erfüllen. Mit einer gewissen Toxizität von Arzneimitteln müßte man immer rechnen.

Ehrlich verschwieg bei dieser Gelegenheit nicht die Pressionen, denen er ausgesetzt war, weil er das Präparat nur bestimmten Ärzten zur Erprobung übergeben hatte. Doch nur so sei es ihm möglich gewesen, den Überblick zu behalten, alle Indikationen und Gegenindikationen klar herauszufinden. Jetzt, nachdem das Mittel an 20 000 bis 30 000 Fällen erprobt worden sei, betrachte er die umfassenden Vorarbeiten als abgeschlossen:

»Ich übergebe das Präparat ›606‹ mit gutem Gewissen der Ärzteschaft«, sagte Ehrlich. »Ich weiß mit Sicherheit, daß das Präparat eines der mächtigsten spezifischen Heilmittel gegen die Syphilis ist.«

KAPITEL 10
# In Europa gehen die Lichter aus

Als der vierzehn Jahre alte Wilhelm Gehringer am 24. April 1914 durch das Fabriktor in Höchst ging, war er erst vor wenigen Tagen aus der Schule entlassen worden. »Hinaus ins Leben«, wie der Lehrer in Unterliederbach bei der kleinen Abschiedsfeier gesagt hatte.

Für den jungen Gehringer konnte das nichts anderes heißen, als in den Farbwerken zu arbeiten, wie das sein Großvater, sein Vater und seine beiden Onkel taten und die Väter seiner Schulfreunde, mit denen er viele Jahre lang die Schulbank gedrückt hatte.

Vor allem aber hatte Willis engster Freund, Ernst März, am Vortag ebenfalls bei Hoechst begonnen. Mit Ernst, dessen Vater als Maschinist in der Fabrik, im Kompressorenhaus, arbeitete, war Willi seit den Kindertagen fast jeden Tag zusammengewesen.

Willi Gehringer war die Fabrik von Kindheit her vertraut. Sein Urgroßvater, den er nicht mehr gekannt hatte, war von 1874 an in der Alizarinfabrik beschäftigt gewesen. Der Großvater war Schlosser – er hatte 1878 als erster Lehrling begonnen –, der Vater war Vorarbeiter in der Expedition.

Großvater und Großmutter hatten einst auf dem Seeacker gewohnt, in der Siedlung vor den Toren der Fabrik.

Der Großvater hatte ihn einmal mit in die Werkstätte genommen, in der er arbeitete, und einmal hatte ihm sogar ein Kutscher, ein Freund seines Vaters, die großen Ställe gezeigt, wo die Pferde und Chaisen standen, die oft vor dem Hauptgebäude der Fabrik warteten.

Dort stand auch Johann Dietzler, der »grüne General«. Er öffnete die Tür zu den Kutschen, in die dunkel gekleidete Herren stiegen, die zuerst ihren Zylinder abnehmen mußten, ehe sie Platz fanden. Einmal, als ein älterer Herr mit langem, weißem Bart in eine Kutsche einstieg, hatte Willis Vater die Mütze abgenommen und besonders ehrerbietig gegrüßt. Das sei der Herr Geheimrat gewesen, erklärte der Vater später. »Das ist der oberste Chef von uns allen.« Es handelte sich um Vorstandsmitglied Adolf Haeuser.

Am besten bei allen Besuchen hatte Willi die Rollbahn gefallen, die hoch beladen und bimmelnd an den Main fuhr, wo ihre Fracht auf Schiffe verladen wurde. Manchmal brachte sie Güter von unten, zum Beispiel Schwefelkies für die Säurefabrikation.

Auch mit seiner Schulklasse war Wilhelm zu Besuch in der Fabrik gewesen. Das sei eine große Ehre, wie der Lehrer sagte, und nur möglich, weil so viele ihrer Väter in der Fabrik arbeiteten.

Bei dieser Gelegenheit hatten sie auch das große Kraftwerk gesehen, in dem große Mengen Dampf erzeugt wurden. Der Dampf wurde benötigt zum Heizen der zahllosen Kessel, in denen Farbstoffe hergestellt wurden; blaue, gelbe, orange, grüne – alle Farbtöne, die Willi kannte.

Ernst März, der schon seit Jahren eine kleine Werkstatt im Haus seiner Eltern besaß, wollte Schlosser werden, so wie Willis Großvater. Das hatte Willi ursprünglich auch vorgehabt, wollte dann aber lieber in einem der Farbstoffbetriebe oder in der Dampfherstellung arbeiten.

### *Erste Station: Kartoffeln schälen*

Seine Eltern hätten gerne gesehen, wenn er Schlosser geworden wäre, sie waren jedoch auch mit der anderen Arbeit einverstanden. Wichtig sei, so sagte der Vater, daß er in der Fabrik überhaupt angenommen worden sei und nun ordentlich lerne, damit er sie nicht blamiere. »Wir Gehringers waren immer angesehen in der Firma«, betonte der Vater. »Dafür hat der Großvater schon eine Urkunde bekommen, weil er so treu und so lange gearbeitet hat.«

Was das Lernen anging, so beschränkte sich Willis Tätigkeit in den nächsten Wochen auf den Küchenbetrieb. Er mußte Kartoffeln schälen, Gemüse putzen und waschen und Säcke mit Hülsenfrüchten transportieren. Die Küche war von jeher die erste Station für jugendliche Arbeiter.

Als Willi eines Tages, Ende Juni 1914, nach Hause kam, machten seine Eltern ernste Gesichter. Der Vater hatte das »KreisBlatt« in der Hand und las daraus vor. Danach war ein Mord auf dem Balkan verübt worden, der alle empörte. Die Stadt, in der das geschehen war, hieß Sarajewo und lag in Bosnien.

Der österreichische Thronfolger Erzherzog Franz Ferdinand hatte mit seiner Gemahlin Sarajewo einen Besuch abgestattet. Er war am 28. Juni, einem Sonntag, in einem offenen Automobil durch die von Tausenden von Menschen umsäumten Straßen gefahren. Dabei drängte sich ein Attentäter durch die Menschenmenge und schleuderte eine Bombe gegen den Wagen des Erzherzogs. Sie prallte jedoch am Verdeck ab und explodierte unter einem der folgenden Wagen. Ein Offizier aus dem Gefolge Franz Ferdinands wurde verletzt und der Attentäter sofort gefaßt.

### *Die Spur führt nach Belgrad*

Als später der Kronprinz trotz aller Warnungen seine Fahrt fortsetzte, feuerte ein anderer Attentäter mit einer Pistole auf ihn. Franz Ferdinand wurde am Hals, seine Frau Sophie in den Unterleib getroffen. »Sopherl«, röchelte Franz Ferdinand, »sterb' nicht, bleib' für unsere Kinder.«

Die Attentäter gehörten einer Gruppe von Terroristen an, die sich »Schwarze Hand« nannte. Sie wollten die südslawischen Provinzen Bosnien und Herzegowina von Österreich losreißen, um alle Serben in einem Reich zu vereinen.

Die Spur des Verbrechens führte bis tief in geheime Zirkel serbischer Militärs; auch russische Offiziere waren offenbar in die Attentatspläne eingeweiht. Rußland hatte die Rolle des großen Förderers aller panslawistischen Bewegungen übernommen. Vielen Slawen erschien der österreichisch-ungarische Vielvölkerstaat als Hauptfeind. Er hielt slawische Brüder gefangen und unterdrückte sie. Erzherzog Franz Ferdinand stand in dem Ruf, den slawischen Völkern der Monarchie mehr Entgegenkommen als Kaiser Franz Joseph zu zeigen, das aber machte ihn für die slawische Untergrundorganisation um so gefährlicher und hassenswerter. Deshalb der Mord.

Wie das »Kreis-Blatt« den Höchstern berichtete, war ganz Europa über den heimtückischen Anschlag empört. Jeder verstand, daß Österreich nun von Serbien Genugtuung und strengste Bestrafung der Attentäter fordern mußte.

In Österreich erwogen militärische Kreise sogar einen Krieg gegen Serbien, das ständig die Position der Doppelmonarchie auf dem Balkan bedrohte. Rußland, so hieß es, würde allerdings einen österreichischen Einmarsch in Serbien nicht hinnehmen. Auch blieb unsicher, ob Deutschland in einem solchen Falle Österreich als Bundesgenosse beistehen würde.

## Das Ultimatum kam zu spät

Es verstrich viel Zeit, bis endlich die Regierung in Wien am 23. Juli Serbien ein Ultimatum stellte. Viel von der Empörung in den Staaten Europas war zu diesem Zeitpunkt bereits abgeklungen. Drakonische Maßnahmen gegen Serbien würden jetzt weit weniger gebilligt werden.

Das Ultimatum war auf 48 Stunden befristet. Serbien antwortete sofort. Die Regierung in Belgrad ging weitgehend auf die österreichischen Forderungen ein und verwies bei Streitfragen auf den Haager Gerichtshof – alles in allem stellte die serbische Antwort ein psychologisches Meisterstück dar. Überaus geschickt trug sie der Stimmung in den europäischen Hauptstädten Rechnung; sie verfehlte nicht einmal ihre Wirkung auf Kaiser Wilhelm II., der gerade von einer Nordlandreise zurückgekehrt war.

Die Antwort Serbiens, konstatierte Wilhelm, sei zufriedenstellend, mehr habe niemand erwarten können. Der Kaiser war erleichtert, die Kriegsgefahr schien gebannt.

## Europa schlittert in den Abgrund

Wenn Europa dennoch in den Krieg »schlitterte«, wie es der englische Staatsmann Lloyd George später formulierte, dann der Unfähigkeit seiner leitenden Männer wegen und nicht, weil auf irgendeiner Seite eine unbezähmbare Kriegslust geherrscht hätte.

Wilhelm II., der so oft mit dem Säbel gerasselt hatte und stets für provozierende Kraftprotzereien gut war, schien jetzt zu Tode erschrocken über die blutige Realität, vor der er und sein Land plötzlich standen.

Zar Nikolaus II. ging es kaum anders. Er und Wilhelm waren

Cousins und pflegten sich mit »Nicky« und »Willy« anzureden. Nikolaus mochte zwar nicht das Großmannsgetue und das Bramarbasieren des Kaisers, aber er kannte »Willy« gut genug, um zu wissen, daß er nicht ernsthaft an einen Krieg dachte. Der Kaiser versicherte dies auch dem Zaren in einer Reihe von Briefen und Telegrammen eindringlich.

Nikolaus weigerte sich deshalb zunächst, die Urkunde zu unterschreiben, mit der die Mobilisierung der russischen Streitkräfte angeordnet werden sollte. Nikolaus war mit der schönen und energischen Prinzessin Alice (»Alix«) aus Darmstadt verheiratet. Sie hatten drei Töchter und einen Sohn.

Zar Nikolaus fürchtete, ein Krieg könnte eine gefährliche Belastungsprobe, vielleicht sogar das Ende der Romanow-Dynastie bringen. Seine Herrschaft war ohnehin von Revolutionären und Terroristen bedroht. Andere versuchten ihm allerdings mit aller Macht einzureden, ein Krieg würde alle innenpolitischen Probleme hinwegfegen. Die Friedensbeteuerungen seines deutschen Vetters wurden lediglich als bewußte Irreführung hingestellt, um den Krieg im geheimen vorzubereiten.

Der Zar schwankte. Als aber Österreich, von Serbiens Antwort auf sein Ultimatum unbefriedigt, am 25. Juli mobil machte, versetzte er gleichfalls Truppen in Einsatzbereitschaft.

König Edward VII. von England lebte nicht mehr. Der Hauptinitiator der »Einkreisung« Deutschlands war 1910 gestorben. Er hatte das Reich durch Militärbündnisse zwar niederhalten, aber nicht bekriegen wollen.

Edwards Sohn Georg V. hatte, im Gegensatz zu seinem Vater, der den Neffen Wilhelm unerträglich fand, sogar ein recht gutes Verhältnis zu seinem preußischen Vetter. Georg V. und die Politiker, die England im Jahre 1914 regierten, beabsichtigten gewiß nicht, einen Weltbrand zu entfesseln. Daß sie nicht gerade mit freundschaftlichen Gefühlen hinnahmen, wie Deutschland ihnen auf beinahe allen Weltmärkten erfolgreich Konkurrenz machte, stand auf einem anderen Blatt. Hier regte sich ohne Zweifel starke Eifersucht, die durch Wilhelms Ungeschick und Taktlosigkeit ständig genährt wurde.

Besonders störte die Engländer, daß sich das wirtschaftlich so florierende Kaiserreich nicht damit begnügte, die stärkste militärische Landmacht Europas zu unterhalten, sondern auch Schlachtschiff um Schlachtschiff baute. Für die paar Kolonien, meinte man in England, bedürfe es keiner so gewaltigen Flotte. Auch die häufigen Erklärungen Wilhelms, Deutschlands Zukunft liege auf dem Wasser, bewirkten auf der Insel fortwährend Irritation.

## *Bündnisse gegen das Reich*

England und Deutschland, die »Vettern diesseits und jenseits des Kanals«, hatten es jedenfalls in den vergangenen Jahrzehnten nicht verstanden, zu einem vernünftigen Ausgleich oder gar zu einem Bündnis zu kommen. Über die einzelnen Gründe dafür werden sich die Historiker noch lange streiten.

England war bald nach der Jahrhundertwende eine »Entente cordiale« (freundschaftlicher Bund) mit Frankreich eingegangen. Gleichzeitig waren auch freundlichere Beziehungen zu St. Petersburg angebahnt worden, obwohl sich beide Reiche wegen der Türkei und des Nahen Ostens mehrmals in die Quere gekommen waren. Der Krimkrieg der Türkei, Englands und Frankreichs gegen Rußland, den der Fall der russischen Festung Sewastopol zugunsten der westlichen Mächte entschieden hatte, lag jedoch schon 60 Jahre zurück.

England mit seiner starken parlamentarischen Tradition fand auch das autokratische Regierungssystem des Zaren keineswegs anziehend. Doch wenn es nützlich erschien, konnten Englands pragmatische Politiker allemal über einen solchen »Schönheitsfehler« hinwegsehen.

England scheute freilich vor zu festen Bindungen zurück. Im »Foreign Office«, dem Außenministerium, war man gewohnt, sich alle Optionen offenzuhalten. Bei allen Verträgen mit Frankreich und Rußland hatte London sich die Hände freigehalten. Daß Frankreich seit 1870/71 Revanchegelüste hegte, war bekannt.

Sir Edward Grey, der englische Außenminister, drängte allerdings die deutsche Regierung energisch, sie möge auf Österreich einwirken und Wien von einer militärischen Aktion gegen Serbien zurückhalten. Dafür war es jedoch bereits zu spät: Die Österreicher hatten bereits die Zusage in Händen, daß das Deutsche Reich in jedem Fall an der Seite Österreichs stehen würde – ein »Blankoscheck« also für die österreichische Kriegspartei.

Da ein Ultimatum Deutschlands, das von Rußland forderte, jede Feindseligkeit einzustellen, nicht beantwortet wurde, machte Deutschland mobil und erklärte Rußland den Krieg. Das Unheil nahm seinen Lauf...

### *Warnungen blieben ungehört*

Überall in den künftigen »Feindstaaten« gab es bei Kriegsausbruch eine unvorstellbare Begeisterung. Jedes Land war davon überzeugt, das Recht auf seiner Seite zu haben. Die Gegenseite sei es gewesen, die den Krieg auf so verwerfliche Weise entfesselt habe. Warnende Stimmen verklangen im allgemeinen Jubel, so auch die Schwüre der II. Internationale, bei einem europäischen Krieg werde man den Regierungen die Gelder für die Waffen verweigern, dem Ruf zu den Fahnen nicht folgen und vor allem den Kriegsapparat durch Streiks lahmlegen. Diese Erklärungen schienen völlig vergessen. Die Sozialistische Internationale war auseinandergebrochen.

Plötzlich fühlten sich die Sozialisten Frankreichs wieder in erster Linie als Franzosen und die deutschen Sozialdemokraten als Deutsche. Viele von ihnen meldeten sich freiwillig, so daß ein deutscher Schriftsteller mit Recht schreiben konnte, wieder einmal habe sich erwiesen: »Der ärmste Sohn Deutschlands ist zugleich auch sein getreuester.« Kaiser Wilhelm meinte, von nun an kenne er keine Parteien mehr, sondern nur Deutsche.

Mit klingendem Spiel und blumengeschmückt marschierten die Truppen durch die deutschen Städte zu den Bahnhöfen, von Ehefrauen und Kindern und Hurrarufen begleitet. Zu Weihnachten, so hieß es hoffnungsfroh, werde man wieder zu Hause sein. Und auf den Waggons der Züge, mit denen die Soldaten an die Front nach Westen oder Osten befördert wurden, standen Sprüche wie »Jeder Stoß – ein Franzos'«.

*Wenn die Soldaten durch Höchst marschieren ...*

Tagelang marschierten Truppen auch durch die Mainzer Chaussee, die durch die Farbwerke führte. Aus allen Fenstern der umstehenden Gebäude winkten ihnen die Arbeiter oder Angestellten zu. Nicht wenige der Vorbeimarschierenden hatten noch vor einigen Tagen in den Büros oder Werkshallen der Firma gearbeitet. Bis Ende 1914 waren 3201 Männer aus der Belegschaft zum Heer einberufen worden. Vorübergehend stand deshalb eine Reihe von Hallen und Anlagen fast völlig verwaist – noch wußte niemand genau, welche Produktionen weitergeführt werden würden.

Wie knapp in Deutschland bald alles werden würde, ahnten allerdings viele. »Mit dem Tage der Mobilmachung war unser Kaufhaus überschwemmt mit Käufern«, berichtete der Leiter des Werkskaufhauses. »Jeder versuchte, eine Unmenge von Waren zu ergattern, so daß nicht genügend Hände vorhanden waren. Man befürchtete eine Hungersnot.«

Willi Gehringer und sein Freund Ernst März waren gewiß öfters dabei, wenn die Truppen durch das Werk oder zum Bahnhof zogen. Die Kapellen der feldgrauen Bataillone spielten einen Marsch nach dem anderen, der Höchster Kriegerverein sang »Heil Dir im Siegerkranz«, und Schwestern des Roten Kreuzes versahen die künftigen Helden mit Erfrischungen.

Man kann sich vorstellen, wie sehr es vermutlich Gehringer und März bedauerten, daß sie nicht mit ins Feld ziehen konnten. Bis sie dafür alt genug sein würden, so mögen sie gedacht haben, würde der Krieg doch längst zu Ende sein.

## *Der junge Sozialist Hans Bassing*

Ähnlich dachte wahrscheinlich auch der junge Arbeiter Hans Bassing, der sich freiwillig gemeldet hatte, aber zunächst noch nicht einberufen worden war. Er glaubte auch fest daran, daß der Krieg dem Reich aufgezwungen war.

Hans Bassing, Jahrgang 1897, war der Sohn des Maurers Heinrich Bassing, der vierzig Jahre in der Rotfabrik gearbeitet hatte und das Ende seines beruflichen Lebens im »Heimchen« verbrachte.

Sohn Hans war nach dem Besuch der Volksschule nicht, wie es eigentlich der Tradition entsprochen hätte, in die Rotfabrik eingetreten, sondern hatte sich als jugendlicher Arbeiter im Rheinland und im Ruhrgebiet umgetan. Er hatte dort einige Zeit als Jung-Bergmann unter Tage geschuftet und erlebt, was härteste Arbeit bedeutete. Ihm war klar, daß ihm das Schicksal nicht gerade einen bevorzugten, einen Sonnenplatz im Leben zugedacht hatte. Man dürfe aber, so sagten ältere Arbeitskameraden, sein Los nicht einfach hinnehmen. Die ungerechten Verhältnisse müßten verändert, der Ausbeutung der Arbeiter durch die besitzende Klasse ein Ende gemacht werden. Das ließe sich alles erreichen, wenn die Arbeiter sich einig wären und zusammenstünden.

So war der junge Hans Bassing Mitglied der sozialistischen Arbeiterjugend geworden, der er fortan seine freie Zeit widmete. Sich durch die dicken Werke der sozialistischen Klassiker Marx und Engels durchzuarbeiten, reizte ihn dabei weniger, obgleich ihm diese Lehren durchaus einleuchteten. Doch Bassing war kein »Bücherwurm«, wie er selbst gerne versicherte. Mehr als aus den trockenen Schriften lernte er aus dem lebhaften Umgang mit Menschen. Er war ein sehr geselliger, feuriger junger Mann; stark, trotzig und dennoch anlehnungsbedürftig und durchdrungen von der großen Solidarität, die einem wie ihm die Arbeiterbewegung bot. Sogar auf die übliche Religion könnte man verzichten, predigten ältere Genossen. Sie sei ohnehin nur für die Reichen da.

Jetzt, im Krieg, gab es für Bassing keinen Klassenkampf. Alle Auseinandersetzungen mußten bis nach dem Krieg vertagt werden.

So dachten die meisten der Genossen aus der sozialistischen Arbeiterbewegung. Sie fanden es auch richtig und waren stolz darauf, daß die Fraktion der SPD im Reichstag für die Bewilligung der Kriegskredite gestimmt hatte. Die Sozialdemokraten würden, so hatten ihre Führer in Berlin erklärt, in der Stunde der Not das Vaterland nicht im Stich lassen. Deshalb müsse jetzt »Burgfriede« zwischen der Arbeiterschaft und dem Staat herrschen.

Bassing fuhr nach Hause nach Höchst und meldete sich freiwillig. Bis er seinen Einberufungsbefehl erhielt, arbeitete er als Handlanger in der Fabrik, vorzugsweise beim Be- und Entladen der Rollbahn. Auch diese Arbeit war nicht leicht, doch weit weniger anstrengend als jene Plackerei unter Tage.

Später, an der Westfront, zeichnete sich Bassing öfters aus. Sein Schneid führte freilich bald dazu, daß er verwundet wurde. Im Lazarett fand er endlich etwas Zeit zum Bücherlesen, jedenfalls so lange, wie er sich nicht richtig bewegen konnte. Als es ihm besser ging, half er den Sanitätern im Lazarett, schäkerte ein wenig mit den Schwestern und wirkte bei einigen Unterhaltungsabenden mit.

## *August Merkel wird Techniker*

Im Gegensatz zu Bassing, Gehringer oder Ernst März trug August Merkel schon zu Beginn des Krieges die graue Uniform. Merkel, der Enkel Johann Barthels, Jahrgang 1892, war nach dem Ende seiner Schulzeit 1906 nicht in die Rotfabrik gegangen, sondern als Maurerlehrling zu dem Bauunternehmen Kunz in Höchst. Sein Vater, Martin Merkel, wollte, daß er anschließend eine höhere Schule besuche. Martin Merkel wurde bei Hoechst sehr geschätzt. 1902 hatte ihn Gustav von Brüning sogar lobend in seinem Tagebuch erwähnt und ihm spontan eine Prämie von 100 Mark auszahlen lassen, da sich Merkel beim Aufbau von Apparaturen im Oleumbetrieb besonders hervorgetan hatte.

Als Polier verdiente Merkel gut – schon ein einfacher Maurer erhielt 1914 einen Tageslohn von rund fünf Mark. Dazu kamen noch die jährlichen Prämien, die bei Martin Merkel besonders hoch ausfielen, da die Firmenleitung seinen Fleiß und sein Geschick würdigte. Merkel war zudem als einer der Aufseher zum Vorstandsmitglied der Kaiser Wilhelm- und Augusta-Stiftung gewählt worden, zu deren ersten Vorstandsmitgliedern einst sein Schwiegervater Johann Barthel gehörte.

Vor einigen Jahren war aus dem badischen Staatsangehörigen Martin Merkel – er stammte ja aus Wallstadt bei Mannheim – ein preußischer Untertan geworden. Nach Auffassung der Regierung sogar ein guter. Denn im Gegensatz zu Bassing war Martin Merkel keineswegs revolutionär gesinnt. Man brauchte die Verhältnisse nicht gewaltsam zu ändern, wenn man fleißig war, das hatte doch seine eigene Laufbahn bewiesen. Und sein Sohn würde es gewiß noch einmal weiter bringen als er. Dabei wollte er ihm schon helfen. Überdies mußte man natürlich sparsam sein – dann konnte man es sogar zu einem stattlichen Haus bringen.

August Merkel ging nach seiner Lehre auf die »Königlich Preußische Baugewerksschule« (Abteilung Hochbau) in Frankfurt. Zum Stolz seines Vaters machte er 1911 mit sehr guten Noten sein Examen. August war nun Hochbautechniker und arbeitete zunächst bei einem Architekten.

Zu den ersten Plänen, die der junge Hochbautechniker entwarf, gehörte der Bau eines dreistöckigen Hinterhauses in der Rossertstraße 13 (heute Leunastraße) in Höchst. Diese Straße lag genau gegenüber der Seeacker-Siedlung, in der Mutter Anna Maria, ihr Mann und ihre Söhne wohnten.

Die Bauführung für das Hinterhaus hatte natürlich Martin Merkel selbst übernommen.

Da August Merkel ohnehin seine Militärzeit absolvieren mußte, hatte er sich im Frühjahr 1914 zu einer Einheit gemeldet, bei der seine Fachkenntnisse als Techniker gut verwertet werden konnten. Er wurde Pionier im »3. Königlichen Eisenbahn-Regiment«, 7. Kompanie, in Hanau.

Auch für August Merkel hieß nach Kriegsausbruch das Ziel: Westfront. Sein 18jähriger Bruder Martin lag dort schon im Schützengraben; er sollte nicht mehr nach Hause zurückkehren.

## *Im Westen leider viel Neues*

Nach den Plänen des früheren preußischen Generalstabschefs Schlieffen war die Strategie für das deutsche Heer eindeutig festgelegt. Während die Führung im Osten zunächst nur schwache Kräfte stationierte, sollte im Westen die Entscheidung fallen, ehe noch die russische Dampfwalze ihre volle Wucht entfaltete.

Frankreich niederzuringen, erforderte nach dem Schlieffen-Plan den Durchmarsch durch Belgien. Da Belgien dies nicht gestattete, marschierten die deutschen Armeen einfach ein – ein klarer, ein verhängnisvoller Bruch seiner Neutralität.

Welche militärischen Vorteile die Vergewaltigung Belgiens auch bringen mochte – im Urteil vor allem des neutralen Auslands erschienen das Reich als brutale Militärmacht und die deutschen Armeen als »Hunnen«, die sich über Recht und Menschlichkeit bedenkenlos hinwegsetzten.

England begann einen geschickt und recht skrupellos inszenierten Propagandafeldzug gegen die deutschen »Barbaren«, die angeblich belgischen Kindern voll sadistischer Freude die Hände abhackten und Frauen schändeten.

Bald wurde die ganze Welt mit Meldungen über deutsche »Greueltaten« überschwemmt, deren Unglaubwürdigkeit erst nach dem Kriege offen zutage trat – mit dem verhängnisvollen Ergebnis übrigens, daß 20 Jahre später viele nur allzu wahre Berichte über nationalsozialistische Untaten auch nicht mehr geglaubt wurden. In den USA hielten viele die Berichte über deutsche Konzentrationslager und die Vernichtung der Juden für »englische Propaganda«.

## *Rathenaus unbequeme Wahrheit*

In den ersten Wochen des Krieges konnten die deutschen Truppen Sieg über Sieg »an ihre Fahnen heften«, wie es damals hieß. Jubelnd verfolgten die meisten in der Heimat den Vormarsch durch Belgien und Frankreich – in allen Wohnungen gab es Landkarten, in die die Front eingezeichnet wurde, von lauter Siegesfähnchen geschmückt.

In jener Zeit der Euphorie, als die breite Bevölkerung nur die glänzenden Waffenerfolge sah, träumten viele schon von einem siegreichen Frieden, und nicht nur die Militärs.

Der Mann, der den Chefs im Kriegsministerium die Augen öffnete, war kein Generalstäbler und Stratege, sondern ein Zivilist, nicht einmal ein Politiker. Es war der Industrielle Walther Rathenau, Chef der AEG, eines der größten Konzerne des Reiches.

Rathenau war Mitglied in über 80 Aufsichtsräten, Jude, Ästhet, Schriftsteller und Sozialphilosoph; er als Angehöriger der Oberklasse trat dafür ein, die in Deutschland noch so tief gestaffelte Klassengesellschaft allmählich umzugestalten und die vorhandenen Vermögen gerecht zu verteilen. Er wollte evolutionären, humanen Fortschritt, keinen revolutionären.

Rathenau besaß eine Fülle von Talenten und liebte paradoxe und kühne Formulierungen. Manche seiner Freunde in der Industrie betrachteten ihn deshalb nicht ganz als einen der Ihren.

## Gefährlicher Mangel an Rohstoffen

Rathenau wußte, was die Militärs auf den Kriegsakademien offenbar nicht gelernt hatten: Der Krieg war mehr denn je auch eine wirtschaftliche Machtprobe. Nur wer wirtschaftlich genug Atem hatte, konnte ihn durchstehen.

Deutschland besaß kaum Rohstoffe. Erste Bestandsaufnahmen ergaben ein trostloses Bild. Rathenau referierte darüber im Kriegsministerium mit der Nüchternheit des Großindustriellen. Er machte klar, »daß unser Land vermutlich nur eine beschränkte Reihe von Monaten mit den unentbehrlichen Stoffen der Kriegswirtschaft versorgt ist«.

Am bedrohlichsten sah es bei der Versorgung mit dem für die Kriegführung unerläßlichsten Produkt aus: dem Salpeter. Ohne Salpeter gab es keine Munitionsherstellung.

Als Leiter der neuen Kriegsrohstoffabteilung machte Rathenau die Militärs darauf aufmerksam. Die Obersten und Generäle reagierten darauf ungnädig. Hier wagte es ein Zivilist, sich in ihre Angelegenheiten zu mischen. Unerhört! Krieg – so fanden sie – war schließlich ihre Sache.

Carl Bosch, einer der Chefs der BASF und späterer Nobelpreisträger, hat über die Konferenzen deutscher Spitzenchemiker mit den Militärs berichtet. »Er wußte nicht«, so schrieb sein Biograph Holdermann, »worüber er mehr erschrecken sollte; über die Ahnungslosigkeit der obersten Führung in chemischen Dingen oder über die Hoffnungslosigkeit, auch nur die allernotwendigsten Mindestmengen an Munitionsrohstoffen zu beschaffen.«

Die Offiziere im Kriegsministerium wußten nicht, daß man zur Munitionsherstellung Salpetersäure braucht. Sie wurde bisher ausschließlich aus Chilesalpeter gewonnen. Als Bosch bemerkte: »Wenn die Vorräte an Chilesalpeter zu Ende gehen, sind wir fertig«, versuchten ihn die Offiziere zu beruhigen: »Wir haben doch die großen Kalisalzlager in Staßfurt.« Bosch mußte erkennen: »Die Offiziere hatten offensichtlich Salpeter für dasselbe wie Kalisalz gehalten.«

Das Kriegsministerium hatte nicht für größere Salpetervorräte gesorgt. So mußten zunächst sogar die kleinen Salpetermengen beschlagnahmt werden, die bei den Bauern als Dünger lagerten.

Bald darauf allerdings fielen den deutschen Truppen im Hafen von Antwerpen größere Bestände an Salpeter in die Hände. So gewannen die Militärs noch einen kleinen Aufschub zur Kriegführung. Ihre Geschütze konnten weiterfeuern.

Die Kriegsrohstoffabteilung wandte sich nun energisch an die chemische Industrie; die Pläne für die künstliche Herstellung von Salpeter mußten so schnell wie möglich verwirklicht werden. Für die Bewirtschaftung der übrigen chemischen Rohstoffe wurde eine eigene »Kriegschemikalien AG« gegründet.

## *Die Farbwerke produzierten Düngemittel*

Der Vorstand des Unternehmens hatte nicht mit dem Ausbruch des Krieges gerechnet. Herbert von Meister, der nach dem Tode Gustav von Brünings die Interessen der Gründerfamilien im Vorstand vertrat, der technische Werksleiter Paul Duden oder der Chefjurist Adolf Haeuser – sie alle hatten an den zivilisatorischen Fortschritt geglaubt. Kriege gehörten der Vergangenheit an, war ihre Überzeugung.

Ähnlich dachte man in Leverkusen oder Ludwigshafen. »Keiner von uns hat an einen Krieg gedacht, keiner auch nur irgendwelche Vorbereitungen hierfür getroffen«, erklärte Carl Duisberg von Bayer. Die chemische Industrie war auf die Absatzmärkte im Ausland angewiesen, wo sie häufig als Schrittmacher für den Export auch anderer industrieller Erzeugnisse wirkte.

Neue Anlagen, die Hoechst plante, waren für friedliche Zwecke bestimmt: Das Unternehmen wollte die Produktion von Düngemitteln aufnehmen.

Im bayerischen Werk Gersthofen, das ursprünglich für die Indigoherstellung gegründet worden war, hatte eine kleine Gruppe von Chemikern nach Verfahren gesucht, um Ammoniak und Salpetersäure herzustellen. Ammoniak ließ sich aus der Leuchtgasfabrikation, dem »Gaswasser«, Kalkstickstoff oder nach dem sogenannten Haber-Bosch-Verfahren gewinnen.

Dem deutschjüdischen Wissenschaftler Fritz Haber, Professor für physikalische Chemie, war es schon 1909 gelungen, rund 80 Gramm Ammoniak herzustellen. Er vereinigte dazu die beiden Elemente, aus denen Ammoniak besteht: Stickstoff und Wasserstoff. Er hatte allerdings schwerste Geschütze auffahren lassen, um dies zu erreichen. Diese beiden Elemente sind bekanntlich keineswegs vereinigungsfreudig. Um sie dennoch zusammenzuzwingen, hatte Haber Osmium als Katalysator verwendet, dazu hohen Druck und Wärme.

Wie gewöhnlich in der Chemie bedarf es in der Praxis der Betriebe dann größter Anstrengung und quälend langer Zeit, eine Laboratoriumserfindung in die großtechnische Dimension zu übertragen. Ein Musterbeispiel dafür war die Entwicklung eines wirtschaftlichen Herstellungsverfahrens für Indigo. Hoechst und die BASF hatten fast 20 Jahre dazu gebraucht. Drei verschiedene Verfahren waren von Hoechst entwickelt worden – und dann hatte ein Außenseiter bei der Degussa das Rennen gemacht und einen neuen, besseren Weg gefunden.

Die Meisterleistung im Falle des Ammoniaks glückte dem 34jährigen Carl Bosch und seinen Mitarbeitern in der BASF viel früher. Schon im Frühjahr 1914 waren alle Probleme gelöst: Die erste Ammoniaksynthese konnte in Oppau bei Ludwigshafen anlaufen. Etwa vierzig Tonnen wurden dort produziert.

Noch bevor der Krieg ausgebrochen war, hatte die BASF einige tausend Tonnen synthetisches Ammoniak deutschen Landwirten geliefert. Wie lange würde es dauern, bis Anlagen gebaut werden könnten, in denen Ammoniak in Salpetersäure umgewandelt würde?

In der BASF gab es bis zum Sommer 1914 nur einige kleinere Laborversuche. Für größere Anlagen existierten keine Pläne, niemand hatte eine genaue Vorstellung, wie eine solche auszusehen hätte. Unter diesen Umständen handelte Bosch äußerst kühn, als er der Obersten Heeresleitung versprach, sein Unternehmen werde in kürzester Zeit eine solche Salpetersäurefabrik bauen.

Der Weg, den Bosch nun einschlug, führte zum Aufbau eines völlig neuen Fabrikkomplexes, und zwar in Leuna bei Merseburg, wo es billige Braunkohle gab.

## *Knapsack als Rohstoffbasis*

In Höchst wurde ein anderer Weg beschritten zur Herstellung von Salpetersäure aus Ammoniak. Das Vorprodukt für Ammoniak wurde als Kalkstickstoff – also Calciumcyanamid – von einer

Firma in Knapsack bei Köln bezogen. Um die Versorgung mit Kalkstickstoff zu sichern, erwarb Hoechst im November die Hälfte der Aktien der Knapsacker Firma.

Damit schufen sich die Farbwerke ihre Rohstoffbasis für die Herstellung von Salpetersäure. Mit dem Karbid aus Knapsack war es nun auch möglich, sich in die vielversprechende Acetylenchemie einzuschalten. Der Pionier auf diesem Gebiet war Paul Duden, der Sohn des bekannten Philologen und Wörterbuch-Schöpfers.

Duden war Chemieprofessor in Jena, Schüler von Emil Fischer und Ludwig Knorr. Durch Herbert von Meister, der in Jena studiert hatte, war Duden 1905 für die Firma Hoechst gewonnen worden. Zunächst hatte er sich längere Zeit mit Farbstoffen beschäftigt, anschließend mit der von ihm schon in Jena gepflegten aliphatischen Chemie.

Der wichtigste Beitrag, den Duden noch vor dem Krieg für die Farbwerke geleistet hatte, war der Aufbau der Essigsäureproduktion. Er schuf dazu seine berühmte »Stufenleiter«, die vom Karbid ausgehend zum Acetylen führte, vom Acetylen – durch Anlagerung von Wasser – zum Acetaldehyd und schließlich vom Acetaldehyd zur Essigsäure. Diese wichtige organische Säure wurde lange Zeit durch die Vergärung von Alkohol oder durch trockene Destillation von Holz gewonnen und war mittlerweile ein so wichtiges Zwischenprodukt für Farbstoffe, Arzneimittel, Kunstseide und viele andere Produkte geworden, daß ihre synthetische Herstellung unumgänglich war.

Vor allem die nächste Stufe, die von der Essigsäure zum Aceton führte, war während des Krieges lebenswichtig geworden. Aceton diente als Geliermittel für Granatensprengstoff. Aber auch für den ersten synthetischen Isoprenkautschuk war Aceton ein in großen Mengen benötigtes Vorprodukt.

Schöpfer des künstlichen Kautschuks war der Chemiker Fritz Hofmann. Er war einst ein so schlechter Schüler gewesen, daß er auf der Fürstenschule Schulpforta dreimal sitzengeblieben war und die mittlere Reife nur erhalten hatte, weil er von der Schule abgegangen war. Er hatte dann in einer Göttinger Apotheke gearbeitet und schließlich doch noch Chemie studiert. 1906 hatte er dann einen Artikel gelesen, in welchem dargestellt wurde, wie man mit synthetischem Kautschuk dem Mangel an natürlichem abhelfen könnte, und war von da an diesem Ziel verfallen. Es gelang Hofmann, Duisberg für diese Pläne zu gewinnen. »Aber in zehn Jahren müssen Sie es geschafft haben«, sagte Duisberg.

Der von Hofmann dann tatsächlich produzierte Methylkautschuk konnte in seiner Qualität nicht mit dem Naturkautschuk konkurrieren, er war auch wesentlich teurer. Doch Preise spielten in diesem Krieg allmählich eine untergeordnete Rolle.

Wie anders als mit Hilfe des »Kautschuks aus der Retorte« sollten die Räder all der Motorfahrzeuge rollen, ohne die moderne Armeen sich nicht mehr fortbewegen konnten? Um genügend Aceton liefern zu können, mußten die Betriebe für Essigsäure in Höchst energisch ausgebaut werden. Dafür wurden andere Fabrikationen ganz eingestellt, zum Beispiel einige Farbstoffbetriebe. Außer Feldgrau waren ja kaum Farbstoffe gefragt.

Willi Gehringer, der einige Zeit in einem der coloristischen Betriebe gearbeitet hatte, war in den neuen Essigsäurebetrieb versetzt worden, dessen Aufbau Paul Duden und sein Mitarbeiter Otto Ernst geleitet hatten. 1917 wurden 4900 Tonnen dieser Säure produziert, in Knapsack wurde eine weitere Essigsäurefabrikation aufgenommen.

Die Zeitungen, in denen täglich lange Berichte über die Kriegsschauplätze standen – ob in Frankreich, Galizien oder auf dem Balkan –, waren noch ganz auf Siegeszuversicht gestimmt. So meinten manche noch zu Beginn des Jahres 1916, bald werde der Krieg zu Ende sein – dabei starteten die Engländer wenige Monate später ihre Somme-Offensive, die zwar zu keinem endgültigen Erfolg führte, aber die ungeheure Materialüberlegenheit der Alliierten offenbarte.

Wie es an den Fronten wirklich zuging, ließ sich in der Heimat nur schlecht beurteilen. In Höchst hatte es nur einige Male Fliegeralarm gegeben, dann sogar einige kleinere Angriffe, bei denen Geschütze, die zwischen dem Seeacker und dem Fabriktor aufgestellt worden waren, kräftig auf die französischen Flugzeuge feuerten.

Willi Gehringer, Ernst März und der kleine Jockel Barthel ließen sich von den bärtigen Kanonieren die Abwehrgeschütze gerne zeigen, die fast immer von einer ganzen Schar von Jungen umlagert waren.

Eine unendlich schlimmere Auswirkung als die französischen Luftangriffe auf einige Städte im Westen des Reiches hatte die englische Seeblockade. Ihre Einschnürung spürten die Menschen in den Städten immer empfindlicher.

Es gab zwar Lebensmittelkarten, aber das Verteilungssystem funktionierte schlecht. Ausreichende Nahrungsvorräte existierten nicht, weil das Reich schon vor dem Kriege etwa ein Drittel seiner Lebensmittel aus dem Ausland hatte einführen müssen. Schon wurden Stimmen laut, das Kriegsernährungsamt unter militärische Führung zu stellen, wie nun überhaupt alles in Deutschland aufs Militärische ausgerichtet wurde. Planung und abermals Planung war das Rezept dieses beginnenden »Kriegssozialismus«.

Bei manchen Arbeitern und ihren Familien in Höchst sah es in bezug auf Ernährung etwas besser aus als in den Großstädten. Viele besaßen in den Werkssiedlungen ein kleines Stück Land, dazu einige Haustiere.

Glücklich war, wer Verwandte auf dem Land besaß. So fuhr auch Willi Gehringer mit seinen Eltern und einem großen Rucksack öfters nach Michelstadt im Odenwald, woher die Familie stammte. Auch die Unternehmensleitung unternahm viele legale und halblegale Schritte – vor allem auf Tauschwegen –, um die Mahlzeiten in den Kantinen etwas aufzubessern. In den Großstädten, vor allem in Berlin, blühte das Schiebertum, der Schleichhandel, etablierte sich ein neuer Stand: die Kriegsgewinnler.

Die englische Seeblockade mußte, so die Oberste Heeresleitung, unter allen Umständen durchbrochen werden, ehe sie Deutschland strangulierte. Deshalb wurden immer mehr Unterseeboote in Dienst gestellt. Die Kapitäne von Booten, die besonders kühne Fahrten unternahmen und viele englische Schiffe versenkten, wurden gefeiert. Otto Weddigen, Kapitän von »U 9«, wurde auch für Gehringer, Ernst März und die anderen Kameraden zum Idol.

Neben den mit Torpedos bewaffneten gab es auch Boote mit weniger tödlicher Fracht. Eines der berühmtesten war das Handelsunterseeboot »Deutschland«. Sein Kapitän hieß Paul König. Er durchbrach mit seinem Boot mehrmals die englische Blockade und lief amerikanische Häfen, wie zum Beispiel Baltimore, an.

Amerika befand sich damals noch nicht im Krieg, seine Wirtschaft erlebte einen gewaltigen Boom, vor allem der Kriegslieferungen nach England wegen. Amerika wurde reich – nur an Farbstoffen und pharmazeutischen Präparaten litt es großen Mangel. Deshalb wurde das »Auftauchen« von »U Deutschland« in den

USA begeistert begrüßt. Es hatte Farbstoffe und Salvarsan an Bord. Im Austausch dafür beförderte Kapitän König amerikanische Erzeugnisse über den Atlantik.

## *Gymnasiast Karl Winnacker*

König schrieb über seine Erlebnisse unter und über Wasser ein Buch, das der Ullstein-Verlag in Berlin in hoher Auflage mit einem knalligen Umschlag herausbrachte. Viele Jungen stürzten sich begierig darauf, ebenso wie auf die Schilderungen des »Roten Barons«, des Kampffliegers von Richthofen.

Vielleicht haben auch Willi Gehringer und Ernst März diese Bücher gelesen. Ganz sicher aber tat dies der 14jährige Gymnasiast Karl Winnacker, der mit seiner Mutter in Barmen lebte. Sein Vater war früh verstorben, sein Bruder in Flandern gefallen. Karl gab Nachhilfestunden und versuchte Lebensmittel zu hamstern.

Die »Fahrt der Deutschland« hatte Karl Winnacker begeistert und ihm eindringlicher als jede Chemiestunde gezeigt, wie wichtig chemische Produkte waren. Wenn er später Chemie studierte, dann war das nicht nur der Einfluß des nahen Elberfeld, wo die großen Anlagen von Bayer standen, der Reiz der Naturwissenschaften überhaupt, sondern auch die romantisch-heroische Seite, die »U Deutschland« verkörperte.

In seinen Lebenserinnerungen hat Karl Winnacker, nachdem er zwei Jahrzehnte auf dem Chefstuhl der Farbwerke gesessen und das Unternehmen nach einem neuen Weltkrieg wieder in die Höhe gebracht hatte, auch der Zeit gedacht, da ihn die Fahrten von »U Deutschland« begeisterten.

Die deutschen U-Boote fügten den Engländern schwere Schäden zu, vor allem, seit der U-Boot-Krieg von deutscher Seite uneingeschränkt geführt wurde. Jetzt war mitunter auch die Versorgungslage der Insel prekär.

Der uneingeschränkte U-Boot-Krieg verstärkte allerdings die negative Stimmung in den USA gegenüber Deutschland und führte 1917 zum Kriegseintritt der USA. Die Pro-England-Partei, die den Eintritt Amerikas in den Krieg betrieb, war ohnehin sehr aktiv und wußte ihre Ziele propagandistisch hervorragend in Szene zu setzen.

Noch vor der Versenkung der »Lusitania« hatte der Krieg eine neue Dimension des Schreckens gewonnen. Am 22. April 1915 wurde bei Ypern zum ersten Mal Gas eingesetzt. Etwa 1600 große und 41 000 kleine Flaschen waren an einem einzigen Frontabschnitt installiert worden. Als der Wind in die Richtung der feindlichen Stellungen wehte, wurden die Gasflaschen geöffnet. In einer riesigen Wolke trieb das Chlorgas in die englischen Stellungen.

Panik brach aus. Die völlig überraschten »Tommies« räumten fluchtartig ihre Stellungen in einer Breite von sechs bis acht Kilometern. Etwa 15 000 Soldaten erlitten schwere Verletzungen, etwa 2500 starben.

Bald attackierten sich beide Seiten mit Gas. Die Franzosen benutzten Phosgengranaten, die Deutschen hauptsächlich Grünkreuz. Bayer, wie auch Hoechst, stellten solche Kampfstoffe her.

## *Der vaterländische Hilfsdienst*

Die größte sichtbare Veränderung, die der Krieg in den Farbwerken herbeiführte: In fast allen Betrieben arbeiteten Frauen. Das war eine Folge des am 2. Dezember 1916 erlassenen Gesetzes über den »Vaterländischen Hilfsdienst«. Danach wurden alle Arbeitskräfte erfaßt und dem Diktat der Kriegswirtschaft unterstellt. Es herrschte Arbeitspflicht, die freie Wahl des Arbeitsplatzes wurde eingeschränkt. Hindenburg und Ludendorff, die Chefs der Obersten Heeresleitung, hatten darauf gedrängt, um die Rüstungsproduktion zu steigern. Der Reichstag, auch die SPD, und die Gewerkschaften hatten dieses Gesetz gebilligt, dafür allerdings auch beachtliche Gegenleistungen herausgeholt. In allen Betrieben mit mehr als 50 Beschäftigten sollten Arbeiter- und Angestelltenausschüsse gebildet werden. Die Mitglieder dieser Ausschüsse wurden aufgrund von Vorschlägen der Arbeiter- und Angestelltenorganisationen berufen. »Damit hatten die Gewerkschaften nach jahrzehntelangem Kampf ihre staatliche Anerkennung als legitime Interessenvertretung der Arbeiterschaft erreicht« (DGB-Geschichte).

Im »Kreis-Blatt« wurde das vaterländische Hilfsgesetz am 7. Dezember patriotisch begrüßt: »Millionen von Menschen, Jünglinge und Greise, stehen durchdrungen von der Größe der Zeit bereit, dem Rufe des Vaterlandes zu folgen und in der neugeschaffenen Heimarmee zu dienen. Diese Bereitschaft, die das Gesetz geschaffen hat, ist mehr als eine gewonnene Schlacht. Sie ist der Sieg.«

Willi Gehringer sah sich an seinem Arbeitsplatz von jungen und älteren Frauen umgeben. Einige davon kannte er schon seit langem, da sie ebenfalls in Unterliederbach aufgewachsen waren. Ihre Männer standen meist im Feld, und gewöhnlich konnte man es schon an ihren Gesichtern ablesen, ob sie von ihnen Post bekommen hatten oder ob einer von ihnen gerade Heimaturlaub hatte. Manche aber waren Witwen geworden, kaum daß sie geheiratet und ihre Männer hatten in den Krieg ziehen lassen. Aus Begeisterung war bei diesen Frauen tiefe Trauer geworden.

Die Telephonzentrale, in die zwei Damen – Frau Schmiedel und Fräulein Wettebor – schon lange vor dem Krieg eingezogen waren, wurde nun ganz zur weiblichen Domäne. Die männlichen Kollegen Weidenfeller und Trabant waren eingezogen worden. Trabant fiel im Krieg.

»Der Dienst in der Telephonzentrale wurde von nun an immer anstrengender«, berichtete Wilhelm Schaller, der erste Telephonist. »Die Anschlüsse wurden ausgebaut, eine Erweiterung – handbedient – sollte wegen der geplanten Automatik nicht mehr vorgenommen werden. Die Apparate wurden den Wenigsprechenden genommen und an Vielsprecher gegeben«, wie es Schaller formulierte.

*Frauen im Werk*

Im Jahre 1917 wurde dann eine Selbstwählzentrale mit 100 bis 200 Anschlüssen installiert. »Zwischen dieser und der alten Zentrale wurde der Verbindungsverkehr (5 Leitungen in jede Richtung) eingeführt.« Erst nach dem Krieg schaffte man eine moderne Telephonzentrale an.

Wilhelm Schaller rühmte ausdrücklich die »Tapferkeit« der Telephondamen. »Wenn die Fliegersirenen ertönten und sich im Hauptbüro alle Insassen laut Vorschrift in möglichste Sicherheit brachten, wenn dann der Donner der Abwehrgeschütze ununterbrochen rollte und die Eisenstücke der zerplatzten Granaten auf die Dächer aufschlugen, blieben unsere Damen in der Zentrale oben unter dem Dache tapfer auf ihrem gefährlichen Posten.«

Um den vielen Frauen, die jetzt in Höchst arbeiteten, wenigstens die unmittelbare Sorge um ihre Kinder abzunehmen, errichtete das Werk einen Kindergarten.

1917 kamen in die bisher rein männliche Welt der Höchster Laboratorien die ersten Akademikerinnen – ein Ereignis, das die männlichen Kollegen nicht ganz ohne Befangenheit zur Kenntnis nahmen. Die junge Dame im pharmazeutischen Labor, Frau Dr. Ing. Nora Kräutle, machte sich, davon unberührt, mit schwäbischem Fleiß und Nüchternheit sofort an die Arbeit.

Nora Kräutle stammte aus Stuttgart und hatte ein Privatgymnasium besucht, das in einer kleinen Wohnung untergebracht war, sich allerdings der besonderen Förderung der Landesherrin, Königin Charlotte von Württemberg, erfreute. Trotzdem mußten die jungen Damen ihre Prüfung vor einer strengen, mit Männern besetzten Kommission ablegen. Nora hätte anschließend am liebsten Archäologie studiert, aber die Mutter meinte, es solle doch besser »etwas Praktisches« sein. Dazu gehörten nach ihrer Auffassung die alten ägyptischen Pyramiden nun einmal nicht.

So hatte sich Nora Kräutle für die Naturwissenschaften entschieden, die ihr auf der Schule ebenfalls Spaß gemacht hatten. Um die Technische Hochschule besuchen zu können, benötigte sie allerdings die Zustimmung des zuständigen Ministeriums – ebenfalls für die jeweiligen Prüfungen. Bei den männlichen Kommilitonen, die sie anfangs recht verwundert in ihren Kreis aufgenommen hatten, erwarb sie sich bald Respekt durch ihre Gelassenheit, ihre Intelligenz und einen so beharrlichen Fleiß, daß die Einsicht in ihre Kolleghefte vor Prüfungen bald zu den besonderen Gunstbeweisen gehörte. Ihre Doktorarbeit schrieb sie über Kolloidchemie, die Prüfung bestand sie »mit Auszeichnung«.

Da Krieg herrschte, betätigte sich das Fräulein Dr. Ing. zunächst einmal als Rote-Kreuz-Helferin. Danach arbeitete sie am Nahrungsmittelamt in Stuttgart und schließlich bei Professor Buchner, dem Begründer der »Achema« in Heidelberg. Über Buchner kam sie nach Höchst, da sie gerne in der industriellen Forschung arbeiten wollte. Bei Hoechst lernte sie die Probleme der Glyzerine erforschen und – ihren späteren Mann kennen, den Ingenieur Dr. Gramberg.

Auch viele Kriegsgefangene arbeiteten in der Fabrik: Russen, Belgier, Polen und auch Italiener, nachdem Italien auf die Seite der Westmächte getreten war. Die Italiener waren halb verhungert und tauschten ihre Kriegsabzeichen für ein paar Scheiben Brot bei den Höchster Kindern.

Die Lebensbedingungen in der Heimat wurden nun immer bedrückender. Während die »Alldeutschen« noch immer von einem Annexionsfrieden träumten und zumindest Belgien oder wenigstens Teile davon im deutschen Besitz halten wollten, sehnte sich die Mehrheit der Bevölkerung nur nach Frieden. Die materielle Not, vor allem der Hunger, wuchs mit jedem Tag. Keine der zahlreichen Lohnerhöhungen konnte das verhindern, denn die Preise für Lebensmittel kletterten noch steiler in die Höhe.

Da die Versorgung mit Kohlen immer schlechter wurde, mußte im Februar 1917 der größte Teil des Werkes stillgelegt werden. Die zweite Stillegung geschah um die Jahreswende 1917/18. Diesmal waren davon auch die kriegswichtigen Betriebe betroffen, die über 70 Prozent des gesamten Umsatzes produzierten.

## *Schwierige Lage für Gewerkschaften*

Obwohl die Leitung der Gewerkschaften an dem vereinbarten Burgfrieden mit der Regierung festhielt – oder gerade deswegen –, entfremdeten sich ihr immer mehr Arbeiter, besonders die nichtorganisierten. Wilde Streiks flackerten seit 1917 in den Städten auf, besonders unter den Metallarbeitern und in den Munitionsbetrieben.

Innerhalb der SPD, die schon 1912 mit 110 Sitzen bei den Reichstagswahlen die stärkste Partei geworden war, offenbarten sich immer stärkere Risse. Der linke Flügel gewann rapid an Einfluß und war immer weniger bereit, sich der Fraktionsdisziplin zu beugen. Verteidigte man wirklich nur die Heimat, so wie es 1914 fast alle empfunden hatten, oder entsprang dieser Krieg nicht doch imperialistischen Motiven und wurde von den herrschenden Klassen geführt, fragte etwa Karl Liebknecht in der SPD.

Die alldeutsche Propaganda und das sinnlose Gerede vom Landerwerb für Deutschland begünstigten solche Zweifel an den deutschen Kriegszielen. Im April 1917 formierte sich in Gotha ein linker Flügel der SPD, der sich USPD nannte, Unabhängige SPD. Er gewann ständig an Stärke und trat immer lauter für eine Beendigung des Krieges ein – ohne Annexionen, ohne Sieger und Besiegte.

In den letzten Kriegsjahren, vor allem, als 1917 auch Amerika in den Krieg eingetreten war, erhielt das militärische Ringen in Europa immer mehr den Charakter eines Kreuzzuges der Demokratien gegen ein parlamentarisch rückständiges Reich, das erst jetzt daranging, demokratische Reformen – immer noch zögernd – in Angriff zu nehmen.

Bis allerdings die ersten amerikanischen Truppen in Frankreich eintrafen, verging noch einige Zeit. Die deutsche Heeresführung unter Paul von Hindenburg und Erich Ludendorff versuchte mit aller Kraft, im Westen eine Entscheidung zu erringen.

### *Gestellungsbefehl fürs letzte Aufgebot*

Nach zwei Revolutionen im März und November 1917 brach das russische Reich zusammen. Die Kapitulation setzte allerdings nicht so viele deutsche Kräfte frei, wie ursprünglich erhofft. Der harte Frieden, den Deutschland dem nunmehr bolschewistischen Land in Brest-Litowsk auferlegte, machte die Präsenz deutscher Soldaten notwendig. Die Ukraine blieb als Faustpfand und Kornkammer in deutscher Hand.

In der Heimat wurden nun die letzten Kräfte mobilisiert und auch die 17- und 18jährigen eingezogen. Auch Willi Gehringer hatte Anfang 1918 seinen Gestellungsbefehl erhalten. Wir wissen nicht, ob er ihm jetzt noch mit Begeisterung folgte – die Stimmung in der Heimat war schlecht geworden, die Nöte auch in der Firma unübersehbar.

Nach kurzer Ausbildung in Frankfurt kam er mit seinem Regiment an die Westfront. Er gehörte, wie auch Ernst März, zum »letzten Aufgebot«.

Im Frühjahr 1918 unternahm die Oberste Heeresleitung die letzte Offensive im Westen. Die Kampfkraft, die dabei die zu Tode erschöpften feldgrauen Truppen noch einmal zeigten, war ebenso bewundernswert wie vergeblich. Jetzt wirkte sich die ungeheure Überlegenheit der Alliierten aus. Mehrere amerikanische Divisionen waren in Frankreich gelandet: frisch, gesund und glänzend ausgerüstet.

Die Menschen in Deutschland sehnten sich nach Frieden. Eine Resolution des Reichstags auf Initiative des Zentrumsabgeordneten Matthias Erzberger hatte das gezeigt. Vor allem innerhalb der SPD wuchs die Forderung nach einem Verständigungsfrieden ohne Annexionen.

Als die deutsche Frühjahrsoffensive zusammengebrochen war, sah auch Ludendorff, der sonst Hochmütige und stets Siegessichere ein: Der Krieg war unwiderruflich verloren.

Als sich Vertreter der Reichsregierung in seinem Hauptquartier einfanden, gab er ihnen zum erstenmal ein ungeschminktes Bild der Lage. Plötzlich forderte ausgerechnet er, es müsse so schnell wie möglich ein Waffenstillstand herbeigeführt werden. Die Front im Westen könne jeden Augenblick zusammenbrechen.

## *Wilson will Frieden stiften*

Waffenstillstand und Frieden – das ließe sich zu einigermaßen ehrenvollen und erträglichen Bedingungen nur über den amerikanischen Präsidenten Woodrow Wilson erreichen. Er hatte im Januar ein 14 Punkte umfassendes Friedensprogramm vorgelegt, in dem er verlangte, alle von Deutschland besetzten Gebiete sollten geräumt, Elsaß-Lothringen an Frankreich zurückgegeben und ein unabhängiges Polen gebildet werden – unausgesprochen blieb die Forderung, Deutschland solle sein halbautokratisches Herrschaftssystem zugunsten der parlamentarischen Demokratie reformieren.

Manches an Wilsons Vorschlägen war mehrdeutig formuliert. Zumindest über einige Punkte wären intensive Verhandlungen notwendig gewesen. Doch die Lage Deutschlands, so trostlos wie sie die Militärs nun sahen, gestattete keine langwierigen Konferenzen, um so weniger, als nun auch die Verbündeten des Reiches zusammenbrachen. Im September mußte Bulgarien, im Oktober die Türkei einen Waffenstillstand schließen. Sie waren am Ende.

In Deutschland fragten viele, ob der Kaiser – nicht er, sondern die Oberste Heeresleitung war längst die eigentliche Herrscherin – nicht abdanken müsse, wenn es zu einem Friedensschluß kommen sollte.

Wilsons Äußerungen zu diesem Punkt waren zunächst nicht eindeutig. Der Kaiser und seine Anhänger hofften, eine intensive Parlamentarisierung würde vom amerikanischen Präsidenten als ausreichend angesehen werden.

Ein erster Schritt dazu war schon 1917 gemacht worden. Ostern dieses Jahres hatte Wilhelm eine Botschaft an den Reichskanzler gerichtet, in der es hieß: »Nach den gewaltigen Leistungen des ganzen Volkes in diesem furchtbaren Kriege ist nach meiner Überzeugung für das Klassenwahlrecht in Preußen kein Raum mehr. Der Gesetzentwurf wird ferner unmittelbare und geheime Wahl der Abgeordneten vorzusehen haben.«

Selbst das Herrenhaus sollte in seiner Zusammensetzung verändert werden und »den gewaltigen Anforderungen der kommenden Zeit besser gerecht werden können, wenn es in weiterem und gleichmäßigerem Umfange als bisher aus den verschiedenen Kreisen und Berufen des Volks die führenden, durch die Achtung ihrer Mitbürger ausgezeichneten Männer in seiner Mitte vereinigt«.

Das waren sehr beherzigenswerte Überlegungen, die natürlich den konservativen Kräften – vor allem den Agrariern – mißfielen.

Wären sie – so empfanden es jedoch viele – nur einige Jahrzehnte früher gekommen und nicht erst angesichts der drohenden Niederlage. Auch die Berufung des neuen Reichskanzlers, Prinz Max von Baden, der ein dem Parlament verantwortliches Kabinett bilden sollte, kam zu spät.

## *Matrosen meutern*

Als schon ein Waffenstillstand in Sicht war, gelüstete es die deutsche Flottenführung noch einmal nach heldischen Taten. Admiral Scheer rüstete zu einem letzten Gefecht mit den Engländern, zu einem Vorstoß in die Themsemündung.

Das »letzte Gefecht«, das sich, wenn schon, ein Teil der Matrosen anders vorstellte, fand nicht statt. Nicht nur aktive Revolutionäre unter den Matrosen verweigerten den »ruhmvollen« Untergang – fast alle Besatzungen waren empört. Die Heimat zu verteidigen, dazu waren auch jetzt noch viele bereit. Aber nicht zu Himmelfahrtsunternehmungen, die an der Kriegslage keinen

Deut änderten. Auf mehreren Schiffen rissen Matrosen das Feuer aus den Kesseln und zerstörten die Ankerlichtmaschinen.

Das war offene Meuterei. Die Marineleitung ließ die Anführer verhaften und nach Kiel bringen. Dort aber verbündeten sich die Matrosen mit radikalen Gruppen, die von zielbewußten Agitatoren geführt wurden. Sie erzwangen die Freilassung der Verhafteten und organisierten die Bildung von Arbeiter- und Soldatenräten nach sowjetischem Vorbild. Bald wurden auch die Nachbarstädte Hamburg, Bremen und Lübeck in die revolutionäre Bewegung hineingezogen.

Gruppen von Matrosen machten sich auf, um nach Berlin, nach Frankfurt und München zu fahren, um dort das Feuer der Revolution zu verbreiten...

In Berlin, das in den letzten Monaten viele Streiks gesehen hatte, war es in den ersten Novembertagen noch ruhig geblieben. Prinz Max von Baden, der neue liberale Reichskanzler, befand sich am 8. November in der Reichskanzlei. Er wartete auf weitere Nachrichten von Amerikas Präsidenten Wilson. Gleichzeitig versuchte Prinz Max den Kaiser zu sprechen. Er wollte Wilhelm zum Thronverzicht bewegen, aber die Monarchie für die Enkel des Kaisers und Königs retten. Doch Wilhelm war seinem neuen Kanzler aus dem Weg gegangen. Er habe gehört, ließ er ihm bestellen, der Prinz sei an Grippe erkrankt und noch nicht völlig genesen. Deshalb wolle er keine Ansteckung riskieren.

Der Kaiser fühlte sich in Berlin nicht mehr sicher. Revolutionsstimmung lag in der Luft. Wilhelm fürchtete, er könnte gefangengenommen werden, es könnte zu Aufständen und Ausschreitungen kommen. Deshalb begab er sich in sein großes Hauptquartier im belgischen Kurort Spa. Unter dem Schutz seiner Generäle könnte er vielleicht in die Heimat zurückkehren. Noch wollte er nicht einsehen, daß alle nur auf seinen Thronverzicht warteten. Hindenburg und seine Generäle vermieden auch jedes Wort, das der Kaiser in diesem Sinne hätte auslegen müssen.

Doch General Wilhelm Groener fackelte nicht lange. Er sagte dem Kaiser auf gut schwäbisch, das Heer werde in Ordnung in die Heimat zurückmarschieren, aber nicht unter dem Befehl des Kaisers.

Nun sah Wilhelm keine andere Wahl mehr als die Abdankung.

Er verließ seine geschlagene Armee und floh nach Holland, wo ihm, nachdem er viele Stunden an der Grenze hatte warten müssen, schließlich Asyl gewährt wurde.

Zur gleichen Zeit dankten auch die anderen regierenden Häupter in Deutschland, die Könige und Großherzöge, ab. Ludwig III. von Bayern, Vertreter der ältesten Monarchie, setzte sich nach Österreich ab – sein Chauffeur weigerte sich allerdings, ihn zu fahren.

Schnell und ruhmlos ging es mit der Monarchie in Deutschland zu Ende. Auch die Bürokraten, die bis dahin im Reich weithin geherrscht hatten, gingen zunächst einmal furchtsam in volle Deckung. Die Arbeiter- und Soldatenräte waren die Herren der Stunde.

Auch in Frankfurt herrschte vom 8. November an der von Matrosen und Unabhängigen Sozialdemokraten geführte Arbeiter- und Soldatenrat. Sein Hauptquartier war der Frankfurter Hof. Eine der ersten Maßnahmen der Räte, denen Bürgermeister und Magistrat eilfertig gehorchten, war es, die rote Fahne auf dem Rathaus zu hissen.

In der Stadt Höchst übernahm der Soldaten- und Arbeiterrat einen Tag später die Herrschaft. Auch in den Farbwerken etablierten sich die Räte unter Führung von Kallenbach und Stadler. »Nach fünfzig Monaten Blut und Jammer, verschuldet durch die herrschende Klasse, bricht der Tag des Friedens an«, verkündete der Rat. Beruhigend meldete allerdings das »Höchster Kreis-Blatt« am 11. November: »Nirgends in der ganzen Stadt kam es zu einer Störung der Ruhe oder des Verkehrs.«

Die Heimkehr der fremden Arbeiter, vor allem der Polen, wurde in die Wege geleitet, die 48-Stunden-Woche und gleiches Essen für Arbeiter und Angestellte eingeführt.

### *Seidenblumen anstatt Orden*

Am 28. November begann der Durchmarsch der heimkehrenden Truppen. Im Werkskasino wurden die Männer in den grauen Uniformen mit den grauen Gesichtern verpflegt, die Menschen steckten ihnen auf den Straßen Zigaretten oder Zigarren zu. Ein kleiner Junge, Jockel Barthel, brachte ihnen Obst aus dem Firmenkaufhaus, das einzige, was es dort zu kaufen gab. Ein zierliches Mädchen, Elisabeth, Tochter des Buchhalters Rathmann, steckte einigen Soldaten Seidenblumen, die sie zusammen mit ihrer älteren Schwester ausgeschnitten hatte, an den Rock. Das waren zwar keine Orden, aber Liebeszeichen der Heimat, die glücklich war, Väter, Söhne und Brüder wiederzuhaben.

Die Bilanz dieses Krieges auf deutscher Seite ließ sich erst nach einigen Monaten einigermaßen übersehen: Zwei Millionen Menschen waren gefallen oder in Gefangenschaft umgekommen, Unzählige kehrten verwundet zurück. Die materiellen Schäden konnten nicht einmal geschätzt werden.

## KAPITEL 11
# Franzosen, Räte, Rotfabriker

Martin Merkel, der Schwiegersohn von Johann Barthel, hatte sich seit 1917 keine Illusionen mehr über den Ausgang des Krieges gemacht. Als Oberpolier in der Bauabteilung der Farbwerke hörte und sah er viel. Intensiver als andere erlebte er, wie der Mangel sich an allen Ecken und Enden in der Firma breitmachte, wie stockend vor allem die Versorgung mit Kohlen wurde. Zuerst wurde darüber nur gesprochen, dann aber mußten tatsächlich in immer mehr Betrieben Pausen von einigen Wochen eingelegt werden, um Kohlen zu sparen. Irgendwann, so fürchtete Merkel, würde es mit der Versorgung wohl ganz aus sein, und dabei wurde Hoechst als eine Firma, die zum Teil kriegswichtige Erzeugnisse herstellte, noch bevorzugt beliefert. »Wenn es für uns schon nicht mehr reicht, was soll denn dann mit anderen Betrieben geschehen?« fragte er.

Dazu war auch noch die Nachricht eingetroffen, daß sein Sohn Martin gefallen war, was seine Frau Anna Maria und ihn tief getroffen hatte.

Merkel war froh, daß sein Sohn Joseph in der Schweiz lebte und der andere Sohn, August, zu einer Eisenbahnkompanie gehörte. So befand sich August wenigstens nicht in den vordersten Gräben und hatte gute Aussichten, das »Schlamassel« zu überleben. Irgendwann mußte es ja einmal zu Ende sein.

Merkel dachte jetzt schon an die Zeit nach dem Kriege. Es war gut, wenn man sich schon darauf einstellte. Der Tag würde kommen, an dem die Farbwerke sich wieder friedlichen Produktionszweigen widmen konnten, mit denen sie einst groß geworden waren; wenn die Frauen zu Hause sein würden, anstatt abgehetzt und abgehärmt in den Munitionsbetrieben zu stehen. Um so wichtiger war, daß August dann eine sichere und vernünftige Anstellung hatte, so wie er, der nun schon seit 37 Jahren in den Farbwerken arbeitete.

Martin Merkel veranlaßte deshalb August, der mit der Eisenbahn-Einheit an der Westfront war, sich vorsorglich bei den Farbwerken zu bewerben, und legte für ihn noch zusätzlich bei der Personalabteilung ein Wort ein. Auf solche Weise würde zugleich die Farbwerkstradition der Familie Barthel-Merkel fortgesetzt werden, wenn er, Martin, in ein paar Jahren in Pension gehen würde.

Die Antwort, die der Pionier August Merkel zunächst auf sein Bewerbungsgesuch erhielt, lautete freilich recht unverbindlich: »In höflicher Erwiderung«, so schrieben die Farbwerke im Oktober 1917, »teilen wir Ihnen mit, daß wir augenblicklich mit Bestimmtheit nicht sagen können, ob sich nach dem Kriege eine Anstellung bei uns ermöglichen läßt. Wir haben Sie jedoch in die Liste der eingegangenen Bewerbungen eingetragen und überlassen Ihnen, nach Ihrer Entlassung aus dem Heeresdienst Ihr Angebot bei uns nochmals zu erneuern. Es sollte uns freuen, wenn sich die Möglichkeit bieten wird, von demselben Gebrauch machen zu können.«

## *Vom ersten Platz verdrängt*

Daß die Firma, obschon Vater Merkel ein paar Monate später nochmals bei der Personalabteilung intervenierte, zunächst so vorsichtig reagierte, war verständlich. Nicht nur Martin Merkel, auch der Vorstand, wenn man von einem oder zwei Hurra-Patrioten absieht, hatte längst erkannt: Dieser Krieg war nicht zu gewinnen.

Man wußte auch: Nach dem Kriege würde es mit der Vorrangstellung, die sich die deutsche Chemie auf dem Farbstoff- und Arzneimittelgebiet in der Welt erworben hatte, für immer vorbei sein. Als die deutschen Farbstofflieferungen ausgeblieben waren, hatten vor allem die Amerikaner geradezu blitzartig reagiert. Man fand es unerträglich, daß man so sehr in deutsche Abhängigkeit geraten war, daß die kleinen inländischen Fabriken kaum die Farbstoffe für die Sternenbanner liefern konnten, von Farbstoffen für Anzüge und Kleider ganz zu schweigen. Eine Nation, die dabei war, sich in der Industrie an die Weltspitze zu setzen, fand diese Situation beschämend und inakzeptabel. Deshalb verfuhren die Amerikaner nach ihrem Kriegseintritt mit den deutschen Firmen in ihrem Lande äußerst rigoros. Diese Fabriken wurden beschlagnahmt, auch alle deutschen Patente. Unter amerikanischer Oberleitung sollten die

Betriebe weiter produzieren und so schnell wie möglich ausgebaut werden. Daneben wurde der Bau von neuen Fabriken mit allen Mitteln gefördert. Das betraf nicht nur die Herstellung von Farbstoffen, sondern auch von Arzneimitteln.

England, Frankreich und Japan verfuhren ähnlich. Professor Hata, einst Ehrlichs wichtigster Mitarbeiter beim Salvarsan, half seinem Land, die erste Salvarsanproduktion mit dem einstigen Frankfurter »Know-how« einzurichten. Auch in Italien und in Spanien entstanden neue chemische Fabriken. Und diese Fabriken in all diesen Ländern wollten natürlich nicht nur den heimischen Bedarf decken, sondern auch exportieren.

»Diese Vorgänge blieben in Deutschland nicht unbekannt«, schrieb Fritz ter Meer, einer der führenden Männer des Konzerns, in einer kleinen Schrift »Die I. G. Farben«. »Wie auch immer der Krieg ausgehen mochte, an der Tatsache war nicht vorbeizukommen, daß die Zeiten einer 85-Prozent-Deckung des Farbstoff-Weltbedarfs aus deutscher Erzeugung ein für allemal vorüber sein würden. Diese Erkenntnis, von Carl Duisberg klar herausgestellt, brachte zustande, was ruhige Friedenszeiten nicht vermocht hatten: den Zusammenschluß der deutschen Farbstoff-Fabriken. Pläne für einen solchen Zusammenschluß waren schon 1903/04 diskutiert worden. Carl Duisberg, der dynamische Chef der Farbenfabriken Bayer, hatte nach einer Amerikareise, bei der ihn die großen Trusts beeindruckt hatten, für ein Zusammengehen von Bayer, der BASF, Hoechst und der Agfa geworben.«

Nach anfänglicher Begeisterung sprang Gustav von Brüning, Generaldirektor von Hoechst, von dem bereits in Fahrt gekommenen Gemeinschaftszug wieder ab. Brüning hatten Bedenken gepackt, er scheute im letzten Augenblick doch vor dem »Sprung ins Dunkle« zurück, einer irreversiblen Verschmelzung der großen Farbstoff-Unternehmen.

Statt dessen hatten sich dann zwei große Gruppen gebildet, der sogenannte »Dreibund«: Bayer, BASF und Agfa, auf der anderen Seite formierte sich zunächst ein »Zweibund«: Cassella, das in die bisherigen Gruppen-Verhandlungen nicht direkt mit einbezogen war, verband sich mit den Farbwerken. Beide gründeten eine Interessengemeinschaft, die für Cassella die Versorgung mit Rohstoffen und Zwischenprodukten gewährleistete. Die Inhaber von Cassella, Leo Gans und die Brüder Carl und Arthur von Weinberg, wandelten die bisherige Offene Handelsgesellschaft in eine GmbH um. Sie traten rund ein Viertel ihrer Anteile an Hoechst ab und erhielten dafür Aktien im Tausch. Cassella verzichtete darauf, zukünftig Säuren, Anilin und Soda selbst herzustellen. Schwerpunkt in Mainkur blieb die Herstellung von Farbstoffen.

Bald darauf vereinbarten die Farbwerke und Kalle in Wiesbaden eine ähnliche Regelung.

## *Die Kleine I. G.*

Mitten im Krieg, 1916, wurde dann die sogenannte »Kleine I. G.« gegründet: eine Interessengemeinschaft der beiden großen Firmengruppen. Die einzelnen Firmen blieben dabei allerdings selbständig. Jede konnte die Interessengemeinschaft jederzeit wieder verlassen.

Diese Regelung blieb weit unter dem, was sich Carl Duisberg 1904 vorgestellt hatte, aber in den Augen aller Beteiligten war sie doch ein Fortschritt: Der manchmal sehr harte Konkurrenzkampf wurde eingeschränkt, es konnte rationalisiert, im großen eingekauft und der Absatz zentral gesteuert werden.

Am wichtigsten aber war: Die führenden Männer kamen so in ständige Tuchfühlung, wie es im »Verein zur Wahrung der Interessen der chemischen Industrie« bei der großen Zahl von Mitgliedern kaum möglich war.

Der Gewinn floß in eine gemeinsame I. G.-Kasse, nachdem vorher die einzelnen Firmen ihre Bilanzen aufgestellt und den Vorgewinn ermittelt hatten. Aus dem Gemeinschaftsgewinn erhielten die Firmen dann ihren Gewinn, der sich nach dem Beteiligungsschlüssel richtete.

Für Hoechst, das kurz vorher sein Aktienkapital von 50 auf 54 Millionen Mark erhöht hatte, um dadurch mit der BASF und Bayer gleichzuziehen, betrug diese Quote 24,82 Prozent.

Einige Arbeitsgebiete wurden noch nicht in diesen Gewinnausgleich einbezogen. Das betraf bei der BASF die Fabrikation und den Verkauf von synthetischem Ammoniak und die daraus hergestellten Stickstoff- und Mischdüngerprodukte.

Hoechst reservierte sich als Sondergebiet seine neuesten Entwicklungen auf dem Acetaldehyd-Gebiet und den Kalkstickstoff.

Im Gemeinschaftsrat, der obersten Instanz der Kleinen I. G., trafen sich regelmäßig Carl Duisberg, Carl Bosch, Franz Oppenheim (Agfa), Wilhelm Kalle, Carl und Arthur von Weinberg, Adolf Haeuser und Walther vom Rath.

Um die Verbindungen noch enger zu knüpfen, traten einige Herren dann jeweils in den Aufsichtsrat der anderen Unternehmen ein. Als Duisberg zum ersten Mal zur Aufsichtsratssitzung bei der BASF erschien, nahm ihn Carl Bosch beiseite und sagte: »Herr Duisberg, ich wollte Sie darauf aufmerksam machen, daß es in der BASF nicht üblich ist, daß Aufsichtsräte etwas sagen.«

## *Gewerkschaften und Unternehmer vereint*

In den Novembertagen von 1918, als das kaiserliche Deutschland zusammenbrach, wußte man zunächst in keinem Lager – nur die radikalen Linken hatten präzise Vorstellungen –, wie es nun weitergehen würde. Viele Unternehmer fürchteten tiefgreifende politische und soziale Veränderungen, falls der linke Flügel der Unabhängigen Sozialdemokraten die Macht übernehmen würde. Diese Gruppe hegte viele Sympathien für das bolschewistische System, das seit 1917 in Rußland herrschte und sich als das »Vaterland des Weltproletariats« präsentierte.

Der gnadenlose und wahllose Terror, den Lenin eingeführt hatte und der ihm die Vorwürfe der gewiß radikalen Rosa Luxemburg einbrachte, wurde allerdings von vielen »Fortschrittlichen« als vorübergehende Maßnahme entschuldigt. Er diene nur zur Verteidigung der Revolution und werde nur so lange aufrecht erhalten, bis das Proletariat die alten »Ausbeuterklassen« vernichtet hätte. Danach werde die wahre soziale Demokratie einkehren, ja der Staat, der ja nur ein Instrument der herrschenden Klassen war, würde ganz absterben. Sogar Lenin, sonst ein Realitätsfanatiker, glaubte an dieses kommunistische Dogma.

Die russische Botschaft in Berlin, die sich nach dem Frieden von Brest-Litowsk etabliert hatte, operierte in Deutschland als Agitations- und Propagandazentrale recht ungeniert, bis eines Tages ein als diplomatisches Gepäck getarnter Koffer zufällig auf dem Berliner Bahnhof beschädigt wurde. Er enthielt eine Fülle von Propagandaschriften und Aufrufe zur kommunistischen Revolution.

Dem Sowjet-Botschafter Joffe und einigen seiner Mitarbeiter wurden daraufhin die Pässe zugestellt. Sie hatten unverzüglich in die Sowjetunion zurückzukehren.

Die deutschen Unternehmen hatten seit dem Kriegshilfsdienstgesetz von 1916 mit den früher so verpönten Gewerkschaften zusammengearbeitet. Sie hatten öfters erlebt, wie die freien Gewerkschaften die Heißsporne in der ihnen nahestehenden SPD bremsten. Deshalb setzten die Firmen nun mehr denn je ihre Hoffnungen in diese besonnenen Partner. So bildete man schon im Dezember 1918 eine früher nicht denkbare Organisation. Sie nannte sich »Zentralarbeitsgemeinschaft der industriellen Arbeitgeber und Arbeitnehmer Deutschlands«, abgekürzt ZAG. In dieser ZAG wurde noch einmal die Rolle der Gewerkschaften in Tariffragen anerkannt und eine alte Gewerkschaftsforderung erfüllt: die Einführung des Achtstundentages.

In der chemischen Industrie ging man noch weiter: Am 28. April 1919 wurde die »Reichsarbeitsgemeinschaft Chemie« gegründet. In ihr waren der »Verein zur Wahrung der Interessen der chemischen Industrie« vertreten, der »Arbeitgeberverband der chemischen Industrie«, dazu die Gewerkschaften, vor allem der »Verband der Fabrikarbeiter Deutschlands«. Hier konnten alle drängenden Fragen besprochen und viele Konflikte schon im frühen Stadium entschärft werden.

## *Bitteres Erbe für Friedrich Ebert*

Der erste Mann im neuen Staat war Friedrich Ebert, der Führer der Mehrheitssozialdemokraten. Ihm hatte der letzte Reichskanzler des Kaiserreichs, Prinz Max von Baden, die Regierungsgeschäfte in einem der wohl schwärzesten Augenblicke der jüngeren Geschichte anvertraut. Als sich danach der Prinz von Ebert verabschiedete, wandte er sich an der Tür noch einmal zurück: »Herr Ebert, ich lege Ihnen das Deutsche Reich ans Herz!« Ebert antwortete: »Ich habe zwei Söhne für dieses Reich verloren.«

Friedrich Ebert, 1871 in Heidelberg geboren, Sohn eines Schneidermeisters, war Sattler gewesen, ehe er in der Sozialdemokratischen Partei aufgestiegen und in den Reichstag gewählt worden war. Ebenso wie sein Freund Ernst Legien, der Führer der

Gewerkschaften, stand Ebert mitten im praktischen Leben und war kein Freund sozialistischer Orthodoxie. Die blutigen Ereignisse in der Sowjetunion hatten ihn tief getroffen und in ihm den Grundsatz erzeugt, in Deutschland dürfe eine Revolution nach diesem Modell nicht stattfinden. Aus diesem Grund standen gegen Ebert nun zwei feindliche Gruppen: Die extreme Linke lehnte ihn als Verräter proletarischer Ideale ab, die Rechte mokierte sich über den »Sattlergesellen« an der Spitze des Reiches.

Ebert gelang es dennoch, in den brodelnden Novembertagen ein Kabinett zu bilden, das sich »Rat der Volksbeauftragten« nannte und dem drei Vertreter der Mehrheitssozialdemokraten und drei Unabhängige Sozialdemokraten (USPD) angehörten.

Bald gewann Ebert das Vertrauen der Arbeitermassen, die zwar erregt waren, aber keine Revolution, sondern Reformen wollten. Sogar der ursprünglich unter sehr radikalen Losungen angetretene »Reichskongreß der Arbeiter- und Soldatenräte« wurde von ihm auf maßvollen Kurs gebracht.

Die drei Unabhängigen traten schon bald aus der Regierung aus. Ein Teil der Unabhängigen fand seine politische Heimat im »Spartakusbund«, aus dem wiederum die Kommunistische Partei hervorging.

Ebert konnte sich freilich nur halten, weil er ein Bündnis mit der Obersten Heeresleitung einging. General Groener, der Nachfolger Ludendorffs, umriß seine – und Hindenburgs – Gründe für die Hilfeleistung klar: »Der Feldmarschall und ich wollten Ebert, den ich als geraden, ehrlichen und anständigen Charakter schätze, stützen, solange es geht, damit der Karren nicht noch weiter nach links rutscht.«

Während sich Ebert mit aller Entschlossenheit für die Wahl einer Nationalversammlung einsetzte, von der eine neue, demokratische Verfassung beschlossen werden sollte, stellten sich Unabhängige, Spartakisten und Kommunisten dagegen. »Die Nationalversammlung«, so erklärte der Unabhängige Sozialdemokrat Richard Müller, »ist der Weg zur Herrschaft der Bourgeoisie, ist der Weg zum Kampf. Nur über meine Leiche geht der Weg zur Nationalversammlung.«

Ebert hielt dem ehemaligen Parteifreund entgegen: »Die große deutsche Revolution wird keine neue Diktatur und keine Knechtschaft über Deutschland bringen, sondern die deutsche Freiheit fest begründen. Die Diktatur der Junker und des Militarismus hat unser Land ins Unglück gestürzt, eine neue Willkürherrschaft erträgt unser Volk nicht. Politische Freiheit ist Demokratie auf der festen Grundlage der Verfassung und des Rechts.«

Der Revolutionsausschuß der Kommunisten, dem Karl Liebknecht und Rosa Luxemburg angehörten, erklärte am 19. Januar 1919 die Regierung Ebert für abgesetzt und wollte die Regierungsgewalt selbst übernehmen. Erst nach schweren Kämpfen wurden die kommunistischen Aufständischen niedergeworfen. Ihre Anführer, Liebknecht und Luxemburg, wurden gefangengenommen und kurz darauf ermordet.

Nur unter dem Schutz von Regierungstruppen konnten die Deutschen zur Urne gehen, um die Nationalversammlung zu wählen. Zum ersten Mal konnten auch Frauen ihr Wahlrecht ausüben.

## *Die Weimarer Koalition*

Um zu einer funktionsfähigen Regierung zu kommen, gab es nur eine Lösung: eine Koalition der Sozialdemokratischen Partei – die zwar etwas enttäuschend abgeschnitten hatte, aber wieder stärkste Partei geworden war – mit den bürgerlichen Parteien, dem Zentrum und der Demokratischen Partei, unter Ausschluß der radikalen Kräfte von links und rechts.

Am 6. Februar 1919 trat das neue Parlament zum ersten Mal zusammen – im Nationaltheater von Weimar, und nicht in dem immer noch von politischen Leidenschaften aufgewühlten Berlin. Ebert wurde zum Reichspräsidenten gewählt. Das Amt des Ministerpräsidenten übernahm sein Parteifreund Philipp Scheidemann, der am 9. November 1918 von einem Fenster des Reichstags aus die Republik ausgerufen hatte.

In seiner Antrittsrede beschwor Scheidemann zunächst die Alliierten: Das deutsche Volk hoffe auf einen baldigen Frieden im Sinne der von Wilson verkündeten Grundsätze. Die deutschen Kriegsgefangenen sollten so schnell wie möglich entlassen werden und Deutschland gleichberechtigt in den neuen Völkerbund Zutritt erhalten.

Im innenpolitischen Teil seiner Rede setzte sich Scheidemann für die Beteiligung der Frauen an allen öffentlichen Ämtern ein, für die Öffnung der Bildungswege für alle Klassen, für ein demokratisches Volksheer, für die Freiheit der Religionsausübung und der Presse.

In der anschließenden Debatte traten zum erstenmal in der deutschen Parlamentsgeschichte weibliche Abgeordnete ans Rednerpult.

Finanzminister Schiffer entrollte ein bedrückendes Bild von der finanziellen Situation des Reiches. Die Kosten des Krieges beliefen sich auf 161 Milliarden Mark. »Es sind Unsummen verschleudert und Leute bereichert worden, die moralisch sehr anfechtbar waren. Der Krieg wurde als Konjunktur betrachtet. Wirtschaftlich gesehen war das Hindenburg-Programm ein Programm der Verschleuderung, die wüsteste Hochkonjunktur setzte ein. Der wirtschaftliche und moralische Schaden war ungeheuer.«

## *Das Diktat der Sieger*

Die alliierten Siegermächte zeigten kein Verständnis für die schwer um ihre Existenz ringende deutsche Republik. Am 7. Mai 1919 übergaben sie der deutschen Delegation in Versailles ihr Friedensdiktat, das sich als ein wahrhaft gnadenloses Dokument erwies. Vor allem enthielt es eine Forderung, die das Zusammenleben zwischen Siegern und Besiegten für lange Jahre vergiftete: Deutschland müsse sich zur Alleinschuld am Ausbruch des Krieges bekennen.

Die deutsche Öffentlichkeit wandte sich vehement gegen die Unterzeichnung dieses Dokuments, die Politiker und Parteien protestierten. Ebert und die Mitglieder der Regierung überlegten sich, ob sie nicht zurücktreten sollten. Aber auch im Lager der Sieger erhob sich Protest. Der amerikanische Delegierte Bullitt trat aus der Abordnung seines Landes aus und erklärte: »Diese Friedensbedingungen sind ein Abfall von den Prinzipien, für die wir Amerikaner gekämpft haben.« Der amerikanische Staatssekretär Lansing schrieb: »Der Eindruck ist enttäuschend und erweckt Bedauern und Niedergeschlagenheit. Die Friedensbedingungen erscheinen unsagbar hart und demütigend, viele von ihnen unerfüllbar.«

Obwohl Präsident Wilson stets als eines seiner wichtigsten Ziele das Selbstbestimmungsrecht der Völker deklariert hatte, wurde dieses Grundrecht den Deutschen in der neugeschaffenen Tschechoslowakei ebenso verweigert wie den in Österreich lebenden Deutschen.

In Deutschland erhob sich ein heftiger Streit um die Frage: Sollte man dieses Dokument, das Deutschland ächtete und knebeln sollte, unterzeichnen oder nicht? Ministerpräsident Scheidemann erklärte erregt, jede Hand müsse verdorren, die sich zur Unterzeichnung bereit fände. Auf der anderen Seite stand die französische Drohung, in Deutschland einzumarschieren und Berlin zu besetzen, wenn das Reich sich dem Diktat nicht unterwerfe.

*Franzosenzeit in Höchst*

Schon jetzt waren Teile des Rheinlandes von französischen, englischen, belgischen und amerikanischen Truppen besetzt. Drei »Brückenköpfe« hatten die Alliierten gebildet: um Köln, Koblenz und Mainz. Am 14. November 1918 waren französische Truppen auch in Höchst einmarschiert, das zum Mainzer Brückenkopf gehörte. Es handelte sich um 3500 Soldaten, dazu 1200 Pferde und 120 Fahrzeuge. Für alle mußte Quartier gemacht werden.

Über diese »Franzosenzeit«, die bis zum Jahre 1930 dauerte, reden ältere Bürger in Höchst selbst heute noch nicht gerne, obwohl diese Jahre geradezu harmlos erscheinen mögen, gemessen an dem, was später noch über Europa kommen sollte. Der eine oder andere Höchster dachte an seinen französischen »Logiergast« sogar ganz gerne zurück, wie etwa Chefportier Dietzler, der mit dem französischen Vizewachtmeister Picard sehr gut auskam, weniger gut dagegen mit Picards Nachfolger, der sich kaum je zu einem Wort herabließ, obwohl Dietzler sehr gut französisch sprach. Er hatte ja lange genug in Frankreich gearbeitet.

In der Höchster Stadtverwaltung herrschte Hochbetrieb. Da waren Wünsche der französischen Besatzung zu erfüllen, die Repatriierung der fremden Arbeiter in die Wege zu leiten, heimkehrenden Soldaten die erste Unterstützung zu gewähren und Maßnahmen gegen die Wohnungsnot zu treffen. Mitarbeiter waren dringend erwünscht. August Merkel fand deshalb in der Paßabteilung der Stadt eine vorübergehende Beschäftigung.

Im Februar 1919 erhielt Merkel dann endlich das Schreiben, auf das er lange gewartet hatte. Er konnte – zunächst natürlich nur auf Probe – seine Stellung bei Hoechst antreten. Die Mitteilung enthielt auch die »Geschäftsordnung für Büro-Angestellte«, die Merkel zu unterzeichnen hatte. Neben der üblichen Formulierung, daß »der Angestellte den Anordnungen seines Vorgesetzten nach bestem Wissen und Willen nachzukommen und alle ihm übertragenen Arbeiten gewissenhaft und pünktlich auszuführen« hat, wurde darin auch die tägliche Arbeitszeit festgelegt. Sie ging von 7 bis 11 Uhr vormittags und von 1 bis 4 Uhr nachmittags.

»Die Kürze der Geschäftszeit«, so hieß es weiter in der Geschäftsordnung, »verlangt sowohl deren pünktliches Einhalten, als deren höchst mögliche, den Fähigkeiten des Angestellten entsprechende Ausnutzung.«

Merkel wird sein möglichstes getan haben, denn am 17. Dezember des gleichen Jahres teilte ihm die Personalabteilung mit, »daß wir Sie vom 1. Januar 1920 als endgültig angestellt betrachten und bereit sind, von diesem Zeitpunkt ab einen Vertrag auf fünf aufeinanderfolgende Jahre mit Ihnen abzuschließen«.

Das Jahresgehalt Merkels wurde auf 3600 Mark festgesetzt. Mit Erhöhungen war zu rechnen. »Die jährliche Erhöhung regelt sich nach der zwischen dem Vorstand der Farbwerke und den Maschinen- und Bautechnikern des Bundes der technischen Angestellten getroffenen Vereinbarung vom 11. August 1919, ebenso wird die Jahresgratifikation nach den in dieser Vereinbarung festgelegten Sätzen gewährt.«

Wie jeder Angestellte wurde Merkel auch Mitglied der Hoechster Pensionskasse. Neben der staatlichen Angestelltenversicherung betrug Merkels Leistung zur Pensionskasse ein Prozent seines Jahreseinkommens.

Über Merkels erste Tätigkeit in den Farbwerken informiert eine kurze handschriftliche Notiz seines Vorgesetzten Kurtemayer an den Oberingenieur Tiedtke: »Der junge Merkel hat sich heute vorgestellt. Ich würde ihn gerne als Techniker zur Bearbeitung von Zeichnungen und Plänen für Eisenbahn und Rollbahn einteilen, ebenso soll er auf der Strecke neue, projektierte Gleise abstecken, eventuell nivellieren und Aufnahmen machen.«

Nun stand auch einer Heirat nichts mehr im Wege. Merkel junior nahm Gretel Bellgardt zur Frau. Die Trauung in der katholischen St.-Josefs-Kirche fand am 1. August 1920, die standesamtliche einen Tag früher statt. Gretel war eine Tochter von Heinrich Bellgardt, der als Kupferschmied in den Farbwerken beschäftigt war, Bellgardt war aus Braunsberg in Ostpreußen. Die Mutter, Margarethe, geb. Junker, dagegen kam aus Höchst. Auch Bellgardts Sohn arbeitete als Kraftfahrer in den Farbwerken, ebenso die Tochter Therese.

Alle Barthels, Merkels und Junkers trafen zu diesem Ereignis zusammen. Sogar Fritz Merkel, der in Amerika lebte und sich Fred nannte, der Sohn von Merkels verstorbener Frau, war in jenem Jahr wieder in der alten Heimat.

So dürfte es wieder einmal im »Bären«, den ja einst Barthels Sohn Joseph geführt hatte, recht eng, aber sicher auch sehr fröhlich hergegangen sein. Auf dem Hochzeitsbild präsentieren sich stolz und würdig die Großfamilien mit sämtlichen Nebenlinien.

## *Willi kam »in den Dampf«*

Im Gegensatz zu Merkel hatten Willi Gehringer und Ernst März sofort nach ihrer Entlassung vom Militär wieder bei Hoechst beginnen können. Willi wurde in die Dampferzeugung versetzt, »in den Dampf«, wie die Rotfabriker sagten; Ernst März, der noch 1917 seine Schlosserprüfung mit der Note »Gut« abgelegt hatte, kam zunächst als Betriebsschlosser in einen Farbstoffbetrieb, anschließend in die Lösungsmittelherstellung.

Willi Gehringer wohnte bei seinen Eltern in der Wasgaustraße in Unterliederbach. Sein Vater, Peter Gehringer, war aus gesundheitlichen Gründen früh pensioniert worden. Er verdiente sich als Aushilfskellner in den Wirtschaften der Umgebung noch etwas zusätzliches Geld. Überdies besaß er in hohem Maß die Tugend der Sparsamkeit. Sohn Willi bezeichnete ihn sogar schlicht als geizig. Denn wenn Willi zum Abendessen bei den Eltern seine Freundin Katharina mit einlud, dann mußte er diese Extraausgabe in Heller und Pfennig begleichen. Willi verdiente in den zwanziger Jahren etwa 20 Mark in der Woche.

Von seiner Freizeit verbrachte Willi viel bei der Freiwilligen Feuerwehr. Dort herrschte zwar strenger Dienst, und dauernd wurden Übungen angesetzt, andererseits vermittelte diese Tätigkeit auch ein starkes Zusammengehörigkeitsgefühl, das durch viele gesellige Veranstaltungen noch verstärkt wurde.

Seine politische Heimat fand Willi Gehringer in der SPD, die ihm am intensivsten die Interessen seiner sozialen Schicht zu vertreten schien. Er befand sich darin im Einklang mit den meisten seiner Freunde und Kollegen, die auch dieser Partei angehörten oder sie zumindest wählten. Seine spätere Frau Katharina Dörrscheidt hatte Willi im Schwimmbad an der Nidda kennengelernt. Sie war die Tochter des Meisters Dörrscheidt aus dem Naphtholbetrieb.

## *Treffpunkt »Bei Vater Jahn«*

Willi März, der auch Geselligkeit und Gemeinschaft liebte, schloß sich dem Unterliederbacher Männerchor an. Erst als ihm später ein Kehlkopfleiden das Singen erschwerte, wurde er ein begeisterter Brieftaubenzüchter.

In der Gaststätte »Bei Vater Jahn« in Unterliederbach trafen sich Willi und Ernst meist einmal in der Woche. Es war das Stammlokal ihrer alten Unterliederbacher Schulklasse. Obwohl sie noch wenig verdienten, reichte es allemal für ein Rippchen und einen Apfelwein.

Hans Bassing, der junge Sozialdemokrat, trat nach dem Krieg wieder bei Hoechst ein und arbeitete später bei einer Frankfurter Firma, die Reifen und andere Gummierzeugnisse herstellte. Zuerst stand er an den Kalandern, später wurde er Ausfahrer. Das lag ihm besonders, weil er dabei mit vielen Menschen zusammenkam.

Die erste Zeit nach dem Kriege hatte Bassing in seinen sozialdemokratischen Überzeugungen nur bestärkt. Die SPD hatte sich unter Eberts Führung als Partei der sozialen Demokratie, aber auch der Ordnung und Anständigkeit bewährt. Daß Ebert von Rechtskreisen ständig wegen seiner niederen sozialen Abkunft geschmäht wurde, ließ auf Bassings Stirn die Zornesader anschwellen, wenn er in eine Diskussion über dieses Thema geriet. Selbst wenn es sich um Kunden handelte, erhielten sie – nicht immer zur Freude seiner Firma – eine höchst temperamentvolle Antwort.

Bassing blieb so auch in späteren Jahren. Dennoch, oder vielleicht gerade deswegen, sollte er es eines Tages in der Rotfabrik noch weit bringen.

## Fünf Mädchen und ein Junge

Ein noch etwas jüngerer Mann als Bassing wartete nach seiner Schulentlassung ebenfalls auf eine Anstellung bei Hoechst. Er hieß Ludwig Retzinger, und sein Lebensweg sollte sich später zweimal mit jenem Bassings recht dramatisch kreuzen. Es geschah unter einem parteipolitisch sehr unterschiedlichen Vorzeichen.

Retzingers Vater war Rotfabriker, stammte aus Kostheim und wohnte in den ersten Jahren in der Höchster Humboldtstraße. Im Jahr 1919 konnte Konrad Retzinger ein Haus in der Zeilsheimer Siedlung des Unternehmens beziehen. Während des Krieges war Retzinger Soldat, seine Frau Katharina arbeitete in der Munitionsherstellung in den Farbwerken. In dieser Zeit führte die zwölfjährige Tochter Magdalena, genannt Lenchen, die Aufsicht über das Haus und die jüngeren Geschwister. Es handelte sich um vier Mädchen: Gertrud, Wilhelmine, Katharina und Anna. Ludwig war der Drittälteste. Als einziger Junge wurde er von seinen Schwestern sehr verwöhnt.

Konrad Retzinger ließ sich schon mit 48 Jahren pensionieren – er litt seit dem Krieg an Malaria. Da er nur eine kleine Pension bezog, mußte die Familie das Geld eisern zusammenhalten. Die Lebensfreude der gebürtigen Mainzer, genauer: Kostheimer, scheint der Geldmangel nicht getrübt zu haben. Überdies hielten die Retzingers, wie die Nachbarn in Zeilsheim anerkennend feststellten, »wie Pech und Schwefel zusammen«.

Obwohl er oft nur ein paar Pfennige besaß, ließ sich Konrad Retzinger nicht abhalten, alljährlich, wie es sich nach seiner Meinung für einen echten »Määnzer« gehörte, den »närrischen Montag« in Mainz zu feiern. Wenn er das Fahrgeld für die Eisenbahn nicht besaß, dann ging er eben zu Fuß die lange Strecke hin und zurück. Er hatte dies in der ersten Zeit oft genug getan, als er bei Hoechst Arbeit gefunden hatte, die Familie aber noch in Kostheim wohnte.

Retzingers Sohn Ludwig wäre am liebsten kaufmännischer Angestellter geworden und hätte gerne eine Handelsschule besucht. Doch an solchen Höhenflug war im Hause Retzinger nicht zu denken, obwohl die Schwestern bereit gewesen wären, zum Schulgeld beizutragen.

Da Ludwig auch als einfacher Arbeiter in den Farbwerken nach der Volksschule keine Arbeit fand, arbeitete er als Aushilfskraft in Kriftel in einer Ziegelei oder als Helfer bei der Obsternte; später war er Hilfsarbeiter bei der Firma Bleichert, von der die Kohlebahn in den Farbwerken gebaut wurde. Schließlich fand er eine Stelle bei einer Frankfurter Schuhfirma. Doch diesen Posten verlor er, weil er sich als aktiver Boxer nicht zu einem Verein abwerben lassen wollte, den seine Vorgesetzten bevorzugten.

Das war, wie es Retzinger schien, ein sehr unfairer Schlag. Er traf auch sein ausgeprägtes Gerechtigkeitsgefühl. Zu Hause wurde er von der Familie getröstet, auf die Dauer werde es schon mit einer Anstellung bei den Farbwerken klappen. Ein Freund seiner Schwester, Carl Gerlach, der Laborant war, versprach, sich für ihn einzusetzen.

## *Sturm auf das Verwaltungsgebäude*

Bei Hoechst hatte es vor dem Kriege kaum je Streiks gegeben. Hier standen sich die Leitung der Firma und die Arbeiter nicht in bitterer Feindschaft gegenüber, mochten Ausdrücke wie »eine große Werksfamilie« auch nur zum Repertoire der Festreden gehört haben. Das Klima hatte sich jetzt geändert, es war rauher geworden. Im Juli 1920 kam es zu einem Vorfall, der noch vor kurzer Zeit undenkbar gewesen wäre. Am 29. Juli versammelten sich unzufriedene Arbeiter auf der Straße vor dem Hauptbüro. Sie wollten ein kräftiges Wort mit der Firmenleitung wegen der Löhne und dem von der Regierung beschlossenen zehnprozentigen Steuerabzug sprechen.

»Während mit der Direktion im Büro verhandelt wurde«, so berichtete das »Kreis-Blatt«, »staute sich die demonstrierende Menge im Aufgang des Direktionsgebäudes und vor dem Hause. Bei dem Gedränge im Hause ist es zu einem Unfall gekommen, bei dem einige Leute durch das Herabstürzen einer steinernen Balustrade so erheblich zu Schaden kamen, daß sie vom Platze getragen werden mußten... Der 17jährige Arbeiter Jakob Neubecher aus Schwanheim erlitt so schwere Verletzungen, daß er nach wenigen Augenblicken starb...«

»Anschließend«, so erzählte der Augenzeuge, Chefportier Dietzler, »drangen die Arbeiter in die Büros, beschmutzten und ruinierten vieles, warfen auch das vom Kaiser seinerzeit geschenkte Bild auf die Straße. Professor Duden, Dr. Epting und Dr. Bruns bekamen Schläge und wurden verletzt. Wenn ich nicht in meine Hütte – die Portiersloge – gegangen wäre, wie sie mir zuriefen, so hätte ich auch Hiebe bekommen.«

Der Frieden wurde notdürftig wieder hergestellt, nachdem der Direktion eine Reihe von Versprechungen abgerungen worden waren: die Einführung der 48-Stunden-Woche auch in jenen Betrieben, in denen das noch nicht der Fall war, die Übernahme des von der Regierung beschlossenen zehnprozentigen Steuerabzuges durch das Werk und die Bereitschaft, Lohnerhöhungen zu prüfen.

## *In Berlin wurde geputscht*

Das Jahr 1920 hatte auch in der Reichshauptstadt bedenkliche Zeichen gesetzt. Im März war es zu dem sogenannten Kapp-Putsch gekommen. Die Brigade Ehrhardt, ein Haufen von Freikorps-Kämpfern, war in Berlin eingezogen und hatte den Generallandschaftsdirektor Wolfgang Kapp als Reichskanzler und den General von Lüttwitz als Oberbefehlshaber eingesetzt. Als die rechtmäßige Regierung die Reichswehr aufforderte, den Aufstand niederzuschlagen, hatte der Chef des Truppenamtes, General von Seeckt, sich geweigert und kühl erklärt: »Reichswehr schießt nicht auf Reichswehr.« Andere Offiziere hatten sich sogar eindeutig auf die Seite von Kapp gestellt.

Daß dieser Rechtsputsch dann doch zusammenbrach, bewirkten der Generalstreik der Arbeiter und die Weigerung des Beamtenapparates, mit den Umstürzlern zusammenzuarbeiten. Daß von Seeckt im Amt belassen wurde, sogar Chef der Heeresleitung wurde, offenbarte die Schwäche sowohl Eberts wie des sozialdemokratischen Reichskanzlers.

Aber der Feind der jungen Republik stand nicht nur rechts – um ein geflügeltes Wort aufzugreifen, das der spätere Zentrums-Kanzler Joseph Wirth einmal prägte. Das Gesetz, das die Mitwirkung der Betriebsräte in den Unternehmen regelte, hatte die Unabhängigen Sozialdemokraten und die KPD zu Demonstrationen vor dem Reichstag veranlaßt, die unbegreiflicherweise sogar genehmigt wurden. Es gab 42 Tote. Das Betriebsrätegesetz war für die radikalen Linken eine Gelegenheit, die Regierung in der Bevölkerung verhaßt zu machen. Das Gegenteil wurde freilich erreicht.

Im Jahre 1921 kam es auch bei Hoechst wieder zu Unruhen. Im Werk Oppau der BASF hatte es eine schwere Explosion gegeben, die über vierhundert Menschenleben kostete. Was waren die Ursachen? Niemand wußte eine Antwort. War es ein Anschlag, oder hatte die Werksleitung ungenügende Sicherheitsmaßnahmen getroffen?

Für eine Gruppe von Arbeitern bei Hoechst war diese Katastrophe der Anlaß zur gewaltsamen Demonstration. Einige versuchten, wie im Vorjahr, in das Hauptverwaltungsgebäude einzudringen. Sie schlugen eines der großen Fenster ein, konnten jedoch nicht die Türen öffnen. So blieben sie drohend für einige Zeit vor dem Gebäude versammelt. Niemand wußte, ob sie nicht einen größeren Ansturm unternehmen würden. Einer der Beamten im Haus, Gilles, bekam vor lauter Aufregung einen Herzschlag, obwohl die Unruhestifter nach einiger Zeit freiwillig wieder abzogen.

## *Einmarsch im Ruhrgebiet*

Es wurde immer klarer, daß Deutschland die ihm auferlegten Reparationsverpflichtungen nicht erfüllen konnte – zumindest nicht in der dafür vorgesehenen Zeit. Die Reichsregierung versuchte, die alliierten Mächte für einen Aufschub und für Neuregelungen zu gewinnen. Die Amerikaner und auch die Engländer waren zu einem gewissen Entgegenkommen bereit. Doch die französische Regierung unter Poincaré blieb hart, als Deutschland mit seinen Lieferungen in Verzug kam. Am 11. Januar 1923 marschierten französische und belgische Truppen ins Ruhrgebiet ein. Zur »Sicherung produktiver Pfänder«, wie es hieß.

Reichspräsident Friedrich Ebert, Reichskanzler Cuno und das Kabinett waren sich einig, diesen rücksichtslosen Akt militärischer Gewalt nicht hinzunehmen. Der passive Widerstand gegen die Ruhrbesetzung wurde proklamiert. Das Reich stellte alle Kohlelieferungen nach Frankreich ein. Diese Haltung erweckte überall begeisterte Zustimmung – bei den Parteien, den Gewerkschaften, in der breiten Bevölkerung.

Die deutschen Beamten an der Ruhr, die Eisenbahn- und Fabrikarbeiter weigerten sich, mit den Eindringlingen zusammenzuarbeiten. Die Franzosen reagierten hart, mit Beschlagnahmungen, Verhaftungen und Ausweisung. Sie versuchten auch, den Verkehr zwischen dem besetzten und unbesetzten Gebiet zu unterbinden. Blutige Zusammenstöße zwischen französischen Truppen und deutschen Widerständlern gehörten bald zur Tagesordnung. Albert Leo Schlageter, einer von ihnen, wurde von den Franzosen standrechtlich erschossen und somit zum Märtyrer gemacht. Sein Grab auf der Golzheimer Heide wurde zur Wallfahrtsstätte.

Als sein Sarg in Frankfurt eintraf, um von dort in die badische Heimat gebracht zu werden, kam es zu einer großen Kundgebung. Studenten hielten vor dem mit schwarz-weiß-roten Schleifen bedeckten Sarg im Scheine von Kerzen die Ehrenwache. Eine große Zahl von Menschen sah schweigend, beinahe andächtig zu. Dann erfüllten Schreie und Verwünschungen gegen die Franzosen die Bahnhofshalle.

Ministerpräsident Raymond Poincaré erklärte: »Wir stehen im wirtschaftlichen Herzen Deutschlands. Niemand soll erwarten, daß wir uns vor Bezahlung des letzten uns geschuldeten Franken wieder zurückziehen.«

Viele in Deutschland argwöhnten, das eigentliche Ziel der Franzosen sei die Abtrennung des Rheinlandes. Verlängerter Arm dabei sollten offenbar die Separatisten sein, Deutsche, die in der Notzeit aus dem gemeinsamen Schicksal aussteigen wollten. Sie veranstalteten im September einen Separatistentag in Düsseldorf, und im Oktober kam es in Aachen unter dem Schutz der belgischen Militärs sogar zur Ausrufung der »Rheinischen Republik«. Auch in Höchst und Bad Soden gab es Separatisten. Die Bevölkerung verweigerte ihnen allerdings zum Ärger der Franzosen die Gefolgschaft.

### *Eine Million Mark für einen Dollar*

Die Reichsregierung hatte es übernommen, den Unterhalt für die Widerständler an der Ruhr aufzubringen. Diese Ausgaben rissen ein noch größeres Loch in die staatliche Kasse. Es wurde nur durch heftige Inanspruchnahme der Notenpresse mühsam verdeckt, wenn nicht gerade die Buchdrucker streiken. So schritt die Inflation weiter voran. Hatte man Anfang Mai noch 32500 Mark für den Dollar gerechnet, so waren es Ende Juni 154000; einen Monat später lag der Dollar bei einer Million Mark. Im Oktober kostete in Höchst ein Laib Schwarzbrot 5 Milliarden Mark.

In den Farbwerken herrschte weiterhin strenges, militärisches Regiment. Vor den Toren der Fabrik standen die marokkanischen Truppen mit aufgepflanztem Bajonett. Ein Teil der Produktion wurde jeden Tag sofort für Reparationszwecke beschlagnahmt. Arbeiter, die außerhalb des besetzten Gebietes wohnten, durften nicht ins Werk. Sie verloren so nicht nur ihre Arbeit, sondern auch ihren Lohn.

Frankfurt gehörte zum unbesetzten Gebiet, die Grenze war in Nied an der Brücke. Einer der Schlagbäume befand sich in Griesheim. Das besetzte Gebiet durfte nur mit besonderen Pässen und Sichtvermerken betreten werden. Die Abfertigung dauerte oft stundenlang. Da die Posten in der Regel nicht sonderlich sprachenkundig waren, konnten ihnen gelegentlich alle möglichen Papiere hingehalten werden: Notizblätter, Aufzeichnungen oder sogar Salvarsan-Anwendungsbeschreibungen auf japanisch. »Passez«, sagten dann die Posten.

Die französischen Offiziere, die im Werk in den einzelnen Betrieben stationiert waren, so wurde getuschelt, seien gar keine Militärs, sondern in Wirklichkeit Chemiker. Nicht verbotene Produktionen zu unterbinden sei ihre Aufgabe, sondern das Ausspionieren von Fabrikgeheimnissen. Besonders neugierig zeigten sich die Franzosen bei der Antipyrin- und Pyramidon- sowie der schwierigen Salvarsanherstellung. Bei diesen Fertigungszweigen kam es besonders auf das Know-how der Meister und Laboranten an.

Um den Franzosen das Auskundschaften schwerer zu machen, notierten die Rotfabriker ständig falsche Daten vom Produktionsablauf, der Einwaage der chemischen Ansätze, den Temperaturen oder den Reaktionszeiten.

Auf die Dauer ließen sich die französischen Kontrolleure aber offenbar doch nicht täuschen. Professor Carl Ludwig Lautenschläger, der 1920 als Nachfolger von Ammelburg in die pharmazeutische Abteilung eingetreten war, erzählte darüber in seinen privaten Lebenserinnerungen: »Als nach mehreren Jahren einmal einige unserer Herren bei Poulenc Frères und in der französischen Fabrik ›Usines de Rhône‹ zu Besprechungen waren, wurden ihnen auch neue Fabrikationsanlagen für Pyrazolone und Salvarsane gezeigt. Auf die Frage, wie sie so rasch zu diesen erschöpfenden Erfahrungen über diese so diffizil herzustellenden Arzneimittel gekommen seien, erzählten sie, daß eine Reihe ihrer Chemiker während der Besatzung sich bei uns in Hoechst alles angesehen und genaueste Aufzeichnungen der technischen Anlagen und aus den laufenden Fabrikationsjournalen mitgebracht hätten. Seither wurden diese wichtigen Produkte, für die wir uns vor und während des Weltkrieges noch das alleinige Monopol gesichert hatten, in den Fabriken vieler ehemals gegnerischen Staaten hergestellt, wodurch wir von vielen Auslandsmärkten successive ausgeschlossen wurden.«

Kein sehr schmeichelhaftes Andenken bei den Höchstern erwarb sich in diesen Jahren der Kommandant der französischen Truppen, Major Schneedecker, ein Elsässer, der besonders streng mit der Bevölkerung und den Menschen in der Fabrik umsprang. Für einige Zeit behielt er Vorstandsmitglieder einfach als Geiseln im Hauptverwaltungsgebäude, oder er ließ Chemiker und Kaufleute ausweisen, die sich als nicht genügend kooperationsfreudig erwiesen. Andere Angestellte landeten für mehrere Wochen in französischen Militärgefängnissen.

## *In einem Haus in der Kaiserstraße*

Es fehlt allerdings auch nicht an Geschichten, wie die listigen Höchster Auswege fanden, um wenigstens einen Teil der Besatzungsvorschriften zu unterlaufen. Da Frankfurt nicht zum besetzten Gebiet gehörte, erwarb das Unternehmen ein großes Geschäftshaus in der Kaiserstraße 17. Es wurde als geheime Zentralstelle der Firma eingerichtet. So wurde zum Beispiel in der Kaiserstraße die gesamte Post »gesäubert«, ehe sie in das besetzte Gebiet ging und den Franzosen unter die Augen kam.

Professor Lautenschläger richtete einige Laboratorien in einer Chininfabrik in Sachsenhausen ein. Dort konnten Entwicklungen gemacht werden, ohne daß Besatzer den Chemikern dabei über die Schulter schauten.

Da Lautenschläger erst vor kurzem von der Universität Greifswald zu Hoechst übergewechselt war, war er für die Franzosen, wie er in seinen Erinnerungen schrieb, »ein unbeschriebenes Blatt«. Er erhielt deshalb bald seinen Paß und konnte so jeden Tag zwischen dem Werk und Frankfurt hin und her pendeln. »Das war eine gute Entfettungskur«, schrieb er, da er den ganzen Weg jeweils zu Fuß machen mußte.

Im Herbst 1923 stand der Dollar bei mehreren Millionen Mark. Bald mußte man beginnen, mit Milliarden zu rechnen. Die Versorgung mit den einfachsten Lebensmitteln war gefährdet. In Frankfurt drohte eine Hungersnot, obwohl die Stadt Notgeldscheine ausgegeben hatte. Um so begieriger kaufte das Ausland deutsche Waren. Sie kosteten ja in fremder Währung kaum ein Butterbrot.

Es wurde immer offenbarer: Der Ruhrkampf mußte abgebrochen, der passive Widerstand eingestellt werden.

## *Die Rentenmark wird eingeführt*

Im Reich bildete sich eine neue Regierung, eine große Koalition vom Zentrum bis hin zur weiter rechts stehenden Deutschen Volkspartei; Führer der Deutschen Volkspartei (DVP) war Stresemann, der das Amt des Reichskanzlers übernommen hatte. Zusammen mit seinem Finanzminister Hans Luther und dem Währungskommissar Hjalmar Schacht begann Stresemann, den Währungsschnitt vorzubereiten. Er würde sehr tief sein müssen, um dem kranken Organismus eine Chance zur Gesundung zu geben. Die Gründung der neuen Rentenbank stand am Anfang der Operation.

Einen Monat später erfolgten die ersten, sparsamen Auszahlungen in Rentenmark. Diese Rentenmark entsprach einer Billion Papiermark. Sparer, Hypothekengläubiger, Zeichner von Kriegsanleihen verloren den größten Teil ihrer Vermögen. Ebenso erging es den zahlreichen Frankfurter Stiftungen.

Nur die Besitzer von Sachwerten kamen verhältnismäßig ungeschoren davon. Wie verhängnisvoll sich diese »Proletarisierung« des Mittelstandes noch auswirken sollte, ahnten damals nur wenige. »Der Zusammenbruch der Monarchie und der Verlust des Krieges hatten den Mittelstand in seinen Idealen schwer getroffen«, schreibt Paul Sethe in seiner »Deutschen Geschichte«. »Nun wurde vielen seiner Mitglieder die materielle Grundlage ihres Daseins entzogen. Diese Schicht konnte kaum anders als den Staat befehden, der ihr das Eigentum genommen hatte. Sie wurde später eine leichte Beute der Nationalsozialisten.«

Im besetzten Gebiet, wie in Höchst, wurde die Rentenmark von der alliierten Rheinlandkommission allerdings nicht als Zahlungsmittel zugelassen. Die Farbwerke mußten deshalb zum dritten Mal wertbeständiges Notgeld ausgeben. Daneben gab es die Besatzungswährung, mit der manche natürlich einen eifrigen Handel trieben.

Manche fürchteten auch, die Rentenmark könnte bald wieder einer schleichenden Auszehrung anheimfallen. Doch diese Besorgnis war überflüssig. Die Menschen vertrauten der neuen Mark auf geradezu magische Weise. Kein neues Inflationsfieber brach aus, der deutsche Wirtschaftsorganismus konnte – langsam genug – seinen Genesungsprozeß einleiten.

Mitte 1924 konnten in den Farbwerken die Lohn- und Gehaltszahlungen zu einem Viertel in Rentenmark erfolgen. Weitere 25 Prozent wurden in dem wertbeständigen Notgeld des Werkes, der Rest in Papiermark entrichtet. Im Mai 1924 konnte schließlich die Ausgabe von Notgeld vollständig eingestellt werden. Die Zahlungen an die Beschäftigten geschahen jeweils zur Hälfte in Papier- und Rentenmark. Anfang 1925 hatte dann das Notgeld endgültig ausgedient. Es wurde samt und sonders in Rentenmark umgewechselt.

*Neue Produkte von Hoechst*

Hoechst konnte auch einige neue Produkte auf den Markt bringen. Es handelte sich um Düngemittel, Pflanzenschutzmittel und Textilhilfsmittel. Wohin aber sollte man mit der Essigsäure, für deren Produktion große Anlagen während des Krieges entstanden waren? Essigsäure konnte zwar als Speiseessig-Essenz benutzt werden – aber das waren für ein Werk wie Hoechst lächerlich geringe Mengen.

Die Lösung für das Lösungsmittelproblem kam aus Übersee. Dort begann jetzt allmählich die Zeit des Autos für jedermann.

Die Produktionszahlen stiegen sprunghaft. Und um Farbe auf die Karosserien zu bringen, brauchten die Lackierer zum Kunstharz und zur Farbe Lösungsmittel. In den USA wurde damals hauptsächlich Amylacetat benutzt, das aus Amylalkohol gewonnen wurde, den die amerikanische Gärungsmittelindustrie in großen Mengen lieferte. In Höchst fanden die Forscher heraus, daß ein Gemisch von Butylacetat und Butanol als Lösungsmittel genauso gut war. Die beiden Bestandteile wurden auf der Basis von Acetaldehyd produziert. Sie fanden im Export guten Absatz.

Bald lernte man noch viele weitere Verwendungen für Lösungsmittel kennen. So konnte bei Hoechst ein größeres Sortiment aufgebaut werden. Es reichte von den »Niedrigsiedern« bis zu den »Hochsiedern«.

Auch die Kunstharze und Kunststoffe, die Fritz Klatte 1913 in Griesheim auf der Basis von Acetylen und Essigsäure gewonnen hatte, wurden jetzt für Hoechst wieder hochinteressant. Griesheim hatte damals allerdings andere Produktionspläne verfolgt und die Patente Klattes aufgegeben. Die bayerische Firma Wacker hatte hier die »bessere Nase« gehabt. Sie hatte in Burghausen Klattes Erfindungen in aller Stille ausgebaut.

Es hätte große Kräfte gefordert, mit Wacker in einen Konkurrenzkampf zu treten. Deshalb versuchte Paul Duden, sich mit dem bayerischen Unternehmen in buchstäblich letzter Minute zu einigen. Er erreichte, daß Hoechst 1920 eine Beteiligung von 50 Prozent bei Wacker übernehmen konnte. Damit waren günstige Voraussetzungen für künftige Produkte auf der Basis der Acetylenchemie geschaffen. Man konnte sich mit Wacker auch über die großen Chlormengen einigen, die von Wacker, aber auch vom Werk Gersthofen hergestellt wurden.

## *Rettung für Zuckerkranke*

Der größte Erfolg, den die Farbwerke in den zwanziger Jahren erzielen konnten, war die Herstellung von Insulin, das bald Tausenden von Menschen das Leben retten sollte.

Die Zuckerkrankheit ist uralt. Man kannte jedoch nur die von ihr verursachten Wirkungen, aber nicht ihre Ursachen und natürlich auch kein Mittel, um den Verlauf der Krankheit zu beeinflussen. Immer wieder hatten die alten Ärzte beobachtet, wie manche Patienten von einer unbegreiflichen Mattigkeit und unaufhaltsamer Auszehrung ergriffen wurden, die in Bewußtlosigkeit und Tod endete.

Erst 1889 hatten zwei Ärzte in Straßburg, Minkowski und Joseph von Mering, die ersten Spuren im Labyrinth dieser Krankheit gefunden. Sie untersuchten, ob Hunde auch ohne Bauchspeicheldrüse leben könnten, ein Organ, von dem man wußte, daß es bestimmte Verdauungsfermente erzeugt. Die Antwort, die sie auf einen solchen chirurgischen Eingriff erhielten, lautete eindeutig »nein«. 1908 verwendete ein deutscher Forscher, Zülzer, einen Extrakt aus Inselzellen der Bauchspeicheldrüse zur Behandlung von fünf Zuckerkranken. Er gab diese Therapie, die zum Erfolg hätte führen und vielen Menschen das Leben hätte retten können, wieder auf, weil die von ihm behandelten Menschen Geschwüre bekamen.

Erst 1920 nahmen dann andere Wissenschaftler die Suche nach einem Mittel gegen die Zuckerkrankheit wieder auf. Es handelte sich um zwei kanadische Forscher: Frederick Banting, 31 Jahre alt, Orthopäde und Assistent für Physiologie an der Universität Toronto, und Charles Best, 21 Jahre alt und noch Student für Physiologie und Biochemie.

Beide hatten sorgfältig alle Arbeiten über Diabetes studiert und waren von der Idee gepackt, ein Mittel gegen die Zuckerkrankheit direkt aus den Inselzellen der Bauchspeicheldrüse zu gewinnen.

Sie arbeiteten in einem kümmerlichen Labor. Zunächst unterbrachen sie Hunden die Ausführungsgänge der Bauchspeicheldrüse, über die Verdauungsfermente wie Trypsin in den Dünndarm gegeben werden. Nach einiger Zeit war die Drüse verkümmert. Erst wenn dieser Zustand erreicht war, versuchten sie, das Sekret der Inselzellen, das normalerweise ins Blut abgegeben wird, zu gewinnen. Mit Hilfe dieses Sekrets konnten sie Tiere am Leben erhalten, denen vorher die Bauchspeicheldrüse entfernt worden war. Todmatte Hunde, dem Sterben schon ganz nah, erhoben sich wieder, wedelten mit dem Schwanz und begannen im Labor herumzulaufen.

Mit Hilfe immer reinerer Extrakte aus den Inselzellen gelang es Banting und Best, den Blutzuckerwert auf das normale Maß zu senken. Manchmal allerdings erzielten sie einen höchst unerwünschten Effekt: Der Blutzuckerwert sank zu tief. Es kam zur ebenfalls gefährlichen Unterzuckerung, zur Hypoglykämie.

Banting und Best nannten ihre Verbindung Insulin – da sie aus den Inselzellen der Bauchspeicheldrüse gewonnen war. Damit konnte eine Hündin, der die Bauchspeicheldrüse herausgenommen worden war, 70 Tage am Leben erhalten werden. Das Insulin stammte aus den Inselzellen der Bauchspeicheldrüsen ungeborener Kälber von Rindern.

Der erste Mensch, der Insulin erhielt, war der dreizehnjährige Leonard Thompson, genannt Lenny. Lenny litt seit etwa einundhalb Jahren an Diabetes, lag im Krankenhaus von Toronto und verfiel von Tag zu Tag. Die Ärzte mußten dies mitansehen, ohne den Krankheitsprozeß aufhalten zu können. Schließlich informierten sie Banting und Best, von deren Insulinextrakten sie gehört hatten. Es war keinen Tag zu früh.

Schon nach der ersten Insulin-Injektion ging es Lenny besser: Sein Gesicht bekam wieder etwas Farbe, der Körper gewann wieder etwas an Kraft. Die größte Sorge für Banting und Best blieb zunächst nur: Würde es gelingen, den Insulinnachschub zu sichern?

Unter den Diabetikern, die das Insulin rettete, befand sich übrigens auch der Arzt Dr. George Richards Minot aus Boston. Wenige Jahre danach machte Minot eine große Entdeckung: Menschen, die an perniziöser Anämie litten – dabei handelt es sich um einen gefährlichen Schwund der roten Blutkörperchen – konnten durch den Genuß roher Leber und Injektionen von Leberextrakten geheilt werden. Minot, der ohne Insulin wahrscheinlich nicht mehr am Leben gewesen wäre, erhielt für seine Entdeckung den Nobelpreis.

Hoechst genoß auf dem Gebiet der Hormone weltweites Ansehen. Stolz hatte, wie beschrieben, 1904 das erste Hormon überhaupt synthetisiert, das Adrenalin; und noch vor dem ersten Weltkrieg war es geglückt, Wirkstoffe aus dem Vorder- und dem Hinterlappen der Hypophyse zu gewinnen, jener Drüse im Gehirn, die nicht einmal ein Gramm wiegt, aber offensichtlich eine »Dirigentenfunktion« im Orchester der Hormone einnimmt. Von der Hypophyse gehen die Impulse zu den Hormonzellen der Nebennieren, der Schilddrüse, der Sexualdrüsen wie zu denen der Bauchspeicheldrüse. Um welch geringe Mengen es sich dabei handelt, sieht man daran, daß ein Mensch täglich nur ein Milligramm an reinem Insulin benötigt.

Schon 1913 hatte Hoechst den Ärzten ein Präparat anbieten können, das aus dem Hinterlappen der Hypophyse gewonnen wurde: »Hypophysin«. In den dreißiger Jahren kamen Verbindungen aus dem Vorderlappen hinzu.

Auch das blutzuckersenkende Hormon der Bauchspeicheldrüse hatten Hoechst-Forscher im Jahre 1910 schon untersucht. Die damaligen Verfahren aber führten nicht zum Ziel; es fehlten Analysemethoden, den Blutzucker genau zu bestimmen. Bei den ersten Pankreas-Extrakten kam es deshalb leicht zu Überdosierungen, die Hypoglykämien hervorriefen. Man war jedoch der Methode, die Banting und Best zum Insulin führte, sehr nahegekommen. Hoechst war auch schon darangegangen, die Versorgung mit tierischen Bauchspeicheldrüsen zu organisieren.

## *Das erste Insulin von Hoechst*

So konnten sich die Farbwerke nach den ersten Mitteilungen aus Toronto in die Herstellung des Insulins einschalten. Man brauchte nicht zu warten, bis alle Einzelheiten aus Toronto bekannt wurden. Dank dieser Vorarbeiten erhielten die Farbwerke die erste deutsche Lizenz für die Herstellung von Insulin.

Noch 1923 wurde die Großproduktion aufgenommen. Eine neue Ära in der Bekämpfung des Diabetes brach an. Das nächste Ziel war die Gewinnung von kristallisiertem Insulin. Der Weg dazu war weit. Es gelang erst 1937, wie wir später lesen werden.

Und noch länger dauerte es, bis man wußte, wie sich der empfindliche Eiweißstoff Insulin aufbaut. Der britische Chemiker Frederic Sanger, der die Reihenfolge der einzelnen Bausteine dieses Moleküls ermittelte – es ist aus 51 Aminosäuren zusammengesetzt –, erhielt dafür 1958 den Nobelpreis.

## *Eine neue Ära der Chemotherapie*

Auch in der Chemotherapie ging es weiter voran, obwohl Paul Ehrlich 1915 im Alter von nur 61 Jahren gestorben war. Sein Nachfolger, Geheimrat Wilhelm Kolle, und Hoechst entwickelten eine Reihe von weiteren Salvarsanverbindungen und -kombinationen. Diese fanden eine gute Aufnahme, denn der Krieg hatte zu einer starken Zunahme der Syphilisinfektionen geführt. Schon 1917 hatte Hoechst die Salvarsanproduktion fast verdoppeln können. Obwohl nach dem Kriege das Präparat in vielen Ländern hergestellt wurde, bevorzugten viele Dermatologen das »echte« aus Höchst.

Die weitere Entwicklung der Chemotherapie verlagerte sich in den zwanziger Jahren allerdings von Hoechst zu Bayer. Daran war ein früherer Mitarbeiter von Ehrlich, Dr. Wilhelm Roehl, wesentlich beteiligt. Roehl, 1881 in Berlin geboren, Schüler von Ehrlichs Freund Albrecht Kossel, war bis 1909 am Georg-Speyer-Haus gewesen. Er hatte die biologische Abteilung geleitet. Anschließend war er für einige Zeit an die Universität Gießen gegangen, bevor er von Carl Duisberg für Bayer gewonnen wurde. Offenbar hatte man bei Hoechst Roehls Bedeutung nicht erkannt.

Roehl verwertete bei Bayer das ganze Können, das er sich einst bei Ehrlich erworben hatte, für den Ausbau der Tropenmedizin. Schon Ehrlich hatte ja ursprünglich seine Arsenobenzole gegen die Trypanosomen verwenden wollen. Die Forscher in Leverkusen fanden heraus, daß Afridoviolett, ein Harnstoff-Abkömmling, gegen die Schlafkrankheit eine gewisse Wirkung aufwies. Am Ende der Versuchsreihe stand das »Germanin«, das Präparat »Bayer 205«. Es übertraf alle anderen Arzneimittel gegen die Trypanosomen.

Den Höhepunkt der Chemotherapie bildete schließlich ein von Fritz Mietzsch und Joseph Klarer synthetisierter roter Azofarbstoff, »Prontosil« genannt. Seine Wirkung gegen Bakterien wurde in Tierversuchen gefunden. Es eröffnete die Reihe der Sulfonamide, der bisher mächtigsten Waffe gegen Bakterien.

## Unter dem Dach der I. G. Farben

Zu der Zeit freilich, da die Sulfonamide ihren Siegeszug begannen, waren Hoechst und Bayer längst keine Konkurrenten mehr, sondern unter dem Fusions-Dach der I. G. Farben vereint. Carl Duisberg nämlich hatte nach dem Krieg seine Vorstellungen von einem Zusammenschluß über die »Kleine I. G.« hinaus noch nicht völlig aufgegeben. 1923 legte er Pläne über eine Neuorganisation zumindest der Auslandsaktivitäten der Interessengemeinschaft vor.

Vor allem aber Carl Bosch in Ludwigshafen übernahm es jetzt, die völlige Fusion unbeirrt voranzutreiben. Bosch war 1923 in den USA gewesen und hatte ebenfalls einen sehr starken Eindruck von der industriellen Macht erhalten, die sich dort formiert hatte. Noch wichtiger aber war wohl, daß Bosch klar erkannt hatte, daß die finanziellen Möglichkeiten der BASF für den Aufbau der neuen Hochdrucktechnologien nicht ausreichten. Der Weg dazu wurde selbst für die I. G. lang und risikoreich.

Warum Hoechst die Fusion wollte, war dagegen weniger klar zu erkennen. Vielleicht herrschte in Hoechst die Furcht, allein könne man einer überragenden technisch-wirtschaftlichen Konkurrenz nicht gewachsen sein.

Haeuser und vom Rath fungierten als eifrige Vermittler, wenn bei den Verhandlungen zur Gründung der Großen I. G. die Meinungen einzelner Partner aufeinanderprallten. Und das war nicht selten, denn Bosch und Duisberg waren sehr unterschiedliche Naturen.

Am 21. November 1925 war der große Vertrag unterschrieben. Die Farbwerke, vormals Meister Lucius und Brüning, übertrugen ihr Vermögen als Ganzes, ohne Liquidation, gegen Gewährung von Aktien der BASF, Nennwert gegen Nennwert, an die Badische Anilin- und Sodafabrik, Ludwigshafen. Die übrigen Firmen der Interessengemeinschaft, Bayer (Leverkusen), Agfa (Berlin), Chemische Fabrik Griesheim-Elektron und die Chemischen Fabriken Weiler-ter Meer, (Uerdingen), schlüpften ebenfalls in den Firmenmantel der BASF.

Anschließend änderte die BASF ihren Namen in I. G. Farbenindustrie Aktiengesellschaft. Frankfurt wurde der Firmensitz des neuen Chemiegiganten.

Die Öffentlichkeit reagierte auf die Bildung des Superkonzerns unterschiedlich. Die großen Tageszeitungen mit ihren Wirtschaftsteilen äußerten sich freundlich, links orientierte Blätter sprachen unverblümt davon, diese neue wirtschaftliche Großmacht könne leicht zu einem Staat im Staate heranwachsen.

Wie aber dachten die Rotfabriker aller Gehaltsklassen über die Fusion? Sie vertrauten wohl darauf, daß ihre Direktion und ihre Aktionäre das Richtige, vielleicht sogar Unausweichliche getan hätten. Begeisterung über den Verlust der Selbständigkeit wird kaum geherrscht haben, eher ein wehmütiges Gefühl, das sich im Laufe der Jahre noch gesteigert haben wird, als erkennbar wurde, daß Hoechst auf dem besten Wege war, zum »Stiefkind« innerhalb der I. G. zu werden.

KAPITEL 12

# Die I.G. unterm Hakenkreuz

Am 16. Januar 1926 erhielt die I.G. Farbenindustrie, Werk Höchst, einen neuen Mitarbeiter: Ludwig Retzinger, 18 Jahre alt, mittelgroß, sportlich, hatte es geschafft. Durch die Vermittlung seines Schwagers Karl Gerlach, der in einem Höchster Labor arbeitete, konnte Retzinger in einem Labor der Rotfabrik im Gebäude CH 9 beginnen.

Retzinger fing an, wie alle Spüljungen angefangen hatten: Er wusch Gläser, reinigte Kolben und Retorten, wog und sortierte Chemikalien. Er war eifrig, zuverlässig und stets bereit zu lernen, denn schließlich hatte er, seit er Ostern 1923 die Volksschule in Zeilsheim verlassen hatte, drei Jahre verloren. Nach einer recht deprimierenden Zeit als jugendlicher Hilfsarbeiter wußte er den Wert seines neuen Arbeitsplatzes zu schätzen, der ihn auch geistig forderte und die Chance bot, voranzukommen.

Über das hinaus, was im Labor gezeigt wurde und was ihm sein Schwager Karl oder andere Kollegen beibrachten, wollte er sich alles aneignen, was in einem chemischen Labor verlangt wurde. Seine Kenntnisse der Chemie waren freilich recht gering. Der Unterricht in der Volksschule in Höchst und später in Zeilsheim war dürftig gewesen, er selbst damals auch nicht allzu interessiert, denn er wäre am liebsten Kaufmann geworden. Deshalb besuchte er noch einen privaten Chemiekurs in Unterliederbach.

Über die Rotfabrik wußte er schon besser Bescheid. Sein Vater Konrad Retzinger, der dort einst als Glasbläser begonnen hatte, erzählte nach dem Abendessen gerne von seinen Jahren bei Hoechst. Er hatte den Aufstieg der Firma in den letzten zwei Jahrzehnten miterlebt.

Auch seine Schwäger, die oft abends in der Braunschweiger Straße 17 zu einer Stippvisite vorbeikamen, redeten über ihre Arbeit. Nicht selten schwirrten dabei natürlich chemische Ausdrücke durch das Wohnzimmer, die Namen von Labors oder von Vorgesetzten und Kollegen, mit denen Ludwig vorerst nichts anfangen konnte. Auch darüber, daß die Farbwerke nun in der I.G. aufgegangen waren, wurde diskutiert und sorgenvoll die Frage gestellt, ob es nun wohl zu großen Einsparungen und Entlassungen kommen würde. Man munkelte, ein Teil der Farbstoffproduktion werde in Höchst eingestellt und nach Ludwigshafen oder Leverkusen verlagert werden.

## *Die Zeit nach der Fusion*

In der Tat bestanden im Vorstand des neuen Konzerns derlei Pläne. Eine größtmögliche Rationalisierung zu erreichen war ja einer der wesentlichen Gründe für die Fusion gewesen. Zunächst wurden allerdings erst einmal zahlreiche Kommissionen gebildet, die prüfen sollten, wo Einsparungen sinnvoll waren. Möglichkeiten dazu gab es genug.

Zu ungeziemender Hast bestand freilich kein Anlaß. Die Eröffnungsbilanz der I.G. hatte gezeigt, daß sich die einzelnen Gesellschaften erstaunlich gut erholt hatten. Das betraf nicht nur das Aktienkapital von 1,1 Milliarden und die Gewinne, sondern auch die Situation auf dem Weltmarkt. So schlecht, wie man unmittelbar nach dem Krieg die Aussichten für die Chemie beurteilt hatte, waren diese nicht. Vielleicht spielten damals allerdings bei der Beschreibung der Situation auch taktische Überlegungen eine Rolle.

Die neue ausländische Konkurrenz hatte mit gewaltigen Anlaufschwierigkeiten zu kämpfen. Die beschlagnahmten deutschen Patente boten keineswegs perfekte Gebrauchsanweisungen für die Produktion komplizierter organischer Verbindungen. Nichts zeigte das besser als die geradezu verzweifelten Bemühungen amerikanischer Firmen, deutsche Chemiker zu hohen Dollargehältern abzuwerben.

## Hochbetrieb im »Storchennest«

Die seit dem Ende der Inflation beginnende Konjunkturerholung der »Goldenen Zwanziger« hatte im privaten Leben der jungen Rotfabriker noch etwas anderes bewirkt. Die Welt sah wieder etwas freundlicher aus, die Erinnerung an die Kriegsjahre begann zu verblassen. Man sah hoffnungsvoller in die Zukunft und wagte nun wieder, eine Familie zu gründen und Nachwuchs in die Welt zu setzen. Im Hause Gehringer in Unterliederbach, oder genauer im Wöchnerinnenheim der Farbwerke, wurde 1925 Sohn Helmut, bei Merkels Sohn Wilhelm geboren. Bei Bassings kam 1926 Tochter Else. Es herrschte Hochbetrieb im »Storchennest«.

Ludwig Retzinger durfte vorerst noch nicht an eine Familiengründung denken. Immerhin war er aber bereits auf dem Weg dazu, mochte er sich dessen auch vielleicht noch nicht richtig bewußt sein. In der Nähe seines Labors befand sich ein Pharmabetrieb, in dem viele junge Mädchen arbeiteten. Eines davon, Gretl Rüppel aus Sossenheim, gefiel dem jungen Mann besonders. Sie hatte braune Haare, war zierlich und sportlich.

Gretl stammte ebenfalls aus einer Rotfabriker-Familie. Ihr Vater arbeitete lange Jahre bei Hoechst. Gretl hätte gerne Fremdsprachen gelernt, doch das hatte ihr Vater brüsk unterbunden. Vater Rüppel liebte die Franzosen nicht. Einer seiner Söhne war in Frankreich gefallen, ein anderer war krank aus dem Krieg nach Hause gekommen und wenige Jahre später an seinen Verletzungen gestorben.

Außerdem erbitterte ihn noch die französische Besatzung. Ganz in der Nähe vom Hause Rüppels verlief die Grenze entlang des Westerbachs zwischen Sossenheim und Rödelheim. Als Gretl zehn Jahre alt gewesen war, hatte sich einmal ein französischer Offizier mit ihr zu unterhalten versucht und einige Scherze gemacht. Er hatte es gut gemeint, denn er besaß, wie Gretl später erfuhr, zu Hause eine Tochter etwa gleichen Alters. Doch da war der Vater kräftig dazwischengefahren. Sie durfte den Offizier nie mehr sprechen.

*Rendezvous in der Fahrradhalle*

So war Gretl in eine von Nonnen geleitete Haushaltungsschule gegangen. Mit sechzehn bekam sie Arbeit in Höchst und fuhr zunächst jeden Morgen mit dem Bus ins Werk. Als sie 18 Jahre alt geworden war, erhielt sie ein Fahrrad zum Geburtstag.

Wenn sie morgens kurz vor sieben Uhr im Fahrradkeller unter dem Kasino der Farbwerke ihr Rad abstellte, wartete meist schon Ludwig auf sie, um ihr einen guten Morgen zu wünschen und ein paar Worte mit ihr zu wechseln.

Mittags ging Gretl fast nie zum Essen, sie hatte stets Brote von zu Hause dabei. Aber auch da kam Ludwig öfters vorbei und brachte ihr manchmal Vanille- oder Zitroneneis mit. Er und seine Freunde hatten es heimlich in ihrem Laboratorium hergestellt. Es schmeckte wirklich gut.

Auch um fünf Uhr, bei Dienstschluß, trafen sie sich wieder in der Unterstellhalle für Fahrräder und unterhielten sich ein wenig. Dann schwang sich Gretl auf ihr Fahrrad und machte sich nach Sossenheim auf, Ludwig in Richtung Zeilsheim.

Später waren sie zusammen in einem Kanuklub in Sindlingen. Gemeinsam mit ihren Freunden bauten sie viele Monate an einem Bootshaus. Die Steine dafür stammten von einem alten Gebäude der chemischen Fabrik in Griesheim. Gretl und ihre Freundinnen klopften Steine, Ludwig und die anderen rührten Mörtel und versuchten sich als Maurer.

Als Gretl dann der Familie Retzinger in Zeilsheim vorgestellt wurde, war ihr nicht bange vor Ludwigs Eltern, aber doch ein wenig vor den fünf Schwestern. Ludwig war ja gewissermaßen ihr »Einziger«, wenn auch schon fünf Schwiegersöhne dazugehörten, von denen vier den Vornamen Karl trugen. Alle arbeiteten in den Farbwerken.

Gretl gefiel das Haus, in dem Retzingers wohnten, besonders der große Garten. Dort hielt sich die Familie auf, wenn es das Wetter nur irgendwie erlaubte. Öfters wurde dabei musiziert. Karl Gerlach spielte gut Gitarre und gab Freunden sogar Unterricht auf diesem Instrument.

Noch hatten die Vorzüge der Zivilisation die Zeilsheimer Kolonie nicht ganz erreicht. So gab es zum Beispiel kein fließendes

Wasser im Haus. Man holte es vom Brunnen an der Straße. Und die schwarze Kohleasche, mit der die Straße vor Retzingers Haus gedeckt war, bekam hellen Kleidern und dem Teint nicht unbedingt.

Doch das waren kleine Schönheitsfehler in Gretls Augen. Was sie viel mehr störte, war, daß Ludwig immer häufiger zu Versammlungen und Kundgebungen der NSDAP ging. Sie verstand nicht viel von Politik und weigerte sich auch beharrlich, sich damit zu beschäftigen, obwohl ihr Ludwig erklärte, daß sich niemand diesen Aufgaben entziehen dürfte. An seiner Frau scheiterte Retzingers Überzeugungskraft. Er erreichte es auch später nicht, daß sie in die NS-Frauenschaft eintrat – wie es sich für die Frau eines »Alten Kämpfers« mit goldenem Parteiabzeichen doch eigentlich gehört hätte.

*Der Weg in die Partei*

Ludwig Retzinger war fast zufällig in die Politik geraten. Er besuchte in Höchst eine Versammlung, die von der damals noch wenig bekannten und beachteten Nationalsozialistischen Partei veranstaltet wurde. Da ging es stramm, fast militärisch zu.

Vieles von dem, was er hörte, wird Retzinger eingeleuchtet haben. Vor allem, daß sich die deutsche Regierung viel zu viel vom Ausland gefallen ließ. Das hatte angefangen – so sagte der Redner in der grauen Windjacke – mit dem erpreßten Versailler Vertrag, dem unwahren Eingeständnis der Alleinschuld am Krieg und den endlosen Reparationszahlungen, die Deutschland bis in alle Ewigkeit wirtschaftlich knechteten und auspreßten. Daher käme auch die ständige Misere, die jetzt wieder steil ansteigende Arbeitslosigkeit, die Wirtschaftskrise.

Viel Schuld an dem deutschen Elend, so andere nationalsozialistische Redner, gehe auch auf das Konto der ewigen deutschen Uneinigkeit. Viele hielten sich ständig für besser als ihre Nachbarn. Die NSDAP wolle auch Schluß machen mit dem Klassendenken. Im Gegensatz zum Marxismus schwebte ihr allerdings eine Volksgemeinschaft vor, der alle gleichrangig angehören sollten, ob Arbeiter, Angestellte oder Akademiker. Sie alle müßten im Interesse der nationalen Sache zusammenstehen, und zwar eisern. Diesen Gemeinschaftsgeist gelte es auch in die Betriebe hineinzutragen. Zudem gefielen dem sportbegeisterten Retzinger die Aufmärsche, die Fahnen, die Leibesertüchtigung.

Bei Hans Bassing aus der Ferdinand-Hofmann-Straße sah es dagegen ganz anders aus. Hans Bassing hatte 1928 seine Arbeit in der Frankfurter Gummi-Firma verloren. Er lebte seither von 35 Mark Arbeitslosenunterstützung im Monat. Wenn seine Frau – es war die zweite (die erste starb bei der Geburt der Tochter Else) – nicht jeden Tag auf ihrer alten Adler-Nähmaschine Hemden genäht hätte, hätte es trotz der niedrigen Miete für das Häuschen kein Auskommen gegeben. Bassing versuchte sich im Hause nützlich zu machen und stanzte Knopflöcher in die Hemden, kochte und machte die Betten.

Das war freilich keine Beschäftigung für einen ausgewachsenen Mann. Wenn Hans Bassing nicht seine Partei – die SPD – gehabt hätte, wäre es schlecht um ihn gestanden. So konnte er seine beachtlichen Energien wenigstens in die politische Arbeit investieren. Er besuchte und organisierte Veranstaltungen, lernte nach einem Buch »Die Schule der Rednerkunst« und kassierte Beiträge. Auch dem »Reichsbanner« hatte er sich angeschlossen.

## *Das Ende der »goldenen Jahre«*

Im Oktober 1930 war Bassing ein Arbeitsloser unter bald fünf Millionen. Davon erhielten 617 000 keine Arbeitslosenunterstützung mehr – die Wohlfahrtsunterstützung blieb der letzte Ausweg.

Schon 1928 hatte es erste Anzeichen gegeben, daß sich die goldenen Jahre dem Ende zuneigten. Die bisherige Prosperität war ja nie ganz solide gewesen, sie war erkauft durch hohe Anleihen, die aus dem Ausland hereingeströmt waren. 1929 betrug die Auslandsverschuldung 25 Milliarden Mark. 12 Milliarden davon waren nur kurzfristige Kredite. Nun, als plötzlich in den USA die Konjunktur von einem Schwächeanfall ergriffen wurde, sollte dieses Geld sofort zurückgezahlt werden. Deutschland besaß jedoch nur etwa 10 Milliarden Mark Auslandsguthaben.

Nicht zuletzt wegen der stürmisch heraufziehenden Krise war am 3. März 1930 auch die große Koalition auseinandergebrochen, die Sozialdemokraten, Deutsche Volkspartei, Zentrum und

Deutschnationale vereint hatte. Der sozialdemokratische Reichskanzler, Hermann Müller, war von Teilen seiner eigenen Partei gestürzt worden. Abgeordnete der Fraktion hatten ihn bei einer Abstimmung, als es um die Erhöhung der Beiträge für die Arbeitslosenversicherung ging, im Stich gelassen.

Hermann Müller mußte zurücktreten. Es war zu Ende mit dem Einfluß des Parlaments auf die Regierungen der Weimarer Republik. Die nächsten waren völlig vom Reichspräsidenten abhängig, der nun die Politik seiner Kanzler mit Hilfe von Notverordnungen durchsetzen mußte.

Reichspräsident von Hindenburg ernannte den 46jährigen Heinrich Brüning zum neuen Reichskanzler. Brüning gehörte zum katholischen Zentrum, hatte sich in der christlichen Gewerkschaftsbewegung hervorgetan und im Weltkrieg als Führer einer Maschinengewehrkompanie ausgezeichnet. Er war sehr klug, ein besessener Arbeiter, nüchtern, ein überaus redlicher und asketischer Mann. Er konnte freilich die breite Bevölkerung nicht faszinieren, es fehlte ihm an Charisma. Brüning »verkaufte« seine Politik weit unter Wert.

So erlebte er bei den Reichstagswahlen im September 1930 eine herbe Enttäuschung. Die NSDAP Hitlers, die bisher im Reichstag fast eine Randgruppe darstellte und nur 12 Abgeordnete besaß, gewann auf einen Schlag 107 Mandate. Das wirkte endlich wie ein Alarmsignal auf die anderen Parteien – Hitler konnte nicht mehr ignoriert werden, er mußte entschlossen bekämpft werden, sollten nicht noch mehr Wähler auf die braune Karte setzen.

### *Wie lange hält sich Brüning?*

Da Hindenburg den Reichskanzler weiterhin unterstützte und die SPD ihn tolerierte, konnte Brüning seine Politik fortsetzen. Es ging ihm darum, durch rigorose Einsparungen auch an den Gehältern die Preise herunterzudrücken und das Geld knapp zu halten.

Sicher wäre der therapeutische Effekt dieser Hungerkur auf die Dauer zu spüren und vor allem zu sehen gewesen. Doch vorerst erlebten die Deutschen nur, daß trotz enger geschnallten

Gürtels die Arbeitslosenzahl weiter anstieg, die Konkurse kein Ende nahmen und die Zahl der Selbstmorde einen traurigen Rekord erreichte.

Die glanzlose und vor allem schmerzhafte Sparpolitik Brünings war bei vielen Unternehmern nicht populär. Duisberg und Bosch, die Chefs der I.G., dachten darüber allerdings anders. Sie verstanden Brünings Politik, denn sie wußten, nur sie konnte den Ausweg aus Verschuldung und Krise bringen. Die I.G. litt allerdings auch nicht so stark unter der Deflationspolitik wie andere Industriezweige, die auf den Inlandskonsum auf Gedeih und Verderb angewiesen waren.

»Duisberg«, so schrieb der amerikanische Historiker Henry A. Turner, »hielt Brüning für den fähigsten Kanzler seit Bismarck und betrachtete ihn als Bollwerk gegen die hartnäckigen Forderungen der Agrarier nach Schutzzöllen, die so hoch waren, daß sie mit Sicherheit im Ausland ruinöse Kampfzölle gegen deutsche Industrieexporte zur Folge gehabt hätten.«

Nach der Darstellung von Professor Turner kam es über die Frage, ob Brüning weiterhin unterstützt werden solle, zu starken Auseinandersetzungen im Industrieverband, ja zu einer regelrechten Belastungsprobe.

Bosch hatte aus dieser positiven Einstellung zu Brüning heraus zugestimmt, daß Professor Hermann Warmbold 1931 als Wirtschaftsminister in ein neues Kabinett Brünings eintrat. Warmbold war Landwirtschaftsexperte und gehörte dem Direktorium des Unternehmens an. Sein Eintritt in das Kabinett bot Gegnern der I.G. allerdings einen willkommenen Anlaß, zu behaupten, die I.G. sei nicht nur ein omnipotentes Wirtschaftsgebilde, sondern ziehe auch im Hintergrund an den Fäden des Regierungsspiels.

Es war im übrigen nicht nur die Linke, die solcherart gegen den von ihr ungeliebten Konzern Stimmung machte. Auch von vielen Nationalsozialisten wurde die I.G. als »international kapitalistisches und jüdisches Unternehmen« angegriffen. NS-Zeitungen spotteten, »I.G.« heiße eigentlich »Isidore G. Farber« oder »I.G.-Moloch«. Es gab durchaus einen antikapitalistischen Flügel in der NSDAP, vor allem in der SA.

Selbst gemäßigteren NS-Vertretern erschien die Firma zu groß, ihre internationalen Verflechtungen zu dicht und schwer durchschaubar. Auch daß sich in ihrem Aufsichtsrat viele Juden befanden, war ein Stein des Anstoßes.

Umgekehrt gehörte keiner der führenden Männer der I.G. vor 1933 der NSDAP an. Die Firma hielt sogar betont Abstand zu den Nazis. Sie unterstützte sie, im Gegensatz zu den bürgerlichen Parteien, auch nicht finanziell. Favorit der meisten führenden Köpfe der I.G. war die Deutsche Volkspartei (DVP). Dr. Kalle und andere waren Abgeordnete dieser industriefreundlichen Partei. Ihr Vorsitzender Gustav Stresemann, der die Aussöhnung mit den Siegermächten, vor allem mit Frankreich, so erfolgreich betrieben hatte, war schon nicht mehr am Leben. Er war 1929 im Alter von erst 47 Jahren gestorben.

Carl Duisberg, seit 1925 auch Vorsitzender des Reichsverbandes der Deutschen Industrie, hatte 1926 die Staatsbürgerliche Vereinigung gegründet, die nach amerikanischem Vorbild alle Parteien begünstigen und eine einseitige politische Festlegung vermeiden sollte. Man wollte freilich durchaus politischen Einfluß und sah ein Engagement führender Vertreter der Firma bei der Deutschen Volkspartei, aber auch bei der Demokratischen Partei und dem Zentrum nicht ungern.

## *Die Kohlehydrierung macht Sorgen*

Im übrigen sah sich die I.G. Anfang der dreißiger Jahre mit beachtlichen internen Sorgen konfrontiert. Die Gewinnung von Benzin und Öl aus Kohle, die hauptsächlich im Werk Leuna betrieben wurde, verlangte Aufwendungen von Hunderten von Millionen, und noch war für diese Ausgaben kein Ende abzusehen. Der Preis für das Leuna-Benzin war einfach viel zu hoch gegenüber dem gewöhnlichen. Ähnlich verhielt es sich mit Buna, dem synthetischen Kautschuk.

Im »Götterrat«, wie man I.G.-intern die Spitze der Firma nannte, prallten die Meinungen aufeinander. Es bildete sich eine starke Gruppe, die forderte, die Kohlehydrierung wenigstens so lange einzustellen, bis die Krise vorüber sei. Ein Gutachten, das unter der Leitung des Chefingenieurs Jähne entstanden war, hatte sich klar in diesem Sinne ausgesprochen. Der Chef der Sparte II dagegen, ter Meer, hatte fürs Weitermachen plädiert.

## Der Streit im »Heldenkeller«

Heinrich Gattineau, ein enger Mitarbeiter von Duisberg, berichtete nach dem Krieg darüber: »Nach einer Sitzung in Leverkusen, bei der es Carl Bosch immerhin gelungen war, den Beschluß zur Stillegung der Hydrieranlagen aufzuschieben, wurde im sogenannten Heldenkeller bei Carl Duisberg weiterberaten. An dem Gespräch nahmen Duisberg, Bosch, der stellvertretende Vorstandsvorsitzende Carl Krauch und ich als Assistent von Duisberg teil. Die Diskussion wurde von Anfang an sehr erregt geführt und in ihrem Verlauf immer hitziger. Duisberg hatte Einwendungen gegen den hohen Finanzaufwand für die Kohleverflüssigung in Leuna. Bosch vertrat die hohe Bedeutung des Verfahrens für die gesamte Chemie und für die Minderung der Abhängigkeit Deutschlands von ausländischen Rohstoffen. Er mahnte eindringlich, auch der Benzingewinnung Zeit zu lassen, um zur Rentabilität zu gelangen. Die Lautstärke nahm immer mehr zu.«

»Krauch aber, der eine schwere Sitzung bis in die Nacht hinter sich hatte, war übermüdet eingeschlafen. Plötzlich weckte ihn der Krach auf; er schlug mit der Faust auf den Tisch und bedachte die Streitenden mit dem Zitat von Götz von Berlichingen. Diese verstummten zunächst, brachen aber dann in lautes Gelächter aus. Die Spannung löste sich und in der Folge gab Carl Duisberg als Vorsitzender des Aufsichtsrates den Ausschlag zugunsten der Hydrierung; die erforderlichen Mittel wurden bewilligt.«

»Die Entwicklung rechtfertigte den Entschluß. Die Krise wurde überwunden und die Leistung der Leunawerke auf 400 000 Tonnen Benzin- und Ölprodukte erhöht. Die Auseinandersetzung um die Leunawerke hatte Bosch jedoch so mitgenommen, daß er schwer erkrankte.«

Das Jahr 1932 brachte kein Ende, sondern eher eine weitere Verschärfung der Wirtschaftskrise. Um Hindenburg hatte sich eine Kamarilla gebildet. Sie brachte es fertig, den soeben – mit Brünings aufopfernder Hilfe – wiedergewählten Reichspräsidenten so gegen den Kanzler zu beeinflussen, daß Hindenburg Brüning fallen ließ und den einst von ihm so hochgeschätzten Zentrumspolitiker in kühler Form entließ.

Brünings Nachfolger kam ebenfalls vom Zentrum. Er galt als betont »schneidig«, war jedoch weithin unbekannt: Franz von Papen, Kavallerie-Offizier a.D., Herrenreiter und Mitglied im preußischen Landtag. Er hielt sich für fähig, die Nationalsozialisten auszuspielen, denn der Reichspräsident wollte immer noch nicht dem »böhmischen Gefreiten«, wie er Hitler nannte, das Reichskanzleramt anvertrauen. Höchstens als Postminister käme Hitler in Frage, meinte Hindenburg.

Papen ließ das SA- und SS-Verbot aufheben. Als von Hindenburg ernannter »Reichskommissar für Preußen« stürzte er die dortige SPD-Minderheitsregierung, die stets kräftig gegen die Nazis vorgegangen war. Überdies ließ Papen die Nationalsozialisten nun an die Mikrophone des staatlichen Rundfunks – eine Gelegenheit zu gewaltigem Propaganda-Getöse für Joseph Goebbels.

Bei den Reichstagswahlen vom 31. Juli 1932 zeigte sich: Papens Politik war kläglich gescheitert. Die Nazis erreichten ihren bisher größten Triumph. Sie gewannen 13,7 Millionen Stimmen – 37 Prozent. 230 von insgesamt 608 Reichstagssitzen nahmen nun die Braunhemden ein und wurden damit zur stärksten Partei. Hermann Göring übernahm das Amt des Reichstagspräsidenten.

Hitler mußte zwar bei den folgenden Wahlen einen kleinen Rückschlag hinnehmen, schien aber gerade auch nach parlamentarischen Spielregeln nicht mehr aufzuhalten. Papens Regierung war eine klägliche Episode geblieben. Reichswehrgeneral Kurt von Schleicher, sein Nachfolger, konnte sich als Kanzler ebenfalls nicht lange halten. So sah Hindenburg kaum mehr einen Ausweg. Papen und die Deutschnationalen um Alfred Hugenberg nährten in ihm den Glauben, sie würden Hitler in einem Koalitionskabinett gehörig im Zaum halten. Am 30. Januar 1933 beauftragte der Reichspräsident Hitler mit der Bildung einer Regierung.

Dies war eigentlich noch keineswegs die angestrebte »Machtergreifung«. Die Mehrzahl der Minister wurde nicht von der NSDAP gestellt, sondern von den Deutschnationalen. So konnte tatsächlich die Illusion aufkommen, die Macht liege nicht bei Hitler, sondern bei von Papen, der Vizekanzler geworden war, und bei Alfred Hugenberg von der DNVP, der das Wirtschaftsressort übernommen hatte.

Schon nach wenigen Wochen waren diese Träume freilich ausgeträumt. Der Reichstagsbrand im Februar bot Hitler den Vorwand, die »Verordnung zum Schutz von Volk und Staat«, die zahlreiche Grundrechte außer Kraft setzte, zu erlassen und dafür die Unterschrift Hindenburgs zu erlangen.

Als alle im Reichstag vertretenen Parteien – mit Ausnahme der SPD – im März 1933 dem »Ermächtigungsgesetz« zustimmten, waren die Voraussetzungen für die Diktatur Hitlers gegeben.

In Höchst war es wie überall in Deutschland gewesen: Ein Teil der Menschen hatte gejubelt und Hitler als Deutschlands »Erwecker« gefeiert, andere verhielten sich abwartend und reserviert. Nicht wenige aber waren tief unglücklich, denn sie fürchteten die braune Diktatur.

Erst bei den Reichstagswahlen vom 5. März 1933, die schon von den Nationalsozialisten intensiv beeinflußt worden waren, wurde die NSDAP in Höchst mit 43,2 Prozent der Stimmen stärkste Partei, die SPD erzielte 23,0 und die Kommunisten 12,9 Prozent.

## *Gehringer wird denunziert*

Willi Gehringer gehörte nicht zu jenen, die Hitler gewählt hatten. Er blieb seiner sozialdemokratischen Überzeugung treu und war im März sehr froh, daß seine Partei den Mut aufbrachte, das Ermächtigungsgesetz abzulehnen.

Gehringer machte zunächst aus seiner Einstellung so wenig ein Hehl, daß er mehrmals zur politischen Polizei bestellt wurde. Ausgerechnet aus seiner Feuerwehrtruppe, das schmerzte Gehringer besonders, hatte ihn einer angezeigt. Das war freilich kein seltener Fall in der nun angebrochenen Zeit, in der das Denunziantentum blühen sollte wie nie zuvor in der deutschen Geschichte.

Gehringer konnte sich bei den Vernehmungen herauswinden. Seine Frau, die große Ängste ausgestanden hatte, beschwor ihn, sich künftig in Gesprächen zurückzuhalten. Offenbar konnte man selbst guten Freunden nicht mehr trauen, wenn sie fanatische Begeisterung für den »Rattenfänger« Hitler ergriffen hatte. Wenn Gehringer zu seinen wöchentlichen Zusammenkünften »Bei Vater Jahn« ging, erinnerte ihn seine Frau: »Bitte fangt nicht an, zu politisieren.«

## Bassing kommt nach Dachau

Hans Bassing, dessen Engagement für die SPD, das »Reichsbanner« und die »Eiserne Front« jeder in Sindlingen oder Zeilsheim kannte, wurde verhaftet. Er verbrachte einige Wochen im Frankfurter Gefängnis Preungesheim und wurde anschließend nach Dachau überwiesen – ein Ort, dessen Name bald einen schaurigen Klang bekommen sollte; vor allem, nachdem die SS das Lager von der regulären Polizei übernommen hatte. Tausende von »Regimegegnern« – Sozialdemokraten, Kommunisten und gelegentlich auch Zentrumsanhänger – hatte man hier gefangengesetzt. Sie sollten »umerzogen« werden.

Für Ludwig Retzinger, der am 15. November 1931 in die Partei und in die »Nationalsozialistische Betriebsorganisation« (NSBO) eingetreten war, bedeutete Hitlers Machtantritt die Verwirklichung seiner Träume. Eine seiner ersten Handlungen war die Gestaltung der Feier zum 1. Mai. Hitler hatte es verstanden, diesen Tag der Arbeiterbewegung zu einem Nationalfeiertag unter nationalsozialistischem Vorzeichen umzufunktionieren. Im Werk Höchst und später auch in der Stadt Höchst wurden Tausende von Menschen zusammenbefohlen – viele kamen sicher im Glauben, nun habe eine bessere Zeit für alle Schaffenden begonnen.

Schon am nächsten Tag aber zeigte die NSDAP wieder ihr wahres Gesicht. Die Gewerkschaften hatten bis zuletzt geglaubt, durch Wohlverhalten die neuen Machthaber milde stimmen zu können. All diese Anpassungspolitik, die der Selbstaufgabe nahekam, war umsonst. Schon am 2. Mai war die Feststimmung verflogen, der längst geplante Schlag gegen die Gewerkschaften fällig. Die Häuser der Gewerkschaften wurden von SA besetzt, Teile des Mobiliars demoliert und die Kassen beschlagnahmt.

»Auch in Höchst erfolgte die Besetzung der drei bestehenden Geschäftsstellen der Freien Gewerkschaften, des Fabrikarbeiter-Verbandes, des Metallarbeiter-Verbandes und der Holzarbeiter durch die NSDAP und die NSBO glatt und reibungslos«, meldete das »Höchster Kreis-Blatt« am 3. Mai: »Irgendwelches belastendes Material wurde hierbei nicht gefunden. Festnahmen sind gleichfalls nicht erfolgt.«

Ludwig Retzinger gehörte schon seit 1931 dem Arbeiterrat der Farbwerke an. Er wurde zunächst stellvertretender Betriebsobmann. Betriebsobmann war Walter Hirschelmann, I.G.-Arbeiterrat und Stadtverordneter der NSDAP. Als Hirschelmann aus der Firma ausschied, um Geschäftsführer einer Konsumgesellschaft zu werden, rückte Retzinger an Stelle eins. Bei den Wahlen der Vertrauensräte 1934 erhielt er eine große Mehrheit.

Retzinger wurde von seiner bisherigen Arbeit im Zentrallabor freigestellt und bezog die Räume, in denen bisher der Arbeiterrat untergebracht war. Er war jetzt 25 Jahre alt und ein mächtiger Mann geworden. Nur wenige Beschlüsse konnten getroffen werden, vor allem in Personalangelegenheiten, ohne daß seine Zustimmung eingeholt wurde. Welche Gefahr für einen solch jungen Mann, der bisher am unteren Ende der Unternehmenshierarchie gestanden hatte!

Zu Retzingers Ehre muß allerdings schon jetzt gesagt werden, daß er in Höchst keine brutalen Nazimethoden zu praktizieren versuchte. Als er viele Jahre später, 1950, vor der Spruchkammer stand, um sich für seine politische Tätigkeit zu rechtfertigen, fand sich kein Zeuge, der ihm etwas Schlimmes vorzuwerfen gehabt hätte.

Natürlich zeigte sich Retzinger stramm und begeistert. Er glaubte an seine Partei und an Hitler und sah überall nur die positiven Seiten: vor allem den energischen Kampf gegen die Arbeitslosigkeit; was Hitler für die »Deutsche Arbeitsfront« proklamierte, entsprach völlig seinen Vorstellungen. »Das Ziel der Deutschen Arbeitsfront«, so hieß es in dem Erlaß Hitlers, »ist die Bildung einer wirklichen Volks- und Leistungsgemeinschaft aller Deutschen. Sie hat dafür zu sorgen, daß jeder einzelne seinen Platz im wirtschaftlichen Leben der Nation in der geistigen und körperlichen Verfassung einnehmen kann, die ihn zur höchsten Leistung befähigt und damit den größten Nutzen für die Volksgemeinschaft gewährleistet.«

Die Vertrauensräte unter Retzingers Führung registrierten die Wünsche der Belegschaft, die nun »Gefolgschaft« hieß, verhandelten mit der Werksleitung und der Sozialabteilung, organisierten den bei allen Veranstaltungen üblichen Aufmarsch der schwarz uniformierten »Werkschar« mit Fahnen und Musik.

Retzinger kam gut aus mit dem Werksleiter Dr. Ludwig Hermann. Er war nach seinem Eindruck nicht »reaktionär« wie so viele in der Industrie, sondern ein aufgeschlossener Verhandlungspartner mit sozialem Verständnis. Retzinger wollte erreichen, was sich die NSBO und später die Deutsche Arbeitsfront allgemein auf ihre Fahnen schrieben: die Unterschiede zwischen Angestellten und Arbeitern stärker einzuebnen. Das entsprach den Vorstellungen, die von der NSBO schon seit langem vertreten worden waren. »Der Blödsinn vom ›Klassenkampf‹ ist restlos entlarvt«, hieß es auf einem Flugblatt der NSBO. »Er führte zur Verelendung unter dem Finanzkapital.« Es gelte die neue Losung: Nicht Klassenkampf, sondern deutscher Volkskampf gegen die Feinde des wahren, sozialen Geistes, einerlei, ob sie sich marxistisch oder national nannten.

Der Gesellige Verein der Beamten, der bisher über das Kasino verfügte, wurde aufgelöst. Nun fanden dort Veranstaltungen von »Kraft durch Freude« (KdF) statt, zu denen auch Arbeiter Zutritt hatten.

Einige von den Angestellten wehrten sich zunächst dagegen, aber als sie damit keinen Erfolg hatten, setzten sie ihre Geselligkeit im Tennis- und Hockeyclub fort.

Aber gerade den Sport gedachte Retzinger für seine Zwecke zu nutzen. Er erreichte, daß ein Betriebssportverein gegründet und ein Sportlehrer eingestellt wurden. Selbst der Tennisverein, dem früher nur Arriverte angehörten, wurde nun für jedermann geöffnet. Voraussetzung war lediglich, daß die Spieler in weißer Tenniskleidung erschienen. Schläger und Bälle konnten ausgeliehen werden.

Das Programm zur Wiedereinstellung von Arbeitern bei Hoechst und die Bekämpfung der Arbeitslosigkeit kamen zunächst nur langsam voran. Erst um 1935/36 besserte sich die Lage.

Hans Bassing war bald wieder aus der Haft entlassen worden; Retzinger hatte sich für ihn eingesetzt. Was Bassing in seiner glücklicherweise nur kurzen Zeit in Dachau gesehen hatte, war schlimmste Menschenschinderei. Allerdings sprach er darüber nur im vertrautesten Kreis, denn er hatte sich, wie jeder Entlassene, zum Schweigen verpflichten müssen. Retzinger hoffte vielleicht, daß Bassing eines Tages für die NSDAP zu gewinnen sei. Bassing war ja, und das stritten ihm seine Gegner nicht ab, »ein ganzer Kerl«.

Die Nationalsozialisten verstanden es in der ersten Zeit sehr geschickt, die soziale Komponente ihres Programms herauszustellen. In ihrer sogenannten Kampfzeit hatten sie hauptsächlich Unterstützung aus den Kreisen der Angestellten und des teilweise in seiner Existenz bedrohten Mittelstandes gewonnen. Jetzt ging es ihnen aber in erster Linie darum, die Arbeiterschaft auf ihre Seite zu ziehen. Eine massive Stimmungsmache gegen die Gegner von einst, Sozialdemokraten und Kommunisten, begann. In der Propaganda der NSBO hieß es, ihre Funktionäre seien zum großen Teil mit reicher Beute ins Ausland verschwunden.

Nicht wenige Kommunisten und Sozialdemokraten schlossen sich tatsächlich 1933 den Nationalsozialisten an. Auch viele »Bürgerliche« zog es nun – oft aus blankem Opportunismus – in diese Partei. Es wurde sogar eine Aufnahmesperre beschlossen. Die »Märzgefallenen« nannte der Volksmund jene Parteigenossen, die erst im März 1933 der Partei beitraten, dafür aber das Parteiabzeichen um so auffälliger am Revers trugen.

## *Bassing will wieder in die Farbwerke*

Bassing lehnte es ab, seine politische Überzeugung auszuwechseln und in die Partei einzutreten, wohin er eigentlich als Front- und Freikorps-Kämpfer gehöre, wie viele ihm sagten. Er verhielt sich still und richtete sich – im Gegensatz zu manchen konservativen Optimisten – auf eine lange Zeit der Hitlerherrschaft ein. Nur in die Rotfabrik wollte er gerne wieder. Seine Frau, die manchmal auch für Retzinger Hemden nähte oder ausbesserte, benutzte eine solche Gelegenheit, um zu sondieren, ob die Partei ihrem Mann dabei Schwierigkeiten machen würde. Retzinger, aber auch der Ortsgruppenleiter von Sindlingen erhoben keine Einwände. So gewann Frau Bassing ihren stolzen und eigensinnigen Mann im Frühjahr 1935 endlich dafür, einen Brief an die Sozialabteilung der Farbwerke zu schreiben, worin er sogar einräumte, er habe es schon sehr bereut, daß er 1924 freiwillig aus dem Werk ausgeschieden sei. Jetzt aber wäre er nach siebenjähriger Arbeitslosigkeit sehr froh, wenn er wieder eine Stelle erhielte.

In Höchst reagierte man schnell, aber vorsichtig. Am 25. Februar schrieb die Personalabteilung und teilte »Ihnen mit, daß vorläufig leider keine Möglichkeit besteht, Sie wieder einzustellen, da wir für absehbare Zeit mit Arbeitskräften versehen sind«. Für den

Bedarfsfall aber könne er sich schon jetzt einmal im Werk untersuchen lassen, ob er körperlich geeignet sei.

Einige Monate später, im Juni, flatterte dann doch das Einstellungsschreiben in die Sindlinger Ferdinand-Hofmann-Straße 73. Bassing, jetzt 38 Jahre alt, wurde wieder Rotfabriker. Er nahm seine Arbeit im Essigsäurebetrieb auf.

Schon nach wenigen Wochen konnte Bassing zeigen, daß die Firma mit seiner Einstellung nicht gerade einen Fehlgriff getan hatte. Der Chef des Essigsäurebetriebes, Dr. Roth, ließ ihn kommen und überreichte ihm einen offiziellen Brief, den Vorstandsmitglied und Chefingenieur Friedrich Jähne unterschrieben hatte. Darin stand: »Für Ihr anläßlich der Explosion im Essigsäurebetrieb in der Nacht vom 23. auf den 24. Juli gezeigtes mutiges und umsichtiges Benehmen sprechen wir Ihnen unseren verbindlichsten Dank aus. Als äußeres Zeichen unserer Anerkennung hat Ihnen die Direktion einen Betrag von RM 20,- zuerkannt, den wir Ihnen hiermit überreichen.«

Bassing konnte die 20 Reichsmark sicher sehr notwendig gebrauchen. Diese Anerkennung bedeutete nach den harten letzten Jahren und den gelegentlichen Selbstzweifeln, von denen selbst eine so robuste Natur wie er nicht frei war, für ihn sehr viel.

### *Karl Winnacker meldet sich*

Auch bei der Einstellung von Chemikern mußte Hoechst in den dreißiger Jahren sehr zurückhaltend verfahren. Als der knapp 30jährige Chemiker Dr. Karl Winnacker sich im September 1933 als »Neuer« meldete, wurde er angestaunt wie ein »Wundertier«, wie er viele Jahre später in seinen Lebenserinnerungen »Nie den Mut verlieren« erzählte. Winnacker, von dem als Gymnasiast in diesem Buch schon die Rede war, hatte 1922 sein Abitur gemacht. Die Chemie freilich war ihm auf dem humanistischen Gymnasium ein »Buch mit sieben Siegeln« geblieben.

So war es für ihn gar nicht selbstverständlich – trotz seiner Begeisterung für »U Deutschland« –, sich für das Studium dieser Wissenschaft zu entscheiden. Da er zu Hause keineswegs auf Rosen gebettet war und die Mutter die schmale Pension nach dem Tod des Vaters noch durch Klavierstunden aufbessern mußte, hieß die Frage: Wie kann das Studium überhaupt finanziert werden?

Winnacker arbeitete deshalb 1922 im Alter von 19 Jahren erst einmal für sechs Monate in einer Kokerei und als Bergarbeiter.

»Es war eine Begegnung mit einer für mich fremden und vorerst deprimierenden Welt«, schrieb er. »Da ich ständig danach streben mußte, zur Stärkung des häuslichen Etats beizutragen, war ich außerhalb der Schule viel allein gewesen. Nie hatte ich mit Gleichaltrigen kameradschaftlich zusammengelebt. Zudem waren die gesellschaftlichen Unterschiede weit ausgeprägter als heute. Plötzlich befand ich mich, der doch zumindest menschlich wohlbehütete Schüler, unter den rauhen Arbeitern an der Ruhr. Jetzt erst entdeckte ich, daß es ein sogenanntes Proletariat gab, das sich seiner Klassenzugehörigkeit auch bewußt war.« Es präsentierte sich dem »höheren Schüler« zunächst keineswegs in einnehmender Form. Ihm wurde eine ähnlich rüde Behandlung zuteil, wie man sie beim Militär zuweilen den »Einjährigen« und Abiturienten angedeihen ließ. Zuvor nie vernommene Derbheiten gehörten zum alltäglichen Jargon.

Mit den Ersparnissen aus seiner Zeit als Bergarbeiter konnte Winnacker dann das Studium in Braunschweig aufnehmen. Sein wichtigster Lehrer in der Welfenstadt war Karl Fries, Professor für Chemie und Leiter des chemischen Instituts. Die Finanzierung des Studiums gelang jetzt durch nächtliche Arbeit in einer Zuckerfabrik. In seinen Leistungen konnte sich Winnacker nicht gerade als »Paradepferd« betrachten.

Andererseits brachte Braunschweig dem etwas einsamen jungen Mann den kameradschaftlichen Zusammenhalt in einem studentischen Korps und die Freundschaft mit einigen Studienkollegen, die vor nicht allzu langer Zeit noch im Schützengraben gelegen hatten. Winnacker hatte sich deshalb »dem akademischen Leben mit großer Begeisterung hingegeben«.

»Es bedeutete für mich eine einschneidende Umstellung nach dem stillen Dasein im Elternhaus. Vielleicht habe ich sie – wie so vieles in meinem Leben – mit allzu großem Eifer vollzogen. Ich war sogar drei Semester lang Sprecher oder Erstchargierter meiner Landsmannschaft und schließlich, im Jahre 1924, auch AStA-Vorsitzender. Die Verpflichtung, vor der Öffentlichkeit aufzutreten, mich in einer Gemeinschaft Gleichaltriger durchzusetzen, stellte für meine spätere Laufbahn eine wertvolle Schule dar, wie sie jedem jungen Menschen nur zum Vorteil gereichen kann.«

Das eigentliche Studium kam in Braunschweig jedoch entschieden zu kurz, zumal Winnacker im finanziellen Bereich immer nur gerade so die Balance halten konnte. Deshalb faßte er den Entschluß, an die Technische Hochschule nach Darmstadt überzutreten. »Von nun an sollte es aus sein mit dem Studentenleben und Verbindungsaktivitäten; meine Zeit sollte ausschließlich dem Labor und der Chemie gehören.«

## *Ein großer Lehrer in Darmstadt*

Winnacker hatte das Glück, in Darmstadt einem großen Lehrer zu begegnen: Professor Ernst Berl, Leiter des Chemisch-technischen Instituts. »Seine Schule, die ich im Alter von 30 Jahren verließ, hat mich für immer geprägt.«

Berl besaß große Erfahrung mit der Industrie. Er hatte als Chefchemiker in einer Kunstseidenfabrik gearbeitet und war an jeder technischen Neuerung brennend interessiert, wo immer sie entwickelt worden war, ob an der Hochschule oder in einer Fabrik. Der Anspruch des kleinen, zierlichen Herrn, der aus Freudenthal in Mähren stammte, war hoch. Nur wer völlig in seinem Studium aufging, hatte eine Chance, eine knapp bemessene Anerkennung des Lehrers zu erhalten. Selbstzufriedenheit haßte er. Als einmal ein Praktikant auf seine Frage antwortete: »Danke sehr, Herr Professor, ich bin zufrieden«, antwortete Berl: »Seien Sie zufrieden, wenn sich der Sargdeckel über Ihnen geschlossen haben wird.«

Kurz nach Winnackers Diplomexamen fragte ihn Berl überraschend: »Haben Sie Lust, mein Privatassistent zu werden?« Und ob Winnacker wollte. Ohne auch nur eine Sekunde nachzudenken, sagte er »Ja« und hielt sich fortan »für den glücklichsten Menschen der Welt«.

Endlich brauchte er auch keine Zeit mehr für Nebenarbeiten aufzuwenden, um seinen Lebensunterhalt zu sichern. Er hatte nun ein regelmäßiges Einkommen; am Ende seiner Darmstädter Assistentenzeit verdiente er etwa 300 Mark im Monat.

Berl besaß weitgespannte Verbindungen. So kam Winnacker auch in Kontakt mit führenden Chemikern der Zeit. Sogar Nobelpreisträger kamen nach Darmstadt: Fritz Haber, Richard Willstätter und Friedrich Bergius, der gerade erst 1931 zusammen mit Carl Bosch den Nobelpreis erhalten hatte.

## *Das Kekulézimmer in Darmstadt*

Doch nicht nur die moderne und allermodernste Chemie faszinierte Berl. Er hatte eine Schwäche für die Geschichte der Naturwissenschaften, »denn er vergaß nie, daß die Wurzeln der Wissenschaft stets in der Vergangenheit liegen«. Er schaffte es, das Geburtshaus Liebigs in der Darmstädter Altstadt wiedererstehen zu lassen. Im Institut opferte er sogar einen Raum, um dort Erinnerungen an August Kekulé zu sammeln, »dessen Schüler Richard Anschütz regelmäßig zu uns kam.«

Winnacker durfte an dem dreibändigen Werk »Chemische Ingenieurtechnik« mitarbeiten, der ersten Anleitung zu einer modernen technischen Chemie. Winnacker fand durch Berl auch viele Kontakte zur chemischen Industrie, vor allem zu den Werken der I.G. Farbenindustrie. Gleichwohl schwebte ihm eine akademische Laufbahn vor, wenngleich sein schweigsamer und zumeist kurz angebundener Chef sich in dieser Hinsicht noch nicht geäußert hatte. Doch dann war mit dem Jahr 1933 die Herrschaft Hitlers angebrochen, und dieses Ereignis veränderte das Leben von Lehrer und Schüler vollständig. Denn Berl war Jude. Er galt schon bald nach der Machtübernahme als »unerwünscht« und als Hochschullehrer nicht mehr »tragbar«.

## *Irrtümer über Hitler*

Viele in Deutschland meinten allerdings, so schlimm werde es mit dem Hitlerschen Antisemitismus nicht werden. Das seien Auswüchse aus der Kampfzeit, nun werde sich vieles mildern. Vor allem aber werde jenen deutschen Juden nichts geschehen, die im Krieg für ihr Vaterland gekämpft oder sich große wissenschaftliche Verdienste um Deutschland erworben hätten.

Arthur von Weinberg, Mitinhaber von Cassella, im Krieg Major und Mitarbeiter Rathenaus und Habers, Ehrenbürger von Frankfurt, Vorsitzender der Senckenberg-Gesellschaft und Aufsichtsratsmitglied der I.G. Farbenindustrie, zum Beispiel dachte so. Er starb im Konzentrationslager Theresienstadt.

Ernst Berl dagegen machte sich keine Illusionen. Er führte seine Arbeiten in Darmstadt zu Ende und wanderte schon im April 1933 nach den USA aus.

Berl hatte es freilich leichter als viele andere. Er hatte schon öfters Gastvorlesungen in den USA gehalten und besaß gute Verbindungen zum Carnegie-Institut in Pittsburgh. Dort war er sehr »erwünscht«, er konnte seine Arbeiten aus Darmstadt fortsetzen.

Nicht nur Berl wurde jenseits des Atlantiks mit offenen Armen aufgenommen. Andere Wissenschaftler, vor allem auf dem Gebiet der theoretischen Physik und der Biochemie, verließen Deutschland und hinterließen große Lücken, die viele Jahrzehnte nicht mehr zu schließen waren.

Während Berl schon in den USA weilte, arbeitete sein Privatassistent Winnacker noch an den letzten Korrekturen der »Chemischen Ingenieurtechnik«. Ihn hatte der politische Umbruch überrascht, denn im Gegensatz zu seiner Braunschweiger Zeit hatte er in Darmstadt fast nur seine Arbeit bei Berl gekannt. »Ich hatte Hitler nie gesehen und ihn niemals reden gehört. In meine Arbeit vergraben, an exakte Denkweise gewöhnt, waren mir seine Demagogie, sein Fanatismus und sein Rassenwahn zuwider.«

»Dank meiner Assistentenstelle litt ich auch nicht unter der allgemeinen Not, aber ich sah sie täglich vor Augen. Berl, unser Vorbild, diskutierte auch über das politische Geschehen mit seinen engeren Schülern. Er war ›preußischer Österreicher‹, ein Mensch der Ordnung mit streng nationalem Denken. Weder er noch wir hätten uns für die kommunistische Alternative entscheiden können. So schloß ich mich mit vielen anderen am Institut im Frühjahr 1933 der SA in Darmstadt an und habe ihr auch in Höchst noch etwa bis zum Jahresende 1936 angehört. Glücklicherweise kam ich wegen meines erlahmenden Interesses nicht zu einem Dienstgrad, so daß ich mich dann stillschweigend entfernen konnte.«

## *Dank Berl zu Hoechst*

Berl hatte Deutschland nicht verlassen, ohne für seine engen Mitarbeiter zu sorgen. Da an eine Fortsetzung der wissenschaftlichen Laufbahn Winnackers nach Berls Weggang nicht mehr zu denken war, veranlaßte er seinen Schüler, sich bei den Farbwerken zu bewerben. Er hatte schon, bevor Winnacker sein entsprechendes Schreiben absandte, dafür gesorgt, daß eine positive Antwort folgte. So kam Winnacker im Herbst 1933 nach Höchst.

Sein erstes Labor hatte die Bezeichnung »A 4« und war ein langgestrecktes, unansehnliches Gebäude. Es gehörte zu dem alten Betrieb der Alizarinherstellung. Dieses Alizarin war, wie bereits beschrieben, eng mit dem Aufstieg der Farbwerke verbunden gewesen. Nach Fuchsin und Aldehydgrün war mit Alizarin zum ersten Mal die Synthese eines Naturfarbstoffs gelungen.

Schon im Jahre 1921 war die Alizarinproduktion bei Hoechst stillgelegt worden – die Folge der ersten »Flurbereinigung« noch innerhalb der »Kleinen I.G.«

Alizarin, nach wie vor ein wichtiges Produkt, wurde seitdem in einem anderen Werk der I.G. hergestellt. »Der Betrieb stand noch wie eingemottet hinter unserem Labor. Nichts hatte sich verändert, seit er verlassen worden war.«

Winnacker mußte bald feststellen, daß der Zustand des Alizarinbetriebes recht typisch war für die Lage Hoechsts innerhalb der I.G. Farbenindustrie. Die Firma schien auf dem Wege, sich zum »Stiefkind« des stolzen Konzerns zu entwickeln. Natürlich blieb das nicht verborgen, als Winnacker seine Kollegen kennenlernte: »Wir jungen Leute hatten 1933 mit frischem Mut anfangen wollen. Doch wenn man am Mittagstisch oder bei einer Tasse Kaffee sich mit den älteren Kollegen unterhielt, stieß man auf viel Pessimismus. Viele von ihnen konnten auf große Erfahrungen und Leistungen hinweisen. Aber die Flurbereinigung nach dem Zusammenschluß (zur I.G., d. Verf.) und die Lethargie der Wirtschaftskrise hatten viel Schaffensmut genommen.«

Auf der anderen Seite konnten junge Chemiker wie Winnacker von Glück reden, daß sie überhaupt einen Arbeitsplatz gefunden hatten. Noch herrschte hohe Arbeitslosigkeit, und die Zahl der bei Hoechst Beschäftigten hatte von 11 600 im Jahr 1929 auf 7 300 reduziert werden müssen. »Damals zog sich in Höchst Tag für Tag eine endlose Schlange von Arbeitslosen vom Bahnhof her, am Arbeitsamt vorbei, bis zu den Toren des Werkes. Ich werde niemals die Gesichter dieser Menschen vergessen, aus denen Resignation und Armut sprach – oder auch die Hoffnung, die sie ergriff, wenn einige von ihnen wieder einmal Arbeit in der Rotfabrik bekamen. Wer seinen Arbeitsplatz noch nicht verloren hatte, war oft auf Kurzarbeit gesetzt und bangte vor dem Tag, an dem auch er entlassen werden könnte.«

## *Ein ermunterndes Signal?*

»Seit vier Jahren waren in Hoechst keine Chemiker mehr eingestellt worden. Am ersten Tag, als ich meine Vorstellungstournee machte, bestaunten mich meine Kollegen wie ein Wundertier. Wir waren im Jahre 1933 höchstens ein halbes Dutzend neuer Chemiker. Schon das erschien den älteren Kollegen als ein ermutigendes Signal. Nun würde es wohl nicht weiter abwärts gehen.«

Winnackers Anfangsgehalt betrug 300 Mark. Davon konnte er sich in der Königsteiner Straße in Höchst zwei Zimmer mieten, in denen schon Generationen von Chemikern gewohnt hatten. »Die Wohnung war nicht ungemütlich; es gab sogar einen kleinen Gasherd, auf dem man sich seine Abendmahlzeit selbst kochen konnte. Ich benötigte ein solches, etwas größeres Refugium, weil ich abends und an den Wochenenden noch an der Chemischen Ingenieurtechnik arbeiten mußte, nachdem Berl Deutschland verlassen hatte.«

Der Dienst in den Farbwerken begann früh: eine Viertelstunde nach sieben Uhr. Winnacker wurde in jener Zeit zum konsequenten Frühaufsteher. Von Kollegen, die ihn später auf seinen Reisen begleiteten, wurde erwartet, daß sie Punkt sieben zum Frühstück erschienen, gleichgültig, wie spät es am Abend vorher geworden war; denn Winnacker pflegte, besonders im Ausland, keineswegs früh zu Bett zu gehen. Manch einer seiner jungen Assistenten traf etwas blaß und übernächtigt wieder auf dem Frankfurter Flughafen ein.

Daß nicht jeder über eine so eiserne Konstitution verfügte wie er selbst, kam Winnacker kaum in den Sinn.

## Ein bunter Abteilungsföderalismus

Obwohl die I.G. schon seit 1925 existierte, gab es damals, wie Winnacker bald erkannte, noch »einen bunten Abteilungsföderalismus«. Die einzelnen Abteilungen existierten nebeneinander und waren auch wissenschaftlich weitgehend selbständig. Selbstverständlich waren sie alle der gemeinsamen Werksleitung verantwortlich.

Ein Neuling tat sich recht schwer, Organisation und Arbeitsweise dieses Riesenunternehmens zu übersehen. Dabei stellte Hoechst doch nur einen Teil der viel umfassenderen I.G. dar.

Winnacker erfuhr bald, daß sich niemand sonderlich bemühte, den Neuling über die internen Zusammenhänge zu informieren. Er mußte sich mühsam mit Hilfe persönlicher Bekannter über das »Innenleben« des Werkes, dem er nun angehörte, kundig machen.

Der Leiter der Betriebsgemeinschaft Maingau der I.G., zu der neben Hoechst auch Griesheim, Offenbach, Cassella und Kalle gehörten, war damals Dr. Ludwig Hermann.

Neben ihm gehörten zur Leitung in Höchst Chefingenieur Friedrich Jähne und Professor Dr. Carl Ludwig Lautenschläger.

Die gesamte Organisation der I.G. war nach Winnackers Eindruck im Jahre 1933 »noch recht jung«. Sie hatte keineswegs jene rationelle Struktur erreicht, die sich Duisberg und Bosch wünschten. »Es gab auch in den einzelnen Werken – deren Entscheidungsbefugnis trotz der Fusion immer noch recht groß war – durchaus einen separaten ›Korpsgeist‹. Man gehörte zur I.G. und war stolz darauf. Man war aber ebenso, oder zuweilen gar in noch stärkerem Maße, Hoechster, Leverkusener oder Ludwigshafener. Jedes Werk hatte sein Eigenleben, seine eigenen Probleme, die oft aus den langen Jahren seiner Geschichte herrührten. Nicht selten brachen Meinungsverschiedenheiten aus, wenn es um die Besetzung der Führungspositionen ging oder um die Wahrung der Einflußsphären der ehemals selbständigen Werke. Heiße Kämpfe entwikkelten sich in den ersten Jahren auch bei den Entscheidungen, zu rationalisieren oder stillzulegen.«

Als Duisberg 1935 schwer erkrankte, kam es zu einer letzten Begegnung zwischen den beiden Großen der I.G. Nach diesem Gespräch äußerte Duisberg: »Ich habe zuletzt noch die Freundschaft von Carl Bosch gewonnen, und damit ist mein sehnlichster

Wunsch in Erfüllung gegangen. Ich habe seine Anerkennung immer gehabt.« Auch Bosch bestätigte: »Ich habe mich bei dieser Aussprache mit Duisberg ganz verstanden.« Bald danach, am 19. März 1935, starb Duisberg. Er war 73 Jahre alt geworden.

Bosch und Duisberg hatten eigentlich beabsichtigt, die Nachfolge von Bosch im Vorstand auf Fritz ter Meer, den Chef der Sparte II, und den Finanzchef Hermann Schmitz zu übertragen. Fritz ter Meer sollte die oberste technische, Schmitz die oberste kaufmännische und finanzielle Spitze bilden.

In einer der nächsten Vorstandssitzungen jedoch stellte der von Bosch als Finanzchef hochgeschätzte Schmitz die Vertrauensfrage und setzte es durch, daß er zum Vorstandsvorsitzenden der I.G. ernannt wurde. Ter Meer hat nach einem Bericht von Curt Duisberg – der Protokollführer war – nicht um diese Position gekämpft. Schmitz war allerdings auch als offizieller Vorstandsvorsitzender nur ein »primus inter pares«. Die Kurfürsten der I.G. waren die Chefs der drei Sparten, zu denen alle Produktionsgruppen gehörten. Fritz ter Meer, Erbe der in der I.G. aufgegangenen Firma Weiler-ter Meer, als Chef der Sparte II (Organische Chemikalien, Arzneimittel, Pflanzenschutzmittel usw.), der angestammten und besonders wichtigen Produktionen der I.G., brauchte sich um seine Position nicht zu sorgen. Er war überdies Vorsitzender des »TEA«, des Technischen Ausschusses, in dem alle wichtigen Investitionsentscheidungen getroffen wurden.

Die Sparte I, die für Hochdrucktechnik, Stickstoff, Methanol (die Synthese war 1923 in Oppau geglückt), synthetische Kraftstoffe, Öle usw. verantwortlich war, leitete Dr. Carl Krauch, einer der engsten Mitarbeiter von Bosch.

In der Sparte III waren zahlreiche Sondergebiete zusammengefaßt: fotografische Erzeugnisse, Cellulose, Kunststoffverarbeitung, Kunstseide und Kunstfasern, deren Bedeutung die I.G. durch den Erwerb zahlreicher Beteiligungen nach 1925 stark vergrößerte. Leiter dieser Sparte war ebenfalls ein Mitarbeiter von Bosch: Dr. Fritz Gajewski.

Ter Meer bemerkte dazu: »Bei einem so ungeheuer vielseitigen Unternehmen, wie es die I.G. darstellte, war es naturgemäß völlig ausgeschlossen, daß die Vorstandsmitglieder über alles und jedes informiert werden konnten. Das ging über die Kapazität des einzelnen hinaus. Abgesehen von der Spartenunterteilung mußte daher ein System geschaffen werden, das gewissermaßen alle auftauchenden Fragen auf der untersten Ebene anfaßte, sie in kleinen Fachkollegien behandelte und für die endgültige Entscheidung vorbereitete. Diese Aufgabe war einer größeren Zahl von Fachkommissionen anvertraut.«

Unmittelbar nach der Gründung der I.G. hatte es 83 Vorstandsmitglieder gegeben. Da ein solches Gremium nicht arbeitsfähig war, traf ein Zentralrat die großen Entscheidungen. 1938 war die Zahl der Vorstandsmitglieder schon stark zurückgegangen. Einige waren gestorben, andere pensioniert worden. So wurden alle bisher stellvertretenden Vorstandsmitglieder zu ordentlichen ernannt und nun auch regelrechte Vorstandssitzungen abgehalten. Ter Meer charakterisierte diese Vorstandssitzungen: »Jedes Mitglied des Vorstandes war sich dessen bewußt, daß bei der klaren Arbeitsteilung und der weitgehenden Selbständigkeit des einzelnen gerade dieser auf seinem Arbeitsgebiet der beste Kenner sein mußte, und daß seine Überlegungen und Direktiven Hand und Fuß haben mußten. Bedingung dafür war allerdings, daß die Vorstandsmitglieder der I.G. im Durchschnitt umfassende und weitschauende Geschäftsleute waren. Die verschiedenartigen Funktionen des industriellen Geschehens – Finanzierung, Investitionen, Erzeugung, Verkauf, soziale Betriebsgestaltung, Forschung und Entwicklung, Patentschutz, Lizenzen und andere mehr – mußten ihnen in dem zur Urteilsbildung genügenden Ausmaße geläufig sein. Es ist ja nicht der Fachmann im engeren Sinne des Wortes, also der einem bestimmten Arbeitszweig mit Leib und Seele verschriebene Spezialist, so hervorragend er darin sein mag, der zur Leitung eines Unternehmens berufen ist. Voraussetzung dazu ist vielmehr eine Summe menschlicher Eigenschaften, sowohl geistiger als auch moralischer. Gute Kenntnisse, große Erfahrung, Beweglichkeit, Kombinationsgabe, Menschenkenntnis sind ebenso unerläßlich wie Fleiß, Zähigkeit, Willensstärke und geschäftliche Moral. Dazu gehört das Vermögen, persönliches Geltungsbedürfnis zurückzustellen und den Blick auf das Ganze zu richten.«

Alle nach der Fusion ernannten Vorstandsmitglieder kamen aus den Reihen der I.G.

## Boschs Begegnung mit Hitler

Das Verhältnis der I.G. zu den neuen Machthabern blieb unter Bosch distanziert. Bosch war vor allem mit dem Verhalten des Regimes gegen die Juden nicht einverstanden. Weder Duisberg noch Bosch neigten zu einer antisemitischen Einstellung. Bosch sah mit großer Sorge, wie selbst die hochverdienten jüdischen Wissenschaftler, etwa Fritz Haber, aus Deutschland herausgedrängt und ihre Namen tabu wurden.

Bei einem Zusammentreffen mit Hitler nutzte Bosch die Gelegenheit, sich für die jüdischen Wissenschaftler einzusetzen und die Folgen zu schildern, wenn es zu einem Massen-Exodus von jüdischen Gelehrten käme. Darauf erlitt Hitler einen Wutanfall. Er rief: »Dann wird das Reich eben einmal die nächsten hundert Jahre ohne Physik und Chemie auskommen!« Als Bosch es wagte, dieses Thema noch einmal anzuschneiden, klingelte Hitler nach seinem Sekretär und erklärte mit kalter Stimme: »Der Herr Geheimrat wünschen zu gehen.«

Bosch mußte erkennen, daß mit den NS-Machthabern vernünftige Gespräche nicht möglich waren. Sie waren dabei, völlig in Irrationalismus und Rassenwahn zu verfallen. Die Wissenschaftler wurden von der Führung nur benutzt, um aggressiver Machtpolitik zu dienen. Ohnehin in seinen späteren Jahren für depressive Stimmungen anfällig, zog sich Bosch jetzt oft für Monate zurück und war für niemand zu sprechen. Er versenkte sich dann in seine naturwissenschaftliche Sammlung und verbrachte die Nächte in seiner Sternwarte, die er sich in seinem Haus in Heidelberg hatte bauen lassen.

Bosch wußte, daß keineswegs alle in der Firma dachten wie er. Selbst von ihm hochgeschätzte jüngere Kollegen fanden an dem neuen Reich doch sehr viel Positives. Sie verwiesen auf die großen Erfolge Hitlers im Inland, vor allem auf die Überwindung der Arbeitslosigkeit.

Aber auch außenpolitisch – so argumentierten sie – habe Hitler doch einen Erfolg nach dem anderen errungen, ob es sich um das Rheinland, Österreich oder das Sudetenland gehandelt habe. Jedesmal habe der Westen nachgegeben. Man brauche doch bloß an die englische Politik des »Appeasement« (Beschwichtigung) unter Chamberlain zu denken.

Joseph Goebbels' ebenso geschickte wie skrupellose Propaganda vergrößerte Hitlers Erfolge noch, erhob ihn zum größten aller Deutschen. »Nicht einmal in der eigenen Firma war es Carl Bosch möglich, der Parteipropaganda zu entgehen«, berichtete sein Biograph Karl Holdermann. »Sogar in die Werkszeitung drang sie ein. Die Werkszeitung der I.G. sollte nach Anweisung und Tradition nur politisch neutrale, der Belehrung, der Naturfreude, der Schilderung heimatlicher Schönheiten und dergleichen gewidmete Aufsätze bringen. Die Partei befahl aber, daß auch in den Werkszeitschriften die üblichen Propagandaaufsätze erschienen. Als Carl Bosch wieder einmal die Werkszeitung zur Hand nahm und dies merkte, bekam er einen Wutanfall.«

Nun geschah solches wohl nicht alles nur auf Anordnung der Partei. Sicher gab es in den Werken und den Redaktionen ihrer Zeitschriften Begeisterte, die aus ihrer Führerverehrung keinen Hehl machten. Schließlich – und das mochte Bosch vielleicht ignorieren – trugen im Vorstand der I.G. und unter den Direktoren nicht wenige seit 1937 das Parteiabzeichen. Nicht immer wußte man genau, wie weit das nationalsozialistischer Überzeugung entsprach.

Im Jahre 1939 kam es zu einem schweren Eklat, als Bosch als Vorsitzender des Deutschen Museums in München eine Rede halten mußte. Man hatte ihn gebeten, Hitler in einigen Sätzen zu erwähnen. Er tat dies, legte aber ein leidenschaftliches Bekenntnis zur Reinheit und Unabhängigkeit der Forschung ab. Sie sei derzeit bedroht.

Die NSDAP war darüber so entrüstet, daß sie den Rücktritt von Bosch forderte. Ihn selbst hatte das Ereignis so mitgenommen, daß er in ein Sanatorium in den Schwarzwald mußte.

Nach dem Ausbruch des Krieges, den er vorhergesehen hatte, zog sich Bosch nach Rottach am Tegernsee zurück. Dann, nach einer Reise nach Sizilien, kehrte er in sein Haus nach Heidelberg zurück. Biograph Holdermann berichtete: »Er selbst fühlte bald, daß sein Ende nahe war. Er sagte: Ich hab' genug; ich mag nicht mehr.« Am 26. April 1940 starb Carl Bosch.

## Von Oppau begeistert

Karl Winnacker hatte den großen Mann nicht mehr kennengelernt. Er war nach seiner ersten Zeit in der Farbstoffabteilung zum Leiter einer kleinen Gruppe »Verfahrenstechnik« avanciert, die ihm nicht nur die Möglichkeit gab, »zu Hause« mit dem Chefingenieur Friedrich Jähne und Ludwig Hermann, der von Haus aus Elektrotechniker war, in engem Kontakt zu stehen, sondern auch die anderen Werke der I.G. kennenzulernen. Vor allem war er von Oppau begeistert, wo die erste Ammoniaksynthese und 1923 die Methanolsynthese geglückt waren. Aber auch die im Aufbau befindliche Bunaherstellung in Schkopau imponierte ihm, dazu natürlich das Hydrierwerk, das 1937 in einer ersten größeren Anlage in Leuna entstanden war. Es war eine Welt der modernsten technischen Chemie, die einen Schüler von Berl einfach gefangennehmen mußte. Hoechst erschien dagegen wie eine zwar hochverdiente, aber doch ältere und etwas umständliche Dame.

Am 11. Januar 1938 feierte Hoechst sein 75jähriges Bestehen. Die I.G. und Hoechst wären wohl eher für geringere Publizität gewesen, aber Gauleiter, Reichsstatthalter Sprenger und Partei ließen sich dieses Ereignis nicht entgehen.

Werksleiter Ludwig Hermann tat sich bei seiner Rede schwer. Er litt seit einiger Zeit an Kehlkopfkrebs, und das Leiden verschlimmerte sich rapide. Schon vom Tode gezeichnet, kam er noch jeden Tag in die Fabrik. Wenige Tage vor Hermanns Ende im Mai durfte ihn Winnacker noch in seinem Arbeitszimmer besuchen. »Er wollte sich wohl ablenken und mit seinem jungen Mitarbeiter noch einmal sprechen. Ich war gerade in Berlin gewesen und hatte bei einer Tagung einen Vortrag von Bodo von Borries über die neue Elektronenmikroskopie gehört. Als ich Hermann vorschlug, es sollte für die Physiker unserer Verfahrenstechnik ein solches Instrument angeschafft werden, bewies er noch Energie. Obwohl er sich nur noch mühsam aufrecht halten konnte, gab er sofort Anweisung zum Kauf des ersten für die Industrie bestimmten Elektronenmikroskops. Es kostete etwa 150 000 Mark und stellte eine beträchtliche Anschaffung dar.« Seit den fünfziger Jahren steht es im Deutschen Museum in München.

Betriebsobmann Ludwig Retzinger erklärte beim 75. Jubiläum, heute gelte es, den Vierjahresplan zu verwirklichen; gerade

Hoechst sei dabei mit in die vorderste Front gestellt worden, die keine Klassenunterschiede mehr dulde. Danach würdigte Retzinger den Werksleiter Hermann: »Er ist für uns eingetreten, hat immer neue Aufträge beschafft und Tausenden Arbeitskameraden Arbeit gegeben.«

Die Jubiläumsrede hielt Dr. Gustav von Brüning, Sohn des 1913 verstorbenen Gustav von Brüning und Enkel Adolf von Brünings, des Gründers. Brüning war vierzig Jahre alt und Chemiker wie Vater und Großvater. Er hatte in Bonn, Darmstadt und Heidelberg studiert und im Herbst 1922 bei Professor Curtius promoviert.

Vom Zentrallaboratorium über die Zwischenprodukteherstellung zur Farbstoffabteilung hatte er fast alle wichtigen Stationen bei Hoechst durchlaufen, sowohl als Betriebsführer wie auch als technischer Berater von Ludwig Hermann. Seit 1938 leitete Gustav von Brüning die anorganische Fabrik. Er war fachlich sehr versiert, liebenswürdig, vielleicht ein wenig weicher als der Vater oder der Großvater.

Anfang August 1938 bat Brüning Winnacker zu sich. Er eröffnete ihm, der Vorstand werde ihm in einem Jahr die Leitung von Hoechst übertragen. »Und Sie«, sagte Brüning, »sollen die Führung der anorganischen Fabrik übernehmen.« Für Winnacker kam diese Versetzung völlig überraschend: »Ich hatte diesen Werksteil niemals betreten und kannte auch kaum einen der dort tätigen Kollegen.«

Winnacker war mit seinem Referat Verfahrenstechnik völlig zufrieden. Deswegen hat er offenbar in dem Gespräch mit Gustav von Brüning kein sehr glückliches Gesicht gemacht. Es wurde beschlossen, daß er sich innerhalb eines Jahres in die Anorganische Abteilung einarbeiten sollte. Wenn er sich dort nicht wohlfühle, könne er wieder die Leitung der Verfahrenstechnik übernehmen. So nobel verfuhr man in diesen Tagen bei der I.G.

Am 4. Oktober drang durch die Fabrik eine traurige Nachricht: Gustav von Brüning sei gestorben. Wie es offiziell hieß, sei Brüning an einem Herzschlag verstorben. In Wirklichkeit hatte er sich in einer Depression das Leben genommen. Die Gründe dafür wurden nur dem engsten Familienkreis bekannt.

Der Trauer um den beliebten Kollegen folgte das Rätselraten, wie es nun bei Hoechst weitergehen würde. Daß die Firma innerhalb der I.G. etwas auf das Abstellgleis geraten war, wußten viele. Um so mehr hatte man begrüßt, daß mit Gustav von Brüning ein Mann an die Spitze kommen sollte, der schon allein als Mitglied einer der Gründerfamilien im I.G.-Vorstand nicht so leicht übersehen werden konnte. Gustav von Brüning hatte auch die volle Unterstützung Walther vom Raths, der immerhin einer der stellvertretenden Aufsichtsratsvorsitzenden des Unternehmens war.

»In Hoechst setzte ein langes Interregnum ein«, schrieb Winnacker. »Zahlreiche Spekulationen tauchten auf und wurden ebensoschnell von anderen wieder abgelöst. Wir jungen Leute haben uns natürlich lebhaft dafür interessiert, wer der neue Hoechster Chef sein sollte.« Winnacker und andere versuchten den Chefingenieur Friedrich Jähne zu bewegen, sich um diesen Posten zu bemühen. Doch Jähne winkte ab. Der Leiter von Hoechst müsse Chemiker sein. Chef der Betriebsgruppe Mittelrhein wurde Professor Carl Ludwig Lautenschläger.

## *Jungwerker Helmut Gehringer*

In der Familie Gehringer war eine neue, die fünfte, Generation von Rotfabrikern herangewachsen. Helmut Gehringer aus Unterliederbach, dessen Vater Willi seit 1914 im Werk arbeitete, wäre eigentlich gerne Friseur geworden. Doch den Eltern erschienen die Farbwerke größer, solider und aussichtsreicher als jeder Friseursalon. Willi Gehringer fürchtete überdies, daß Hitler es bald zu einem Krieg kommen lassen werde.

So meldete sich Helmut Gehringer als Jungwerker in der Fabrik. Er begann dort, wo einst der Vater schon beschäftigt gewesen war: im Essigsäurebetrieb. Vater Gehringer arbeitete jetzt in der Färberei. Der Sohn, der besonders die Ausbildung in der Werksschule als »klasse« empfand, verdiente 36 Pfennig in der Stunde – Vater Gehringers Wochenlohn betrug 36 Mark.

Seit 1939 gab es auch wieder einen neuen Rotfabriker aus der Familie Barthel. Nach dem Laboranten Wilhelm Barthel, der 1922 eine Lehre als Schlosser absolviert hatte, trat sein Bruder Jakob in die Rotfabrik ein. Jakob, in der Familie allgemein Jockel genannt, war 1912 im Wöchnerinnenheim geboren und im Seeacker aufgewachsen. Ihr Vater war der Färbemeister Franz Ferdinand Barthel, der 1931 pensioniert wurde. Jockel hatte nach der Volksschule das Gymnasium in Höchst besucht. Er hätte nach dem Abitur eigentlich gerne studiert, doch er wollte nicht in die NS-Studentenschaft eintreten.

Jockel Barthel, ein überzeugter Katholik, ging statt dessen in die Schriftleitung eines Verlages in Frankfurt. Er wohnte in Höchst in der Leverkusener Straße. Barthel sah sich in seiner Familie, und auch in der seiner Frau (sie war das junge Mädchen, das 1918 den heimkehrenden Soldaten Seidenblumen ansteckte), nur von Rotfabrikern umgeben. So hatte er sich dann 1938 als Angestellter in den Farbwerken beworben, was beinahe daran scheiterte, daß er nicht der Partei angehörte und im Einstellungsgespräch offen sagte, das auch für die Zukunft nicht zu planen. Dennoch angenommen, wurde er als kaufmännischer Angestellter im Werk Autogen eingesetzt.

## *Die Räder rollen*

Am 1. September 1939 begann mit dem deutschen Angriff auf Polen der Zweite Weltkrieg. Diesmal gab es keinen Jubel, keine blumengeschmückten Soldaten. In Deutschland herrschte eine gedrückte Stimmung.

Willi Gehringer wurde in die Gutleutkaserne in Frankfurt eingezogen. Zum zweiten Mal mußte er den Krieg erleben. Doch da er diesmal, anders als 1918, mit seinen 39 Jahren schon zu den älteren Jahrgängen gehörte, wurde er nach dem Frankreichfeldzug zur Gefangenenbewachung in Prenzlau abgestellt.

Ludwig Retzinger, 30 Jahre alt, meldete sich freiwillig zur Wehrmacht. Er wolle nicht den Anschein erwecken, so sagte er zu seiner Frau Gretl, als harre er in Höchst auf einem hübschen »Druckpöstchen« aus. Retzinger hatte sein Amt als erster Betriebsobmann ohnehin 1939 abgegeben. Er wollte weiterkommen und aus dem Arbeiterstatus in das Angestelltenverhältnis überwechseln. Das war ihm auch gelungen.

Er war jetzt nur mehr halbtags als Vertrauensrat tätig. In der übrigen Zeit machte er sich mit einer neuen Tätigkeit im Werk- und Baustoffbereich vertraut. Er wurde Fachmann im Umgang mit Spezialstoffen wie Isolierungen, säurefesten Plattenbelägen,

Verfugungen und Anstrichen. Später übernahm er auf diesem Gebiet die Kundenberatung. Retzinger verdiente 1939 monatlich 350 Mark, dazu kam noch die in der I.G. übliche Prämie. Sie betrug 1940 108 Mark. Dafür konnte sich Retzinger eine schöne Wohnung in der Liederbacher Straße 21 leisten.

Am 1. Mai 1941 wurde Retzinger zur Luftwaffe eingezogen und an einem Radargerät ausgebildet. Anschließend kam er zum Afrikakorps. Selbst dort erreichte ihn – über seine Frau – ein Schreiben der I.G., in dem ihm eine kleine Gehaltserhöhung von 10 Mark mitgeteilt wurde. Retzinger bestätigte diese sehr gerne mit dem Absender: »Afrika, den 14. 5. 42.«

Wie sehr sich in Nordafrika das Blatt zugunsten der Engländer wendete, vernahm seine Frau zum ersten Mal im englischen Rundfunk. Sie hörte dessen Sendungen zwar mit ausgesprochen schlechtem Gewissen, war es doch ein »Feindsender«, auf dessen Abhören schwerste Strafen standen. Doch die Sorge um ihren Mann überschattete alles andere.

Gretl Retzinger litt seit 1934 schwer an Zuckerkrankheit und mußte sich täglich Insulin spritzen. Professor Carl Ludwig Lautenschläger hatte eine Verdachtsdiagnose auf Diabetes einmal bei einer Werksfeier geäußert, als Retzinger noch Betriebsobmann war. Gretl Retzinger hielt dazu noch – über fünf Jahrzehnte lang – eisern Diät.

Retzinger kam mit einem Lastensegler – im Trapez hängend – noch von Afrika weg, zog sich allerdings eine Meniskus-Verletzung zu, als er bei einem amerikanischen Jagdbomberangriff in Sizilien vom Lastwagen sprang. So stand er eines Morgens um vier Uhr früh vor der Wohnung in der Liederbacher Straße 21. Da er zwei Jahre lang keinen Urlaub gehabt hatte, konnte er nach der Operation einen Genesungsurlaub einlegen.

Helmut Gehringer, der sich freiwillig zur Luftwaffe gemeldet hatte, kam zum Arbeitsdienst. Danach folgte eine Segelflugausbildung. Später landete er bei einer besonders illustren Truppe: einer Staffel, die direkt dem Hauptquartier Hitlers zur Verfügung stand.

Frau Käthe Gehringer arbeitete in der Zeit, als ihr Mann und ihr Sohn beim Militär waren, an dem Arbeitsplatz ihres Sohnes Helmut im Essigsäurebetrieb. Sie war eine energische Frau und hatte diese besondere Behandlung bei dem Betriebsleiter Dr. Roth durchgesetzt.

## Kriegswichtig: Benzin, Buna und Leichtmetalle

Karl Winnacker kehrte nicht mehr zu seiner Gruppe Verfahrenstechnik zurück, sondern behielt die Leitung der Anorganischen Abteilung bei Hoechst. »Mit meinen 36 Jahren war ich zunächst zu alt, um Soldat zu werden, so wie ich am Ende des ersten Weltkrieges zu jung gewesen war«, berichtete er in seinen Lebenserinnerungen. »Außerdem stand ich an verantwortungsvoller Stelle in der Wirtschaft.«

»Im geschäftlichen Bereich änderte sich zunächst wenig. Schon lange vorher hatte eine vollständige Bewirtschaftung eingesetzt. Sie betraf nicht nur die Produktion, sondern auch Reparaturmaterialien, Energie und vieles andere. Es gab einen Mobilmachungsplan, der, als Mobplan, verschlossen in Hoechst im Safe lag. Als wir ihn öffneten, enthielt er für uns kaum etwas Überraschendes.«

»Im Grunde genommen war alles, was in Hoechst und auch in der I.G. Farbenindustrie hergestellt wurde, für die allgemeine Wirtschaft in Frieden und Krieg nötig. Selbstverständlich aber gab es, von Berlin aus verfügt, eine Reihe von Dringlichkeitsstufen. Zu den wichtigsten gehörten die großen neuen Entwicklungen wie Hydrierbenzin, Buna und die Leichtmetalle.«

All dies wurde freilich nicht in Höchst hergestellt: Hydrierbenzin kam aus Leuna, Buna wurde in Schkopau, Leichtmetalle wurden in Bitterfeld produziert. Die Kapazitäten dafür wuchsen während des Krieges ins Gigantische.

Im anorganischen Bereich wurde nur die konzentrierte Salpetersäure mit einer hohen Dringlichkeitsstufe versehen. Düngemittel zum Beispiel traten demgegenüber in den Hintergrund. »Für die als dringlich bezeichneten Produktionen erhielt man alles«, berichtete Winnacker. »So wurde die Erzeugung von Salpetersäure in Hoechst schließlich auf etwa 10 000 Tonnen im Monat ausgebaut.«

»Das Kontroll- und Genehmigungssystem, nach dem all diese Entscheidungen gefällt wurden, war wie in allen lückenlos gelenkten Planwirtschaften bürokratisch und unzulänglich. Wer an leitender Stelle tätig war, mußte ständig nach Berlin fahren, um dort bei den vielen Instanzen seine Bewilligungen durchzusetzen.«

»Das Regime hatte wenig Verständnis für die Notwendigkeit naturwissenschaftlicher und technischer Leistung, wenn man von

Flugzeugen, Panzern usw. absah. So war es ungeheuer schwierig –
zumindest in den ersten Jahren –, die erforderlichen Fachkräfte
für uns zu bekommen.«

»In der ganzen NS-Ära einschließlich der Kriegszeit hatte diese
Einstellung der Regierung vor allem eine Folge: In Hoechst
konnte kaum gebaut werden. Das Werk verharrte in dem recht
unmodernen Zustand, in dem es sich schon bei der I.G.-Gründung
und zur Zeit der Wirtschaftskrise befand.«

## *Karriere in großen Schritten*

Als Leiter der Anorganischen Abteilung hatte Winnacker lange
auf seine Prokura warten müssen. Schließlich intervenierte er
selbst, obwohl er eigentlich stets den Grundsatz vertrat, man dürfe
sich in einem Unternehmen niemals um etwas selbst bewerben.

Nun aber ging es mit seiner Karriere kräftig voran. 1941 wurde
er zu ter Meer in das I.G.-Hochhaus bestellt. Dieser eröffnete ihm
ohne Umschweife: »Sie sollen nach einem gewissen Zeitraum von
etwa vier bis fünf Jahren technischer Leiter der Betriebsgemeinschaft Mittelrhein werden.« Das war natürlich mit dem Eintritt in
den Vorstand verbunden.

Damit sich Winnacker darauf vorbereiten konnte, sollte er seinen drei Jahre älteren Kollegen Dr. Ulrich Haberland in der Leitung des Werkes Uerdingen vertreten. Haberland war als Chef für
Leverkusen vorgesehen.

Uerdingen – das war einst der industrielle Besitz der Familie ter
Meer, der bei der Fusion Bestandteil der I.G. geworden war. Er
war kleiner als Hoechst und gehörte zur Betriebsgemeinschaft
Niederrhein. Etwa 3 200 Menschen arbeiteten in Uerdingen.

In jener Zeit entstand eine enge Freundschaft zwischen den beiden »I. G.-Kronprinzen«, wie man die designierten Chefs nannte,
Haberland und Winnacker. »Als Kronprinzen unserer beiden
Werksgemeinschaften Leverkusen und Hoechst hatten wir viel
auszusetzen an dem, was damals geschah. Das betraf zunächst einmal die Verhältnisse in unserem Vaterland, das immer mehr dem
Abgrund entgegentrieb. Aber auch zu unserer I.G. Farbenindustrie hatten wir eine Fülle kritischer Anmerkungen.«

## *Investitionsschwerpunkte im Osten*

Winnacker und Haberland waren sich einig, daß das Unternehmen nach dem Krieg einer grundsätzlichen Neuordnung bedürfe. Als »schmerzlich und falsch« empfanden die beiden »Kronprinzen«, daß die Bestrebungen immer stärker wurden, wichtige Arbeitsgebiete von Rhein und Main nach Mitteldeutschland oder gar in den Osten zu verlegen, wo sie allerdings vor den alliierten Bombern zunächst sicher schienen.

Von Uerdingen wurde Winnacker für drei Monate nach Schkopau versetzt. Er wohnte in der »Goldenen Kugel« in Halle. Das Schkopauer Bunawerk war gewissermaßen ein Sprößling der vereinten Anstrengungen aller großen I.G.-Werke. An Geld und Material wurde, da starker Zeitdruck herrschte, nicht gespart. Eine gewaltige Leistung, von deren Ausmaß man sich kaum mehr einen Begriff machen kann. Man konnte ja damals nicht von der Petrochemie als Grundlage ausgehen, wie es dann die Amerikaner taten. Hier in Schkopau wurde zum ersten Mal aus Kalk und Kohle in vielen Stufen ein fertiges Reifenmaterial produziert.

Wie lange noch? Schon jetzt gab es jede Nacht Fliegeralarm. Noch allerdings hatten die Amerikaner und Engländer erstaunlicherweise nicht ihre große Luftoffensive gegen die Hydrierwerke begonnen. Die Vorbereitungen dazu aber waren in den Stäben der in England stationierten Bomberverbände bereits getroffen. Man wußte, daß man damit Deutschland bald aufs »Trockene« setzen würde – zumal nach dem Verlust der rumänischen Ölquellen.

Winnacker traf in Schkopau und in Berlin öfters ter Meer. In überfüllten Zügen fuhren sie zusammen von dem bereits stark zerstörten Berlin nach Frankfurt. Wenn sie zu müde für Fachgespräche waren, spielten sie Karten. Winnacker aber wunderte sich im stillen, daß der Spartenchef nie mehr auf die Pläne zurückgekommen war, ihn mit der erwähnten großen Aufgabe zu betrauen. Vielleicht – so mag es Winnacker ab und zu durch den Sinn gegangen sein – hatte man sich in der »Grüneburg«, dem Neubau der Frankfurter Hauptverwaltung, anders entschieden.

Allzu viele Zweifel hätten allerdings nicht zur Persönlichkeit Winnackers gepaßt. Er war, bei aller persönlichen Bescheidenheit, ja sogar Zurückhaltung, doch wohl völlig von seiner Berufung überzeugt.

Im September 1943 war Winnacker zurück in Höchst. Einmal machte er gerade seinen gewohnten frühmorgendlichen Rundgang durch die Anorganische Abteilung, als ihn ter Meer in die »Grüneburg« rief. Er übergab Winnacker ein Schreiben, worin er zum Direktor der I.G. Farbenindustrie ernannt wurde.

Mit dieser Ernennung für den knapp 40jährigen war auch die Mitwirkung im »TEA«, dem Technischen Ausschuß, verbunden, in dem die Spitzengruppen der Naturwissenschaftler der verschiedenen Werke zusammensaßen. Dieser Ausschuß war mehr denn je neben dem Vorstand das entscheidende Gremium der I.G. Hier wurden die großen Investitionsprogramme des Unternehmens vorbereitet und vorentschieden. Ab Mitte 1944 traf man sich im TEA allerdings nicht mehr in vollständiger Runde.

Am 12. Mai 1944 nahmen die »Fliegenden Festungen« zum ersten Mal Kurs auf Leuna. Die Offensive gegen die deutsche Treibstoffindustrie begann mit schweren Schlägen. Weitere Verbände der Achten US-Luftflotte hatten Schweinfurt zum Ziel, ebenfalls eine Achillesferse der deutschen Industrie, denn hier standen fast alle großen Kugellagerfabriken.

Die amerikanischen Bomber flogen nicht mehr allein wie in früheren Jahren. Sie wurden von Hunderten von Langstreckenjägern beschützt, die es der deutschen Abwehr fast unmöglich machten, an den Bomberstrom selbst heranzukommen. In Leuna entstanden schon an diesem 12. Mai schwere Schäden. Die Tagesproduktion sank nach dem Angriff von 5060 Tonnen auf 4820 Tonnen. Noch aber existierte eine Reserve von 574000 Tonnen Flugtreibstoff.

Doch schon am 28. und 29. Mai heulten in Leuna wiederum die Sirenen. Die deutschen Jäger konnten auch diesmal nicht die amerikanischen Bomber abdrängen oder vernichten. Jetzt wurde die Hälfte der Kapazität zerschlagen. Ein ähnliches Schicksal erfuhren die anderen Treibstoffwerke, die nach dem Vorbild der I.G. in Deutschland entstanden waren. Die Belegschaften vollbrachten zwar wahre Wunder an schneller Wiederinstandsetzung – doch auf die Dauer konnte dieser Wettlauf zwischen Zerstörung und notdürftiger Reparatur nicht anhalten.

Auch Ludwigshafen und Leverkusen gerieten in den Bombenhagel, während Höchst erstaunlicherweise verschont blieb. Niemand wußte jedoch, wie lange. Dem Werk ging langsam die Kohle aus. Nachdem die Mülheimer Rheinbrücke im Frühjahr 1944 zerstört worden war, erreichten die Kohlefrachter Höchst nicht mehr. Nur noch mit der Eisenbahn war eine Versorgung möglich, doch auch hier bestimmten die Bomber der Alliierten, ob Lieferungen durchkamen oder nicht.

Auch jene, die sich noch vor einiger Zeit an Siegeszuversicht – wenigstens nach außen hin – selbst übertroffen hatten, fragten sich jetzt im stillen: Wann wird es zu Ende sein, und was wird mit Deutschland geschehen?

Wohl niemand mehr in Deutschland machte sich Illusionen. Goebbels hatte die Beschlüsse der Alliierten auf den Konferenzen von Teheran im Jahre 1944 und von Jalta im Frühjahr 1945 in seinen letzten propagandistischen Anstrengungen kräftig und verzerrt wiedergegeben. Die Deutschen sollten wissen, daß sie keine Gnade zu erwarten hatten, Sklaverei und Verhungern ihnen drohten, wenn sie sich nicht des Führers würdig erweisen und bis zum Letzten kämpfen würden.

Für Hans Bassing sollte dieser Kampf in einer Volkssturmeinheit in der Nähe von Usingen stattfinden. Schlecht ausgerüstet und nur mit Gewehren und ein paar Panzerfäusten bewaffnet, sollten sie den Panzern von General Patton entgegentreten, die, kaum mehr behindert von der sich auflösenden Wehrmacht, auf Frankfurt zurollten.

Keiner dachte mehr ans Kämpfen. Bassing fragte sich nur, was mit seinem Sohn Günther geschehen würde, der sich in der Kinderlandverschickung in der Nähe von Hersfeld befand. Dorthin zu gelangen, war nicht ganz gefahrlos, denn noch immer streiften SS-Truppen durch das Gelände. Bassing schaffte es trotzdem. Der elfjährige Günther hatte ihn schon erwartet. Der Bauer, bei dem er untergebracht war, hörte jeden Tag den englischen Sender. Schließlich mußte man ja wissen, wann es endlich »aus« war.

Im Keller des Hauses in der Sindlinger Ferdinand-Hofmann-Straße erwarteten die vereinigten Bassings den Einzug der amerikanischen Truppen. Auch die Adler-Nähmaschine, auf der Frau Bassing bis zuletzt Hemden genäht und geflickt hatte, war hier in Sicherheit gebracht worden.

Zwei Tage später meldete sich der Volkssturmmann a. D. Bassing in der völlig unzerstörten Rotfabrik. Er war der Meinung, daß er gebraucht werde.

KAPITEL 13

# Sternenbanner und Schwarz-Rot-Gold

Ende Mai 1945 hielt ein amerikanischer Truck in der Königsteiner Straße in Höchst. Auf dem Lastwagen standen einige Dutzend deutsche Gefangene. »Get out«, sagten zwei junge G.I.s lässig und gaben einem der Landser einen sanften Stoß.

Willi Gehringer sprang, so schnell er konnte, vom Wagen, packte seine Habseligkeiten und machte sich auf in die nahe Wasgaustraße. Dort öffnete er vorsichtig die Tür, um seine Frau Käthe und die Eltern freudig zu überraschen. Nun war für den 45jährigen Willi Gehringer der Krieg wirklich zu Ende.

Doch einer fehlte noch: der 20jährige Sohn Helmut. Der allerdings hatte es auch geschafft, doch das wußten die Eltern in der Wasgaustraße noch nicht. Helmut hatte das Glück gehabt, in Salzburg in amerikanische Gefangenschaft zu kommen, und er war heilfroh darüber, nicht bei den Russen gelandet zu sein. Das Lagerdasein, zuerst in Heilbronn, dann in Bad Kreuznach, wo Zehntausende Kriegsgefangene eng aufeinandergepreßt lebten, ertrug der Ex-Luftwaffensoldat geduldig. Er war überzeugt: Bald würden sie entlassen werden wie bereits Tausende vor ihnen, und dann würde ein neues Leben beginnen.

Der Anfang, darüber war sich Helmut Gehringer klar, würde sicher schwer sein. Die Alliierten würden hart mit den Deutschen umspringen. Aber ewig, so sagten alle im Lager, konnten die Sieger sie nicht in Quarantäne halten. In zehn oder fünfzehn Jahren würde vieles in Deutschland wieder normal sein, hoffte Gehringer. Man werde zwar hart arbeiten müssen, dann aber davon auch etwas haben. Ein Dasein ohne Fußlappen und Knobelbecher, Geschäfte, in denen man ohne Lebensmittelkarten und Kleiderpunkte einkaufen könnte, ein bis zwei Anzüge und mehrere Paar Schuhe im Schrank. Auch die jetzt in Trümmern liegenden Städte würden dann wohl wieder aufgebaut sein.

Helmut Gehringer war gespannt, ob es die Rotfabrik noch gab oder ob sie vielleicht bei den letzten Angriffen zerstört worden war, so etwa wie Leuna oder die anderen Fabriken in Mitteldeutschland, die er vor kurzem gesehen hatte. Wenn die Rotfabrik noch stehen sollte, würde er dort wahrscheinlich wieder arbeiten. Es hätte ihn zwar auch gereizt, auf Flugmotorenschlosser umzusatteln. Auf diesem Gebiet hatte er ja bei der Luftwaffe genügend Erfahrungen gesammelt. Aber ob jetzt noch dafür Bedarf bestand?

### *Ein schlechter Tausch*

Aber auch die Rückkehr in die Rotfabrik sollte für Helmut Gehringer ein Traum bleiben. Das Schicksal, in Gestalt der Amerikaner, hatte mit ihm etwas anderes vor. Im Lager wurde gefragt: »Wer meldet sich freiwillig zum Ernteeinsatz in Norddeutschland?« Gehringer war dazu bereit. Er wollte auf diese Weise dem Stacheldraht entrinnen, ein besseres Essen erhalten und vielleicht etwas früher entlassen werden.

Bald schien es mit der Arbeit in der Landwirtschaft ernst zu werden. Gehringer und Hunderte seiner Kameraden wurden in alten Eisenbahnwaggons auf die Reise geschickt. Es war schon dunkel, die Außenwelt blieb unsichtbar. Doch die erfahrenen Soldaten erkannten, daß der Zug nicht nach Norden fuhr, sondern stetig westwärts rollte. Am nächsten Tag wußten sie, daß sie zu einem schlechten Tausch verleitet worden waren. Sie befanden sich in einem kleinen Ort südlich von Paris. Ihre Bewacher waren jetzt Franzosen.

Ein Arzt untersuchte die Gefangenen und teilte sie in drei Gruppen ein: Gruppe A war für den Arbeitseinsatz in der französischen Industrie bestimmt, Gruppe B für den Bergbau, Gruppe C für die Landwirtschaft.

Helmut Gehringer kam in Gruppe B. Wieder wurden sie in Eisenbahnwaggons verfrachtet. Das Ziel waren französische Kohlebergwerke im Norden des Landes. Als sie dort in dem Städtchen Hénin-Litarde ankamen, erhielten sie Arbeitsanzüge, Schuhe und andere Ausrüstung. Es war gegen zwei Uhr nachmittags. Noch am gleichen Tag begann die Nachtschicht im Bergwerk.

Die Eltern, Willi und Käthe Gehringer, erfuhren erst nach einem halben Jahr, daß ihr Sohn lebte und als Kriegsgefangener in einem französischen Bergwerk arbeitete. Es gehe ihm soweit ganz gut, hatte Helmut auf der vorgedruckten Karte mitgeteilt.

Mittlerweile wußte man in Deutschland einiges über das schwere Los der deutschen Kriegsgefangenen in Frankreich. Käthe Gehringer nahm deshalb eine Arbeit in der Bäckerei des farbwerkseigenen Kaufhauses an. Diese Bäckerei war von den Amerikanern okkupiert. Da gab es immer wieder Extraverpflegung. So konnte sie ihrem Helmut wenigstens Päckchen schikken; zunächst freilich nur alle sechs Monate – mehr war nicht erlaubt.

## *Was wird aus der Rotfabrik?*

Die Farbwerke waren am 28. März von Truppen der 3. amerikanischen Armee, die bei Oppenheim den Rhein überschritten hatte, besetzt worden. Panzerspähwagen und Jeeps rollten durch die Fabrik, die fast menschenleer war. Die Arbeiter waren zu Hause in den Kellern geblieben, die Werksleitung befand sich in dem großen Bunker, der schon in den letzten Wochen als bombensicheres Notbüro und provisorische Unterkunft diente. Niemand wußte ja, wie friedlich oder unfriedlich die Sieger auftreten würden. Die Truppen zogen freilich bald wieder ab, nachdem sie sich im Werk umgesehen hatten – offenbar völlig überrascht, das große Fabrikareal so unversehrt zu sehen. Aus den westlichen Teilen Deutschlands, aus denen sie vorgedrungen waren, war ihnen eine Ruinenlandschaft vertraut. Nach den Amerikanern kamen Plünderer – Ausländer und Deutsche. Sie schlachteten sogar die Versuchstiere und tranken den Alkohol, in dem medizinische Präparate aufbewahrt wurden.

Die Amerikaner, die zunächst nicht eingriffen, beschlagnahmten das Hauptverwaltungsgebäude, das Kasino und die werksärztliche Abteilung. Große Teile der Bevölkerung der Stadt mußten dann allerdings innerhalb weniger Stunden ihre Häuser oder Wohnungen räumen. Sie durften lediglich einige Habseligkeiten mitnehmen. Wofür die Räume bestimmt waren – ob für die amerikanischen Truppen oder für die Fremdarbeiter, die zwar zunächst evakuiert worden waren, jetzt aber in Massen nach Höchst strebten –, wußte vorläufig niemand.

Auf den Straßen herrschte zum Teil regelrechtes Faustrecht. Einige der Fremdarbeiter führten sich recht gewalttätig auf; sie sahen wenig Grund, mit der deutschen Bevölkerung schonend umzugehen, denn sie waren selbst auch nicht sehr menschlich behandelt worden. Das Regime hatte in ihnen ja »Untermenschen« gesehen und humanes Verhalten unter Strafe gestellt.

Viele der Werksangehörigen kamen zu Fuß in die Fabrik. Die Räder blieben zu Hause, sie konnten einem allzuleicht und ohne Federlesens abgenommen werden. Jeder brannte darauf, zu hören, wie es nun weitergehen würde. Was hatten die Amerikaner vor, sollte die Fabrik vielleicht abgerissen werden, wie manche Gerüchte lauteten?

Unter den ersten Rückkehrern in die Fabrik befand sich Hans Bassing, der Verbindung zu alten sozialdemokratischen Freunden aufnahm, die vor 1933 im Arbeiterrat gewesen waren. Bald kamen auch Willi Gehringer und Ernst März.

Auch Werksleiter Professor Carl Ludwig Lautenschläger und Dr. Karl Winnacker waren ohnehin auf ihren Plätzen. Die Amerikaner beließen sie – wenigstens vorläufig – in ihren Ämtern. Sie wurden angewiesen, sofort energisch gegen die Gewalttaten vorzugehen, vor allem gegen die Plünderungen im Werk.

Lautenschläger erließ deshalb am 4. April eine Anordnung: »Ich verbiete mit sofortiger Wirkung 1) Zerstörung oder Unbrauchbarmachung von Apparaturen jeder Art, ebenso von Gebäuden, 2) Vernichtung oder Beiseiteschaffen von Akten und sonstigen Unterlagen jeder Art, 3) Maßnahmen, die geeignet sind, die Untersuchungen der alliierten Kommission zu erschweren oder zu gefährden.« Unterzeichnet war der Aufruf: »Der Führer des Betriebes, Lautenschläger«.

In einer Bekanntmachung vom 14. April wurde der Belegschaft mitgeteilt, daß die Werksleitung »während der üblichen Geschäftsstunden im Bunker, Ecke Peter-Bied-Straße und Heimchenweg, anzutreffen ist. Der Werksleiter, Herr Professor Dr. Lautenschläger, hält sich während der übrigen Zeit im Hause Karl-König-Weg 68 auf.«

*»Tauben sind zu töten...«*

Schon am 4. April war auch ein »Aufruf an die Zivilbevölkerung« ergangen. Darin hieß es: »Eine Militärregierung ist eingesetzt, deren Gesetze und Verfügungen in allen Einzelheiten auf das Genaueste befolgt werden müssen.«

Danach durften Zivilpersonen in der Zeit von 18 Uhr bis 7 Uhr ihre Häuser nicht verlassen. Das war der sogennante »Curfew«. Er wurde von der amerikanischen Armee in allen von ihr besetzten Städten und Gemeinden eingeführt.

»Zwischen 30 Minuten nach Sonnenuntergang und 30 Minuten vor Sonnenaufgang muß eine Totalverdunkelung stattfinden. Niemand darf sich weiter als 6 Kilometer von seiner Wohnung entfernen. Eisenbahnen, Privatfahrzeuge, Fahrräder und Privatkraftfahrzeuge dürfen ohne besondere Erlaubnis nicht benutzt werden. Ansammlungen von mehr als 5 Personen in der Öffentlichkeit oder in Privatwohnungen zu Diskussionszwecken sind verboten.«

»Alle Fotoapparate sowie Feldstecher werden der Militärregierung abgegeben. Jeglicher Nachrichtenverkehr wie Post, Fernsprecher, Fernschreiber und Rundfunkverkehr wird mit sofortiger Wirkung eingestellt. Das Freilassen von Tauben ist untersagt. Sie sind entweder zu töten, oder ihre Flügel müssen gestutzt werden.«

Offenbar befürchteten die Amerikaner, es könnte vielleicht doch noch irgendwo der geheimnisvolle »Werwolf« existieren, letzte, verzweifelte Widerstandsgruppen, mit denen die Goebbels-Propaganda so oft geprahlt hatte. Lange Zeit war auch nicht ganz geklärt, ob es die sagenhafte »Alpenfestung« Hitlers, die in den bayerischen und österreichischen Bergen angeblich errichtet worden war, wirklich gab oder nicht.

Natürlich war es auch verboten, »Die Fahne hoch« oder andere Lieder zu singen, Hitlerbilder an die Wände zu hängen oder Parteiabzeichen zu tragen. Aber wem war im Jahre 1945 in Deutschland schon danach zumute?

Selbst die Unbelehrbaren verhielten sich in dieser ersten Phase des Zusammenbruchs kleinlaut und unsicher, vor allem angesichts der Verbrechen an den Juden, die erst jetzt der breiten Bevölkerung bekannt wurden und den deutschen Namen schändeten.

In manchen Städten zwangen die Alliierten die deutsche Bevölkerung, die im Frühjahr 1945 hauptsächlich aus Frauen, Kindern und alten Männern bestand – viele Männer waren noch nicht heimgekehrt –, sich das schreckliche Innere von Konzentrationslagern anzusehen.

## »Beweisstücke« wandern ins Feuer

Die I.G. galt bei den Amerikanern als eine übermächtige Organisation, die den Nazis technische Hilfestellung geleistet hatte. Mit wahrer Inbrunst wollten spezielle US-Einheiten dies beweisen.

Schon am 29. März hatte sich ein kleines amerikanisches Sonderkommando im I.G.-Farben-Hochhaus, in der »Grüneburg«, umgesehen, um einige der dort lagernden Akten zu inspizieren. Ihr Ziel war es, Beweisstücke dafür zu finden, daß die I.G. Hitler bei der Planung seiner Angriffskriege unterstützt habe. Diese Theorie gehörte zum ideologischen Marschgepäck der Finanzoffiziere unter der Führung von Oberst Bernard Bernstein.

Erst am 16. April rückte ein I.G.-Farben-Untersuchungsausschuß in das I.G.-Hochhaus ein, das die Amerikaner von ihren Bombardierungen ausgenommen hatten. Inzwischen allerdings hatten sich in der Grüneburg ehemalige Fremdarbeiter eingerichtet. Sie bewiesen keinen sonderlichen Respekt vor den Bergen von Akten, sondern benützten die Papiere als willkommenes Brennmaterial, denn der April war noch kalt, so schön das Wetter in diesem Jahr noch werden sollte.

Als die Fremdarbeiter die Grüneburg verlassen mußten und amerikanische Soldaten einzogen, kam es dann zu weiteren Demolierungen und Beschädigungen der Archive.

Im Werk Hoechst begannen amerikanische Offiziere, leitende Mitarbeiter zu vernehmen. Als erster wurde Werksleiter Carl Ludwig Lautenschläger zu dem amerikanischen Kommandanten gebracht. Er mußte sich heftige Vorwürfe wegen der Behandlung russischer Kriegsgefangener anhören. Lautenschläger verteidigte sich: Die Gefangenen seien von Hoechst korrekt behandelt worden; für Übelstände trügen die staatlichen Instanzen die Schuld.

Als die deutschen Arbeitskräfte wegen der vielen Einberufungen zum Wehrdienst nicht mehr ausreichten, wurden Hoechst von den Arbeitsämtern Ausländer zugewiesen. Es handelte sich insgesamt um 5077, davon ein Viertel Frauen.

Die ersten waren polnische Gefangene. Sie kamen schon 1940. Danach zogen in die Barackenlager rund um das Werk Franzosen, Belgier, Dänen, Holländer, Italiener, Kroaten, Litauer und Russen ein. Ihre Behandlung war sehr unterschiedlich, je nachdem, ob sie zu den mit Deutschland verbündeten Staaten gehörten wie bis 1943 Italien oder zu den »Feindstaaten«. Am schwersten hatten es die Angehörigen der »Ostvölker«. Keiner der deutschen Arbeiter durfte mit ihnen Kontakt haben; sie lebten mehr oder weniger wie Gefangene. Sie erhielten zwar den gleichen Lohn und die gleichen Zulagen wie ihre Kameraden aus anderen Ländern, doch sie konnten sich dafür kaum etwas kaufen.

Die Werksleitung bemühte sich wenigstens um ausreichende Verpflegung und auch um Kleidung. Es gab, ein Lichtblick in diesem dunklen Kapitel, zahlreiche Beispiele der spontanen Hilfeleistung von seiten der deutschen Arbeiter, die ihre angeborene Menschlichkeit über die vom Regime verordnete Inhumanität stellten.

Alle Mitglieder der Werksleitung wurden auch darüber verhört, ob in Höchst chemische Kampfstoffe hergestellt wurden.

Lautenschläger fungierte zunächst weiter als Werksleiter. Im Juni wurde er sogar aufgefordert, einen »Antrag auf Erteilung einer Arbeitsgenehmigung« einzureichen. Darin hieß es mit bemerkenswertem Optimismus: »Es ist beabsichtigt, die alte Friedensproduktion entsprechend der jeweiligen Kohlelage wieder in vollem Umfang aufzunehmen, da wir solche Produkte, die *nur* Kriegszwecken dienten, nicht hergestellt haben. Entsprechend der Dringlichkeit werden dem Military Government laufend Fabrikationsvorschläge unterbreitet... Die vielseitigen Aufträge, die uns jetzt bereits vorliegen, können im einzelnen nicht aufgeführt werden. Wir verweisen auf die Besprechungen mit den zuständigen Stellen des Military Government.«

Wenn bestimmte Rohstoffe oder Zwischenprodukte benötigt wurden, genehmigten die Amerikaner auch Fahrten zu anderen ehemaligen I.G.-Betrieben. So war Karl Winnacker mehrmals mit amerikanischen Wagen nach Knapsack und Ludwigshafen unterwegs.

## Die Entnazifizierung beginnt

Am 5. Juli wurde die Werksleitung vor eine Gruppe amerikanischer Offiziere zitiert. Ein Oberst las ein Schriftstück vor, wonach die I.G. beschlagnahmt sei und aufgelöst werden solle.

Zehn Tage danach, am 15. Juli, begann dann die erste Etappe der Entnazifizierung. Zunächst wurden die Mitglieder der Werksleitung entlassen, die der Partei angehört hatten.

Einer der Betroffenen war Karl Winnacker. Er las erst mit einem Tag Verspätung das Rundschreiben mit den Namen der Entlassenen, da er am 15. Juli in Ludwigshafen gewesen war. Er bestand darauf, einen förmlichen Entlassungsbescheid zu erhalten.

Dann verabschiedete er sich von seinem Sekretär Adam Blum und seiner Sekretärin Tilly Dörr. Keiner von den dreien glaubte, daß sie jemals wieder zusammen arbeiten würden.

Winnacker setzte sich aufs Rad und fuhr nach Hofheim, wo seine Familie untergebracht war. Bald darauf erhielt er einen Brief mit der Unterschrift zweier Kollegen, nun ehemaliger Kollegen. Darin wurde ihm mitgeteilt, daß seine Werkswohnung mit sofortiger Wirkung gekündigt sei. Sein Bankkonto war allerdings noch nicht gesperrt, da die Personallisten der Amerikaner offenbar nicht auf dem neuesten Stand waren.

Recht bitter schilderte Winnacker diese Situation in »Nie den Mut verlieren«: »Mit meiner Entlassung riß abrupt jede Verbindung zwischen Hoechst und mir ab. Waren schon die letzten Tage von unerfreulichen Ereignissen angefüllt gewesen, so ließen die Nachrichten, die mich hin und wieder aus dem Werk erreichten, eine Rückkehr noch weniger erstrebenswert erscheinen. Wie immer in solchen Zeiten wurden erst einmal jene Menschen hochgespült, deren Überzeugungen und Freundschaften beliebig austauschbar sind und die es fertigbringen, sich bei den neuen Herren durch Ergebenheitsadressen anzubiedern. Es konnte damals geschehen, daß Menschen, welche jahrelang mit uns zusammengearbeitet hatten, uns plötzlich auf der Straße nicht mehr kannten.«

Winnacker fand eine Beschäftigung als Gärtner in Hofheim bei der Firma Wichmann. Er selbst erzählte darüber:

»Bis zum Frühjahr 1947, also nahezu zwei Jahre lang, arbeitete ich als Gärtner. Mein Arbeitskollege war ein ebenfalls entlassener

I.G.-Angestellter aus der Grüneburg in Frankfurt. Im Sommer und Winter, von morgens bis abends, waren wir bei Wind und Wetter draußen in der schönen Taunuslandschaft. Der Stundenlohn, ohnedies gering, spielte keine große Rolle. Ich besaß ja noch einiges Geld, das dann nach der Währungsreform 1948 endgültig seinen Wert verlor.«

»In jener Zeit bekam ich einen erheblichen Respekt vor dem Gärtnerberuf, der einen ganzen Mann verlangt und viel mit dem des Landwirts gemein hat. Doch wenn ein Bauer bei schlechtem Wetter im Hof oder Stall arbeiten kann, muß der Gärtner auch dann ins Freie. Dazu gehört schon eine ausgezeichnete Gesundheit. Wer aus Erfahrung einen Blick dafür hat, sieht alten Gärtnern den in vielen Jahren erworbenen Rheumatismus an. Trotz schwerer körperlicher Arbeit und mancher Sorge um den Haushalt durfte ich mich nicht beklagen, hatte ich doch das große Glück, mit meiner Familie zusammen zu leben. Ich wurde von manchem Ärger verschont, der viele meiner Bekannten zusätzlich belastete.«

Zunächst waren von den Entlassungen nur leitende Angestellte betroffen. Später erhielten Hunderte von Werksmitgliedern ihre Kündigung.

Chef der Fabrik wurde zunächst der Chemiker Dr. Max Bockmühl. Er war 1910 in die Pharma eingetreten und hatte große Verdienste um die Schmerzmittel, die Hoechst nach dem Ersten Weltkrieg entwickelt hatte.

Im November folgte auf Bockmühl der Chef des Essigsäurebetriebes, Paul Roth. Er hatte einst zusammen mit Kollegen eine Methode entwickelt, die synthetische Essigsäure so zu reinigen, daß sie auch als Essenz für Speiseessig verwendet werden konnte. Diese Essigessenz, die in Höchst hergestellt wurde, avancierte zum begehrten Tauschartikel.

## *Tauschen – eine bittere Notwendigkeit*

Tauschen wurde nun ohnehin eine Lieblingsbeschäftigung der Deutschen. Wer von dem überall blühenden Schwarzhandel nichts wissen wollte oder kein Geld besaß, um für ein Pfund Butter 200 Mark zu bezahlen, mußte versuchen, sich die unerläßlichen Güter des täglichen Lebens zu verschaffen, indem er nicht ganz so lebenswichtige opferte. Ein Klavier für einige Zentner Kartoffeln und einen Topf Schmalz zum Beispiel.

Auch große und kleine Firmen waren auf Tauschgeschäfte angewiesen, wenn sie ihrer Belegschaft mehr als eine Wassersuppe anbieten wollten.

Hans Bassing, der mit einigen Freunden einen inoffiziellen ersten Betriebsrat gebildet hatte, fuhr nun in einem alten Lastwagen mit Holzvergaser aufs Land, um Kartoffeln, Gemüse oder gar noch größere Kostbarkeiten für die Werkskantinen zu ergattern. Nie zuvor war die Werksverpflegung wichtiger gewesen als im Jahre 1945. Michael Erlenbach, der Treuhänder von Hoechst und späteres Vorstandsmitglied, hat diese Zeit einmal recht plastisch geschildert: »...eine junge Generation wird heranwachsen, die sich nicht mehr daran erinnern kann, daß ihre Väter von den Müttern zur Arbeit geschickt wurden, weil dort eine warme Suppe auf sie wartete, die sogenannte I.G.-Suppe.«

Im Gegensatz zu den privaten Tauschhändlern hatte es Bassing freilich leichter. Er besaß immerhin einige hundert Liter der vorhin erwähnten Essigessenz, einige Zentner Düngemittel, auf die die Bauern dringend angewiesen waren, aber auch Süßstoff und Klebemittel – kurz alles, was die Firma wieder herstellte oder was sich noch in den Lagern befand, die nicht geplündert worden waren.

Bassings elfjähriger Sohn Günther, der manchmal den Vater auf diesen Fahrten begleiten durfte, wurde so zu einem versierten Mechaniker für Holzvergaser. Denn der Vater besaß zwar Wortgewalt, glänzende Ideen, Tatkraft und große Überredungskunst, wenn es um Tauschgeschäfte mit Bauern ging, aber nur wenig Geduld beim Ausbau und Wiederzusammensetzen von Vergasern.

Bassings Verdienste um das leibliche Wohl seiner Kollegen wurden von den Rotfabrikern anerkannt, als am 17. und 19. September 1945 die ersten Betriebsratswahlen stattfanden. Nach Hans Weber, der 2944 Stimmen erhalten hatte – er war sozialdemokratischer Kollege und früherer Arbeiterrat –, plazierte sich Bassing mit 2688 Stimmen. Rund 4000 Mitarbeiter hatten sich an der Wahl beteiligt. Es gab damals 2669 Arbeiter, 321 Meister, 186 Chemiker, 148 technische Angestellte und 620 Kaufleute im Werk.

Zusammen mit Hans Weber, Hans Schenkelberg und dem christlichen Gewerkschafter Alois Brisbois zog Bassing in ein altes Büro, in dem vor 1933 der Arbeiterrat, dann NS-Betriebsobmann Ludwig Retzinger und seine Nachfolger gesessen hatten.

## *Retzinger wurde Bauernknecht*

Retzinger hatte das Kriegsende mit seiner Luftwaffeneinheit in Thüringen erlebt. Nach kurzer amerikanischer Gefangenschaft war er sogar für einige Stunden nach Höchst gekommen, um zu sehen, was aus seiner Wohnung in der Liederbacher Straße geworden war. Sie war beschlagnahmt und er selbst – wie er sich denken konnte – in der Rotfabrik nicht sehr erwünscht. So fuhr er nach Nordhessen in eine kleine Gemeinde namens Rohrbach und arbeitete dort als Knecht. Seine Frau Gretl half ebenfalls in der Landwirtschaft.

Die Arbeit war hart, aber es gab genügend zu essen, und eines Tages, das versicherte Ludwig Retzinger seiner Frau immer wieder, werde er auch in die Rotfabrik zurückkehren.

Gretl Retzinger war davon nicht so überzeugt. Wie sie von den zahlreichen Verwandten in Zeilsheim hörte, war die Entnazifizierung noch lange nicht abgeschlossen. Doch sie widersprach ihrem Mann nicht; wer weiß, vielleicht würde ihnen eines Tages sogar Hans Bassing helfen, von dem sie gehört hatten, er sei jetzt im Betriebsrat ein »hohes Tier« geworden.

## *Ein Prozeß wird vorbereitet*

Die Amerikaner hielten die leitenden Männer der I.G. nach wie vor für schuldig, Hitler wesentliche Unterstützung für Aufrüstung und Krieg gegeben zu haben. Überdies warfen sie der I.G. vor, chemische Betriebe in den von Deutschland besetzten Gebieten ausgeplündert und ausländische Arbeiter zur Sklavenarbeit herangezogen zu haben. Der größte Schatten aber fiel auf den Konzern, als die Wahrheit über die Verbrechen der Nazis in Auschwitz bekannt wurde. Die I.G. hatte dort ein großes Bunawerk und später Hydrieranlagen errichtet, in denen Häftlinge beschäftigt wurden.

Die meisten Mitglieder des sogenannten Zentralausschusses innerhalb des I.G.-Vorstandes waren deshalb schon Ende 1945 verhaftet worden.

Carl Ludwig Lautenschläger gehörte dem I.G.-Vorstand an, aber nicht dem Zentralausschuß. Die Amerikaner hatten ihn allerdings entlassen und seine Einkommen beschlagnahmt. Lautenschläger durfte im Monat nur 300 Reichsmark abheben. Er hatte deshalb in Todtnauberg im Schwarzwald, wo seine Frau die letzten Kriegsjahre verbrachte, als Arzt gearbeitet.

Später hatte Lautenschläger im Werk Elberfeld der Farbenfabriken Bayer eine Anstellung gefunden. Er wollte unbedingt wieder in der Pharmaforschung und -entwicklung tätig sein.

In Elberfeld wurden Arzneimittel produziert. Bayer lag im britischen Besatzungsgebiet. Die Briten handhabten die Entnazifizierung und die Entflechtung der Konzerne lässiger als die Amerikaner. Sie hatten sogar die alte Werksleitung im Amt belassen. Ulrich Haberland, der alte Kollege und Freund Winnackers, war Chef von Bayer geworden, genauso, wie es einst die I.G. geplant hatte. Ehemalige Kollegen aus der I.G. fanden in Leverkusen allemal eine offene Tür.

Für Lautenschläger war es freilich nicht einfach, nun unter den Kollegen zu arbeiten, mit denen das von ihm geleitete Werk Höchst einst – wenn auch unter dem gemeinsamen Dach der I.G. – doch in einer gewissen Konkurrenz gestanden hatte. Vom Vorstandsmitglied und Chef der Betriebsgruppe Mittelrhein zum einfachen Forscher war überdies ein großer Abstand. Am schlimmsten zu ertragen war für Lautenschläger freilich der Vorwurf, Schuld auf sich geladen zu haben, und wenn sie auch nur in einer Unterlassung bestanden haben sollte.

Im Dezember 1946 kamen zwei Amerikaner zu Lautenschläger. Er werde als Zeuge in Nürnberg gebraucht. Doch bald kam Lautenschläger in Haft, und aus dem Zeugen wurde ein Angeklagter.

## *Die I.G. auf der Anklagebank*

Lautenschläger gehörte zu den 24 führenden Männern der I.G., die am 27. August 1947 in Nürnberg vor einem amerikanischen Gericht angeklagt wurden. Unter ihnen waren auch der frühere Vorstandsvorsitzende Hermann Schmitz, Fritz ter Meer und Friedrich Jähne.

Die Anklage konzentrierte sich auf fünf Punkte. Als erstes: Die I.G. wurde beschuldigt, Hitlers Wiederaufrüstung und seine Angriffskriege unterstützt zu haben. Anklagepunkt 2 lautete auf Verbrechen gegen die Menschlichkeit, denn die Angeklagten hätten ihrer Firma fremdes Eigentum in den von deutschen Truppen besetzten Gebieten verschafft. Punkt 3 der Anklage: Die I.G. habe Menschen in den besetzten Gebieten verschleppt und zur Sklavenarbeit herangezogen, dazu kämen die Ausbeutung von KZ-Insassen und die widerrechtliche Beschäftigung von Kriegsgefangenen. Punkt 4: Drei der Angeklagten waren Mitglieder der SS gewesen, die einst beim Hauptkriegsverbrecherprozeß in Nürnberg und im Kontrollratsgesetz Nr. 10 zu einer verbrecherischen Organisation erklärt worden war. Punkt 5 lautete: Gemeinsamer Plan und Verschwörung zur Begehung von Kriegsverbrechen.

Der Prozeß dauerte 152 Tage, die Anklage legte in dieser Zeit 2282 Dokumente vor, die ihre Anschuldigungen stützen sollten. Von der Verteidigung wurden 4102 Dokumente in den Prozeß gebracht, was allerdings nicht bedeutete, daß zwischen Anklage und Verteidigung wirklich »Waffengleichheit« bestanden hätte, so wie sie im amerikanischen Prozeßrecht üblich ist.

Die Ankläger konnten in der ganzen Welt nach Beweisen gegen die I.G. fahnden und einige von der Gefängnishaft zermürbte Angeklagte unter Druck setzen. Die Verteidigung verfügte einige Zeit sogar nur über ein einziges Telephon, um schnell auftretende Fragen zu klären. Der Vorsitzende des Gerichts war Curtis G. Shake, ein Anwalt aus Vincennes, Indiana; ein weiterer Richter war James Morris, Präsident des obersten Gerichts des Staates North Dakota. Chef der Anklage wurden Brigadegeneral Maxwell D. Taylor und Josiah DuBois.

Der Spruch des Gerichtes brachte für die Anklage schon in Punkt 1 eine herbe Enttäuschung: Sie hatte gerade auf diesen Punkt größten Nachdruck gelegt und die Angeklagten als Männer bezeichnet, »die vor nichts haltmachten. Sie waren die Zauberkünstler, die die Phantasien von ›Mein Kampf‹ wahrmachten... Dies sind die Männer, die den Krieg möglich machten...«

Das Gericht sprach jedoch sämtliche Beschuldigten von dem Anklagepunkt frei, »da wir... zu dem Ergebnis gekommen sind, daß keiner der Angeklagten sich an der Planung eines Angriffskrieges beteiligt oder wissentlich bei der Vorbereitung und Entfesselung oder Führung eines Angriffskrieges oder bei der Invasion in andere Länder mitgewirkt hat.«

Auch in Punkt 4 und 5 wurden sämtliche Angeklagten freigesprochen. Das Gericht unterschied zwischen Managern in der Privatwirtschaft und Staatsdienern und befand: »Die Angeklagten, die jetzt vor uns stehen, waren weder hohe Staatsbeamte in dem zivilen Sektor der Regierung noch hohe Offiziere. Ihre Teilnahme war dem Grade nach die von Mitläufern, nicht die von Führern.« Es sei, so erklärte Richter Shake, selbstverständlich undenkbar, daß die Mehrheit aller Deutschen verdammt werde, da dies einer Billigung der Kollektivschuldthese gleichkomme, der logischerweise Massenbestrafungen folgen müßten. Und dafür gebe es keine Rechtsgrundlage.

Anschuldigungen, nach denen die I.G. das Zyklon-B-Gas hergestellt und zur Massenausrottung von Juden und KZ-Häftlingen an die SS geliefert haben sollte, wurden vom Gericht als nicht zu Recht bestehend bezeichnet. Die Angeklagten hätten keine Kenntnis gehabt, daß das von der Firma Degesch hergestellte Gas zur Vernichtung von Menschen verwendet werde. Bei verschiedenen Teilvorwürfen der Anklage entschied das Gericht, den Angeklagten müsse eingeräumt werden, daß sie sich in einem Notstand befunden hätten. Bei dem totalitären Charakter des Regimes hätte eine Verweigerung von Befehlen schwerste Repressalien zur Folge gehabt.

Allerdings wurden einige der Angeklagten zu Gefängnisstrafen wegen Plünderung ausländischer Betriebe oder Mißhandlung ausländischer Arbeitskräfte verurteilt.

Unter den zehn I.G.-Direktoren, die in allen fünf Punkten freigesprochen wurden, war Carl Ludwig Lautenschläger, der ehemalige Chef von Hoechst. Er wurde von Kollegen der Behringwerke aus dem Gerichtssaal abgeholt, während einige der Vorstandsmitglieder, darunter ter Meer, in schwarzer Gefängniskleidung ihre Haft im Gefängnis Landsberg antreten mußten, später allerdings begnadigt wurden.

Die amerikanische Anklagebehörde hat diesen Urteilen heftig widersprochen und kräftige Urteilsschelte betrieben. Andere deuteten an, sie seien nur aufgrund des »Kalten Krieges« so milde ausgefallen, weil man die Mitwirkung der Deutschen bei der Eindämmung des Kommunismus benötige. Der Chefankläger Josiah DuBois bemerkte, diese Urteile seien so leicht, daß sie einen Hühnerdieb erfreuen könnten. Er schrieb einige Jahre später ein Buch »The Devil's Chemists«, worin er einen Teil seiner Vorwürfe erneuerte.

Besondere Aufmerksamkeit fand Joseph Borkin, einst Mitglied der amerikanischen Ermittlungsbehörde. Borkin verfaßte ein Buch, das 1978 unter dem Titel »The Crime and Punishment of I.G. Farben« erschien. In Deutschland kam Borkins Buch unter dem Titel »Die unheilige Allianz der I.G. Farben« heraus.

Borkins Buch hat in Deutschland weite Verbreitung erfahren. Es bildete die Basis für andere Berichte und Filme über die I.G.

Diese sind jedoch sicherlich nicht die ganze Wahrheit über die I.G. Diese Kapitel der Firmen- wie der Zeitgeschichte bedürfen noch dringend der historischen Aufarbeitung.

## *Im Zug in die Freiheit*

Karl Winnacker legte 1947 den Spaten in der Gärtnerei Wichmann in Hofheim aus der Hand und ging in die britische Zone. Er trat bei der Duisburger Kupferhütte ein.

Helmut Gehringer konnte endlich im Januar 1948 seinen französischen Gefangenenwächtern auf immer »Adieu« sagen. Er kam nach Ravensburg in ein Krankenhaus zur Entlassungsuntersuchung. Es bestand der Verdacht, daß er an einer chronischen Rippenfellentzündung litt. Die Ärzte stellten noch dazu eine Tuberkulose fest.

Glücklicherweise war die Tuberkulose nicht offen, also nicht ansteckend. So konnte Gehringer einige Tage später nach Neu-Ulm fahren, der letzten Station bis zur endgültigen Entlassung. Dort erhielt er auch seine Papiere. Nach einem Essen, das ihm so gut schmeckte wie lange nicht – es gab Kotelett mit Salzkartoffeln – wurde er mit ein paar Kameraden nach Ulm gebracht. Dort hielt der Alpen-Nordsee-Express. Natürlich waren alle Abteile überfüllt. Sie standen eng zusammengedrängt im Gang, als sie ein amerikanischer Soldat ansprach: »Du, Prisoner?«

Als Gehringer bejahte, schloß der Amerikaner ein Abteil auf, in dem sie sich niederließen. Bis Frankfurt versorgte der G.I. sie mit Zigaretten und Coca-Cola. Es war Gehringers zweite, diesmal wesentlich freundlichere, Begegnung mit der amerikanischen Armee. Wenn er an die Lagerzeit in Kreuznach dachte – wie sehr mußte sich inzwischen das Klima zwischen Deutschen und Amerikanern geändert haben!

In Frankfurt lief Gehringer sofort an den Bahnsteig, wo der letzte Triebwagen nach Höchst abfuhr. Lange bevor der Zug in Höchst zum Halten gekommen war, preßte Helmut Gehringer sein Gesicht an die Scheibe des Abteils, um einen Blick auf seine Heimatstadt zu erhaschen. Als der Zug hielt, rannte Gehringer, so schnell er konnte, nach Unterliederbach.

Kurz vor der Wasgaustraße stoppten ihn ein Zaun und ein amerikanischer Posten. Fast das ganze Viertel war ja von der Besatzungsmacht requiriert. Doch er stieß auf einen freundlichen Amerikaner. »Are you really a prisoner of war?«, fragte der völlig erstaunt. Dann brachte er Gehringer im Jeep die paar Meter bis vor das Haus seiner Eltern. Da sich zunächst niemand meldete, lief Gehringer zum Haus seiner Großmutter in der Wasgaustraße 19. Seine Eltern würden wohl schon schlafen, meinte die glückliche Großmutter.

Helmut warf daraufhin geduldig Steinchen um Steinchen an das Fenster seiner Eltern im dritten Stock der Wasgaustraße 11. Endlich öffneten seine Eltern. Sie hatten schon geschlafen. Obwohl es schon Mitternacht schlug, gab es Bratkartoffeln und Spiegeleier für den verspäteten Heimkehrer...

Gehringer meldete sich in den Farbwerken zurück, besorgte sich Papiere mit vielen Stempeln und ließ sich im Krankenhaus untersuchen. Dort verordnete man ihm eine Kur von drei Monaten in einem Sanatorium im Odenwald. Danach ging Gehringer wieder in die Rotfabrik. Es gelang ihm sogar, einen Arbeitsplatz in seinem alten Labor zu bekommen.

## *Neue Kleider – gleiches Muster*

Vater Willi Gehringer stand in der Abteilung Anwendungstechnik Farbstoffe an einer Maschine, die Stoffe mit neuen Farben bedruckte. Die Techniker wollten die Qualität und Gebrauchsfähigkeit neuer Farbstoffe prüfen.

Manchmal bedruckte der stets gefällige Gehringer senior auch Stoffe, die ihm Freunde aus Unterliederbach brachten. So konnten Teile der Unterliederbacher Damenwelt öfters in neuen Kleidern einherschreiten. Ihr einziger Nachteil: Sie besaßen alle das gleiche Muster.

Diese der Mode zugewandte Tätigkeit seines Vaters hatte für Helmut Gehringer noch eine besondere, allerdings erfreuliche Konsequenz.

Sein Vater besaß einen alten Freund, Meister Hermann Dörr aus dem Salvarsanbetrieb. Auch für dessen Familie hatte es Gehringer übernommen, einige Stoffe zu bedrucken. Sohn Helmut sollte sie anschließend bei Dörrs vorbeibringen. Als Helmut mit dem Päckchen durchs Tor ging, wartete ein 16jähriges Fräulein auf ihn: Anna Luise Dörr, die er zuletzt vor einem Jahrzehnt auf einem Feuerwehrfest in Unterliederbach mit ihren Eltern gesehen hatte. Gemeinsam brachten sie das Päckchen zu Großvater Dörr.

Helmut, der einst für die »Kleine« kein Auge gehabt hatte, fand nun Anna Luise, genannt Anneliese, äußerst anziehend. Da Anneliese dies auch ihrerseits empfand, wagte Helmut bald einen Heiratsantrag.

Im Hause Dörr begegneten solche Absichten allerdings einiger Zurückhaltung. Nicht so sehr, weil Helmut ein einfacher Rotfabriker war, sondern weil die Eltern Annelieses fanden, die Tochter sei zur Ehe noch zu jung.

Helmut stand nach den Jahren der Gefangenschaft nicht der Sinn nach einer langen Verlobungszeit. Und seine Braut besaß einen harten Kopf und ein beachtliches Durchsetzungsvermögen. So wurde dann doch bald geheiratet, und zwar am 14. Oktober 1949.

Das junge Paar wohnte bei Annelieses Eltern. Die erste Anschaffung war ein Schlafzimmer. Es wurde von dem Geld aus der Brautausstattungsversicherung bezahlt, die Vater Dörr einst in Höhe von 20 000 Mark für seine Tochter abgeschlossen hatte. Jetzt, nach der Währungsreform im Juni, waren daraus nur 2 000 Mark geworden. Das Schlafzimmer – solide Eiche mit Nußbaum furniert – kostete 1 300 Mark.

Damit die jungen Eheleute mit den restlichen 700 Mark nicht leichtsinnig verfuhren, bewahrte Vater Dörr das Geld auf, bis der nächste Kauf – eine Küche – getätigt werden konnte.

Helmut Gehringer bekam als Laborarbeiter alle zwei Wochen 145 Mark. Seine Frau, die bei einer Höchster Firma arbeitete, verdiente sogar mehr als er.

Bald machte der Chef von Helmut Gehringer, Hans Persiel, einen überraschenden Vorschlag. »Warum wollen Sie nicht Laborgehilfe werden?«, fragte Persiel. »Das Zeug dazu hätten Sie.« – »Wenn Sie meinen, Herr Doktor«, antwortete Gehringer.

Der Kurs dauerte zwei Jahre. Bevor er noch ganz zu Ende war, wurde anstelle von »Laborgehilfe« die Berufsbezeichnung »Laborfachwerker« eingeführt.

Auch kleinere Reisen leisteten sich jetzt die jungen Gehringers, nach Holland und nach Österreich. Sogar Italien stand auf ihrer Wunschliste. Diese bescheidenen Reisen, die ein Bekannter organisierte, der einen Omnibus besaß, erregten zunächst bei den Eltern Gehringer leichtes Stirnrunzeln. Willi und Käthe Gehringer hatten ihren Urlaub nie anders verbracht als im Gemüsegarten und auf Feuerwehr-Veranstaltungen. »Müßt Ihr Euch jetzt schon einen solchen Luxus leisten?«, fragte Vater Gehringer behutsam. Er meinte, sie sollten doch zuerst etwas sparen. Willi Gehringer war zwar nicht so aufs Sparen aus wie sein Vater Peter, doch er war gegen unnötige Geldausgaben. Dazu zählten damals bei ihm Reisen und Urlaub im Ausland.

Helmut und Anneliese Gehringer wollten jedoch ein wenig von der Welt entdecken. »Wenn erst einmal Kinder da sind, dann sind wir ohnehin für Jahre ans Haus gebunden«, war ihre Antwort.

Das erste Kind Gehringers, die Tochter Ute, stellte sich freilich erst 1956 ein, als Gehringers gerade das »verflixte siebte Jahr« erfolgreich hinter sich brachten. Manche in Unterliederbach hatten etwas ganz anderes erwartet. Daß Anneliese so jung heiratete, hatten sie mit besonderen »Umständen« der Braut zu erklären versucht. An einem solch verfrühten Ereignis hätte freilich niemand sonderlichen Anstoß genommen. Die Zeiten hatten sich geändert. Im Krieg und in der ersten Nachkriegszeit hatten viele der einstigen gesellschaftlichen Vorstellungen ausgedient.

Im Jahre 1950 konnten Helmut und Anneliese Gehringer zu den Großeltern Gehringer in die Wasgaustraße 19 ziehen. Das bedeutete zwar noch keine eigene Wohnung, aber innerhalb einer Wohnung ein abgeteiltes Reich. Bis dahin hatte dort der Chemiker Dr. Rolf Streeck mit seiner Familie gewohnt, der sein Domizil in Unterliederbach 1945 für die Amerikaner hatte räumen müssen. Jetzt erhielt Streeck, später Leiter des Bereichs Pharma, einige Zimmer in einem Neubaukomplex, den Hoechst gerade für Mitarbeiter errichtet hatte.

## *Auf Wohnungssuche in Höchst*

Ein 29jähriger Chemiker, der am 15. März 1949 im Laboratorium für Lösungsmittel und Kunststoffe angefangen hatte, befand sich zu jener Zeit noch auf angestrengter Wohnungssuche. Im Gegensatz zu Gehringers besaß Dr. Rolf Sammet in Höchst keine Stützpunkte bei Verwandten, wo er für die erste Zeit mit seiner jungen Frau Barbara hätte unterkommen können. Sammet stammte aus Stuttgart, wo auch all seine Angehörigen lebten. So mußte er zunächst mit einem einfachen möblierten Zimmer in der Paul-Schwerin-Straße vorliebnehmen. Es hatte den Vorteil, billig zu sein; andererseits mußte Sammet einen Teil seines Gehaltes in Höhe von 450 Mark in Fahrkarten der Bundesbahn nach Stuttgart und zurück investieren. Überdies erwartete seine Frau ein Kind.

Sammet versuchte es im Frühjahr 1949 so einzurichten, daß er beim Mittagessen öfters mit Herren der Wohnungswirtschaft zusammentraf – vielleicht eröffnete sich da doch einmal außer der Reihe eine Chance? Direkt darauf ansprechen mochte Sammet die Kollegen indes nicht. Er erbat sich nicht gerne etwas, obgleich er es sich eigentlich nicht leisten konnte, sonderlich zurückhaltend zu sein.

Sammet stammte aus guten Verhältnissen. Sein Vater, Dr. Paul Sammet, war ein angesehener Zahnarzt, der auch Patienten in der königlichen Residenz in Stuttgart behandelt hatte. So war er sogar mit dem Titel Hofrat ausgezeichnet worden.

Doch Sammets Vater war, ähnlich wie der Winnackers, früh gestorben. Die Mutter mußte ihr Geld eisern zusammenhalten, um für sich und ihre beiden Kinder den Lebensunterhalt zu finanzieren. Da Rolf auf dem Stuttgarter Dillmann-Realgymnasium nur recht durchschnittliche Leistungen zeigte, jedoch besondere Freude am Basteln hatte, sollte er nach der Mittleren Reife in eine Lehre bei Bosch gehen. Der spätere Vorstandsvorsitzende,

Ehrendoktor der Technischen Hochschule Stuttgart und der Universität Göttingen, hatte aber Probleme mit der Aufnahmeprüfung.

So blieb Sammet auf dem Realgymnasium und verbesserte alsbald seine Leistungen erstaunlich. Um die schlecht gefüllte Kasse der Mutter möglichst wenig mit Handwerkerrechnungen zu belasten, absolvierte er einen Schreinerlehrgang und erwarb im Selbstunterricht technische Grundkenntnisse, so daß er einen erheblichen Teil der Reparaturen zu Hause selbst ausführen konnte.

Sammets Lieblingsbeschäftigung wurde die Fotografie. Da er seine Filme selbst entwickeln wollte, richtete er sich einen Raum als zeitweilige Dunkelkammer her und beschaffte sich die notwendigen Chemikalien. Dadurch gewann er immer stärkeres Interesse an Chemie und Physik.

## *Abituraufsatz über Bismarck*

1939 legte Sammet seine Reifeprüfung ab. Im Abituraufsatz hatte er Glück. Das Thema bezog sich auf Bismarck, den Sammet schon lange als einen der größten deutschen Staatsmänner bewunderte.

Daß Sammet Chemie studieren würde, galt seit einiger Zeit als ausgemacht. Daß dies weitgehend in Stuttgart geschehen würde, verstand sich von selbst – schon aus finanziellen Gründen. In den ersten Semesterferien wurde er »freiwillig« zusammen mit seinen Kommilitonen zum Erntedienst nach Allenstein in Ostpreußen geschickt. Später konnte er als Ferienstudent bei Bosch unterkommen.

Sammets wichtigster Lehrer an der Technischen Hochschule Stuttgart wurde Professor Robert Fricke. Er hat Sammets Begabung bald erkannt und gefördert. Fricke war Leiter des Instituts für anorganische Chemie und anorganische Technologie. Nach sieben Semestern – wie er es geplant hatte – konnte Sammet im Frühjahr 1942 seine chemische Diplomprüfung ablegen – mit einer Untersuchung über Methoden, den Bleigehalt im Flugbenzin zu bestimmen.

Der 22jährige Diplom-Chemiker durfte sich nun auf dem Gebiet der anorganischen Chemie einigermaßen zu Hause fühlen. Er hätte sich jetzt gerne mit der physikalischen Chemie beschäftigt.

Später, so dachte er, könne er dann bei Professor Erwin Grube promovieren, dem Ordinarius für physikalische Chemie an der TH Stuttgart.

## *Endlich ein festes Gehalt*

Doch Professor Fricke mochte Rolf Sammet zu jener Zeit nicht mehr entbehren. So machte er Sammet zu seinem Vollassistenten mit einem Gehalt von 340 Mark im Monat. »Damit hatte ich die erste Schlacht im Dasein gewonnen«, erzählte Sammet später.

Sammet bezog zum ersten Mal in seinem Leben ein eigenes, gesichertes Einkommen. Vier Tage vor seinem 25. Geburtstag zog Sammet seinen schon recht abgewetzten dunkelblauen Anzug an, um sich in der TH zum Doktorexamen einzufinden. Es war der 17. Februar 1945. Von der TH stand nicht mehr viel, denn längst hatte der Luftkrieg auch Stuttgart erfaßt. Während Sammet nach der mündlichen Prüfung im Flur auf seine Note wartete, konnte er schon durch die schlecht schließende Tür die Bewertung seiner beiden Prüfer hören: sehr gut.

Vor der Prüfung war Sammet noch von einem Beamten der Universität nach seinen Personalien gefragt worden. Beide kannten sich ganz gut. Dennoch entwickelte sich folgendes Zwiegespräch: »Sind Sie mit einer Jüdin verheiratet?« Sammet: »Sie wissen doch, daß ich überhaupt noch nicht verheiratet bin.« Unbeirrt fragte sein Gegenüber weiter: »Haben Sie die Absicht, sich mit einer Jüdin zu verheiraten?« Doch dann sah der Beamte wohl selbst ein, wie absurd diese bürokratische Formalität war. Energisch schlug er den Aktendeckel zu.

In Neckarshausen, wo das Anorganische Institut wegen des Bombenkrieges untergebracht war, gab es am Abend eine große Feier, bei der der Alkoholbestand des Laboratoriums bedenklich zusammenschmolz. Professor Fricke, der auch Mediziner war, mußte am nächsten Morgen einen Teil seiner nicht sehr trinkfesten Truppe »entkaterisieren«. Allerdings nicht Sammet. Der besaß schon damals ein erhebliches Stehvermögen – eine Eigenschaft, die sich später in Höchst als sehr vorteilhaft erweisen sollte.

Nach dem Krieg war Sammet sogar kommissarischer Leiter des

Organischen Instituts der Stuttgarter TH – allerdings nur vorübergehend, da allmählich die älteren Kollegen zurückkehrten.

## *Währungsreform – und keine Stellung*

Sammet verpflichtete sich als Assistent bei Professor Grube, einem der drei Chefs des Kaiser Wilhelm-Instituts für physikalische Chemie der Metalle, später Max-Planck-Institut. Nach der Währungsreform im Juni 1948 mußte ihm sein Chef erklären, er bekleide keine reguläre Planstelle und könne nicht weiter besoldet werden. »Es war einer der unerfreulichsten Tage in meinem bisherigen Leben«, erzählte später Rolf Sammet. Bis vor kurzem hatte alles recht hoffnungsvoll ausgesehen: ein Leben mit der Familie in seiner Heimatstadt, eine berufliche Laufbahn, die früher oder später zu einer Professur führen würde.

Nun war es damit vorbei. Sammet strebte allerdings nicht unbedingt eine Hochschullaufbahn an. Er wäre einige Jahre vorher schon um ein Haar als Chemiker bei Bayer eingetreten. Der Plan hatte sich zerschlagen, weil Sammet sich damals nicht von Stuttgart trennen konnte. In Leverkusen mochte er sich nun nicht aufs neue bewerben. Auch ein Versuch bei der BASF schien ihm nicht verlockend, weil dort noch die Franzosen mitregierten.

So ging Sammet zu einer kleinen Chemiefabrik in Heidenheim. Doch am 15. Januar 1949 schrieb er an die Farbwerke Hoechst, US-Administration. Der Brief begann: »Hiermit erlaube ich mir, mich als wissenschaftlicher Chemiker zu bewerben...«

## *Mittagessen im »Russischen Hof«*

Der Personalsachbearbeiter in Höchst bemerkte dazu am 19. Januar lakonisch: »Zur Vorstellung einladen. Ende nächster Woche. Mittwoch.« Sammet kam nach Höchst und wurde sogar von Dr. Kurt Möller zum Essen in den »Russischen Hof« eingeladen. Möller war Chef der sogenannten »ELKA«, in der die Betriebe Essigsäure, Lösungsmittel und Kunststoffe vereinigt waren. Der »Russische Hof« bringt heute noch ein Leuchten der Erinnerung in die Augen ehemaliger Direktoren. Es handelte sich um eine

Baracke, in der während des Krieges russische Arbeiter untergebracht waren. Das Essen war für damalige Verhältnisse erstaunlich gut. Nur bei der Untersuchung am Vormittag in der werksärztlichen Abteilung war Sammet etwas verblüfft über den rauhen Ton, der dort herrschte. Aber Sammet war eben nie beim Militär gewesen.

Am 15. März 1949 um 7 Uhr 30 trat Sammet im Laboratorium CH 89 zur Arbeit an, mit einer Probezeit – wie bei Chemikern üblich – von einem Jahr. Das Laboratorium CH 89 war erst während des Krieges entstanden, also verhältnismäßig modern. Es hieß »Laboratorium für Lösungsmittel und Kunststoffe«, im abkürzungsfreudigen Hoechst kurz »LöKu« genannt.

Damals stand das Werk noch weitgehend unter der Kontrolle der Amerikaner. Chef des I.G. Farben Control Office war Randolph Newman, Mitglied der amerikanischen Anklagebehörde im I.G.-Farben-Prozeß, ein ehemaliger Deutscher, der nach den USA emigriert war.

Als wichtigster Gesprächspartner für die Amerikaner fungierte der Chemiker Michael Erlenbach. Er war Halbjude und hatte die Zeit des Nationalsozialismus im Bereich Pflanzenschutz bei Hoechst überstanden.

Erlenbach fuhr fast täglich mit seinem alten BMW – es war der erste Dienstwagen nach Kriegsende – in das frühere I.G.-Hochhaus zum Control Office. Dort wurden alle Maßnahmen, die die Farbwerke betrafen, abgestimmt und genehmigt.

Die gesamte Situation in der Fabrik war damals wenig ermutigend. Man spürte zu wenig Initiative, keine Dynamik, wie sich das junge Mitarbeiter wünschten. Sammet mag es damals hin und wieder bedauert haben, daß er nicht nach Leverkusen oder Ludwigshafen gegangen war.

Immerhin erhielt er bald eine sehr interessante Aufgabe. Wie schon kurz beschrieben, war es 1912 dem Griesheimer Chemiker Fritz Klatte gelungen, Vinylacetat und Vinylchlorid zu polymerisieren. Doch Klattes Patentschriften verstaubten im Reichspatentamt – Griesheim und auch Hoechst hatten die Entdeckung nicht recht zu würdigen gewußt.

## Erste Aufgabe – am Geld gescheitert

Später, in den zwanziger Jahren, hatte sich Georg Kränzlein mit der Polymerisation dieser Verbindung befaßt und ihre Entwicklung kräftig vorangetrieben. So hätte Hoechst eigentlich frühzeitig am Startplatz stehen können, als es um die Kunststoffherstellung ging. Doch die Führung besaß damals nicht genügend Durchschlagskraft. Man überließ die weitere Entwicklung dieser vielversprechenden Verbindungen anderen Werken in der I.G.

Immerhin gab es in den vierziger Jahren eine Pilotanlage für Vinylchlorid. Sie arbeitete aber nach einem etwas veralteten Verfahren und mußte erst wieder auf einen modernen Stand gebracht werden.

Sammet erhielt dazu den Auftrag. Er war dafür eigentlich nicht ganz der ideale Mann, denn er war mehr theoretisch als praktisch geschult. Dennoch versuchte er, diese Anlage produktionsbereit zu machen. Sie hätte bald ihren Betrieb aufnehmen und Vinylchlorid fertigen können. Doch nun scheiterte das ganze Projekt an einigen tausend Mark, die aus keinem Etat mobilisiert werden konnten. Das war nur schwer zu verstehen und recht enttäuschend.

Bei einem anderen großen Vorhaben, das Sammet und seinen Kollegen später anvertraut wurde, geschah es ähnlich. Es ging dabei um Caprolactam, den Ausgangsstoff für die Perlonfaser. Eine Anlage wurde gebaut, doch sie durfte nicht produzieren. Es stellte sich heraus, daß in dem Werk Bobingen bei Augsburg, einer ehemaligen Kunstseidefabrik, wo jetzt Perlon hergestellt wurde, langfristige Lieferverträge über Caprolactam mit Bayer und BASF bestanden. Sie mußten unter allen Umständen erfüllt werden.

Auf dem Pharmagebiet kam die Produktion bei Hoechst bald wieder in Gang. Vor allem war es dem Chemiker Fritz Lindner gelungen, die Insulinversorgung der Zuckerkranken selbst in den Tagen unmittelbar vor und nach dem Zusammenbruch aufrechtzuerhalten. Was mit Zuckerkranken geschehen wäre, die sich nicht regelmäßig ihre Insulin-Einheiten hätten injizieren können, läßt sich leicht ausmalen.

## Der erste Penicillinbetrieb bei Hoechst

1950 wurde bei Hoechst sogar ein Penicillinbetrieb eingerichtet. Das Penicillin hatte der Schotte Alexander Fleming schon im Jahre 1928 entdeckt, nachdem ihm zufällig ein Pilz in eine Kultur von Krankheitserregern geraten war. Der Pilz hatte in der Petrischale einen grünlichen Rasen gebildet, innerhalb dessen alle Keime vernichtet worden waren. Ein von dem Pilz produziertes Stoffwechselprodukt war ein hochwirksames Mittel gegen Bakterien verschiedenster Art. Da Fleming kein Chemiker war und das in der Nährlösung enthaltene Penicillin nicht extrahieren konnte, blieb diese epochale Entdeckung viele Jahre lang ohne Verwertung. Erst 1939 nahmen sich zwei junge Wissenschaftler in Oxford dieses vernachlässigten Stoffes an. Ihnen gelang es schnell, ihn zu gewinnen. In Tierversuchen zeigte sich dann sofort seine starke Wirkung.

Als Hoechst 1950 den neuen Penicillinbetrieb eröffnen konnte, befand sich Winnacker nicht mehr bei der Duisburger Kupferhütte, sondern als Abteilungsleiter in Knapsack. Knapsack, das lange zu Hoechst gehört hatte, war jetzt ein selbständiges Unternehmen. Ein eigener Vorstand wurde gerade gebildet, dem Winnacker angehören sollte.

Damals konnte sich Knapsack ein neues großes Arbeitsgebiet erschließen: die Herstellung von elementarem Phosphor. Daß Knapsack eine solche Produktion ins Auge fassen konnte, verdankte es einigen Chemikern, die einst im I.G.-Werk Bitterfeld in Mitteldeutschland gearbeitet hatten. Unter ihnen war auch der Treuhänder des Werkes Knapsack, Dr. Friedbert Ritter.

Die Herstellung von elementarem Phosphor aus Calciumphosphat im elektrischen Ofen ähnelte in vieler Hinsicht der Karbiderzeugung und fügte sich gut in das Produktionsprogramm von Knapsack ein.

## Deutsche sollen mitberaten

Allmählich gewann die junge Bundesrepublik unter Adenauer politische Geltung und vor allem eine wirtschaftliche Kraft, die vor einigen Jahren niemand für möglich gehalten hätte. Die Alliierten lockerten jetzt Zug um Zug die wirtschaftlichen und politischen Fesseln, die Bonn trug.

Auch das Schicksal der I.G. Farbenindustrie und ihrer Nachfolger hatte sich langsam ein wenig aufgehellt. Im August 1949 hatten sich Amerikaner und Engländer geeinigt: Sie wollten die endgültige Entflechtung gemeinsam vornehmen. Zum ersten Mal legten sie nun sogar Wert darauf, auch die Meinung der Deutschen zu diesem Thema zu hören. Noch im November 1948 war deshalb ein deutscher Ausschuß – er nannte sich FARDIP (I.G. Farben Dispersal Panel) – an die Arbeit gegangen. Vorsitzender dieser Kommission war Hermann Bücher von der AEG.

1950 gab FARDIP seine Meinung kund, die vom Expertenausschuß der Besatzungsmächte weitgehend übernommen wurde: Es sollten drei große Firmeneinheiten aus dem Nachlaß der I.G. gebildet werden – eine Hoechst- und eine Bayer-Gruppe und die BASF.

In diesem Zusammenhang kam es zu einem ersten Gespräch zwischen Winnacker und dem Treuhänder von Hoechst, Michael Erlenbach. Auch den Treuhänder von Griesheim, Konrad Weil, traf Winnacker. Es war bei einer Tagung der Bunsengesellschaft, als sich beide Herren im Ratskeller in Göttingen zu einem Glas Bier zusammensetzten. Schnell zeigte sich, wie viele persönliche und sachliche Gemeinsamkeiten eigentlich bestanden.

## *Rückkehr nach Höchst – nicht beabsichtigt*

Winnacker wollte zu weiteren Gesprächen nicht in das Werk Höchst kommen. Er hatte manche menschliche Enttäuschung noch nicht ganz verwunden. Deshalb traf man sich in der Wohnung von Erlenbach in der Frankfurter Georg-Voigt-Straße 12.

Karl Winnacker fühlte sich als künftiges Vorstandsmitglied von Knapsack und dachte noch nicht an eine Rückkehr. Er hatte sich sogar ein Haus in Knapsack gebaut, in dem er mit seiner Frau und den drei Kindern seit Mai 1951 wohnte. »An die Chance, etwa den Vorstandsvorsitz der Farbwerke angeboten zu bekommen, habe ich in dieser Zeit niemals gedacht«, betonte Winnacker in seinen Erinnerungen. »Es bestanden dafür wohl in diesen Monaten des Jahres 1951 tatsächlich keinerlei Aussichten. Ein Hindernis waren meine frühere Parteizugehörigkeit und der Umstand, daß ich doch recht wenig bekannt war. Ein ehemaliger I.G.-Kollege formulierte die Meinung, ich sei mit meinen 48 Jahren noch zu jung und hätte mich nur kurze Zeit in der Kinderstube der I.G. aufgehalten. Ein solches Urteil berührte mich übrigens überhaupt nicht, denn es entsprach ja den Tatsachen.«

## *Die Lage ändert sich*

Dann aber, Mitte August 1951, sickerte aus Bonn durch, Winnacker solle nun doch in den Vorstand von Hoechst berufen werden. Die Bundesregierung und andere deutsche Stellen hatten seinen Namen ins Spiel gebracht.

Wesentlich dürfte dabei gewesen sein, daß Ulrich Haberland, der Chef von Bayer, Winnacker empfohlen hatte. Er kannte und schätzte ihn ja aus der Uerdinger Zeit, und Haberlands Urteil besaß Gewicht.

Randolph Newman, der Chef des I.G. Farben Control Office, bot Winnacker an, aus Knapsack in den neu zu bildenden Vorstand von Hoechst überzuwechseln. Dies geschah in einer recht eisigen Atmosphäre, und Newman gab sich offensichtlich wenig Mühe, zu verbergen, daß eine solche Berufung nicht seinen eigenen Wünschen entsprach. Winnacker antwortete: »Ich trete in diesen Vorstand nur als Vorsitzender ein.«

Newman schlug die Forderung Winnackers sofort ab. Winnacker hingegen betonte, er habe aufgrund seiner Vorbildung und der Pläne der I.G. – schließlich war er ja inoffizieller »Kronprinz« gewesen – Anspruch auf diese Stellung.

Bald hatte sich das Gespräch festgefahren. Winnacker schlug deshalb vor, die Besprechung 24 Stunden später fortzusetzen. Er fuhr zu seinem früheren Chef ter Meer, um sich Rat zu holen. Ter Meer riet Winnacker, seine Forderung nicht zu überspitzen. Er solle unter allen Umständen zu Hoechst gehen. Dort könne er sein Ziel auch erreichen, indem er sich die technische Leitung sichere. Dies werde nach seinen Erfahrungen in der I.G. ohnehin dazu führen, daß ihm bald die gesamte Leitung des Unternehmens zufalle.

Das zweite Gespräch mit Newman verlief etwas freundlicher. Nach längerer Diskussion stimmte Newman dem Vorschlag

Winnackers zu. Auch die drei Treuhänder, Michael Erlenbach in Höchst, Konrad Weil in Griesheim und Dr. Friedbert Ritter in Knapsack, erklärten sich damit einverstanden, daß Winnacker die technische Leitung übernahm. Newman ließ allerdings in die erste Satzung des neuen Vorstands einen Passus einbauen, dem zufolge die Farbwerke in den ersten neun Monaten keinen Vorstandsvorsitzenden haben durften. Die Leitung der Sitzungen solle in alphabetischer Reihenfolge von jedem Vorstandsmitglied übernommen werden.

Der neue Vorstand umfaßte 12 Mitglieder. Aus dem Control Office traten Oscar Gierke als Leiter des Finanz- und Rechnungswesens und Rechtsanwalt Heinz Kaufmann als Chefjurist ein. Sie wurden von den angestammten Kollegen natürlich sehr mißtrauisch beäugt. Sie hatten bisher im anderen Lager gestanden und waren »Erfüllungsgehilfen« der Amerikaner gewesen. Dazu kamen die Spartenleiter: für Lösungsmittel und Kunststoffe Dr. Kurt Möller, für Farbstoffe Dr. Otto-Fritz Schulz, für Pharma und Schädlingsbekämpfung Dr. Michael Erlenbach, der zunächst auch die Sparte Stickstoff und Anorganika übernahm, für Zwischenprodukte Dr. Konrad Weil, als technischer Leiter Dr. Karl Winnacker und als kaufmännischer Leiter Walther Ludwigs.

Es blieb die Frage, wie das neue Unternehmen eigentlich heißen solle. Schließlich einigte man sich mit den Alliierten auf die Bezeichnung »Farbwerke Hoechst AG, vormals Meister Lucius und Brüning«. Dieser Name knüpfte an die alte Tradition an.

Am 7. Dezember 1951 versammelte sich der Vorstand in einem Sitzungsraum der damaligen Rhein-Main-Bank. Vor einem Notar wurde die Gründung der Farbwerke Hoechst AG protokolliert.

Das Aktienkapital betrug aus formalen Gründen zunächst nur 100 000 Mark, ebenso wie bei der neugegründeten Bayer AG und der Badischen Anilin- und Sodafabrik. Deshalb wurden diese Gesellschaften intern die »Einhunderttausend-Mark-Gesellschaften« genannt.

*Gleiches Gehalt – gleicher Teppich*

An einem der ersten Januartage des Jahres 1952 erschienen dann die zwölf Vorstandsmitglieder der Farbwerke Hoechst AG zur gleichen Stunde in ihren Büros. Jeder hatte den gleichen Schreibtisch, die gleichen Aktenschränke, den gleichen Teppich, die gleichen Vorhänge. Jedes der ordentlichen Vorstandsmitglieder bezog zunächst auch das gleiche Gehalt. Es betrug 6000 Mark im Monat.

Alle zwei Wochen, und zwar jeweils am Dienstag, war Vorstandssitzung. Diese dauerte in der Regel von 9 bis 1 Uhr oder 1 Uhr 30, danach ging man gemeinsam zum Mittagessen. Winnacker legte darauf großen Wert, denn er fand, daß sich dabei manche Spannung wieder lösen ließ, die sich vielleicht vorher bei der Sitzung aufgestaut hatte. Für den neuen Vorstand war dies besonders wichtig. Man stammte ja aus verschiedenen Lagern: Auf der einen Seite waren die Mitglieder, die ihre Laufbahn schon in der I.G. begonnen hatten, auf der anderen Seite jene, die sich als Helfer der Besatzungsmächte bis vor kurzem vorwiegend damit beschäftigt hatten, die I.G. aufzulösen.

Noch trennten sich die Amerikaner nicht von ihren Kontrollbefugnissen. So mußte zum Beispiel jede Investition von ihnen genehmigt werden, die 5000 Mark überschritt.

Aufsichtsratsvorsitzender war Hugo Zinßer von der Rhein-Main-Bank. Da Winnacker zunächst von manchen wirtschaftlichen Zusammenhängen wenig verstand, erwies sich Zinßer »als unentbehrlicher Freund und Ratgeber bei allen Fragen, die ich allein nicht lösen konnte«, wie Winnacker schrieb. »Viele Abende saß ich mit ihm in seinem Frankfurter Büro und anschließend meist im benachbarten Kaiserkeller zusammen, um aktuelle Fragen zu diskutieren, die von den Entflechtungsproblemen, der Finanzierung bis hin zur Personalpolitik reichten. Sein Einfallsreichtum war ebenso frappierend wie seine Kenntnis exquisiter Weine. Ich habe in beidem sehr viel von ihm gelernt.«

Rolf Sammet und Winnacker waren sich schon begegnet, bevor dieser Vorstandsvorsitzender geworden war. Winnacker kam eines Tages ganz überraschend in das Labor, in dem Sammet arbeitete. Er gab jedem die Hand, ließ sich über die Arbeit berichten und war viel freundlicher, als sich Sammet einen solchen »Tatmenschen« eigentlich vorgestellt hatte.

Im neuen Vorstand wurde Winnacker bald von allen als Chef respektiert. Keiner überblickte wie er die technische Vielfalt des Unternehmens und die Folgerungen, die jetzt für die künftige Existenz der Farbwerke gezogen werden mußten. So wurde Winnacker ganz von selbst nach einem knappen Jahr das, was er sich von Anfang an vorgenommen hatte, der Chef von Hoechst.

Er übernahm weder eine Sparte noch ein Ressort. Er verstand sich als der Hüter der Geschäftsordnung und der Ressortverteilung. Aus diesem Grund pflegte er in dem von ihm geliebten Understatement gerne zu bemerken, er habe in dem Vorstand ja eigentlich nichts zu sagen.

Die Wirklichkeit sah natürlich ganz anders aus. Winnacker, obwohl selbst erst 50 Jahre alt, besaß eine väterliche Autorität, die sich mit der Adenauers auf politischem Gebiet vergleichen ließ. Auch seine Fähigkeit, hochkomplizierte Sachverhalte sofort in ihrem einfachen Kern zu erfassen, teilte Winnacker mit »dem Alten« von Rhöndorf.

Winnacker sah in den großen Führungsbereichen nicht unbedingt auf »Anciennität«. Abgesehen davon, daß für ihn ohnehin jeder unter fünfzig ein »junger Mann« war, versammelte er um sich eine Mannschaft von meist etwa 30jährigen.

An der Spitze dieser jugendlichen Truppe stand Wolfgang Thies, Jahrgang 1924, den Winnacker aus Nordrhein-Westfalen mitgebracht hatte. Thies, der gern als etwas unbändig galt, sollte für frischen Wind bei Hoechst sorgen. Da jeder wußte, daß er Winnackers unbedingte Unterstützung besaß, gelang ihm dies auch in der Regel. Seine forsche Direktheit verschaffte ihm indes nicht nur Freunde. Thies hat sich später beim Aufbau der Petrochemie große Verdienste erworben.

Die von Thies geleitete Technische Direktionsabteilung, die schon in der I.G. eine Vorläuferin gehabt hatte, wurde zu Winnackers technischem Generalstab. Damit die TDA wirklich effizient arbeiten konnte, erhielten ihre Angehörigen Einblick in die vertraulichsten technischen Pläne. Die Chance, dabei unmittelbar mit dem Vorstand zusammenzuarbeiten, führte später dazu, daß viele einstige TDA-Leute schnell in führende Positionen kamen. Man kannte sie und wußte über ihre Fähigkeiten Bescheid – ein Vorteil, den Chemiker in den Betrieben nur in den seltensten Fällen genossen. Vor allem der jeweilige Chef dieser Abteilung – sie heißt heute Zentrale Direktionsabteilung und umfaßt auch den kaufmännischen Bereich – hatte von vornherein den »Marschallstab im Tornister«.

## *Das Erbe der I.G.*

Thies gewann Sammet für die TDA – obgleich dieser recht ungern den weißen Kittel des Laborchemikers auszog. Sammet wurde Spartenreferent für Wissenschaft und für Fasern, große Zukunftsbereiche des Unternehmens.

Für Winnacker begannen nun schwierige Aufgaben. Er mußte aus dem Firmenerbe der I.G. einige der wichtigsten Unternehmen unter das neue Dach bringen. Er mußte sich dazu mit den Chefs von Bayer und Ludwigshafen auseinandersetzen, die natürlich ebenfalls einiges zu erben gedachten. »So ergab sich die merkwürdige Situation, daß die entscheidende Phase der Entflechtung von Männern mitbestimmt wurde, die der Vorstand der alten I.G. viele Jahre zuvor als Leiter der drei großen Betriebsmannschaften Leverkusen, Ludwigshafen und Hoechst ausgewählt hatte«, schrieb Winnacker. »Allerdings konnte seinerzeit niemand ahnen, daß unsere erste Aufgabe ausgerechnet die Auseinandersetzung um das Erbe der I.G. sein würde. Carl Wurster, der Vorstandsvorsitzende der BASF, bekleidete sein Amt schon seit 1938; Ulrich Haberland, Chef von Bayer, hatte die Führung von Leverkusen kurz vor Kriegsende übernommen. Ich selbst, drei Jahre jünger als die anderen, war bereits dazu bestimmt gewesen, einige Jahre nach Kriegsende die Führung von Hoechst zu übernehmen.«

## *»Jeder sprach die gleiche Sprache«*

»Unter gründlich veränderten Umständen trafen wir uns nun plötzlich als Konkurrenten, von denen jeder für seine Firma das Beste herauszuholen suchte. Wir befanden uns dabei in einer geradezu einmaligen Situation. Jeder kannte seine Gegenspieler auf das genaueste und war vertraut mit allen Voraussetzungen und internen Verhältnissen der Verhandlungspartner, denn wir entstammten ja der gleichen I.G. Farbenindustrie. Wir alle besaßen dieselbe naturwissenschaftliche Ausbildung, hatten den Aufstieg der Kollegen aus nächster Nähe miterlebt und unzählige Male in den Kommissionen der I.G. Farbenindustrie zusammengesessen.«

»Jeder von uns sprach die gleiche Sprache. Wenn wir unter uns waren, was in diesen Jahren nach 1952 sehr oft vorkam, verliefen unsere Gespräche freundschaftlich und freimütig. Wir konnten uns intensiver und unbarmherziger streiten, als es drei Männer in ähnlicher Position und Verantwortung je hätten tun können – doch immer blieb die gegenseitige Achtung und Wertschätzung unangetastet.«

Gemeinsamer Treffpunkt für solche Erbteilungs-Gespräche, bei denen gelegentlich auch ausgiebig getafelt wurde, war das Hotel »Zur Post« in Limburg. Für Hoechst war damals nur einigermaßen sicher, daß die Werke Griesheim, Offenbach und Knapsack dem neuen Firmenverband erhalten blieben.

Winnacker aber wollte auch Kalle, Cassella und die Behringwerke in Marburg. Das war aus mehreren Gründen sehr schwierig. Kalle wollten die Amerikaner gerne selbständig machen, jedenfalls unabhängig von den I.G.-Nachfolgern. Das Argument, Kalle habe sich durch seine Cellophanproduktion und die Ozalid-Papiere Geschäftsbereichen verschrieben, die kaum mehr etwas mit der klassischen Farbenchemie zu tun hatten, war nicht ganz leicht von der Hand zu weisen.

### *Wird Behring Staats-Institut?*

Die Behringwerke gehörten zwar in der I.G.-Zeit zu der von Hoechst geführten Betriebsgemeinschaft Mittelrhein. Doch damals war der gesamte Pharmaverkauf unter dem Bayer-Zeichen in Leverkusen zusammengefaßt, wo die größere Dynamik herrschte. So hatte man sich in Marburg daran gewöhnt, mehr nach Leverkusen als nach Höchst zu sehen.

Bei den Alliierten und auch in Bonn liebäugelten manche mit der Idee, dieses Unternehmen in ein staatliches Institut umzuwandeln, etwa nach dem Vorbild des Pasteur-Instituts in Paris. Auch an eine eigene, von den Großen der Chemie unabhängige Firma war gedacht worden.

Solche Vorstellungen empfindet der Vorstandsvorsitzende der Behringwerke, Professor Gerhard Schwick, auch im nachhinein als sehr »unrealistisch«. Die Firma sei damals viel zu schwach gewesen, sowohl finanziell als auch von ihren Produkten her. »Wir hatten damals zwar unsere berühmten Sera, aber noch wenig aktive Impfstoffe.« So wäre »Behring« nicht lange auf eigenen Füßen geblieben.

Schwick, Jahrgang 1928, ist schon fast 50 Jahre im Werk. Er trat 1942, mit kurzen Hosen und an der Seite seiner Mutter, seine Stellung als Laborlehrling an. Damals, als wegen des Krieges viele erfahrene Laboranten, Biologen, Ärzte oder Chemiker in Marburg fehlten, kamen selbst Lehrlinge an größere Arbeiten heran – vorausgesetzt, sie hatten so viel Talent wie der junge Schwick. 1945 machte er seine Laborantenprüfung. Dann aber holte er doch noch sein Abitur nach und studierte Biologie. Dabei stand sein Name schon längst über ansehnlichen wissenschaftlichen Abhandlungen. Bedeutende Professoren begrüßten ihn auf wissenschaftlichen Kongressen als Kollegen. Später reihten sich Promotion, Forschungsleitung, Mitgliedschaft im Vorstand und Professur in Marburg bei Schwick zu einer auch für Hoechst ungewöhnlichen Erfolgskette.

## *Cassella selbständig – aber wie lange?*

Behring kam wieder zu Hoechst. Doch auf größte Widerstände stieß Winnacker, als er versuchte, die alte Verbindung zu Cassella neu zu knüpfen. Wie geschildert, hatten Hoechst und Cassella schon im Jahre 1904 einen »Zweibund« gegründet, sehr zur Enttäuschung von Bayer-Chef Carl Duisberg, der damals alle großen deutschen Teerfarbenfabriken zu einem Superkonzern vereinen wollte.

Auch in der I.G.-Zeit gehörte Cassella zur Betriebsgemeinschaft Mittelrhein, und Arthur von Weinberg, einer der Chefs und Mitinhaber von Cassella, hatte 1920 beim 50jährigen Jubiläum der Firma erklärt: »Selten ist wohl das Problem des Zusammenarbeitens zweier Werke – ohne sich gegenseitig zu hemmen – glücklicher gelöst worden.«

Auch in der deutschen Öffentlichkeit rechnete man 1952 damit, daß Cassella wieder mit Hoechst vereint würde. In Höchst war man deshalb sehr enttäuscht, daß es nicht gelang, Cassella wieder »heimzuführen«.

In anderer Beziehung war Hoechst jedoch erfolgreich. Es konnte zwei Werke in Bayern gewinnen: Gendorf in der Nähe von Burghausen und Bobingen in der Nachbarschaft von Augsburg.

## *Endrunde der Entflechtung*

Als das Jahr 1952 zu Ende ging, begann die Endrunde der Entflechtung. Sie war reich an dramatischen und spannenden Begebenheiten. Die Vorstellungen waren klar: Leverkusen sollte die Agfa in Berlin erhalten, die mit Bayer schon seit Beginn des Jahrhunderts eine Interessengemeinschaft bildete. Die Zeche Auguste Viktoria sollte zur BASF. Nur Hoechst tanzte aus der Reihe. Winnacker wollte Kalle und bestand auf einer Beteiligung an der Wakker-Chemie in Burghausen und München wie früher, als beide Firmen die Acetylenchemie entwickelten.

Die Alliierten drängten auf einen Abschluß dieser Verhandlungen, und Konrad Adenauer beauftragte seinen wirtschaftlichen Berater, den Kölner Bankier Robert Pferdmenges, einen Kompromiß zu finden. Winnacker ging jedoch von seinen Forderungen nicht ab: »Mir schien es undenkbar, nur um einer Einigung willen auf Werte von derartiger Bedeutung zu verzichten. Im Interesse von Hoechst und seinen zukünftigen Aktionären blieb ich standhaft bei unserer Forderung, Kalle und den Wacker-Anteil an Hoechst zu geben. Wir gingen daraufhin etwas verärgert auseinander.«

Zwei Tage vor Weihnachten schaltete sich Bundeswirtschaftsminister Ludwig Erhard ein. Winnacker schätzte den »Vater des Wirtschaftswunders« hoch und war ihm dankbar, daß er sich dafür einsetzte, daß Wacker Hoechst einen Anteil von 49 Prozent einräumte.

Erhard wollte Winnacker nun dafür gewinnen, zumindest vorerst auf Kalle zu verzichten. Hoechst könne später immer noch Aktien des zunächst selbständigen Wiesbadener Unternehmens aufkaufen. Alle anderen Beteiligten seien mit der jetzigen Lösung einverstanden. Sobald das »Ja« von Hoechst käme, werde er zu den alliierten Behörden auf dem Petersberg bei Bonn fahren, um den Schlußpunkt unter das leidige Kapitel der Entflechtung zu setzen.

Winnacker stand vor seiner bisher schwersten Entscheidung. »Die Repräsentanten von Bayer und der BASF stimmten dem Kompromißplan des Wirtschaftsministers ohne Zögern zu und versuchten mit großer Beredsamkeit, auch mich dafür zu gewinnen. Doch ich mußte einen solchen Kompromiß ablehnen, so daß wir wieder ohne ein Ergebnis auseinandergingen.«

»Meine Unnachgiebigkeit löste bei meinen Gesprächspartnern Enttäuschung und sichtbaren Ärger aus. Ich fuhr am späten Abend allein nach Hause und quälte mich mit der Frage, ob ich richtig gehandelt hatte.«

Weihnachten verlebte Winnacker mit seiner Familie im neuen Haus im Taunus. »Es war ein Fest, wie es schöner nicht hätte sein können. Freilich schweiften die Gedanken unentwegt zu den ungelösten Problemen ab, die nach den Feiertagen sofort und mit unverminderter Härte auf mich zukommen würden. Es war einer jener Augenblicke, in denen man sich recht einsam fühlt. Mit großer Genugtuung erlebte ich dann am 6. Januar 1953 in der ersten Vorstandssitzung des neuen Jahres, daß meine Kollegen meine Haltung einmütig billigten.«

KAPITEL 14

# Ein Aufsteiger namens Hoechst

Am 1. April 1954 flog Karl Winnacker für vier Wochen in die USA. Es war die erste von vielen späteren Reisen und wohl die wichtigste. Denn damals wollte Winnacker in den Vereinigten Staaten gewissermaßen das Orakel der modernen Technik befragen: Wohin steuert der Massenkonsum im reichsten Industrieland der Welt? Wäre es richtig, einen großen Teil der Kraft der Firma auf Kunststoffe und synthetische Fasern zu konzentrieren?

Falls die Antwort positiv ausfallen sollte, besaß Hoechst zwei gute Karten. Die eine trug das Markenzeichen »Hostalen«, die andere hieß »Trevira«.

Bei Hostalen handelte es sich um einen Kunststoff aus Polyäthylen. Dieses war Anfang der dreißiger Jahre in England von dem Chemiekonzern ICI entwickelt worden. Um die widerspenstigen Äthylen-Moleküle dazu zu bringen, daß sie polymerisierten, sich also zu Makromolekülen zusammenfanden, mußte hoher Druck angewandt werden.

Professor Karl Ziegler, Chef des Mülheimer Kohleforschungsinstituts, fand jedoch einen Weg, Äthylen bei gewöhnlichem Druck zu polymerisieren. Das geschah mit Hilfe von besonderen Katalysatoren. Sie bestanden aus aluminiumorganischen Verbindungen. Hoechster Chemiker hatten solche Klassen von Katalysatoren schon seit längerer Zeit studiert und mit Ziegler einen Beratungsvertrag abgeschlossen.

Zunächst waren diese Arbeiten nur zögernd vorangekommen. Doch dann, als wieder einmal Abgesandte aus Hoechst erschienen, um sich nach dem neuesten Stand der Arbeiten zu erkundigen, präsentierte ihnen Ziegler mit verschmitztem Lächeln ein gewöhnliches Einmachglas. Auf dem Boden dieses Glases befand sich eine weißgelbe, flockige Substanz: Polyäthylen.

Ziegler hatte die richtigen Katalysatoren gefunden, damit sich die kleinen Äthylenmoleküle zu großen Molekülverbänden zusammenschlossen. Das war die »Laboratoriumsgeburt« des Niederdruck-Polyäthylens. So langwierig dann die Prozedur auch war, diese Laboratoriumserfindung in die chemische Großproduktion umzusetzen, so schien nun doch prinzipiell der Weg zu einem neuen Kunststoff mit vielversprechenden Eigenschaften frei.

Hoechst brauchte einen solchen Kunststoff. Es produzierte zwar schon seit 1954 Polyvinylchlorid – abgekürzt PVC – und hatte sich mit Spezialkunststoffen einen guten Absatz gesichert. Doch man mußte den allgemeinen Markt mit bedeutenden Konkurrenten teilen, etwa der BASF und Wacker.

Mit Professor Ziegler in Mülheim wurde 1954 ein Lizenzvertrag geschlossen, die Produktion des Niederdruck-Polyäthylens vorbereitet – und zwar, bildlich gesprochen, mit Hochdruck. Wie groß die Kapazitäten letzten Endes jedoch werden sollten, das wollten die Amerikafahrer unter Führung von Professor Winnacker herausfinden.

## *Der Weg zur Petrochemie*

Um die Rohstoffversorgung zu sichern, hatte Hoechst schon den Übergang von der Acetylen-, also von der Kohle-, zur Petrochemie vorbereitet. Hoechst hatte einst – dank Professor Duden – zu den Pionieren der Acetylenchemie gehört. Dabei war Karbid das Ausgangsmaterial. Allerdings wurde dabei so viel elektrische Energie benötigt, daß die Rentabilität verloren ging, als die Strompreise anstiegen. Acetylen und Äthylen mußten künftig aus den Produkten der Erdölraffinerien gewonnen werden, so schwer den Chemikern der Abschied von der einstigen Acetylenchemie auch fallen mochte.

Nun waren die Verhältnisse in der Bundesrepublik völlig anders als in den USA. Dort zogen sich, wie Winnacker sah, Äthylenleitungen von den großen Erdölraffinerien durch das ganze Land. »Chemische Fabriken konnten sich daran anschließen wie an Wasser- oder Stromleitungen. Ob es sich um elektrische Energie oder Kohle handelte, beides kostete kaum die Hälfte des Preises, der bei uns bezahlt werden mußte.«

Die Erdölraffinerien in der Bundesrepublik hatten sich damals alle im norddeutschen Küstengebiet stationiert. Wann sie mit Rohrleitungen und kleineren Raffinerien ins Binnenland ziehen würden, ließ sich noch nicht absehen.

So mußte Hoechst zunächst auf eigene Faust handeln. Sollten die Olefine aus Rohöl oder aus Leichtbenzin gewonnen werden? Diese Frage wurde durch einem Blick auf die Preislisten sofort beantwortet. Leichtbenzin, der an sich bessere Ausgangsstoff, war teuer, die Tonne kostete 250 Mark. Der Preis pro Tonne Rohöl betrug etwa 75 Mark.

## *Der »Koker« wird gebaut*

Nun schlug die Stunde der Ingenieure. Hoechst entschloß sich, eine Spaltanlage zu bauen, in der das schwere Rohöl mit Hilfe hoher Temperaturen gespalten werden sollte. Ziel war, Äthylen und andere Olefine zu gewinnen. Schon Ende 1953 war die erste derartige Versuchsanlage angelaufen, ein beachtliches Stück Hoechster Ingenieurkunst. Eines der Probleme war es gewesen, die Metallegierungen zu finden, die im Dauerbetrieb den hohen Temperaturen standhielten.

Ende 1955 war der Bau des sogenannten Kokers vollendet: Es war ein 100 Meter hoher Turm, der nach ersten Plänen rund 10 000 Tonnen Äthylen produzieren sollte. Später lieferte er – mit mehr Rohöl beschickt – die doppelte Menge. Der schwarze Turm, aus dessen Spitze stets eine helle Fackel leuchtete, wurde zum Symbol der Dynamik, mit der sich das Unternehmen, gestützt auf seine eigene Petrochemie, die Zukunft erschloß.

Bald wurde auch eine Anlage gebaut, die die bei der Rohölspaltung anfallenden Kohlenwasserstoffe Äthan und Propan in Äthylen und Propylen umwandelte. Dazu mußte ein anderer Typ von Ofen gebaut werden, dessen Hauptmerkmal ein Schlangenbündel von Rohren war. Bei einer Temperatur von 820 Grad spalteten sich darin Äthan und Propan in Äthylen und Propylen. »Unwillige« Gase, die sich dieser Spaltung beim erstenmal widersetzten, wurden so oft durch den Ofen geschickt, bis sie völlig zerlegt waren.

Der Koker lieferte schließlich neben Äthylen, dem Äthan und dem Propylen noch ein weiteres Produkt, nämlich Methan. Es wurde für die Methan-Chlorierung verwendet.

## Spaltöfen für Leichtbenzin

Der sorgfältige Blick auf die Preislisten der Produkte der Raffinerien erforderte dann noch eine neue Entscheidung bei Hoechst. Da nun in der Bundesrepublik immer mehr Heizöl verbraucht wurde, stieg auch der Anfall von Leichtbenzin in den Raffinerien immer steiler an. Die Folge in einem freien Markt: Leichtbenzin würde bald nicht mehr teurer sein als die gleiche Menge Rohöl. Denn obwohl sich nun immer mehr Bundesbürger ein Auto zulegten, war der Benzinverbrauch nicht so hoch wie der von Heizöl.

Hoechst baute deshalb die sogenannte Mitteltemperatur-Pyrolyse, also Spaltöfen für Leichtbenzin. Sie ähnelten jenen Öfen, in denen Äthan und Propan zerlegt wurden. Der Koker, die Spaltöfen für Äthan/Propan und die neue Mitteltemperatur-Pyrolyse lieferten zusammen 20000 Tonnen Äthylen.

Nach der Mitteltemperatur-Pyrolyse wartete auf Ingenieure und Chemiker eine weitere Aufgabe. Sie bauten eine Hochtemperatur-Pyrolyse, »HTP« genannt, die mit Temperaturen von bis zu 1600 Grad arbeitete. Solche Hitzegrade waren notwendig, um neben Äthylen auch Acetylen aus Leichtbenzin zu erzeugen.

Damit besaß Hoechst eine eigene petrochemische Basis, mit der man dem beginnenden Kunststoffzeitalter zuversichtlich die Stirn bieten konnte.

Schon 1955 zeigte Hoechst auf der Industrieausstellung in Hannover eine Spritzmaschine, die aus Niederdruck-Polyäthylen Likörgläser produzierte. Die erste Anlage für diesen Kunststoff, der »Hostalen« genannt wurde, war in einer Rekordzeit entstanden. Da der Koker zunächst noch nicht fertig war, wurde das Äthylen aus dem Werk Gendorf nach Höchst gebracht. In Gendorf gewann man Äthylen zunächst durch die Hydrierung von Acetylen – keine sehr wirtschaftliche Methode, aber notwendig, damit sich Hoechst mit Hostalen rechtzeitig den Markt sichern konnte.

## Vom Perlon zum Trevira

Winnacker wollte auf der USA-Reise des Jahres 1954 auch herausfinden, wie dort die Chancen für synthetische Fasern standen. »Die Beschäftigung mit den großen Zukunftsgebieten – etwa Fasern, Kunststoffen, Folien und Waschmitteln – ist absolut zwingend«, notierte er in seinem ersten Reisebericht, den er während der Rückfahrt an Bord der »United States« verfaßte. Weiter nahm sich Winnacker vor – und das war typisch für seine dynamische, zugleich aber auch vorsichtige Geschäftsstrategie –: »Daneben darf der Ausbau unserer traditionellen Domänen nicht vernachlässigt werden.« Das waren in erster Linie Farbstoffe und Arzneimittel.

Auch bei den Fasern brauchte Hoechst nicht bei Null anzufangen. Man besaß seit der Neugliederung im Werk Bobingen zumindest eine Ausgangsbasis. Bobingen gehörte einst zu den Kunstseidefabriken der I. G. Bei Kriegsende hatten sich dort viele Faserexperten der I. G. zusammengefunden, unter ihnen auch Paul Schlack, der Erfinder des Perlons.

Noch bevor Bobingen zu Hoechst gekommen war, gab es dort schon eine kleine Fabrikation von Perlon-Borsten. 1952 wurde eine Fabrikation für Perlon-Seide aufgebaut.

Damit freilich ließ sich die künftige Faser-Welt nicht erobern. Nylon, Domäne von du Pont in den USA, und Perlon wurden von vielen der großen Firmen produziert. Für einige Zeit überlegte man sich bei Hoechst, einen ganz neuen Fasertyp zu entwickeln. Das hätte, im glücklichen Fall, bis zu zehn Jahren dauern können. Bis dahin saß die Konkurrenz aber bereits felsenfest im Markt.

Deshalb erwarb Hoechst eine Lizenz der ICI für die Herstellung von Polyesterfasern. Lizenzen zu nehmen betrachtete Winnacker ohnehin nicht als Schande. Und wenn man hohe Lizenzgebühren zu zahlen hatte, dann pflegte er zu sagen: »Das ist ein Beweis, daß man die richtige Lizenz genommen hat.«

Woher kamen die Rohstoffe für die neue Faser? Das war eine wichtige Frage für Hoechst – die ganze Wirtschaftlichkeit hing davon ab. Als Vorprodukt für die Polyesterfaser diente eine Verbindung von Terephthalsäure mit Glykol. Terephthalsäure wurde aus Paraxylol gewonnen, das bei Erdölraffinerien anfiel. Es hätte sich auch aus Steinkohlenteer herstellen lassen. In den Schubladen der Höchster Chemiker existierte dafür sogar ein perfekter Plan. Doch der Preis für ein so erzeugtes Paraxylol wäre gegenüber dem aus den Raffinerien viel zu hoch gewesen. Glykol, das andere Vorprodukt für die Polyesterfaser, bereitete Hoechst kein Kopfzerbrechen. Es wurde im Werk Gendorf hergestellt, man brauchte es dort unter anderem für das Frostschutzmittel »Genantin«.

## Eine Aufgabe für Sammet

Rolf Sammet war zu jener Zeit Spartenreferent für Wissenschaft und Fasern. Deshalb fielen die nun folgenden Verhandlungen mit der ICI in sein Aufgabengebiet. Am 1. November 1953 flog er mit einigen Kollegen nach England, um sich die Versuchsanlage der ICI in Hattersfield zur Herstellung des Polyesters einige Wochen gründlich anzusehen. Auch die Spinnanlagen für Polyesterfasern und -fäden in Blackpool konnte er inspizieren.

Die neue Faser erhielt den Namen »Trevira«. Als die Produktionsanlagen in Bobingen aufgebaut wurden, schickte Winnacker den Spartenreferenten Sammet Anfang 1954 nach Bobingen. Sammet, zur gleichen Zeit zum Prokuristen ernannt, sollte sich nun in der Praxis bewähren.

Dem neuen Produktionsleiter war Bobingen schon recht vertraut. Fast ein Jahr hatte er in Bobingen verbracht, zusammen mit Robert Zoller, dem Spartenchef für Fasern. Gemeinsam sollten sie die Schwierigkeiten beheben, die bei der Produktion der Perlon-Seide immer wieder auftraten.

Die erste Pilotanlage für Trevirafasern lieferte 1955 rund 50 Jahrestonnen. Jetzt wurde die Kapazität auf 5000 Tonnen gesteigert. Die Polyester-Vorprodukte lieferte das Werk Offenbach, wo die Terephthalsäure gewonnen wurde. Offenbach, weltbekannt als Farbstoffproduzent, sollte mit dieser Produktion ein weiteres »Standbein« erhalten.

## Schwierige Suche nach Farbstoffen

Die entsprechenden Farbstoffe für Trevira zu finden, war eine regelrechte Herausforderung. Schon bei der Acetatseide, die von der Cellulose abstammte, hatten völlig neuartige Farbstoffe synthetisiert werden müssen. Das war in der I. G.-Zeit in Ludwigshafen geschehen. Ergebnis dieser Bemühungen waren die Dispersions-Farbstoffe. Hoechst versuchte nun, ein Sortiment aufzubauen, das sich besonders für Polyester eignete. Es waren die »Samarone«.

Bevor Hoechst das Samaron-Sortiment vorstellte, das sich weitgehend auf bekannte Farbstoffe stützte, waren die Reaktiv-Farbstoffe geschaffen worden. Ihre Moleküle gingen mit Wolle, Seide und Perlonfasern eine echte chemische Bindung ein. So entstanden besonders brillante und farbechte Verbindungen. »Brillantblau B« war 1952 der erste Reaktiv-Farbstoff auf der Welt, der sich chemisch an die Wolle band. 1957 wurde das Reaktiv-Sortiment für Baumwolle unter der Bezeichnung »Remazol«-Farbstoffe vorgestellt.

Auch die Suche nach neuen Pigment-Farbstoffen – die Premiere von Hansagelb fand schon 1909 statt – wurde fortgesetzt.

Die Kunden sollten die vielseitigen Möglichkeiten kennenlernen, die in den modernen Chemieprodukten steckten. Deshalb baute Hoechst in den fünfziger Jahren eine weitverzweigte, kostspielige Anwendungstechnik auf. Von den Anwendungstechnischen Abteilungen, ob es sich um die sogenannte »ATA-Textil« handelte oder um die »ATA-Kunststoffe«, wurden viele Fragen für die Weiterverarbeitung von Hoechst-Erzeugnissen gelöst. Der Aufstieg von Hostalen und von Trevira wäre ohne die entsprechende Anwendungstechnik nicht denkbar gewesen.

## *Tabletten gegen Diabetes*

Auf dem Pharmagebiet setzte Hoechst im Jahre 1956 einen Markstein. Es handelte sich um die ersten Tabletten gegen bestimmte Formen der Zuckerkrankheit. Insulin, 1923 vorgestellt, nahm der Zuckerkrankheit zwar die tödliche Bedrohung, konnte sie aber nicht heilen. Ein an Diabetes Leidender muß sich diese Eiweißverbindung täglich injizieren.

Frau Gretl Retzinger ist dafür ein Beispiel. Heute 80 Jahre alt, leidet sie seit ihrem 24. Lebensjahr an Diabetes. Sie muß sich seither jeden Tag zwei Injektionen geben, von der Diät gar nicht zu reden. Das sind, grob überschlagen, vierzigtausend Spritzen in diesen 55 Jahren.

Angesichts solcher Belastungen stellten Ärzte und Chemiker sich immer wieder die Frage, ob den Zuckerkranken nicht auch auf einem anderen Weg zu helfen sei. War Insulin wirklich nur über die Injektionsspritze in den Körper zu bringen?

Doch auf welche Weise auch immer dies versucht wurde, ob über den Mund, den Darm oder durch Einreiben in die Haut, all diese Bemühungen waren umsonst. Insulin, das aus 51 Aminosäure-Bausteinen besteht, ist ein hochempfindliches Eiweiß. Es wird von den Fermenten im Darm und Magen rasch zerstört. Es lag nahe, nach anderen Substanzen zu suchen, die ebenfalls den Blutzuckerspiegel senken. Der japanische Forscher Watanabe entdeckte in den zwanziger Jahren dann tatsächlich eine Verbindung, »Guanidin« genannt, die zumindest bei Tieren den Blutzucker senkte. Doch Guanidin erwies sich als verhältnismäßig giftig. In seiner ursprünglichen Form konnte es nicht beim Menschen angewandt werden. Deshalb wurden Guanidin-Abkömmlinge gesucht, bei denen die Nebenwirkungen geringer waren. 1926 wurde ein solches Guanidin-Präparat sogar in die Klinik eingeführt. Doch bald mußte es wieder abgesetzt werden, weil es ebenso wie spätere Derivate die Leber schädigte.

Jahrzehnte blieb die Suche nach oralen Antidiabetika vergeblich. Dann führte ein Umweg zum Erfolg. Wie bereits erwähnt, hatten Chemiker und Ärzte unter der Führung von Gerhard Domagk im Elberfelder Werk von Bayer in den dreißiger Jahren die ersten Sulfonamide entwickelt, die eine aufsehenerregende Wirkung auf bakterielle Erreger ausübten.

Der Erfolg dieser neuen »Zauberkugeln« inspirierte Forscher überall in der Welt zu neuen Sulfonamid-Synthesen. Auch als Flemings Penicillin endlich für die Ärzte zur Verfügung stand und die Sulfonamide von ihrem Spitzenplatz in der Bakterienbekämpfung verdrängte, wurden weitere Sulfonamide entwickelt. Man wußte ja nicht, ob ein Teil der Bakterien nicht gegen Penicillin und andere Antibiotika resistent werden würde. Das hatte auch bei Sulfonamiden hingenommen werden müssen. Es erschien auch interessant, Sulfonamid-Depotpräparate zu schaffen, deren Wirkung länger anhielt als die der gewöhnlichen.

Als ein solches Sulfonamid Patienten in einer Berliner Klinik gegeben wurde, die an Infektionen litten, aber einen gesunden Stoffwechsel hatten, zeigten sich bedenkliche Nebenwirkungen. Deshalb entschloß sich ein junger Arzt an der Klinik, Dr. K. J. Fuchs, dieses Präparat im Selbstversuch zu testen. Bald nachdem er die Tabletten eingenommen hatte, fing er an zu zittern, wurde nervös und fahrig. Ein Reagenzglas fiel ihm aus der Hand. Fuchs erkannte, daß er an einer Unterzuckerung seines Blutes litt, an einer Hypoglykämie. Dazu kommt es, wenn zu viel Insulin im Organismus vorhanden ist. Das konnte nur durch das Sulfonamid-Präparat verursacht worden sein. Es mußte eine antidiabetische Wirkung besitzen, die bei einem Menschen mit normalem Stoffwechsel zur Unterzuckerung führte.

Die Arzneimittelfirma Boehringer in Mannheim, von der das Sulfonamid stammte, das diese Wirkung hervorrief, und Hoechst begannen bald darauf, diese Substanz – »BZ 55« – weiter zu untersuchen. Die Forscher konzentrierten sich natürlich auf die antidiabetische Wirkung, nicht auf die ursprünglich angestrebte chemotherapeutische.

Eine Verbindung von Hoechst, »D 860« genannt, senkte bei Hunden den Blutzucker um rund 40 Prozent. Weitere Untersuchungen ergaben, daß diese neuen Sulfonylharnstoffe bewirkten, daß Insulin aus den Beta-Zellen der Bauchspeicheldrüse freigegeben wurde. Damit ergab sich auch eine neue Erkenntnis über die Zuckerkrankheit an sich. Bisher war zumeist angenommen worden, daß die Bauchspeicheldrüsen bei älteren Diabetikern einfach zu wenig Insulin erzeugten. Jetzt wurde offenbar, daß infolge verschiedener pathologischer Ursachen dieses Insulin zwar vorhanden ist, aber aus den Beta-Zellen nicht freigesetzt werden kann. Die Sulfonylharnstoffe aber besaßen die Fähigkeit, das Insulin freizusetzen. Danach kann es seine Aufgabe im Organismus, den Blutzucker zu senken, wieder übernehmen.

Ein solches Medikament – das später den Namen »Rastinon« erhielt – mußte natürlich gründlicher als jedes andere untersucht werden. Da es von Zuckerkranken ein Leben lang genommen werden muß, durfte es absolut keine schädlichen Nebenwirkungen haben. Konnte es der Leber, den Nieren, den Blutkörperchen, dem Nervensystem oder etwa den Zellen der Bauchspeicheldrüse bei längerer Gabe schaden? Konnten dauernde, hohe Dosen von Rastinon nicht auf die Dauer die Beta-Zellen des Pankreas zerstören oder zumindest erschöpfen?

Auch an mögliche Erbschäden war zu denken. Ob hier eine Gefahr bestand, konnten nur sogenannte Generationsversuche beantworten. Es mußten also mehrere Tiergenerationen hintereinander und fortgesetzt mit diesem Präparat behandelt werden.

Als großangelegte Testreihen und gründliche makroskopische und histologische Untersuchungen der Tierorgane zu dem klaren Resultat »unbedenklich« führten, wurde die breite klinische Prüfung eingeleitet. Sie geschah gleichzeitig an drei deutschen Universitäten, in München, Freiburg und Frankfurt, und in zwei Krankenanstalten. So wurden breite klinische Analysen garantiert. Sie boten in verhältnismäßig kurzer Zeit ein umfassendes Bild von der therapeutischen Wirkung. Diese Kliniken veröffentlichten ihre Untersuchungen in Form einer gemeinschaftlichen Publikation.

Lange Zeit bildete Rastinon das Mittel der Wahl, um den sogenannten Altersdiabetes zu behandeln. 1969 schließlich stellten Hoechst und Boehringer, Mannheim, den Ärzten ein noch besseres Präparat vor: Glibenclamid mit dem Handelsnamen Euglucon. Auch Euglucon, das in Dosen von wenigen Milligramm angewandt wird, wirkte nur beim Altersdiabetes. Die Mehrzahl vor allem der jugendlichen Diabetiker muß nach wie vor Insulin spritzen.

*Rückkehr nach Höchst*

Im Jahre 1957 war Sammets Zeit in Bobingen vorüber. Winnacker besuchte Bobingen und sagte zu Sammet: »Ich hätte Sie gerne wieder zurück in Höchst – als Leiter der Technischen Direktionsabteilung.« Sammet war überrascht und durchaus nicht begeistert. Er wußte, daß dies eine der schwierigsten und härtesten Aufgaben war, die man sich bei Hoechst vorstellen konnte. Überdies fühlte er sich wohl in Bobingen. Er hatte sogar mit dem Gedanken gespielt, sich hier ein Haus zu bauen. Als Stuttgarter mochte er die bayerischen Schwaben. Überdies lagen von Bobingen aus die bayerischen Seen, vor allem der Ammersee, durchaus im Aktionsradius seines Volkswagens.

Trotzdem sagte Sammet nicht nein zu Winnackers Angebot. Er erbat sich nicht einmal Bedenkzeit. »Ich habe vielleicht ein paar Minuten gebraucht, um das zu verarbeiten«, erzählte er. Dann dachte er, es sei nicht gut, sich Bedenkzeit zu erbitten, und willigte sofort ein. Auch später noch hielt es Sammet so, er schlug keine Aufgabe aus, er akzeptierte sie stets.

Sammet räumt allerdings heute ein, ein solches Prinzip gelte keineswegs für jeden und für jede Situation. Er selber nahm später keinem etwas übel, der vor Übernahme einer Position erst einmal gründlich nachdenken wollte. In diesem Punkt allerdings unterscheidet sich Sammets Naturell von dem Winnackers. Sammet ist nicht so drängend wie Winnacker, zu dessen großen Stärken Geduld sicher nicht in erster Linie zählt.

Winnacker konnte, wenn ihn ein Thema gepackt hatte, hinreißend spontan sein. Er zog dabei seine Mitarbeiter meistens mit und war sehr enttäuscht, wenn das einmal nicht funktionierte. »Kinder, probiert's doch wenigstens erst einmal aus!«, war in solchen Fällen seine väterlich-bezwingende Reaktion.

Winnackers Aufmerksamkeit gehörte in jenen Jahren nicht nur den großen Personalentscheidungen und der Schaffung einer breiten Produktionsstruktur für Hoechst. Schon bei der Duisburger Kupferhütte hatte er erkannt, daß die Nachkriegsverhältnisse in Deutschland eine neue Form der Sozialpolitik erforderten. Danach hatte er, als es um die Rückführung der Werke und ehemaligen Tochterunternehmen ging, erfahren, wie wichtig die Unterstützung durch die Betriebsräte gewesen war. Ihre Stimme hatte sowohl bei den Amerikanern wie auch bei den deutschen Instanzen großes Gewicht gehabt.

## *Zusammen mit Hans Bassing ...*

Winnackers wichtigster Partner in all diesen Fragen wurde Hans Bassing. Bassing war keiner, der mit gebeugter oder gar geduckter Haltung in Winnackers Büro gekommen wäre, um mit leiser Stimme Forderungen für die Belegschaft zu stellen.

Er kannte natürlich Winnackers Bedeutung sehr genau und schätzte ihn, doch er wußte auch sehr gut um seinen eigenen Wert. Sechs Jahre älter als Winnacker, fühlte er sich diesem in mancher Erfahrung des Lebens durchaus überlegen. Er beherrschte das gesamte Repertoire eines Volksvertreters, die lauten und die leisen Töne; ein Mann, der an die kernigste Tradition der Sozialdemokratie anknüpfte.

Als väterlich-jovialer Betriebsratsvorsitzender pflegte er fast jeden Betriebsangehörigen zu duzen. Nicht nur im Büro, sondern auch zu Hause – zuerst in Sindlingen, dann in Schwalbach – war seine Tür stets offen für Freunde aus dem Betrieb, aus der Gewerkschaft oder der Partei – nicht immer zur Freude seiner Frau, die ihren Mann auch gerne mal für sich allein gehabt hätte. Nichts war ihm lieber, als wenn einer kam und sagte: »Hans, ich brauche deinen Rat.« Obwohl er fast achtzig Zigaretten am Tag rauchte, schien seine Vitalität unerschöpflich.

Bassing nahm an den Aufsichtsratssitzungen teil, noch bevor das neue Betriebsratsgesetz in Kraft war und er von der Belegschaft in den Aufsichtsrat gewählt worden war. Wichtigste Schaltstelle zwischen Unternehmensführung und Belegschaft bildete der »SOA«, der »Sozialpolitische Ausschuß«. Sechs Vertreter des Betriebsrates und sechs Vorstandsmitglieder gehörten dem SOA an. »Im Bereich der Sozialpolitik ist im Unternehmen nichts Grundsätzliches geschehen, das nicht in diesem ›SOA‹ erarbeitet und gebilligt worden wäre«, schrieb Winnacker später. Und weiter: »Da jede Entscheidung in der Sozialpolitik meist finanzielle Konsequenzen hat, wurden in all diesen Gremien auch wirtschaftliche Fragen diskutiert. Die jeweilige Situation des Unternehmens wurde stets offen und eingehend erörtert. So entstand ein Informationssystem, das über jenes des Betriebsverfassungsgesetzes und der dort vorgesehenen Mitwirkung der Belegschaft im Aufsichtsrat und im Wirtschaftsausschuß weit hinausging. Dieses System hat, schon allein durch das häufige Zusammentreffen, zu guten und freundschaftlichen Beziehungen zwischen den Sozialpartnern geführt. Den Stunden der Arbeit folgten oft solche der Geselligkeit. An persönlichen Gedenktagen, wie Jubiläen und Geburtstagen, habe ich es stets dankbar empfunden, wie sehr man in einer solchen Organisation zu Hause sein und einander näherkommen kann.«

Der erste Vorsitzende des SOA war Michael Erlenbach, dann kam Ernst Engelbertz, schließlich Erich Bauer, der ehemalige Chef von Bitterfeld.

Im Dezember 1953 erschien auch das erste Heft der »Farben-Post«. Sie war in dieser Art neu, denn während der I. G.-Zeit gab es nur eine allgemeine Zeitschrift »Von Werk zu Werk«. Darin war eine Beilage für die einzelnen Betriebsgemeinschaften enthalten. Verantwortlich für den Inhalt der »Farben-Post« zeichnete Sozialdirektor Friedrich Müller, der 1947 zu Hoechst gekommen war und das sozialpolitische Geschehen in den Jahren nach dem Krieg maßgeblich beeinflußte. Er konnte die ersten Fundamente für die neue Sozialpolitik legen und hat das neue Betriebsverfassungsgesetz im Alltag der Fabrik mit Leben erfüllt.

Im Jahre 1953 wurde wiederum eine Jahresprämie eingeführt, die ja eine lange Tradition besaß: Wir haben schon im Kapitel 5 berichtet von den Prämien, die einst Johann Barthel oder der Aufseher Konrad Abt erhalten hatten.

Auch bei Kalle in Wiesbaden existierte eine ähnliche Einrichtung. Sie war von dem sozialpolitisch fortschrittlichen und einfallsreichen Fritz Kalle – dem Bruder des Firmenchefs – schon 1871 eingeführt worden. Er war einer der aktivsten Sozialpolitiker im Lager der Unternehmer. Fritz Kalle hatte damals eine Sparkasse gegründet, in die der Betrieb jährlich einen bestimmten Betrag für jeden Arbeiter einzahlte. Er errechnete sich aus dem Reingewinn des Unternehmens, der Höhe des Lohnes und der Dauer der Fabrikzugehörigkeit. Kalles Sparkasse war somit im Grunde genommen schon der Vorläufer für die auf den Gewinn bezogene Jahresprämie.

Die bei Hoechst 1953 eingeführte Jahresprämie war streng gewinnorientiert. In guten Zeiten sollte die Prämie hoch, in schlechten niedrig sein. Da sie von der Höhe der Dividende abhing, sah Winnacker darin auch eine engere Verbindung zwischen der Belegschaft und den Aktionären. »Nur wenn eine erfolgreich arbeitende Belegschaft den wirtschaftlichen Ertrag ihrer Arbeit mitgenießt, aber auch bereit ist, das Geld, das ihr das Vertrauen der Aktionäre zur Verfügung stellte, ehrlich zu verzinsen, ist das Gleichgewicht einer wirtschaftlichen und sozialen Harmonie gegeben«, sagte Winnacker im Dezember 1953 bei der Feier der Jubilare. Ein wichtiger Schritt zur Vermögensbildung der Arbeitnehmer war getan.

## *Das neue Hoechster »Grundgesetz«*

Seit einiger Zeit saß auch ein Team aus Beauftragten des Vorstandes, der Sozialabteilung und des Gesamtbetriebsrates daran, eine neue Arbeitsordnung, gewissermaßen das »Grundgesetz« für das Zusammenleben im Betrieb, zu entwerfen. Natürlich mußte dabei erst einmal gründlich »entrümpelt« werden. Es ging allerdings nicht nur darum, die NS-Phraseologie der Betriebsordnung von 1939 auszumerzen, sondern Inhalt und Stil zu finden, die dem neuen, unpathetischen Selbstverständnis der Mitarbeiter und der Firma stärker Rechnung tragen sollten.

Diese Arbeitsordnung war nicht mehr einseitig vom Unternehmen den Mitarbeitern vorgeschrieben. Sie trug nicht nur die Unterschrift von Karl Winnacker, sondern ebenso die von Hans Bassing, der für den Gesamtbetriebsrat zeichnete. Am 1. Januar 1955 trat diese neue Arbeitsordnung in Kraft.

Schon bald, am 13. April, konnte Bassing sein 25jähriges Arbeitsjubiläum feiern. Es wurde ein großes Ereignis, wie es der Stellung eines Gesamtbetriebsratsvorsitzenden und Aufsichtsratsmitgliedes entsprach. Karl Winnacker hielt für Aufsichtsrat und Vorstand eine Ansprache. Es folgten Reden von weiteren Vorstandsmitgliedern wie Engelbertz und Erlenbach, die im Sozialausschuß von Anfang an eng mit Bassing zusammenarbeiteten. Aber auch die Betriebsräte von Hoechst und den Tochterwerken, aus Leverkusen und Ludwigshafen, Vertreter der Berufsgenossenschaften und der Gewerkschaften feierten Bassing.

Das »Höchster Kreisblatt« schrieb zu Bassings Jubiläum: »Die Rotfabriker vergessen es ihm nicht, daß er sich in den schlechten Jahren für die Beschaffung von Nahrung und Kleidung einsetzte. Aber auch auf dem Gebiet des Werkswohnungsbaues hat seine Arbeit Früchte getragen, die er als Mitglied des Aufsichtsrats des ›Bauvereins für Höchst und Umgebung‹ und der ›AG zur gemeinnützigen Beschaffung von Wohnungen‹ für die wohnungssuchenden Arbeitnehmer leistete.«

Beim Festessen nahmen Bassings Frau Margarethe und Sohn Günther teil. Frau Bassing brauchte jetzt keine Hemden mehr zu nähen. Sonderlich üppig sah es in ihrer Haushaltskasse gleichwohl nicht aus: Die Arbeitnehmerlöhne waren Mitte der fünfziger Jahre nicht hoch. Günther Bassing erinnert sich, daß die Mutter gelegentlich bei ihm – ohne Wissen des Vaters – kleinere Anleihen aufnahm, wenn der Monat »mal gar nicht zu Ende gehen wollte«.

Günther war seit 1952 als Schlosserlehrling in der Fabrik. Sein Wunsch war, später Ingenieur zu werden. Der Vater unterstützte solche Absichten natürlich, wenngleich er wußte, daß manche seiner Freunde solche Pläne bei einem Arbeitersohn eigentlich für etwas übertrieben hielten. Da er die Gefühle und den Geschmack seiner Umgebung genau kannte, inspizierte Bassing die »Aufmachung« seiner Frau und seiner späteren Schwiegertochter sehr genau, wenn ihn die Familie zu Geselligkeiten begleitete. »Donnert Euch nicht zu stark auf«, knurrte er manchmal warnend. »Meine

Rotfabriker mögen das nicht.« (Auf der anderen Seite war er stolz, wenn er sich in Gesellschaft gut aussehender und schick gekleideter Frauen befand.)

Eine Werkswohnung oder gar das »Häuschen im Grünen« erschien Ende der fünfziger Jahre nicht mehr als bloße Utopie. Soweit es die Erträge und die hohen Investitionen zuließen, wurden die firmeneigenen Wohnungsbaugesellschaften reichlich dotiert. So konnten im Gesamtunternehmen schon bis 1954 927 Wohnungen gebaut werden, darunter 322 Eigenheime.

So konnten auch Helmut und Anneliese Gehringer 1957 den Möbelwagen bestellen. Sie verließen ihr winziges Domizil bei den Großeltern und zogen kurz vor Weihnachten in eine Werkswohnung mit drei Zimmern in Sulzbach in der Waldstraße. Die Miete betrug 92 DM.

Vater Willi und Käthe Gehringer verließen einige Zeit darauf ebenfalls Unterliederbach und zogen nach Sulzbach. Willi Gehringer wollte hier seine Enkel aufwachsen sehen; überdies hoffte er, daß sich die Nähe des Taunus günstig auf das Asthma auswirkte, das ihn seit einiger Zeit quälte. Er konnte jetzt bald sein 50jähriges Berufsjubiläum feiern.

## *Vom Fachwerker zum Laboranten*

Helmut Gehringer ging wieder einmal in die Werksschule. Nachdem er schon das erste Ziel erreicht hatte und Laborfachwerker geworden war, wollte er nun seinen Laborantenkurs machen. Er mußte sich einer Aufnahmeprüfung unterziehen, da viele Kollegen ähnlichen Ehrgeiz hegten, die Plätze in der Werksschule aber begrenzt waren.

Drei Jahre lang – von 1959 bis 1962 – verbrachte Gehringer einige Abendstunden der Woche in der Werksschule. Zum Wochenende gab es Hausaufgaben. Helmut erledigte diese zusammen mit zwei älteren Freunden, die ebenfalls den Kurs besuchten. Alle drei waren nun schon gestandene Familienväter. Deshalb gingen die Mütter in dieser Zeit jeweils mit den Kleinen spazieren – schließlich mußten sich die Väter auf ihre Aufgaben konzentrieren.

Im Jahr 1962 war die Prüfung geschafft – Gehringer wurde nun

Laborant und in das Angestelltenverhältnis übernommen. Das bedeutete für kurze Zeit sogar eine kleine Minderung seines Einkommens, aber ohne Zweifel einen großen Schritt in seiner beruflichen Laufbahn. Bei der entsprechenden Familienfeier in Sulzbach hielt Vater Willi Gehringer sogar eine kleine Ansprache. Sohn Helmut hätte es weit gebracht; nun sei er gespannt, was aus den Enkeln würde. Daß auch sie in die Rotfabrik gehen würden, stand für ihn außer Frage.

### *Ein Junge, der unbedingt Arzt werden will*

Genau das wollte Willi Merkel nicht tun, obwohl er unmittelbar vor dem Werkstor, in der Leunastraße 13, aufwuchs.

Für Wilhelm Merkel, Urenkel von Johann Barthel, gab es seit seinem 13. Lebensjahr keinen anderen Berufswunsch als den des Arztes. In einem Lebenslauf, den er in der 8. Klasse des Höchster Gymnasiums verfaßte, schrieb er: »Mein besonderes Interesse erstreckt sich auf Biologie und Chemie in dem Maße, wie diese Fächer für meinen späteren Beruf in Frage kommen. In meiner Freizeit suche ich mich schon etwas mit dem Arztberuf vertraut zu machen, durch medizinische Vorträge. Daneben nenne ich auch ein kleines biologisch-chemisches Laboratorium mein eigen. Als Ergebnis meiner Untersuchungen und Versuche liegen zwei Jahresarbeiten vor. Die erste über die Anatomie der Hausmaus (1940) und die andere über den Verdauungsapparat der Froschlurche (1942). Diese letztere Arbeit ist zugleich als Abituriumsarbeit gedacht.« In der Hitlerjugend hatte sich Willi Merkel zu einer Feldschereinheit gemeldet. Seine medizinische Eintrittsarbeit bestand er mit Auszeichnung.

Da sich seine Eltern, August und Margarethe Merkel, in den dreißiger Jahren öfters einen Urlaub leisten konnten – Merkels Gehalt als Bautechniker, dann Bauingenieur, erlaubte dies allmählich –, wurde Willi mit einem schönen Stück von Deutschland vertraut: Franken, dem Schwarzwald, den bayerischen Bergen. Bis nach Tirol kam er. Doch auch auf diesen Reisen begleiteten ihn seine Biologiebücher.

Bald stand Erntehilfe in Rheinhessen auf dem Schulplan. Danach kam, wie es im Jargon der Zeit hieß, der »Kriegseinsatz«, den auch Schüler zu leisten hatten. Willi tat Luftschutzdienst bei der Rettungsstelle in Höchst. Er begleitete Serumtransporte für die Diphtherie-Schutzimpfung und war Aushilfsschaffner bei der Straßenbahn.

Im Februar 1943 bestand er das Abitur mit Auszeichnung. Die anderen Stationen waren typisch für seine Generation: Reichsarbeitsdienst, anschließend Wehrmacht, Panzergrenadier an der Ostfront, zum Leutnant befördert, Gefangenschaft.

## *Endlich das Studium*

Am 31. Juli 1945, am Hochzeitstag seiner Eltern, kehrte Willi aus englischer Gefangenschaft in sein Elternhaus zurück. Der Vater, der 1944 sein 25jähriges Arbeitsjubiläum gefeiert hatte, arbeitete schon wieder in der Rotfabrik. Da er nicht in der Partei gewesen war, gab es dabei keine Hindernisse. Und zu bauen gab es ja genug.

Der Leutnant a. D. Willi Merkel konnte es kaum erwarten, bis endlich die Frankfurter Universität wieder eröffnet wurde. Er hatte Glück. Schon 1946, gerade wurde der Lehrbetrieb aufgenommen, erhielt er einen Studienplatz – natürlich in der Medizin. Als Proviant brachte Willi meist einen Topf mit Maisbrei in die »Uni«. Gelegentlich auch etwas besseres, wenn wieder einmal ein Carepaket aus Philadelphia eingetroffen war. Es stammte vom amerikanischen Zweig der Familie, den sein Großonkel Fred Merkel einst begründete.

Die Zeit, die nicht dem Studium gehörte, widmete Willi einer katholischen Jugendgruppe. Manchmal trafen sie sich mit einer katholischen Mädchengruppe. Die Leiterin dieser Gruppe hieß Ursula Gotta und wohnte in einem großen Eckhaus Bolongaro-/Königsteiner Straße. Dort besuchte sie Willi, um die Vorbereitung einer Weihnachtsbescherung zu besprechen. Er zeigte ihr die Geschenke, die seine Gruppe gefertigt hatte.

Ursulas Urgroßvater und ihr Vater, der 1944 bei einem Luftangriff umgekommen war, hatten einst bei Hoechst gearbeitet. Ursula ging zu den Ursulinen in die Schule und wollte medizinisch-technische Assistentin werden. Nach dem Krieg hatte sie als Helferin bei einem Röntgenarzt gearbeitet und dann ein Seminar für soziale Berufsarbeit besucht. So fehlte es nicht an Gesprächsstoff zwischen Willi Merkel und der dunkelhaarigen Ursula. Ab 1948 stand fest, daß sie eines Tages heiraten würden.

Vielleicht hat die Aussicht darauf Willis Studienanstrengungen noch mehr befeuert. 1950/51 machte er sein Staatsexamen. Im Juni 1951 wurde Willi Merkel zum Dr. med. promoviert. Er bestand das Examen mit der Note »sehr gut«. Die Doktorarbeit behandelte ein chirurgisches Thema. Es ging um die Entfernung der Harnblase bei Karzinomen. Ursula hatte die Dissertation auf ihrer alten Schreibmaschine getippt.

Medizinalassistenten fanden damals kaum Stellungen, vor allem keine bezahlten. Willi Merkel indes hatte Glück. Im Kreiskrankenhaus von Eppstein erhielt er eine Anstellung. Die Bezahlung betrug im Monat 120 Mark brutto. Als Stationsarzt betreute er später eine Station mit 40 Betten. Nach dreieinhalb Jahren betrug sein Gehalt immerhin 535 Mark.

Die offizielle Arbeitszeit ging von 8 bis 13 Uhr und von 14 bis 19 Uhr. Doch das stand nur auf dem Papier. Manchmal mußte im Operationssaal oder am Krankenbett Dienst rund um die Uhr getan werden. Merkel war trotzdem sehr froh, daß er in einem so kleinen Krankenhaus untergekommen war: »Die Möglichkeiten in einer solchen Klinik waren selbst in dieser Zeit unendlich groß. Während die Kollegen an den Fachkliniken darum würfelten, wer einmal intravenös spritzen durfte, waren wir im kleinen Haus schon längst als Ärzte selbständig.« Merkel durfte auch allein operieren.

## *Hochzeit im Pfarrheim*

1952 wurde geheiratet. Da die zwei sich in der katholischen Jugend kennengelernt hatten, wurde die Hochzeit im neuen katholischen Pfarrheim gefeiert. Das junge Paar zog in die Wohnung von Ursulas Mutter in der Bolongarostraße. Da darin noch eine Familie lebte, deren Haus in Unterliederbach von den Amerikanern beschlagnahmt war, ging es die erste Zeit sehr eng zu. Bald stellte sich Nachwuchs ein: Sohn Ulrich, danach Tochter Brigitte.

Merkel war im Eppsteiner Krankenhaus auch für den Einkauf der Arzneimittel zuständig. Dadurch gewann er bald einen guten Kontakt zu den Außendienstmitarbeitern von Bayer und Hoechst.

Merkel schätzte die Gespräche mit den Arzneimittelvertretern, denn sie boten ihm eine gute Informationsquelle über die neuesten Präparate. Vor allen Dingen interessierten ihn alle Einzelheiten über die neuen Antibiotika, die Hoechst herausbrachte.

Eher beiläufig kam mit dem Vertreter von Hoechsts Arzneimitteln, Robert Habicht, das Gespräch darauf, daß Merkels Urgroßvater, Johann Barthel, einst der erste Arbeiter von Hoechst gewesen sei. Auch von seiner Großmutter Anna Maria erzählte Merkel. Er hatte einst ihre Erinnerungen, die sie ihm erzählt hatte, zu Papier gebracht.

Seinen ausgeprägten Lokalpatriotismus verleugnete Merkel noch weniger. Was die Geschichte der Stadt und des Werkes anging, so durfte sich Merkel als Fachmann erster Ordnung betrachten. Der Buchhändler und Antiquar Pfeiffer in der Königsteiner Straße in Höchst hatte kaum ein altes Buch oder einen Stich von Höchst, den Merkel – gewöhnlich am Samstagmorgen – nicht entdeckt und augenblicklich erstanden hätte – freilich erst in späteren Jahren, als sein Gehalt dies zuließ.

Dennoch war Merkel überrascht, als Herr Habicht ihn einmal direkt ansprach: »Na, Herr Doktor, ich weiß ungefähr, was Sie hier verdienen. Sie haben jede zweite Nacht Nachtdienst, und jedes zweite Wochenende verbringen Sie in der Klinik. Warum gehen Sie eigentlich nicht in die wissenschaftliche Abteilung der Farbwerke? Dort kann man Arbeitstiere wie Sie brauchen.«

»Ich war zunächst sehr verdutzt«, erzählte Merkel später seinen Freunden. »Auf die Idee, zu Hoechst zu gehen, wo ja immer noch mein Vater arbeitete, war ich gar nicht gekommen. Manchmal ist das Nächstliegende offenbar das Entfernteste. Dabei gibt es schließlich bei den Hoechstern ein Hausgesetz, das mindestens so streng ist wie das der Hohenzollern; denn ein in Höchst geborener Bub, der nichts taugt und der das 4. Gebot mißachtet und Vater und Mutter nicht ehrt, der muß auf die Rotfabrik, wie der Volksmund zu sagen pflegt.«

## Ein Bewerbungsschreiben ohne Antwort

Es war Ostern 1954. Merkel hatte am zweiten Feiertag dienstfrei. Er hatte seiner Frau von dem Angebot des Herrn Habicht berichtet, die recht positiv darüber dachte. Zum einen hätte sie ihren Mann gern öfters zu Hause gesehen, als dies der Dienst erlaubte, und zum anderen stammte sie eben aus einer alten Pharma-Familie. Sowohl Großvater als auch Vater hatten in der Pharma-Abteilung gearbeitet, und ihre Mutter war in den zwanziger Jahren die Sekretärin von Dr. Ammelburg gewesen, dem damaligen Pharmachef von Hoechst.

Leider hörte Willi Merkel nichts auf seine Bewerbung, die er einen Tag nach Ostern abgeschickt hatte. Es vergingen vier Wochen, es vergingen sechs Wochen. Als Herr Habicht wieder in der Klinik in Eppstein erschien, versuchte Merkel, seine Enttäuschung zu verbergen. Ganz allerdings gelang ihm das nicht. Er knurrte Habicht an: »Sie kommen ja doch von einer etwas merkwürdigen Firma. Die beantworten nicht einmal Briefe.«

Kurz darauf erhielt er einen Brief von Herrn Kimmich, dem Leiter des Arzneimittelkontors in Frankfurt. Er möge sich etwas gedulden, seine Sache sei noch in der Diskussion. Wenn man ihn nicht hätte haben wollen, fügte Kimmich tröstend hinzu, wären seine Bewerbungsunterlagen mit dem üblichen Schemabrief schon längst an ihn zurückgegangen.

Anfang Juli wurde Merkel zu einem persönlichen Gespräch gebeten. Es endete mit der Frage, ob er wissenschaftlicher Mitarbeiter im Export werden wolle. Merkel sagte ja, und am 1. September 1954 hatte die Pharma einen neuen Angestellten.

Merkel kam in einer Zeit, in der alle Anstrengungen auf den lebenswichtigen Export konzentriert wurden. Hoechst hatte bis 1947 keine eigene Verkaufsabteilung für pharmazeutische Produkte gehabt. In der I.G.-Zeit waren – wie berichtet – alle Pharmaerzeugnisse von Bayer unter dem Bayer-Kreuz weltweit vertrieben worden. Zunächst hatte die Verkaufsabteilung Arzneimittel erst einmal eine Verkaufsorganisation in der Bundesrepublik aufgebaut. Nun war der Export an der Reihe. Damals gab es im Verkauf drei Export-Gruppen: eine für Europa, die zweite für Lateinamerika, die dritte für den Rest der Welt. Merkel kam zum »Rest der Welt«. Der erstreckte sich von Zypern und Malta über den vorderen Orient, den mittleren Osten, über ganz Afrika und Fernost und über Nordamerika.

Damals hatte Hoechst gerade mit dem Rastinon völlig neue Maßstäbe in der Diabetes-Therapie gesetzt. Merkel war fasziniert von dieser Entwicklung und suchte intensiven Kontakt zu dem Kollegen, der in der Medizinischen Abteilung die Einführung dieses Präparates betreute: Dr. Mayer, in der Pharma nur »Diabetes-Mayer« genannt.

Merkel wollte alles über Rastinon wissen. Er wurde so fast zwangsläufig zu einem der Diabetes-Spezialisten in der Exportabteilung. In Irland durfte er dann seine ersten Vorträge über Diabetes und die Behandlung mit Rastinon halten. Dazu kamen Gespräche in den Kliniken.

Schon im Dezember 1956 flog er nach Südafrika. Weitere Aufträge führten ihn nach Australien, nach Malaysia, nach Singapur und in die verschiedensten Länder in Afrika, nach Libyen, Ägypten, Äthiopien. Merkel nahm teil an den internationalen und europäischen Fachkongressen über Früherkennung und Therapie des Diabetes.

In Höchst mußte er sich neben der normalen Arbeit noch um Besucher aus aller Welt kümmern, vor allem um Japaner. Fast jedes zweite Wochenende war er mit Gästen aus dem Ausland unterwegs. Sie kamen meist aus Ländern, in die Hoechst exportierte oder wo es bereits mit einer kleinen Pharmakonfektion begonnen hatte. Diese ersten ausländischen Stützpunkte waren allerdings noch ganz von den Grundstoffen aus dem Stammhaus abhängig.

1957 wurde Merkel Handlungsvollmacht erteilt, unterschrieben von Michael Erlenbach und Konrad Weil. Er übernahm nun im Arzneimittelverkauf das Referat USA. 1974 bekam er Prokura.

Hoechst war in den frühen sechziger Jahren auf dem größten Arzneimittelmarkt der Welt noch kaum vertreten, ja der Name des Unternehmens war weithin unbekannt. Max Tiefenbacher, der internationale Pharmaexperte des Verkaufs, der als erster »Späher« in die USA geschickt worden war, erlebte dies recht unmittelbar. Kurt Lanz, Vorstandsmitglied für den Verkauf, schilderte dies in seinem Buch »Weltreisender in Chemie«: »Tiefenbacher hatte ein Gespräch mit MacCasson Roberts, dem Chefeinkäufer des bedeutendsten Pharmagrossisten. Roberts hörte sich Tiefenbachers Ausführungen eine Weile an, dann aber fragte er höflich: ›Mr. Tiefenbacher, would you please explain to me, who is Hoechst?‹ Er wußte nicht einmal, in welchem Land wir beheimatet waren.«

Erfreulicherweise, so Lanz, war auch in den Jahren des Aufbaus in den Staaten keine Animosität gegen deutsche Firmen zu spüren. »Wir heißen Sie als Konkurrenten willkommen«, erklärte der Chef von Pfizer, einem der größten Arzneimittelunternehmen des Landes, als er Lanz und Tiefenbacher traf. »Lassen Sie uns in Wettbewerb treten.« Nicht anders verhielten sich die übrigen großen Arzneimittelhersteller, ob es sich um Merck Sharpe and Dohme handelte, um Eli Lilly oder Parke Davis.

Mit einem renommierten Arzneimittelhersteller, der Upjohn Company, besaß Hoechst einen Vertrag. Upjohn wertete neue Pharmapräparate von Hoechst auf dem amerikanischen Markt aus. Als erfolgreichstes erwies sich bald Rastinon. Es wurde 1957 von der amerikanischen Arzneimittelkontrollbehörde, der »Food and Drug Administration«, kurz FDA genannt, zugelassen. Es hieß drüben »Orinase« und setzte auch in den USA einen Markstein in der Behandlung der Zuckerkrankheit. Hoechst kassierte für den »Star« des damaligen Sortiments hohe Lizenzgebühren; der Firmenname wurde dadurch freilich nicht wesentlich bekannter.

Der Vorstand mußte deshalb bald entscheiden, ob man in den USA nicht eine eigene Pharmafirma gründen wollte. Die Lizenzgebühren waren sicher – eine eigene Produktion mit großem Risiko verbunden. So stark die eingespielte Forschungs- und Entwicklungsmannschaft zu Hause war, so gering war das Rüstzeug für das Marketing in den USA und den Wettbewerb mit den amerikanischen Firmen. Sie hatten im Gefolge des Zweiten Weltkrieges gewaltig aufgeholt und waren auf einigen Gebieten den Europäern davongelaufen. Man brauchte nur an das Penicillin zu denken. Es war zwar in England gefunden, aber von amerikanischen Firmen im Großen entwickelt worden. Das galt sogar noch mehr für die weiteren Antibiotika wie Streptomycin oder Tetracycline.

Als bei Höchst die Entscheidung zugunsten einer eigenen Produktion gefallen war, erhielt Tiefenbacher den Auftrag, nach einer kleinen Pharmafirma Ausschau zu halten, die zum Verkauf stand. Er fand die »Lloyd Brothers« in Cincinnati; ein altes Familienunternehmen, das 1870 mit der Herstellung pflanzlicher Mittel begonnen hatte. Hoechst zahlte dafür vier Millionen Dollar; der Umsatz betrug 1960 bescheidene zwei Millionen. Aber ein Anfang war gemacht.

Als einer der wichtigsten Helfer Tiefenbachers fungierte Merkel in Höchst mit seinem USA-Referat. Er hatte alle Anfragen und Antworten zu koordinieren – den Blick nach vorne gerichtet, wie es ein wenig später in einem Hoechst-Slogan hieß: »Hoechst thinks ahead«; deutsche Version: »Hoechst denkt weiter.« Wie man den Amerikanern allerdings helfen sollte, das Wort »Hoechst« einigermaßen verständlich über die Lippen zu bringen, war ein spezielles Problem. Das freilich hat sich in der Zwischenzeit erledigt ...

Vater August Merkel ging 1957, als sein Sohn so erfolgreich im USA-Referat neuen Ufern zustrebte, in Pension. Bei ihm und seiner Frau war der Stolz auf den Sohn, der nun doch Rotfabriker geworden war, groß.

## *Mitarbeiter und Aktionäre*

Der TDA-Chef Rolf Sammet strebte in dieser Zeit nach eigenen »vier Wänden«, denn, wie es Thaddäus Troll einmal formuliert hat: »Hausbesitz ist die höchste Selbstbestätigung für einen Schwaben.« Sammet und seine Tochter Claudia – seine Frau war kurz nach der Geburt der Tochter gestorben – wohnten bis dahin in Neuenhain zur Miete. Unter den drei Baufirmen wählte Sammet natürlich die mit dem billigsten Angebot aus. Er war damals zwar schon seit drei Jahren Prokurist, aber die Gehälter waren wesentlich niedriger als heute – das Bauen und der Kauf von Grund und Boden allerdings auch unvergleichlich billiger.

Sammet investierte in das Hausprojekt in Neuenhain nahezu sein ganzes Geld. Als das Haus halbwegs fertig war, sah es so aus, als ob in diesem Jahr der schlechten Konjunktur wegen die Baufirma in Konkurs gehen würde. Nur durch sofortige Zahlung von 10 000 Mark am Gründonnerstag 1958 vermochte Sammet die Firma und damit sein Eigenheim zu retten. Lange bevor das neue Haus eine wirklich gastliche Stätte war, zogen Sammet und Tochter Claudia ein. Um Kosten zu sparen, transportierten sie einen großen Teil des Mobiliars auf dem Dach von Sammets Volkswagen. Es gab noch kein Gartentor, geschweige denn einen Garten. Doch man hatte endlich ein eigenes Dach über dem Kopf.

1960 wurde Sammet zum Abteilungsdirektor ernannt – ungewöhnlich für den Chef einer Stabsabteilung. Das lag offenbar daran, daß Winnacker während seiner I. G.-Zeit mit den selbstbewußten und, wie ihm schien, manchmal besserwisserischen Stabsabteilungen in der Grüneburg manchen Strauß hatte austragen müssen. Deshalb fand er, Leiter von Stabsabteilungen sollten den Titel »Direktor« nicht besitzen. Diese Abteilungen besäßen ohnehin schon Macht genug, da bedürfe es nicht auch noch großer Titel. Doch Sammet war jetzt – mit 40 Jahren – zum stellvertretenden Leiter des Werkes Höchst bestellt worden. Dieses Amt konnte er nicht gut als Prokurist ausüben.

Werksleiter und Vorstandsmitglied war Dr. Erich Bauer, einst letzter Werksleiter von Bitterfeld. Er hatte sich nicht mit den US-Truppen in den Westen abgesetzt – was die Amerikaner bei Spezialisten durchaus förderten –, sondern war bei seiner Belegschaft geblieben. Diese Haltung hatte er teuer bezahlen müssen. Die Russen hatten ihn nach ihrem Einzug verhaftet und zwei Jahre lang im Zuchthaus Bautzen eingesperrt. Seit 1956 gehörte Bauer dem Vorstand in Höchst an. Er war nicht nur ein exzellenter Elektrochemiker, sondern auch eine eindrucksvolle Persönlichkeit. Bauer sprach die Sprache des einfachen Rotfabrikers, er strahlte nicht Jovialität, sondern Vertrauen und Kameradschaftlichkeit aus.

Bauer war auch über jedes kleinere oder größere Sportereignis gründlich informiert. Solche Anteilnahme am Sport war für das Klima in den Sozialbesprechungen am Montagmorgen wichtig. Nicht selten begannen dessen Sitzungen damit, daß Bauer und Bassing sich erst einmal einige Minuten eifrig und fachmännisch über das letzte Spiel der Frankfurter »Eintracht« unterhielten. So eingestimmt, konnte man sich dann auch kontroverseren Fragen widmen.

Erich Bauers Gesundheit war durch die harte Haft in Bautzen geschwächt. So beorderte er öfters Sammet zu den Jubilarfeiern. Sammet, der ohnehin ein Faible für Geschichte besitzt, bereitete es Vergnügen, sich mit den Männern zu unterhalten, die zwar nun auch nicht mehr die Kinderjahre, aber zumindest die Jugend- und frühen Erwachsenenjahre der Rotfabrik erlebt hatten. Daraus ergab sich dann auch ein enger Kontakt zu den Betriebsräten, nicht nur zu Hans Bassing, sondern auch zu Nikolaus Fleckenstein oder zu den Vertretern der Angestellten, wie Peter Braun oder Wilhelm Götz – alles Männer der »ersten Stunde« nach 1945.

Im Sozialausschuß wurden die entscheidenden Weichen für eine der klügsten und zugleich glücklichsten Entscheidungen gestellt: die Ausgabe von Belegschaftsaktien im Herbst 1960. Zunächst herrschte zwar eine gewisse Skepsis, ob wirklich genügend Mitarbeiter an den Aktien interessiert sein würden. Dann zeigte sich: 12000 Mitarbeiter wollten Aktionäre werden.

Heute gibt es bei Hoechst etwa 65000 Belegschaftsaktionäre, das sind mehr als zwei Drittel der Konzernbelegschaft. In ihrem Besitz befinden sich Aktien im Kurswert von rund 1 Milliarde Mark. Sie haben über 6 Prozent des Grundkapitals erworben.

## *Auf glatter Straße in den Vorstand*

Anfang 1962 erkannte der Vorstand, daß er dringend der Verjüngung bedurfte. Dr. Michael Erlenbach, einst Treuhänder, später Pharmachef, war im Alter von 60 Jahren am 8. Januar 1962 gestorben. Ein anderes Vorstandsmitglied war infolge einer Erkrankung längere Zeit ausgefallen. Andere würden bald die Altersgrenze erreicht haben.

Winnacker beriet mit dem Aufsichtsrat. Dann bat er Rolf Sammet zu sich nach Hause – ein seltenes Ereignis, so oft sich Vorstandsvorsitzender und TDA-Chef auch im Büro sahen. Stärker als andere Unternehmenschefs hatte Winnacker seinen häuslichen Bereich abgeschirmt. Große Gesellschaften zu Hause vermied er ganz. Er akzeptierte deshalb auch fast nie private Einladungen, so gesellig er bei offiziellen Anlässen auch sein mochte.

Sammet wäre um ein Haar allerdings eher im Straßengraben als im Hause seines Chefs gelandet. Die Straße war spiegelglatt, und Sammet hatte beträchtliche Mühe, seinen gebrauchten Mercedes 180, der vom Kraftverkehr der Firma erworben worden war, nach Königstein zu steuern.

Die Fahrt freilich lohnte sich. Winnacker eröffnete ihm ohne Umschweife: »Aufsichtsrat und Vorstand sind sich einig. Wir werden Sie zum stellvertretenden Vorstandsmitglied ernennen.« Diesmal kam Sammet natürlich noch viel weniger als einst in Bobingen auf die Idee, sich Bedenkzeit zu erbitten. Eine Berufung in den

Vorstand hat bei Hoechst noch nie jemand ausgeschlagen. Sammet war damals 42 Jahre, der Kollege, der gleichzeitig mit ihm ernannt wurde, Dr. Jürgen Schaafhausen, sogar erst 39 Jahre alt. Schaafhausen war Chemiker und enger Mitarbeiter von Werksleiter Bauer. »Wir hatten für beide zwar im Augenblick kein Ressort«, schrieb Winnacker in seinen Erinnerungen, »benötigten aber zwei junge, energische Persönlichkeiten, die überall eingreifen konnten, wo Not am Mann war.«

Winnacker war froh, daß er niemand von außen holen mußte. Wann immer es ging, holte man die Spitzenkräfte aus dem »eigenen Stall«. Wenn jemand allerdings das Haus verließ, um bei einer anderen Firma eine noch größere Position zu übernehmen, dann legte ihm Winnacker zwar keine Hindernisse in den Weg, empfand es jedoch ein klein wenig als »Treuebruch«, wenngleich er das offiziell nie zugegeben hätte.

Als Robert Zoller erkrankte – er war für drei Geschäftsbereiche zuständig, nämlich Fasern, Folien und Reproduktionstechnik –, vertrat Sammet ihn im Vorstand. Nach Zollers Rückkehr und der Pensionierung von Werksleiter Bauer übernahm Sammet die Werksleitung und die Sparten Folien und Reproduktionstechnik.

Folien – »Fragen Sie Kalle, wenn es sich um Folien handelt« hieß einst ein hübscher Werbespruch –, das war die Domäne von Kalle. Da die Wiesbadener bei der Neuordnung nach dem I. G.-Zusammenschluß all ihrer Farbstoffproduktionen beraubt worden waren, hatte Hoechst die schon 1924 erworbene Lizenz auf Zellglas, das Cellophan, Kalle überlassen, um den Verlust wenigstens etwas auszugleichen. Kalle hatte sich dann der Folien so intensiv angenommen, daß es in kurzer Zeit zu einem der führenden Hersteller in der Welt wurde. Auch nach dem Krieg, als der »Einmach-Boom« ausbrach, lag Kalle gut im Geschäft.

Jürgen Schaafhausen wurde später Spartenchef der anorganischen Produktion und übernahm auch den Aufbau der Abteilung Umweltschutz. Heute ist für diese Aufgabe im Vorstand Karl Holoubek verantwortlich. Dr. Karlheinz Trobisch ist Chef dieser Ressortgruppe, die bei Hoechst große Bedeutung besitzt. Der Aufwand für den Umweltschutz ist seit langem höher als die Dividendenzahlungen an die Aktionäre.

*Die Jahrhundert-Feier*

Die Sonne schien und warf Kaskaden von Licht über die mächtige Kuppel der Jahrhunderthalle, als Hoechst am 11. Januar 1963 sein 100jähriges Jubiläum feierte. Das Orchester spielte Beethovens 5. Symphonie, die Schicksals-Symphonie, die sich Karl Winnacker zu diesem Anlaß gewünscht hatte. Der Vorstandsvorsitzende begrüßte neben vielen Ehrengästen – unter denen leider die Seniorin der Gründerfamilien, die 91jährige Witwe Herbert von Meisters, fehlen mußte – den Jubilar Karl Kunz, der im Januar 1913 als Ausläufer in der Stückguthalle in Höchst seine Tätigkeit aufgenommen hatte: »Wir danken Ihnen«, sagte Winnacker, »stellvertretend für alle Treue, die das Unternehmen in der Vergangenheit und bis zum heutigen Tag von vielen tausend Menschen erfahren durfte.«

Winnacker, jetzt elf Jahre an der Spitze des Unternehmens, konnte eine eindrucksvolle Bilanz ziehen: Hoechst hatte 1962 weltweit 3,5 Milliarden Mark umgesetzt. Die Zahl der Mitarbeiter war auf rund 55000 gestiegen; die Zahl der Aktionäre betrug 230000. Davon waren 20000 Belegschaftsaktionäre. Das Aktienkapital betrug 770 Millionen. Kein Zweifel: Elf Jahre nach der Entlassung aus der alliierten Kontrolle gehörte Hoechst wieder zu den Großen der Weltchemie.

Hinter der glänzenden Fassade des Festgeschehens in der Jahrhunderthalle sah es freilich nicht ganz so strahlend aus. Die hohen Investitionen der letzten Jahre hatten den Umsatz noch nicht entsprechend belebt. Zwar konnte die Dividende von 18 Prozent gehalten werden, aber dafür konnte nichts den Rücklagen zugeführt werden.

Im nächsten Jahr sahen die Zahlen schon wieder viel besser aus. Neben den erneuten 18 Prozent Dividende konnte auch eine kleine Rücklage gebildet werden. Doch war eines offenbar: Die Eigenkapitalbasis war zu schwach und die Rentabilität im Vergleich mit den Amerikanern zu gering. Auch das Auslandsgeschäft stand vorerst auf schwachen Beinen; die DM-Aufwertung von 1961 hatte den ohnehin noch schwachen Export kräftig nach unten gedrückt.

## »Außenminister« Kurt Lanz

Das Auslandsgeschäft war das Hauptthema der Diskussion der ersten Weltverkaufskonferenz. Sie fand am 14. Januar 1963 in Höchst statt. Fast 250 führende Mitarbeiter aus allen Teilen der Welt waren an den Main gekommen. Der Cheforganisator dieses Treffens war der 1919 geborene Kurt Lanz. Er hatte 1937 als kaufmännischer Lehrling begonnen und später die Verkaufsleitung aufgebaut. Er fungierte als »Außenminister« von Hoechst, wofür ihn scharfe Intelligenz, Sprachentalent und eine nimmermüde Lust am Reisen prädestinierten.

Lanz war schon 1958 mit 38 Jahren in den Vorstand berufen worden, nachdem er einige Zeit auch den Verkauf von Stickstoff und Pflanzenschutzmitteln geleitet hatte. In seinem Buch »Weltreisender in Chemie« behauptet Lanz im übrigen – nicht zu Unrecht –, Winnacker habe sich diesen Titel genauso verdient wie er selbst. Beide waren ja auch meist zusammen unterwegs, wobei Rolf Sammet zu Hause die Geschäfte des »Innenministers« besorgte.

Auf der Weltkonferenz von 1963 konstatierte Winnacker: »Unser Exportanteil ist zu klein, strukturgebunden aus der Vergangenheit. Wir wissen, daß wir viele große Arbeitsgebiete haben, in denen uns im Export Grenzen gesetzt sind. Wir haben auch neue Tätigkeitsbereiche erschlossen, aus denen wir noch nicht richtig exportieren können. Wir müssen daher die Ausfuhrorganisation verstärken.«

Lanz übernahm den Ausbau der Auslandsorganisation.

## »Brückenschlag« in die Zukunft

Ebenso wichtig war der Ausbau der Forschung; sie ist schließlich das Lebenselixier der chemischen Industrie. Fast hundert Jahre lang fehlte bei Hoechst eine Zusammenfassung der Forschung. Das Werk hatte sich einfach zu schnell entwickelt. Überall wo neue Betriebsabteilungen aus dem Boden wuchsen, entstanden – wenn man vom Hauptlabor absieht – auch die entsprechenden Forschungslaboratorien. Ende der fünfziger Jahre war so ein bunt gewürfelter »Forschungsföderalismus« entstanden: Rund

600 Wissenschaftler arbeiteten in einem halben Hundert verschiedener Gebäude, die weit über die Fabrikstadt verstreut waren.

So reiften die Pläne zu einem großzügigen Forschungszentrum. Das bisherige Werksgelände nördlich des Mains bot dafür keinen Platz. Deshalb wurden im Juni 1959 der Bau einer Brücke über den Main in Angriff genommen, das Gelände jenseits des Flusses für neue Anlagen erschlossen, eine Arbeitsgruppe erfahrener Ingenieure, Architekten, Spezialisten für Heizung, Belüftung und Energieversorgung gebildet.

Bereits Ende 1960 war dieser »Brückenschlag« unter Leitung von Forschungschef Professor Werner Schultheis vollendet und das neue Hauptlaboratorium fertiggestellt. Es diente als »Steuerpult« für die in allen einzelnen Forschungsbereichen erarbeiteten Ergebnisse. Dazu entstanden Laboratorien für die Forschung auf den großen Arbeitsgebieten des Unternehmens. 1961 konnte das Kunststoff-Laboratorium die Arbeit aufnehmen. Danach kamen Forschungsstätten für die Farben, Fasern und für die Pharmaforschung hinzu.

## *Die Rolle der Physiker*

Ende 1965 konnten auch die Physiker in das Forschungszentrum umziehen. Sie leisteten ihren Kollegen von der chemischen »Fakultät« wichtige Hilfestellung in der Analytik, die einst ausschließlich Domäne der Chemiker war, und in der Verfahrenstechnik, denn fast jeder Produktionsprozeß ist gleichzeitig mit einer Fülle von physikalischen Vorgängen gekoppelt. Sobald ein chemisches Verfahren vom Labor in einen größeren, technischen Maßstab überführt werden soll, und das ist in der Industrie schließlich das Ziel, müssen die physikalischen Vorgänge wie Strömungs- und Mischungsverhältnisse, Wärmetönung und Wärmeübergänge als Bedingungen für die eigentliche chemische Umsetzung erforscht werden. Eine Fülle von Daten muß von den Physikern oder Physiochemikern ermittelt werden. Sie dienen dann den Ingenieuren als Grundlage für den Bau der ersten Technika- und Großanlagen.

Ohne die Meß- und Regeltechnik als drittes wichtiges Gebiet schließlich, die Winnacker von Anfang an am Herzen lag, hätte die chemische Industrie nicht ihren hohen Produktionsstandard erreicht. Deshalb wirken heute viele Produktionsbetriebe fast menschenleer. Es wird automatisch gemessen, registriert und der Ablauf bis ins letzte Detail gesteuert.

Chemiker, Physiker oder Ingenieure spielen bei Hoechst sozusagen in einer Mannschaft. Wie sehr der eine auf den anderen angewiesen ist, demonstriert jeder Arbeitstag, ob in der Produktion oder in der Forschung.

1972 waren über 10000 Mitarbeiter in der Forschung tätig, und zwar im Forschungszentrum südlich des Mains sowie in den ausländischen Forschungslaboratorien. Ein Drittel aller Forschungsausgaben ging in die Pharma, rund 2000 Menschen waren in der Pharmaforschung tätig.

## *H 600 – ein »Familienbetrieb«*

Auf der südlichen Mainseite ist 1967 auch ein zentrales Gebäude für die Pharmafertigung entstanden. Hier werden alle Arzneimittel vom Insulin bis zum »Lasix« in die vorgeschriebene Darreichungsform gebracht und verpackt. Von den 800 Mitarbeitern im H 600 gehören allein 7 zur Familie Hauff.

»Stammvater« ist Helmut Hauff, Jahrgang 1928, aus Nied. Als Staplerfahrer hat er vor 20 Jahren begonnen, heute dirigiert er als Vorarbeiter seine Kollegen. Er absolvierte von 1942 bis 1944 seine Lehre als Laborfachwerker und kam nach kurzem Kriegsdienst und russischer Gefangenschaft schon im August 1945 wieder nach Höchst. Er arbeitete in verschiedenen Pharmabetrieben. 1967 siedelte er nach H 600 über.

Einer seiner Chefs ist der Meister Hans-Günther Hauff, sein Sohn. Er hat eine Lehre als Starkstromelektriker absolviert und sich in 7 Jahren Abendschule zum Meister weitergebildet. Sein Aufgabengebiet ist die Hausverwaltung von H 600.

Sein Bruder Klaus arbeitet in der Pharmafertigung, seine Schwester Hannelore, verheiratete Ring, ist im Büro am Bildschirm in der Eingangs- und Ausgangskontrolle tätig. Ihre Schwester Angelika, mit Eick Klös verheiratet, machte eine Lehre als Chemiefachwerkerin. Die letzten Monate ihrer Lehrzeit verbrachte sie im H 600 im Prüfungs- und Entwicklungslabor und erreichte es nach ihrem Abschluß, dort als Kontrolleurin für Packmittel angestellt zu werden.

Der Schwager Eick Klös machte wie Hans-Günther eine Lehre als Starkstromelektriker. Er ist heute im Hauptlager tätig. Auch die Freundin von Hans-Günther Hauff, Ingrid Mitsching, arbeitet im H 600. Sie ist in dem Büro beschäftigt, das die Lager verwaltet, in denen die Substanzen für die Fertigung aufbewahrt werden. Kennengelernt haben sich die beiden allerdings nicht im H 600, sondern beim Hochheimer Weinmarkt.

Wenn sich die Familie bei Helmut Hauff und seiner Frau Auguste, geborene Arnold, im Liederbacher Weg 3 in Hofheim trifft, braucht Frau Hauff sich nicht zu langweilen, wenn unvermeidlich die Rede auf die Rotfabrik kommt. Ihre Eltern und Geschwister waren ebenso in der Rotfabrik wie die ihres Mannes. Sie selbst hat von 1943 bis 1947 im Farbenlager gearbeitet. Begonnen hatte »alles« 1946 beim Tanzen in der »Schloßschenke« in der Höchster Antoniterstraße. Geheiratet wurde im Jahr darauf am 7. Juli. Ihre Lieblingsmelodie damals war »In the mood« von Glenn Miller.

Warum von den Hauffs einer nach dem anderen ins H 600 strebte, erklärt Hauff senior mit einem kurzen Satz: das gute Betriebsklima. Möglicherweise ist er daran nicht unbeteiligt. Schon 1951 wurde er zum Vertrauensmann gewählt. Einige Zeit gehörte er auch dem Betriebsrat und der Wohnungskommission an. Seit 36 Jahren kümmert er sich um die kleineren und größeren Nöte seiner Kollegen.

*Ein halbes Jahrhundert in Höchst*

In einer anderen »Farbwerksdynastie« feierte Wilhelm Gehringer zusammen mit seinem Freund Ernst März das 50. Arbeitsjubiläum. Der Frankfurter Oberbürgermeister lud die Hoechst-Jubilare und die von einigen anderen Firmen zum »Mahl der Arbeit« in den Frankfurter Römer. Die Herren unterhielten sich glänzend, und der Satz: »Erinnerst Du dich noch...?« dürfte an jenem Abend nicht nur zwischen Willi Gehringer und seinem Freund Ernst März, sondern bei allen Mit-Jubilaren häufig gefallen sein.

Dabei gehörte Ernst März normalerweise zu den ausgesprochen Wortkargen. »Mein Mann hat seine Arbeit immer im Werk gelassen und nicht viel darüber erzählt«, erinnerte sich seine Frau im Sommer 1987. »Ich weiß nur, er war immer stolz darauf, daß auch er einen Anteil besaß am Wiederaufbau des Werkes.«

Noch einmal, bei der Jubilarfeier des Werkes am 12. Dezember 1964, wurden die »goldenen Jubilare« gewürdigt. Professor Karl Winnacker hielt die Festrede. Später saßen Gehringer und März am Tisch mit Winnacker, Werksleiter Bauer, Chefingenieur Wengler, Erhard Bouillon und dem neuen Betriebsratsvorsitzenden Erhard Klein. Ein Jahr später gingen sie in den Ruhestand.

## *Hans Bassing nahm Abschied*

Hans Bassing, dem ein noch größerer Abschied zuteil geworden war, befand sich zu jener Zeit schon in Pension. Er war 1963, nach seinem 65. Geburtstag, in den Ruhestand getreten, so wie es die von ihm mitgeschaffene Arbeitsordnung vorsah. Die Beschaulichkeit zu Hause in Schwalbach gefiel ihm allerdings nicht sehr, vor allem, als allmählich der Besucherstrom schmäler wurde, über den Bassing manchmal stöhnte, den er aber in Wirklichkeit so sehr liebte.

Das Schicksal ließ Bassing nicht die Zeit, sich an ein einsameres Dasein zu gewöhnen. Schon 1964 überfielen ihn erste Erscheinungen einer schweren Lungenerkrankung. Für eine Operation war es zu spät. Bestrahlungen konnten den Lauf der Krankheit zwar verzögern, aber nicht aufhalten. Hans Bassing starb am 22. August 1966. Karl Winnacker sagte an seinem Grab: »In seiner rauhen Schale hatte er ein weiches Herz und eine lebensfrohe, warme Menschlichkeit, die viel forderte, aber auch jederzeit verzieh, und die in und außerhalb der Fabrik immer zur Verfügung stand, wenn es um menschliches Verständnis ging.«

KAPITEL 15

# Eine neue Generation geht an die Arbeit

Die Frage, wer sein Nachfolger werden würde, hatte Winnacker lange offengelassen. Er wollte vermeiden, seinen Nachfolger zu früh der Diskussion und Spekulation auszusetzen. Bei Hoechst hielt sich deshalb hartnäckig das Gerücht, Winnacker habe Sammet einmal auf dem Gang der Vorstandsbüros angesprochen und gesagt: »Ich glaube, ich bringe Sie durch.« Sammet weiß es jedoch besser. In Wirklichkeit hatte Winnacker ihn in sein Büro gebeten und ihm eröffnet, er sei als neuer Vorstandsvorsitzender vorgesehen.

Winnacker hatte sich diese Entscheidung nicht leichtgemacht, »denn von ihr hängt ein guter Teil des weiteren Schicksals eines Unternehmens ab«, hatte er einmal formuliert. Welche Gesichtspunkte mußten bedacht werden? Es geht nicht allein um wissenschaftliche und technische Qualifikationen, um Intelligenz und Begabung. Sie sind eine Selbstverständlichkeit. Ebenso wichtig jedoch ist die psychische Belastbarkeit. Die Inhaber von Spitzenpositionen müssen über eine außergewöhnliche Kondition verfügen, weil sie sonst den ständigen beruflichen Anstrengungen und vor allem den Beanspruchungen zäher und ausgedehnter Verhandlungen nicht gewachsen wären.

Gleichzeitig mit Winnacker schieden weitere vier Vorstandsmitglieder aus dem Amt: Werner Schultheiß, Alexander Menne, Hans W. Ohliger und Robert Zoller. So konnte man bei Hoechst von einem Generationswechsel sprechen. Von dem Ur-Vorstand des Jahres 1952 war nur noch Rechtsanwalt Heinz Kaufmann in diesem Gremium. Schon vor einigen Jahren waren Rudolf Frank, Georg Janning, Hans Reintges, Wolfgang Thies, Helmut Wagner in den Vorstand berufen worden. Nun nahmen als zunächst stellvertretende Mitglieder Erhard Bouillon und Klaus Weissermel in der Vorstandsrunde Platz.

Stellvertretender Vorstandsvorsitzender war Kurt Lanz. Den Vorsitz im Aufsichtsrat übernahm Karl Winnacker. Neu in diesem Gremium waren der Nobelpreisträger Feodor Lynen und der Staatsrechtler und Diplomat Walter Hallstein. Dazu kamen die Belegschaftsvertreter.

Noch mit Winnackers Mithilfe erhielt das Unternehmen eine neue Organisation. Seit der Neugründung gab es Sparten, die jeweils die großen Produktionsgebiete umfaßten. Wesentliche Funktionen waren in zentralen Ressorts zusammengefaßt, wie etwa das Personal- und Sozialwesen, Einkauf, Verkauf, Ingenieurwesen, Finanz- und Rechnungswesen oder Wissenschaft. Nun wurde die bisherige Spartenorganisation zu Gunsten einer stärker ergebnisorientierten Struktur aufgegeben. Sie bekam einen Zuschnitt, der zu dem nun weltweit operierenden Unternehmen besser paßte. An die Stelle der Sparten traten zwölf Geschäftsbereiche. Überdies wurden zehn koordinierende Ressorts geschaffen, die sich horizontal über alle Geschäftsbereiche erstreckten.

Durch die Gründung der Geschäftsbereiche, die ein hohes Maß an Eigenständigkeit erhielten, wollte sich der Vorstand von Routine-Entscheidungen entlasten, um sich noch intensiver den unternehmenspolitischen Zielen widmen zu können.

## *Die große Expansion*

Winnacker konnte sich zu einer Zeit verabschieden, in der über der Bundesrepublik die Sonne der Konjunktur im Zenit stand. Der Geschäftsbericht für 1969 begann mit dem stolzen Satz: »Das Unternehmen war 1969 weiterhin erfolgreich. Nach der starken Umsatzsteigerung des Vorjahres gelang es wiederum, das Weltgeschäft wesentlich auszuweiten. Unsere Position in der internationalen Chemie konnte verstärkt werden.«

Konkret bedeutete das: Der Weltumsatz erreichte 9,35 Milliarden Mark. Der Jahresüberschuß des Konzerns war um 54 auf 403 Millionen gestiegen. Die Dividende betrug 10 Mark pro Aktie. 98 000 Mitarbeiter waren in aller Welt für Hoechst tätig.

Ohne ausländische Arbeitskräfte hätte Hoechst in den Jahren der Vollbeschäftigung seine Aufgaben nicht bewältigen können. Von Anfang an war es ein Ziel, die ausländischen Mitarbeiter mit ihren deutschen Kollegen gleichzustellen. In Zeiten der Stagnation, wenn die Entlassung von Arbeitskräften notwendig war, wurden alle in den Werken beschäftigten Arbeitnehmergruppen gleich behandelt. Am Jahresende 1960 waren bei Hoechst 5259 Gastarbeiter beschäftigt, das waren 12,6 % der Arbeiterbelegschaft. Die ersten ausländischen Rotfabriker 1960 waren Italiener, später kamen Griechen, Spanier, Türken, Portugiesen, Jugoslawen und Nordafrikaner.

In den sechziger Jahren wurde eine Expansionsphase eingeleitet, die sich auch in der Rückschau imponierend ausnimmt.

1964 saß der Chef der Frankfurter Adolf Messer GmbH, Dr. Hans Messer, in einer Pressekonferenz am Vorstandstisch neben Karl Winnacker. Des Rätsels Lösung: Hoechst und Messer hatten eine gemeinsame Gesellschaft gegründet – die Messer Griesheim GmbH. Messer brachte dabei die Tieftemperaturtechnik und Griesheim die Industriegase ein. Die neue Gesellschaft stellte Maschinen, Geräte und Werkstoffe für die Schneid- und Schweißtechnik her. Sie produzierte verschiedene Industriegase, darunter Sauerstoff, Stickstoff, Wasserstoff. Später kamen flüssiger Wasserstoff, Gasgemische und radioaktiv markierte Gase hinzu.

Ebenfalls 1964 erwarb Hoechst die Chemischen Werke Albert in Wiesbaden. Sie waren einst vor Hoechst, nämlich 1858, am Startplatz gewesen. Der Liebig-Schüler Heinrich Albert hatte mit Phosphat-Kunstdünger begonnen. Sein Sohn Kurt hatte sich 1910 für die Erfindung neuer Kunstharze ein Patent gesichert. Diese »Albertole« fanden großen Absatz in der Lackindustrie. Auch auf dem Arzneimittelsektor hatte Albert erfolgreich Fuß gefaßt. Daß Albert in Wiesbaden unmittelbar neben Kalle angesiedelt war, bedeutete künftig nicht nur »gute Nachbarschaft«, sondern auch einen idealen Verbund zwischen beiden Werken, zum Beispiel auf dem Energie- und Umweltschutzgebiet. So konnte 1973 eine gemeinsame Anlage zur Reinigung der Abwässer beider Werke in Betrieb genommen werden.

Kalle – das bedeutete zu jenem Zeitpunkt freilich nicht allein Folien. Ausgehend von der Reproduktionstechnik mit Ozasol-Druckplatten und Ozalid-Papieren für Lichtpausen, stiegen die Wiesbadener in die Informationstechnik ein. 1972 wurde das infotec-Programm aus der Taufe gehoben, das Kopier- und Fernkopierautomaten umfaßt.

Die Zusammenarbeit mit Albert führte bald dazu, daß Hoechst 1967 die Reichhold AG in Hamburg kaufte, die ebenfalls Kunstharze herstellte.

Dank Albert und Reichhold kam es zu neuen internationalen Verbindungen und zum Kauf der Vianova Kunstharz AG bei Graz in Österreich.

Als sich andere große Chemiefirmen Anteile an bedeutenden Lack- und Farbenunternehmen sicherten, gab auch Hoechst die bisherige Zurückhaltung auf, in die Lackproduktion vorzudringen. Über die Vianova Kunstharz AG, von der wasserlösliche Lacke und wichtige Lackierverfahren entwickelt worden waren, begann die Zusammenarbeit mit der Stollack AG in Wien. Danach wurde die Lackfabrik Flamuco GmbH in München erworben.

Albert, Reichhold, Vianova, Stollack – das Fundament für ein neues Arbeitsgebiet im internationalen Maßstab war damit erfolgreich gelegt. Es umfaßte alle Bereiche der Lackrohstoffe und der fertigen Lacke. So zufällig fast sich diese Entwicklung angebahnt hatte, so logisch folgte dann Schritt auf Schritt. Der letzte geschah 1972. In diesem Jahr beteiligte sich Hoechst an der Dr. Kurt Herberts & Co GmbH in Wuppertal, einer bedeutenden deutschen Lackfirma.

## *Jean-Claude Roussel nimmt Kontakt auf*

1968 reisten einige leitende Herren von Hoechst nach Paris, darunter Hansgeorg Gareis, damals Pharmadirektor und Leiter der Pharmaforschung, seit 1984 Vorstandsmitglied und zuständig für die Bereiche Pharma, Landwirtschaft und Folien. Gareis und seine Kollegen unterzogen sich an der Seine einem intensiven Französischkurs.

Den Hintergrund für diese Sprachanstrengungen kannten zunächst nur sehr wenige. Zwischen dem Chef des großen französischen Unternehmens Roussel Uclaf, Jean-Claude Roussel, und dem stellvertretenden Vorstandsvorsitzenden Kurt Lanz von Hoechst hatten in Cannes vertrauliche Gespräche begonnen: Jean-Claude Roussel bekundete die Bereitschaft, einen Anteil seines Unternehmens an Hoechst zu verkaufen.

Der Reiz eines solchen Engagements lag für Hoechst auf der

Hand. Die Sortimente beider Unternehmen ergänzten sich ideal. In der Pharma von Hoechst lag zum Beispiel der Hauptakzent auf Mitteln gegen die Zuckerkrankheit, Antibiotika, Präparaten gegen Herz-Kreislauf-Erkrankungen. Bei Roussel hingegen standen Gewinnung und Synthese von Naturstoffen im Vordergrund. Besonders erfolgreich war Roussel auf dem Gebiet der Steroid-Hormone, die aus der modernen Medizin nicht mehr wegzudenken sind.

## *Rücksicht auf de Gaulle*

Eine Episode am Rande der Verhandlungen mit Roussel hat Winnacker später besonders gerne erzählt: »Kurz nachdem wir uns mit der Familie Roussel über unsere Beteiligung einig geworden waren, sollte in Hoechst eine unserer großen Pressekonferenzen stattfinden. Wir wollten dabei, wie stets im Herbst, einen Überblick über das Geschäft des zu Ende gehenden Jahres und die Abwicklung der Investitionen geben. Natürlich war den Journalisten auch schon einiges von unserem Abkommen mit der zweitgrößten französischen Arzneimittelfirma zu Ohren gekommen. Ich war darauf vorbereitet, ihnen darüber ausführlich zu berichten.«

»Doch wenige Stunden vor unserer Pressekonferenz kam die Nachricht, daß Staatspräsident de Gaulle nach Bonn reisen werde. Wie würde der General, dessen Erlaubnis zu unserem Erwerb noch nicht eingeholt worden war, reagieren, wenn er von der geplanten Zusammenarbeit zum erstenmal in deutschen Zeitungen in der Hauptstadt der Bundesrepublik lesen würde?«

»Nicht nur unsere französischen Freunde hatten unter diesen Umständen Bedenken, das Projekt bekanntzugeben. Auf der anderen Seite konnte ich, wenn offiziell von einem Journalisten die Frage nach Roussel Uclaf aufgeworfen würde, nicht mehr ausweichen oder gar die Unwahrheit sagen. Es durfte also nicht passieren, daß dieses Thema überhaupt zur Sprache kam. Dies zu verhindern, war die größte Bewährungsprobe in unseren Beziehungen zur Presse. Jedenfalls erreichten wir es, daß mich keiner der über 80 Journalisten auf Roussel ansprach. Zwei Wochen später, als der General nach Frankreich zurückgekehrt war und seine Zustimmung gegeben hatte, veröffentlichten wir natürlich sofort unser Abkommen mit Roussel Uclaf.«

## In die »Höhle des Löwen«

Noch vor dem Abschluß mit Roussel hatte Hoechst einen Sprung in »die Höhle des Löwen« gewagt. So jedenfalls bezeichnete eine Frankfurter Zeitung den Aufbau der Trevira-Produktion in den USA im Jahre 1967. Damals waren die Polyester-Patente der ICI abgelaufen. Nun konnte Trevira an allen interessanten Plätzen der Welt produziert werden. Hoechst eröffnete seine »Trevira-Era«, wie der erste Slogan in den USA hieß, in Spartanburg in South Carolina, mitten im Zentrum der amerikanischen Textilindustrie. Aber auch in Österreich, Nordirland, Südafrika und Brasilien entstanden Produktionsstätten für Trevira.

Neben Trevira und Perlon verfügte Hoechst seit 1968 über einen anderen großen Fasertyp: »Dolan« aus Polyacrylnitril. Es kam aus Kelheim, und zwar von der dortigen Süddeutschen Chemiefaser AG. Im Wettbewerb mit einem amerikanischen Interessenten, der das Unternehmen ebenfalls kaufen wollte, machte Hoechst das Rennen. Es wurde dabei durch die bayerische Staatsregierung unterstützt. Denn der Freistaat sah das Kelheimer Faser-Unternehmen lieber in deutscher Hand, und Hoechst hatte sich bereits durch seine Werke in Gendorf, Gersthofen und Bobingen bajuwarische Wertschätzung erworben.

Von einem anderen großen Investitionsvorhaben erfuhr die Öffentlichkeit zunächst nur auf einem Umweg. Die Pointe dabei könnte fast von Egon Erwin Kisch, dem »rasenden Reporter«, stammen. Denn alles begann damit, daß sich ein holländischer Journalist in einem Hotel die Etiketten von Koffern näher ansah, die von einigen Gästen aus Höchst stammten. Der Journalist hieß G. A. de Kok und war Chefredakteur in Middelburg. Da kaum anzunehmen war, daß die Hoechst-Direktoren einen Gruppenurlaub an der holländischen Nordseeküste verbringen wollten, ging de Kok der Sache nach und wurde fündig. Seine Zeitung konnte als erste die für jene Region aufsehenerregende Nachricht bringen: Hoechst wird eine Fabrik in Vlissingen errichten. Im August 1968 konnte dann das neue Werk offiziell eingeweiht werden. Die Fabrik in Vlissingen bestand zunächst aus zwei Phosphoröfen. Sie wurde später beachtlich erweitert, 1968 waren bereits 110 Millionen Mark investiert.

## Die große Flurbereinigung

Schlagzeilen in der Presse machte 1970 die »Flurbereinigung« in der Chemie. Wie bereits erwähnt, hatte Hoechst bei der Entflechtung alles versucht, Cassella wieder in seinen Interessenbereich zurückzuführen. Die Alliierten hatten das damals verhindert, Cassella wurde als selbständige Firma etabliert. Ihre Unabhängigkeit konnte allerdings von Anfang an nur durch einen schwierigen Balanceakt erhalten werden. Die drei I. G.-Nachfolger verhüllten nach der Entflechtung kaum das Interesse, das sie an Cassella hatten. In aller Stille bemühten sie sich, Cassella-Aktien an der Börse aufzukaufen.

Dieses »Börsenspiel« endete nach etwa drei Jahren, als Hoechst, Bayer und die BASF übereinkamen, daß jeder der drei sich mit einem Anteil von je 25,1 Prozent an dem so heiß umworbenen Entflechtungs-Dornröschen beteiligen sollte.

Dies konnte freilich nur ein Provisorium sein; darüber herrschte stillschweigendes Einverständnis. Es hieß abwarten, bis die Zeit für eine abschließende Regelung reifte. 1969 schlug dafür die Stunde. Die Chefs der großen Unternehmen setzten sich an einen Tisch und begannen zu verhandeln.

Das Interesse der BASF an Cassella hatte sich inzwischen vermindert. Ludwigshafen ließ die Bereitschaft erkennen, seinen Anteil an Hoechst zu verkaufen. Aber auch Bayer war jetzt bereit, seine Cassella-Anteile abzugeben. Der Grund: Hoechst war seit langem bei der Chemie-Verwaltungs AG sowie bei der Synthese-Kautschuk-Beteiligungs GmbH engagiert. Diese Aktien wurden an Bayer abgegeben, das auf diese Weise den entscheidenden Einfluß auf Hüls erhielt. Im Gegenzug dazu überließ Bayer der Hoechst AG seine 25,1-Prozent-Beteiligung an Cassella. Als die BASF dann schließlich ihre Cassella-Anteile an Hoechst verkaufte, konnte die »verlorene Tochter« ins Elternhaus zurückkehren. Damit verstärkte Hoechst nicht nur seine Position bei den Farbstoffen, sondern auch bei den Arzneimitteln. Cassella besaß nicht nur ein eigenes, interessantes Pharma-Sortiment; es verfügte noch dazu über eine Mehrheit an der Riedel-de Haën AG in Seelze, die eine starke Position als Hersteller von Aromastoffen und Laborchemikalien einnahm. Auch einen persönlichen Zugewinn brachte Cassella in die Ehe mit Hoechst ein. Dr. Otto Ranft, bisher Vorstandsmitglied von Cassella, wechselte 1971 zu Hoechst. Er wurde Chefjurist des Höchster Vorstandes und 1980 Nachfolger Winnackers als Aufsichtsratsvorsitzender.

Allmählich verstummten auch die Fragen auf den in- und ausländischen Pressekonferenzen, ob es nicht doch eines Tages wieder einen Zusammenschluß der I. G.-Nachfolger geben würde. Die Antwort lautete »nein«. Jedes der Unternehmen würde seinen Weg auch in Zukunft alleine gehen.

Wenige Wochen nach der »Flurbereinigung«, am 21. Februar 1970, feierte der neue Vorstandsvorsitzende seinen 50. Geburtstag. Es war ein Samstag, und er wollte die Schar der Gratulanten nicht in der Firma, sondern zu Hause empfangen. Es war zugleich die erste Gelegenheit, sein Haus im Taunus für einen großen Kreis von Gästen zu öffnen. Viele, die den neuen Hoechst-Chef nur aus dem Büro kannten, wo Sammet meist etwas kühl und zugeknöpft wirkte, lernten einen ihnen bisher unbekannten Sammet kennen: einen aufmerksamen Gastgeber und einen zum Lachen gerne bereiten Mann. Wenn Sammet aus einer langen Phase der Zurückhaltung und des nur einem kleinen Freundeskreis sichtbaren Daseins heraustrat, hing das wohl auch mit seiner Frau Hilde zusammen, die der Witwer Sammet 1965 geheiratet hatte.

## *Rolf Sammets schwieriger Start*

Geschäftlich hatte der Nachfolger Winnackers zunächst freilich nichts zu lachen. Seit 1970 wehte in der Wirtschaft ein rauher Wind. Das Wachstum, auf das die Bundesrepublik in den sechziger Jahren geradezu abonniert schien, verlor plötzlich an Kraft, der Konjunkturhimmel verfinsterte sich. Die Abnehmer von Hoechst reagierten schnell. Sie disponierten sehr zurückhaltend und bauten erst einmal ihre Lager ab, ehe sie neue Aufträge vergaben.

Vor allem die Bereiche Kunststoffe und Fasern bekamen das empfindlich zu spüren. Vorstandsmitglied Willi Hoerkens, zuständig für Fasern, brachte die Situation des Chemiefaserjahres 1970 auf die prägnante Formel: »Wir mußten von einem hohen Roß auf ein kleines Pferdchen umsteigen.« Immerhin hatte der Weltumsatz an Fasern noch um 8 Prozent gesteigert werden können. Er betrug 1,4 Milliarden Mark. Über 55 Prozent des Umsatzes kamen aus dem Export und der Produktion ausländischer Werke.

Besonders die Faser-Firma »Hystron« von Hoechst in den USA war erfreulich auf dem amerikanischen Markt vorangekommen. Der »Sprung in die Höhle des Löwen«, das Engagement auf dem größten Textilmarkt der Welt, war gelungen, ohne daß Hoechst »zerfleischt« worden wäre.

## *Niedrigere Preise – höhere Kosten*

Bei der Betriebsversammlung im Werk Höchst konnte Sammet allerdings kein gefälliges Bild der Gesamtlage entrollen. Die Preise für die eigenen Produkte waren tief gedrückt – die Kosten nach oben geschnellt. Das galt für die Rohstoffe, für technisches Material, für Energie, aber auch für den Personalaufwand. Er stieg 1970 auf 1,94 Milliarden Mark.

Zum erstenmal war der Umsatz pro Kopf der Belegschaft nicht mehr gewachsen. Er blieb mit 104 000 Mark konstant. Dagegen war der Vermögenseinsatz je Belegschaftsmitglied um 5000 Mark gestiegen. Er betrug 116 000 Mark. Der Jahresüberschuß, also der Gewinn nach Abzug der Steuern, lag um 20 Prozent niedriger gegenüber dem von 1969. Investitionsprogramme mußten gekürzt, Sparprogramme entwickelt werden.

Natürlich hörte diese Botschaft niemand gerne. Anwesende Funktionäre der IG Chemie widersprachen Sammet, was die von ihm angekündigten Konsequenzen anging. Sie bezweifelten, daß höhere Löhne und Gehälter die Preise nach oben treiben müßten.

Doch die weitere Entwicklung zeigte schon bald, daß schwierige Jahre auch der chemischen Industrie ins Haus standen.

## *Zum erstenmal Arbeitskampf*

Auf Unternehmen, die stark vom Export abhingen, wie Hoechst, wirkten sich die DM-Aufwertungen von 1969 und 1971 empfindlich aus. Da die Preise für die von Hoechst verarbeiteten Rohstoffe gleichzeitig steil nach oben kletterten, war ein Rückgang des Ertrages nicht zu verhindern. Angesichts dieser Situation wollten die Arbeitgeber die Lohn- und Gehaltsforderungen der Gewerkschaft nicht akzeptieren. Die Verhandlungen scheiterten. Die IG Chemie-Papier-Keramik verkündete daraufhin den »aktiven tariflosen Zustand«. Überwiegend zeigte sich Besonnenheit bei den Belegschaften des Hoechst-Konzerns, war kritisches Abwägen der Argumente beider Seiten spürbar. Während die Arbeit im Stammwerk normal weiterlief, kam es zu Kampfmaßnahmen bei einzelnen Werken und Gesellschaften, ohne daß vorher eine Urabstimmung um einen Streik stattgefunden hätte. Aber überall wurde der Wille deutlich, sich – anders als in anderen Unternehmen – im Rahmen der Gesetze zu bewegen. Wenn sich die große Mehrheit der Belegschaft zur Weiterarbeit entschloß, wenn dieser erste Streik nach einem halben Jahrhundert dennoch nicht zu einem bitteren, lang andauernden Arbeitskampf ausartete, dann dank der fortschrittlichen Sozialpolitik bei Hoechst und dank einer glaubwürdigen Information der Mitarbeiter vor Ort.

## *Dividende wird gekürzt – und erhöht*

Bei der Hauptversammlung 1972 mußte die Dividende zum erstenmal seit der Neugründung um ein Viertel, auf 7,50 DM pro Aktie, gesenkt werden. Auf die an sich notwendige Stärkung der Rücklagen wurde verzichtet.

Die meisten Aktionäre zeigten für die Dividendensenkung Verständnis. Ein Jahr später stimmten sie auch einer Erhöhung des Grundkapitals um rund 100 Millionen Mark zu. Das Aktienkapital betrug jetzt 1,6 Milliarden Mark.

Schon für 1973 konnte die Dividende wieder auf 8,50 DM je Aktie erhöht werden. Sammet betonte allerdings, das 1973 erzielte Ergebnis könne man noch nicht als »gut« bezeichnen, der Jahresüberschuß sei im Verhältnis zum eingesetzten Kapital, wie auch im Verhältnis zum Umsatz, zu niedrig. Doch viele hofften nun wieder auf bessere Jahre.

Da brach im Herbst 1973 die Ölkrise aus. Zuerst wurden die aromatischen Verbindungen knapp, die unter anderem zur Herstellung von Hostyren, von Farbstoffen und Trevira benötigt werden. Dann geriet die Versorgung mit Äthylen und Propylen in Gefahr. An Äthylen benötigte Hoechst im Jahr rund 1,1 Millionen Tonnen, an Propylen etwa 500 000. Vom Äthylen war abhängig die Produktion von Vinylchlorid, Acetaldehyd, Vinylacetat und Äthylenoxyd. Daraus wiederum wurden hergestellt Hostalen, Hostalit, Folien, Zwischenprodukte für Arzneimittel, Farbstoffe, Pflanzenschutzmittel, Polymerisate für Lackrohstoffe wie Mowilith, Mowiol, Tenside und Hilfsmittel wie etwa Genantin.

Propylen ist das Ausgangsprodukt für Oxo-Alkohole. Es wird benötigt für Lösungsmittel und Weichmacher für Kunststoffe, für Acrylnitril als Rohstoff für Dolan und natürlich für Polypropylen, den Kunststoff mit der Markenbezeichnung Hostalen PP.

In einigen Bereichen mußte die Produktion zurückgefahren werden. Bei allen Anstrengungen konnten einfach nicht genügend Rohstoffe und Materialien herbeigeschafft werden.

Es war eine der großen Bewährungsproben für das von Hans-Ulrich Fintelmann geleitete Ressort Beschaffung, für das übrigens 1980 Wolfgang Hilger die Zuständigkeit im Vorstand übernommen hat.

Die Konsequenzen daraus: Es mußten neue Verfahren entwickelt werden, die Hoechst von den bisherigen Rohstoffen weniger abhängig machten.

KAPITEL 16

## Von Menschen und Zahlen

Diese Demontage war die erfreulichste, die es bei Hoechst je gab. Es war der 1. April 1974 um 6 Uhr 40 morgens. Scharen von Arbeitern gingen durch das Tor Ost, um wie gewohnt ihre Karten in die Stechuhren zu stecken. Doch die Uhren wurden gerade abgeschraubt. Neben den grau gekleideten Handwerkern bemühten sich zwei Herren im Straßenanzug, eine der Stechuhren abzumontieren. Es handelte sich um Erhard Bouillon, Vorstandsmitglied und Sozialdirektor, und um den Betriebsratsvorsitzenden Rolf Brand. Beide wollten demonstrieren, daß in Höchst ein neues »Zeitalter« begonnen hatte, in dem die alten Schranken zwischen Angestellten und Arbeitern Stück für Stück fallen sollten, über die Abschaffung der Stechuhren hinaus.

»Wir haben das als großen Fortschritt empfunden«, sagt Vorarbeiter Helmut Hauff heute. »Es war ein Stück Freiheit mehr für uns.«

Der erste Schritt: Künftig würden die gewerblichen Arbeitnehmer Monatslohn erhalten. Ihre Großväter kannten einst nur den Tageslohn, später den Wochenlohn. Wer mehr als 25 Jahre dem Unternehmen angehörte, erhielt meist Wochenlohn. So wie Willi Gehringer und Ernst März. Am 24. April 1939 schrieb ihnen die Firma: »Wir freuen uns, Ihnen mitteilen zu können, daß wir Sie Ihrer treuen Dienstleistungen wegen und in Ihrer 25jährigen Tätigkeit, mit Wirkung vom 23. 04. 1939 im Wochenlohn beschäftigen.«

Obwohl Gehringer wußte, daß dies nach dem Jubiläum üblich war, hatte er sich doch sehr darüber gefreut und das Schreiben seiner Frau Käthe sogleich vorgelesen. Nicht anders wird es bei Ernst März und vielen hundert anderen gewesen sein, die »Wochenlöhner« geworden waren.

Bouillon und Brand sind Schlüsselfiguren im Sozialgeschehen

bei Hoechst, so unterschiedlich ihre Ausgangspositionen auch sein mögen. Bouillons Vorstellungen wurden von Jugend an von der christlichen Soziallehre geprägt; Rolf Brands von den sozialen Anschauungen der Gewerkschaftsbewegung und der sozialdemokratischen Partei.

Bouillon, 1925 in Koblenz geboren, sollte nach Meinung seines Chemielehrers eigentlich Chemie studieren. Doch er entschied sich nach Kriegsdienst (in der Marine) und Gefangenschaft für das juristische Studium. Er wollte gerne Richter werden. Ein wenig hätte ihn auch Germanistik gereizt – sein Vater war Studienrat für Deutsch. Ganz hat Bouillon die beiden frühen Interessen nicht vergessen. Seine Mitarbeiter wissen, wie sehr er an seinen Vorträgen und Artikeln feilt, wie kritisch er gelegentlich Beiträge für die unter seiner Ägide stehende »Farben-Post« unter die Lupe nimmt. Als Richter wären Bouillon sein Gerechtigkeitssinn, sein unabhängiges Denken und sein Verständnis für soziale Gegebenheiten zugute gekommen.

Bouillon kam – nach kurzer Anwaltstätigkeit in Koblenz und einer mehr als dreijährigen Mitarbeit bei Verbänden der chemischen Industrie in Nordrhein-Westfalen und Hessen – 1957 zu den Farbwerken Hoechst. Er wurde enger Mitarbeiter von Friedrich Müller, der sich unablässig und erfolgreich darum bemühte, die inneren Bindungen der Mitarbeiter an ihr Unternehmen zu stärken – auch indem er bei den Vereinen in der Umgebung des Werkes den unmittelbaren Kontakt zu den Rotfabrikern suchte und fand.

Aus dieser Pflege und Unterstützung der Vereine entwickelte sich auch das Höchster Schloßfest – von einer Kirmes zu einem der größten Volksfeste in Deutschland.

Bouillons glückliche Art im Umgang mit den Menschen im Unternehmen – mit den »Fabrikern« ebenso wie mit Kaufleuten oder Wissenschaftlern –, die Vertrauenswürdigkeit, aber auch die Autorität, die der junge Mann mit dem markanten Gesicht ausstrahlte, waren Winnacker nicht lange verborgen geblieben. Als Sozialdirektor Friedrich Müller früh starb, übernahm Bouillon 1964 die Leitung des Personal- und Sozialwesens. 1969 wurde er in den Vorstand berufen, obwohl die »Sozialabteilung« zuvor kein Vorstandsressort war. Später wurde er – auch mit den Stimmen der Arbeitnehmervertreter im Aufsichtsrat – zum ersten Arbeitsdirektor des Unternehmens gewählt. In dieser Funktion ist er der natürliche Gesprächspartner für die Belegschaft und ihre Vertretungen.

Das Betriebsverfassungsgesetz gebietet eine »vertrauensvolle Zusammenarbeit«. Ob dies möglich ist, hängt immer von Personen ab, von Menschen, denen diese Aufgabe gestellt ist, die sich für die Belegschaft bemühen müssen, die Arbeitsbedingungen »ordentlich« zu gestalten und zu verbessern, ohne das Unternehmensziel zu gefährden. Daß sich dabei ein »Hoechst-eigener« Stil entwickelt hat, liegt nicht nur am Vorstand; es hat auch viel mit den Persönlichkeiten zu tun, die von der Belegschaft als ihre Interessenvertreter gewählt sind. Das ist eine Vielzahl von Betriebsräten in den Werken und Gesellschaften des Unternehmens – und auch eine stattliche Zahl von Vertretern und Sprechern der leitenden Angestellten. Im Stammwerk und für das Gesamtunternehmen steht dafür (in der Nachfolge seiner Vorgänger im Amt, Hans Bassing, Nikolaus Fleckenstein und Erhard Klein) der Betriebsratsvorsitzende Rolf Brand. Und auch sein Stellvertreter Oswald Bommel hat seit vielen Jahren daran keinen geringen Anteil.

### *Auf einem Umweg zu Hoechst*

Brand stammt aus einer alten Rotfabriker-Familie. Sein Großvater und seine Onkel »schafften«, wie Brand sagt, in der Fabrik. Sein Vater allerdings machte eine Ausnahme. Er arbeitete für eine Möbelfirma im Frankfurter Raum, die schließlich ihren Sitz in den Schwarzwald verlegte. So ist Brand 1932 im badischen Gengenbach zur Welt gekommen, im Geburtshaus des Dichters Victor von Scheffel übrigens. Der Vater kehrte zwar aus dem Krieg zurück, war aber nach einer Verwundung querschnittgelähmt.

Nach dem Tod des Vaters zog die Familie nach Zeilsheim. Brand, schon mit 22 Jahren verheiratet und vorübergehend als Elektromechaniker im kommunalen Dienst, wäre recht gerne in die Rotfabrik gegangen. Doch bei Hoechst herrschte damals Einstellungssperre. So schaffte es Brand eben auf einem Umweg – er arbeitete für eine Fremdfirma bei Hoechst.

Als diese Tätigkeit zu Ende war, hatte der kontaktstarke Brand längst so viele Bekannte und Freunde im Werk, daß seine Einstellung 1956 kein Problem war. Er begann als Elektromechaniker. Am 1. April 1962 wurde er zum Postenmann ernannt.

Kollegen beredeten ihn 1963, für den Betriebsrat zu kandidieren. Viel Überredungskunst werden sie dazu allerdings nicht gebraucht haben, angesichts des sprudelnden Naturells von Brand. Er habe, sagt er, zwar vor größeren Auftritten stets ein heilsames Lampenfieber, doch er genießt es offensichtlich, vor einem großen Publikum zu stehen. Er ist ein spontaner und alle Effekte beherrschender Redner. Er will zwar kein »Volkstribun« sein, aber einen guten Schuß Charisma besitzt er ohne Zweifel. Er braucht ihn wahrscheinlich auch, um etwa bei Betriebsversammlungen in der Jahrhunderthalle seine Zuhörer richtig zu packen.

1958 war er in die SPD eingetreten, zur völligen Überraschung seiner Familie, in der alle der CDU zuneigten. Es scheint, als habe Brand diese Reaktion durchaus genossen.

Bei Brands Talent und Temperament war sein Weg fast vorgezeichnet. Nach der Wahl in den Betriebsrat wurde er Mitglied in der Lohnkommission und im Unterstützungsausschuß und gehörte bald auch dem Gesamtbetriebsrat der Hoechst AG an. Viele andere Ämter folgten; so ist er seit 1968 Mitglied des Betriebsausschusses, der mit der Werksleitung in Höchst verhandelt.

Im Jahre 1972 wurde Brand zum Vorsitzenden des Betriebsrats des Stammwerkes Hoechst und zum Vorsitzenden des erweiterten Gesamtbetriebsrats der Hoechst AG gewählt. Ein Jahr später wurde er als Arbeitnehmervertreter in den Aufsichtsrat gesandt; als die Mitbestimmung eingeführt wurde und weitere Kollegen Brands im Aufsichtsrat Platz nahmen, wurde er stellvertretender Vorsitzender dieses Gremiums.

Brand selbst ist kein orthodoxer Genosse. Er ist viel zu selbstbewußt, um sich von anderen – ob Partei oder Gewerkschaft – viel vorschreiben zu lassen. »Viel hängt davon ab, ob man das richtige Augenmaß besitzt«, sagte er. »Ob man den Spielraum zu nutzen versteht, den der Sozialpartner hat. Natürlich ist es unsere Aufgabe, der Belegschaft so viele soziale Vorteile wie möglich zu verschaffen. Wir dürfen nur nicht übersehen, daß es uns allen nur gut gehen kann, wenn es dem Unternehmen gut geht.«

Karl Marx und klassenkämpferische Parolen stehen bei ihm nicht hoch im Kurs. Sein Lieblingsbuch während seiner Jugendzeit war nicht das »Kapital«, sondern Felix Dahns »Kampf um Rom«.

## Ein Rotfabriker aus dem Westerwald

Brand und der stellvertretende Vorsitzende des Betriebsrats, Oswald Bommel, der die Liste der Angestelltengewerkschaft anführt, sind sicher unterschiedliche Naturen – eines aber haben sie gemeinsam: Beide waren Meßdiener und in der katholischen Jugendbewegung aktiv.

Bommel, Jahrgang 1935, ist in Solingen geboren, aber in Langendernbach im Westerwald aufgewachsen. »Ich fühle mich als Westerwälder«, sagt er. Eine Rotfabriker-Ahnengalerie kann er nicht vorweisen. Dafür hat Bommel eine neue Rotfabriker-Dynastie gegründet: Seine drei Kinder sind bei Hoechst beschäftigt.

Bommel besuchte das Gymnasium in Hadamar. Er hatte von Langendernbach aus einen weiten Schulweg und mußte überdies zu Hause kräftig mit zupacken. Aus wirtschaftlichen Gründen verließ er nach der Mittleren Reife das Gymnasium. Seine Laufbahn bei Hoechst muß das Entzücken aller hervorrufen, die meinen, man solle ruhig der eigenen Kraft vertrauen. Von 1953 bis 1956 absolvierte er eine Lehre als Chemielaborant. Während dieser Lehre lernte er eine Kollegin kennen, die später seine Frau wurde.

Kaum war er Chemielaborant, da entschloß er sich, noch den Chemotechniker »draufzusetzen«. Das bedeutete drei Jahre lang drei Abende Schule in Höchst und Schulaufgaben zu Hause. Gelernt wurde in einer kleinen Gruppe von Kollegen und Freunden.

Auch Bommel strebte nicht von sich aus in den Betriebsrat. Als er aber einmal den Betriebsrat heftig kritisierte, hörten sich die älteren Kollegen diese Kritik nicht nur an, sondern meinten, wer so kritisiere, gehöre selbst in den Betriebsrat. Bommel stellte sich zur Wahl und kam in die Belegschaftsvertretung.

Auch in der Politik ist Bommel seit langem engagiert. In seiner Gemeinde Sulzbach, in der viele Rotfabriker wohnen, ist er seit vielen Jahren Vorsitzender der Gemeindevertretung. Gleichwohl hat er noch einmal für weitere drei Jahre die Schulbank gedrückt und es geschafft, graduierter Chemieingenieur zu werden: Er ist ein Musterbeispiel für die Möglichkeiten, die Hoechst mit seiner Aus- und Weiterbildung bietet – für den jedenfalls, der hart an sich selbst arbeiten will.

Im Jahr 1968 wurde Bommel stellvertretender Vorsitzender des Betriebsrates im Werk Hoechst, wenig später auch stellvertretender Vorsitzender des Gesamtbetriebsrates. Seit 1973 vertritt er die Belegschaft auch im Aufsichtsrat der Hoechst AG.

## *Klima und Tradition*

Die »klimatischen« Verhältnisse in einem Unternehmen haben in der Regel Tradition. Die vielfache Verzahnung der Generationen – von Lebensjahr zu Lebensjahr, von Dienstjahr zu Dienstjahr – sichert die Kontinuität des Klimas. Junge Menschen werden davon geprägt und prägen später andere. Für Hoechst ließe sich – wie für jedes Unternehmen – sicherlich eine ganze Anzahl von Kennzeichen registrieren, die zur Firmenkultur gehören – auch im Hinblick auf das soziale Klima.

Professor Winnacker, der große alte Mann von Hoechst, hat in einem Vortrag vor der evangelischen Akademie in Loccum 1965 gesagt: »Sozialpolitik bleibt letztlich immer eine Frage der Gesinnung. Die Unternehmensführung wird dafür sorgen müssen, daß die von Tradition geprägte Haltung allen Mitarbeitern deutlich vor Augen steht und das Verhalten der verschiedenen Führungsebenen entsprechend ausgerichtet bleibt.«

Sozialpolitik in einem Unternehmen entsteht nicht am Reißbrett. Wie jede Politik ist auch Sozialpolitik nicht statisch. Sie entwickelt sich lebendig fort, lebt mit der Tradition, müht sich um den menschlichen Alltag der Fabrik und versucht, künftige Entwicklungen im Blick zu haben – sich nicht nur darauf einzurichten, sondern die Entwicklung mitzugestalten.

Es sind immer Menschen, die das Ergebnis solcher Politik bestimmen und ausmachen, die von der sozialpolitischen Tradition eines Unternehmens in die Pflicht genommen werden und Richtung und Ziel für die Zukunft angeben. Freilich: Niemand wird bis in die letzten Verästelungen eines großen Hauses die Realisierung aller sozial- und personalpolitischen Vorstellungen der Unternehmensleitung auch im Detail sicherstellen können. Gleichwohl bleibt die Aussage gültig: Für die Gesinnung, die unsere Zusammenarbeit im Unternehmen prägt, sind Führung und Beispiel maßgeblich!

Der heutige Arbeitsdirektor Erhard Bouillon hat mit diesen Gedanken versucht, deutlich zu machen, worauf es bei Hoechst ankam und ankommt: daß es in der Fabrik menschlich, daß es »anständig« zugehe. Und er hat hinzugefügt: »Ich hoffe, daß immer auch die Anstrengung um den Mitarbeiter sichtbar wird: Sozialpolitik ist auch eine Sache des Herzens!«

Es scheint, als ob die Rotfabriker dies verstehen, auch wenn sie im Alltag das Ärgerliche, das Mißliche in ihre Erfahrung immer wieder miteinschließen. Die Verantwortlichen in der Führung des Unternehmens wissen durchaus: Es »menschelt« auch in der Rotfabrik!

## *Information auf allen Ebenen*

Eine Schlußfolgerung, die Hoechst aus dem Arbeitskampf zog: Die Information und der Meinungsaustausch auf allen Ebenen des Werkes mußten wesentlich verstärkt werden. Nur so könnten Vorurteile abgebaut und ein verständnisvolles Verhalten zwischen den Partnern im Unternehmen erzielt werden. »Über viele Fragen nämlich bestehen oft gar keine Gegensätze, sondern lediglich verschiedene Meinungen.«

In der Zwischenzeit ist ein breit angelegtes Informationsnetz zu den Belegschaften und ihren Vertretern gesponnen worden: Es gibt nicht nur die »Farben-Post«, die monatlich erscheint, die Mitarbeiter werden darüber hinaus immer aktuell informiert durch »Kurz berichtet«, ein Informationsblatt, das häufig erscheint und an den Toren für jedermann ausliegt. Für die Führungskräfte gibt der »Mitarbeiterbrief für Führungskräfte« Aufschluß über die strategischen Überlegungen und versucht, einen Überblick über das Geschehen im Gesamtunternehmen zu geben, über Organisation und Zielsetzung. Eine »tragende Schicht« in der Führungshierarchie sind die Meister. Ohne sie, und das ist nicht nur ihre eigene Meinung, läuft in der Rotfabrik nichts. So ist ihnen auch ein eigener Informationsdienst gewidmet: der »Mitarbeiterbrief für Meister«.

Wichtiger aber als schriftliche Informationen scheint bei Hoechst das Gespräch. Wie Professor Winnacker in den Jahren des Aufbaus verordnete, finden zwischen den Werksleitungen und den Betriebsräten regelmäßige Gespräche statt – ebenso mit den Sprechern der leitenden Angestellten. Im Stammwerk ist die »Sozialbesprechung« jeden Montagmorgen eine feste Einrichtung, der schon die Werksleiter Erich Bauer und Rolf Sammet vorsaßen, heute Erhard Bouillon. Alles, was die Rotfabriker angeht – von der gesundheitlichen Betreuung über Schichtfragen, Disziplinarmaßnahmen, Sozialleistungen, Personalfragen der mannigfachsten Art –, wird jeden Montag mit dem Betriebsrat besprochen, damit nichts »anbrennen« kann in der Fabrik.

Viele Kommissionen des Betriebsrats befassen sich mit Lohn-, Sicherheits-, Wohnungs- und anderen Belegschaftsfragen. Die Jugend hat ihre eigene, mitunter durchaus aufmüpfige Vertretung.

Und die Unternehmensleitung benutzt ebenso wie die Werksleitungen jede denkbare Gelegenheit, Informationen über das Unternehmen an den Mann zu bringen: im Wirtschaftsausschuß, in Sitzungen des Gesamtbetriebsrats und der Betriebsräte – und natürlich auch in den Betriebsversammlungen.

Alljährlich werden Bilanzseminare für Betriebsräte und Sprecherausschüsse veranstaltet. Im Oktober 1987 trafen sich schon zum 22. Mal die Betriebsratsvorsitzenden des Gesamtunternehmens in Eltville. Vorstandsvorsitzender Professor Wolfgang Hilger referierte über die wirtschaftliche Situation des Unternehmens. Aber auch andere Vorstandsmitglieder sind »Stammgäste« in Eltville. Jürgen Dormann und Dr. Martin Frühauf waren es diesmal, bei anderer Gelegenheit Dr. Hans Georg Janson, Professor Hans Schlachter, Uwe Jens Thomsen, Professor Heinz Harnisch und Dr. Ernst Schadow.

Am Anfang eine vom Gesetz vorgegebene Ordnung – die Menschen auf beiden Seiten haben sie ausgefüllt und ergänzt: Oft sind »Hoechst-eigene« und »Hoechst-eigenwillige« Lösungen gefunden worden. Dazu zählt auch die Einrichtung der betrieblichen Vertrauensleute, die zwischen den Rotfabrikern und ihrem Betriebsrat, aber auch zwischen Mitarbeitern und Werksleitung vermitteln sollen. Sie sind in der Belegschaft sehr geschätzt: Im Herbst 1987 sind die 456 Vertrauensleute und ihre Stellvertreter von mehr als 83 Prozent aller Mitarbeiter der Rotfabrik gewählt worden. Viele aus der Geschichte der Rotfabriker vertraute Namen tauchen auf.

*Sehnsucht nach eigenen vier Wänden*

Wie wichtig Rotfabrikern ein eigenes Heim ist, wurde schon am Beispiel von Johann Barthel erzählt, daran hat sich bis heute nichts geändert. Deswegen war die 100-Jahr-Feier 1974 des Wohnungsbaus in Höchst ein besonderes Ereignis. Hoechst konnte bei dieser Gelegenheit eine eindrucksvolle Bilanz ziehen: Seit Kriegsende waren 14000 Mietwohnungen und 9000 Eigenheime gebaut oder gefördert worden. Dabei hatte man auch an alleinstehende und junge Menschen gedacht. Sie fanden Unterkunft in einem der Wohnheime der Firma.

## *37 Nationen unter einem Dach*

Insgesamt besaß Hoechst 1974 über 5000 Heimplätze, davon 2000 in der Umgebung des Stammwerkes. In einem einzigen Wohnheim lebten Menschen aus 37 Nationen.

Heimplätze sind für viele Mitarbeiter nur eine Übergangslösung. Jeder aber wünscht sich irgendwann eine richtige Wohnung oder ein eigenes Heim. Auch heute gibt es noch viele Werkswohnungen bei Hoechst. Aber das Unternehmen versucht seit Jahren gemeinsam mit dem Betriebsrat, Wohnungen in wachsendem Umfang an Mitarbeiter zu günstigen Bedingungen zu übereignen. So ist auf diesem und auf anderen Wegen mancher Rotfabriker stolzer Besitzer eines eigenen Häuschens oder einer Eigentumswohnung geworden. Und viele haben dabei selbst mit Hand angelegt, um den Traum vom Eigenheim zu verwirklichen. Das Unternehmen hilft ganz gezielt mit Beratung und Darlehen. Dabei steht die günstige Finanzierung durch Darlehen der Pensionskasse bei den Rotfabrikern hoch im Kurs.

## *Im Wechselbad der Konjunktur*

Die zweite Hälfte der siebziger Jahre brachte für den Vorstand von Hoechst und seinen Vorsitzenden Sammet ein schnelles Auf und Ab in der wirtschaftlichen Entwicklung. 1975 herrschte in der ganzen Welt Rezession. Sie bewirkte bei der Hoechst AG sogar zum erstenmal insgesamt einen Umsatzrückgang. Kunststoffe und Fasern steckten tief in Verlusten. Ihre Kapazitäten waren teilweise nicht einmal zur Hälfte ausgelastet. Viele Betriebe mußten kurzarbeiten, um Entlassungen zu vermeiden. Das betraf nicht nur die Produktion, sondern auch Verwaltung, Forschung, Verkauf und Ingenieurwesen.

Es war das schwerste Jahr der Nachkriegszeit für Hoechst. Aber schon im nächsten Jahr begann wiederum ein konjunktureller Aufschwung. Plötzlich waren Hoechst-Produkte wieder überall gefragt, der Weltumsatz stieg auf 24,7 Milliarden Mark. Die Dividende konnte wieder von 7 auf 8 Mark pro Aktie erhöht werden. Die Bilder im Geschäftsbericht, den manche im Vorjahr am liebsten mit einem Trauerrand versehen hätten, zeigten lachende Gesichter.

Eine Veteranin aus den Frühtagen der Rotfabrik, die alte Schwefelsäureanlage, hatte endlich ausgedient. Die neue Schwefelsäurefabrik arbeitete jetzt mit Elementarschwefel statt mit Pyrit. Diese Verfahrensumstellung brachte nicht nur wirtschaftliche Vorteile. Die Abgase enthielten nur mehr halb so viel Schwefeldioxyd wie bisher. Auch Staub- und Abwasserprobleme waren nun überwunden.

Das Jahr 1977 dagegen enttäuschte schon wieder. Der Weltumsatz sank leicht (23,3 Milliarden), auch der Gewinn nach Steuern ging auf 304 Millionen Mark zurück.

## *Schatten über der VCI-Feier*

Eine Terrorwelle erfaßte die Bundesrepublik. Als der Chemieverband im Oktober 1977 sein hundertjähriges Bestehen feierte, geschah dies unter der Drohung terroristischer Anschläge. Nur unter großen Sicherheitsmaßnahmen konnte die Feier des Verbandes überhaupt stattfinden. Dennoch fehlten weder die Chefs der großen chemischen Firmen noch ihre Mitarbeiter. Alle waren tief betroffen über die Entführung und Ermordung von Arbeitgeberpräsident Hanns Martin Schleyer. Trauer und Wissen um die Gefahren bewirkten aber auch, daß in Berlin eine besondere Atmosphäre entstand, daß das unsichtbare Band der Gemeinsamkeit noch stärker wurde.

Sammet hielt als Präsident des Chemieverbandes das Festreferat. Er ging dabei auch auf die Probleme Sicherheit und Umweltschutz ein, die in der öffentlichen Diskussion im Brennpunkt standen. Sammet sagte: »Gerade chemische Umsetzung erfordert äußerste Sorgfalt, will man eine Gefährdung von Menschen ausschließen. Das betrifft sowohl die Produktion als auch die Produkte. Wir wissen das in unserer Industrie seit Anbeginn. Aus diesem Wissen heraus war man auch frühzeitig bereit, in einen Erfahrungsaustausch zu treten und über alles Konkurrenzdenken hinweg gemeinsam nach Möglichkeiten zu suchen, die Sicherheit für die Menschen zu erhöhen. Viele dieser Regelungen sind längst Allgemeingut geworden, und das ist gut so. Aus dieser Erfahrung heraus halten wir es entschieden für eine Fehlentwicklung, wenn Staat und Behörden versuchen, jede Kleinigkeit in unseren komplizierten Betrieben gesetzlich oder per Verordnung zu regeln. Dafür fehlt dem Staat die Kenntnis. Wichtiger noch: Im Betrieb ist der mitdenkende, gut ausgebildete Mensch jedem noch so perfekten Regelwerk überlegen.«

## *Betriebsunfälle gehen zurück*

Welche Erfolge in bezug auf die Sicherheit in den Betrieben erreicht wurden, zeigt der Unfallverhütungsbericht der Bundesregierung für 1976. In diesem Jahr waren 32000 Menschen in der Bundesrepublik tödlich verunglückt. Die meisten Opfer, nämlich 14820 Menschen, forderte der Straßenverkehr, in Haushalt und Freizeit verunglückten 9727 Menschen. Die Zahl der Arbeitsunfälle mit tödlichem Ausgang betrug 3154. So erschreckend diese Bilanz noch immer aussah – die Unfälle am Arbeitsplatz waren im Zeitraum von 1966 bis 1976 um ein Drittel zurückgegangen. Die intensiven Bemühungen um mehr Sicherheit in den Betrieben hatten sich also gelohnt. Um die Sicherheit an den Arbeitsplätzen bei Hoechst weiter zu erhöhen, veranstaltete die Abteilung für Sicherheitsüberwachung intensive Informationsseminare, denn Sicherheitsbewußtsein ist nach Meinung der Experten erlernbar. Das Ziel dabei heißt, wie Dr. Helmut Karl Schäfer, der Leiter der Sicherheitsabteilung, es ausdrückt: »Es geht darum, schon im Vorfeld einer Produktion das Verhalten der beteiligten Stoffe genau zu erforschen, um unkontrollierte Reaktionen und Kesselexplosionen auszuschließen.« Schäfer hat mit seiner konsequenten und zähen Sicherheitspolitik auch in den späteren Jahren sehr erfolgreich gewirkt.

Um den Umweltschutz zu verstärken, nahm Hoechst 1978 drei biologische Abwasserreinigungsanlagen in Betrieb: im Stammwerk Hoechst, in Lillebonne in Frankreich und im italienischen Pharmawerk Scoppito. Die Anlage im Stammwerk kostete 60 Millionen Mark. Sie ergänzte die vorhandene Großanlage. Das Werk verfügte damit über eine der leistungsfähigsten Reinigungsanlagen für industrielle Abwässer.

Die Preise für Rohöl und seine Derivate stiegen weiterhin kräftig. 1979 mußten allein der gestiegenen Preise wegen 620 Millionen Mark mehr für Rohöl aufgewendet werden. Dennoch stand 1979 in Hoechsts Annalen als ein erfolgreiches Jahr. Der Weltumsatz stieg um fast 12 Prozent auf 27,1 Milliarden Mark und der Jahresüberschuß auf 650 Millionen Mark. Ein höherer Mengenabsatz und besser ausgelastete Kapazitäten hatten das bewirkt. Die Dividende konnte wieder auf 7 Mark erhöht werden.

### *Feier für Trevira und Gehringer*

Trevira-Fasern und -Fäden bereiteten nach wie vor Sorge. Dennoch wurde der 25. Geburtstag von Trevira in Augsburg 1979 gebührend gefeiert. Dr. Günther Metz, gerade mit 44 Jahren in den Vorstand berufen, meinte: »Der Chemiefasermarkt, der durch staatliche Interventionen in ein Ungleichgewicht geraten ist, muß so bald wie möglich zu marktwirtschaftlichen Verhältnissen zurückkehren.« Bei Hoechst hatte die Umstrukturierung der Faserproduktion schon begonnen. Neben der Bekleidungsindustrie wurden für Trevira als technische Faser neue Märkte erschlossen.

Eine Feier kleineren Ausmaßes erlaubte sich in diesem Jahr auch Helmut Gehringer. Am 3. April feierte er sein 40jähriges Arbeitsjubiläum in der Jahrhunderthalle. Am Abend stieg die private Feier im Gasthaus »Goldener Löwe« in Unterliederbach. Gehringer gehörte zu den wenigen Rotfabrikern, die Bier verschmähten. Dafür ist er ein respektabler Weinkenner. Dieser Neigung trugen auch die Geschenke Rechnung, dazu kamen von der

Firma zwei Monatsgehälter extra. Seine Kollegen im Betrieb für Lösungsmittel und Weichmacher schenkten ihm eine Uhr und ein Voltmeßgerät. Eines der privaten Präsente war ein Schachbrett, denn Gehringer ging mittags nur selten in die Kantine, sondern nutzte die Zeit für das »königliche Spiel« mit seinem Kollegen Hermann Leipe, der ihn auch zur Mitgliedschaft im Liederbacher Schachklub überredete. Einst hatte er in der langen Gefangenschaft mit dem Schachspielen begonnen, da das Schweizerische Rote Kreuz ihm und seinen Kameraden Schachspiele spendete. Die beiden Extragehälter wurden für einen neuen Teppichboden in der Sulzbacher Wohnung und für eine Ferienreise nach Burg an der Ostsee verwendet.

## *Schwerpunkte für Investitionen*

Schachzüge im großen Stil unternahm Hoechst in Westeuropa, wo ein großer Teil seines Geschäftes lag. So konnte 1979 im französischen Lillebonne eine Großanlage zur Herstellung von Glyoxylsäure in Betrieb genommen werden. Im holländischen Vlissingen wurde eine Fabrikation für den biologisch abbaubaren Waschrohstoff »Hostapur SAS« gebaut.

Den größten Chemiemarkt, die USA, läßt Hoechst schon seit langem nicht mehr aus dem Auge, ob es sich um Investitionen in Pharma, Kunststoffe oder Folien handelt. Von der Celanese Corporation, mit der Hoechst in Kelsterbach den Kunststoff Hostaform herstellt, kaufte man ein Werk, das in Greer im amerikanischen Bundesstaat South Carolina Polyesterfolien und den Rohstoff für Polyesterflaschen erzeugt. Eine neue Produktionsstraße wurde bald dazugebaut, die Wolfgang Hilger, im Vorstand für Folien zuständig, 1979 einweihen konnte. Diese Anlage erhöhte die Folienkapazität um 25 Prozent.

Die dort und bei Kalle hergestellte Polyesterfolie »Hostaphan« dient als Basismaterial für Video- und Computerbänder, sie kann aber auch zu hochwertigem Verpackungsmaterial verarbeitet werden.

Die »Urmutter« der Folien, das Cellophan, wurde allerdings 1982 in den Ruhestand geschickt. Sie war unrentabel geworden und verursachte große Umweltprobleme. Die Beschäftigten bei

Kalle konnten in anderen Betrieben, etwa der Informationstechnik, untergebracht werden.

Hoechst, das seit Jahren immer hören mußte, es vernachlässige den Umweltschutz, investierte von 1980 bis 1985 rund 320 Millionen Mark in große, zentrale Abwasseranlagen. Im Stammwerk wurde in den vergangenen Jahren die Feuerung der meisten Kraftwerke von Öl auf schwefelfreies Erdgas umgestellt, damit ist die Verunreinigung der Luft durch Schwefeldioxyd wesentlich zurückgegangen.

## *Die Verantwortung war nie größer*

Als 1984 die Pharma ihr »Hundertjähriges« feierte, hielt der Philosoph Hans Jonas die Festrede. Jonas, der 1987 mit dem Friedenspreis des Deutschen Buchhandels ausgezeichnet wurde, beschäftigte sich mit den ethischen Problemen, vor denen die Menschheit im wissenschaftlichen Zeitalter steht, besonders seit der revolutionären Entwicklung der Gentechnik. Jonas hält Eingriffe in die genetische Substanz von Bakterien für gerechtfertigt, wie sie etwa zur Gewinnung von Insulin vorgenommen werden. Sehr skeptisch beurteilt er die Eingriffe der Genchirurgie beim Menschen. »Besteht Aussicht, die Pandorabüchse geschlossen zu halten? Das heißt, den Übergang von bakterieller zu menschlicher Genchirurgie zu vermeiden?« Er glaube es nicht, sagte Jonas. Die Medizin, die helfen wolle, werde sich die auf kurze Sicht so legitimen »Reparaturmöglichkeiten« nicht nehmen lassen, und damit sei die Büchse bereits einen Spalt offen. Klüger wäre es zwar, hier erst einmal sogar der Versuchung der Nächstenliebe zu widerstehen, aber das sei unter dem Druck menschlichen Leidens nicht zu erwarten. »Der menschliche Zustand ruft dauernd nach Verbesserung, versuchen wir, zu helfen. Versuchen wir, zu verhüten, zu lindern und zu heilen. Aber versuchen wir nicht, an der Wurzel unseres Daseins, am Ursitz seines Geheimnisses Schöpfer zu sein.«

Hoechst beging dieses Jubiläum nicht mit einem selbstzufriedenen Rückblick auf das Erreichte, sondern mit kritischen Vorträgen und Diskussionen zum »Konfliktstoff Arzneimittel«. Gerade auf dem Pharma-Gebiet werden ethische Fragen, die Selbstkontrolle der Arzneimittelhersteller sowie der Verzicht darauf, alles Machbare immer auch zu verwirklichen, immer wichtiger.

Die entscheidende Frage laute, so sagte Professor Hansgeorg Gareis, Mitglied des Vorstandes, wie sich die größtmögliche Wirkung von Medikamenten mit größtmöglicher Sicherheit verbinden lasse. Es müßten aber ausreichende Gewinne erzielt werden, um wieder genügend Mittel in die Suche nach Neuem investieren zu können.

So eindrucksvoll der Arzneimittelumsatz von Hoechst mit über sechs Milliarden Mark in aller Welt ist – dieser Erfolg war nur möglich, weil fast die Hälfte des Forschungsetats von über zwei Milliarden Mark aufgewendet wurde, um neue Wirkstoffe zu finden und Arzneimittel daraus zu entwickeln. »Die Verantwortung, die dabei die forschenden Arzneimittelunternehmen tragen, war nie größer«, betonte Pharma-Chef und Vorstandsmitglied Wolfgang von Pölnitz.

Ähnlich wie vorher die Fasern wurde der Bereich Kunststoffe am Ende der siebziger Jahre von starken Überkapazitäten und Preisdruck heimgesucht. Auch hier ging es darum, die Kapazitäten an die veränderten Marktverhältnisse anzupassen.

Hoechst hat insgesamt Kapazitäten für 95 000 Jahrestonnen Niederdruck-Polyäthylen stillgelegt. Überdies wurde im Frühjahr 1986 die Polystyrolproduktion mit 440 000 Jahrestonnen abgegeben. Das Geschäft mit technischen Kunststofftypen wird dagegen ausgebaut.

## *Mitarbeiter als wichtigstes Kapital*

Ein Jubiläum ganz besonderer Art konnte 1985 Jakob Barthel feiern, von dem schon mehrfach berichtet wurde. Zusammen mit 12 000 Kollegen hat er 1960 zum erstenmal die Möglichkeit genutzt, Belegschaftsaktien zu erwerben. Bis zu seiner Pensionierung im Jahr 1975 hat er sich jedesmal an dieser Vermögensbildung beteiligt. Seine Söhne, Clemens und Thomas, der eine im Rechnungswesen, der andere im Pharmaverkauf, haben diese Tradition fortgesetzt.

Der Erwerb von Belegschaftsaktien wird vom Unternehmen sehr stark gefördert. »Wer Belegschaftsaktien besitzt«, sagt

Bouillon, »erwirbt ein größeres Verständnis für unternehmerisches Handeln und fühlt sich dem Unternehmen noch stärker verbunden.« Vermögen in der Hand von Mitarbeitern macht unabhängiger, entlastet von den Sorgen des Alltags – und ist zugleich ein zusätzlicher Beitrag für die Versorgung im Alter. Auch wenn heute die gesetzliche Rentenversicherung in der Bundesrepublik Deutschland eine im Vergleich zu vielen Ländern gute Altersversorgung sichert, hat Hoechst über viele Jahrzehnte die eigenen Einrichtungen zur Altersversorgung der Mitarbeiter beibehalten. Es ist nur natürlich, daß dabei im Laufe der Zeit Anpassungen und Veränderungen vorgenommen worden sind. 1984 wurde die Pensionskasse, in die früher nur Angestellte konnten, für alle Mitarbeiter des Unternehmens geöffnet. Heute stellt die Pensionskasse die Zusatzversorgung für Arbeiter und Angestellte in gleichem Umfange sicher.

Dies war ein neuer großer Schritt auf dem Wege, die alten Unterschiede in den Arbeitsbedingungen für Arbeiter und Angestellte zu beseitigen. Im Jubiläumsjahr 1988 wird dann ein weiterer Schritt folgen: die betriebliche Umsetzung des 1987 abgeschlossenen Entgelttarif-Vertrages. Der sogenannte »Jahrhundertvertrag« will auch die unterschiedliche Tarifstruktur zwischen Angestellten und Arbeitern endgültig beseitigen.

Auch die Aus- und Weiterbildung hatte sich harten Herausforderungen zu stellen. Die Zahl der Schulabgänger in der Bundesrepublik kletterte bis Mitte der achtziger Jahre auf Rekordhöhen. Lehrstellen wurden zur Mangelware. Hoechst reagierte mit einer kräftigen Ausweitung des Ausbildungsangebots. Allein im Stammwerk traten in den kritischen Jahren jeweils über 1000 Jugendliche einen der mehr als fünfzig Ausbildungsberufe an: vom Chemikanten, den Industriekaufleuten bis zum Schiffsjungen oder Winzer.

Die zweite Herausforderung im Ausbildungsbereich ergab sich durch den Siegeszug der Elektronik. Die Arbeitswelt in Fabrik und Werkstätte, in Labor und Büro wandelte sich unaufhaltsam. Andere Fähigkeiten, neue Kenntnisse waren gefragt. Um Jüngeren und Älteren – und das konnten hier bereits die 25jährigen sein – die Möglichkeit zu geben, sich mit der neuen Technik vertraut zu machen und sie zu beherrschen, entstanden Computerlernzentren. Allein im Stammwerk haben im ersten Jahr mehr als 2000 Mitarbeiter einführende und weiterbildende Kurse absolviert.

## Rolf Sammet und Wolfgang Hilger

Als sich Rolf Sammet dem 65. Lebensjahr näherte, machten sich Berufene und Unberufene Gedanken, wer seine Nachfolge antreten würde. Sammet machte diesen Spekulationen schnell ein Ende. Der Aufsichtsrat ernannte 1983 Wolfgang Hilger zum stellvertretenden Vorstandsvorsitzenden. Damit war für jedermann erkennbar die Entscheidung gefallen.

Schon Hilgers Vater war Chemiker. Er arbeitete in Leverkusen, stammte allerdings aus Bayern. Sohn Wolfgang, Jahrgang 1929, hatte an der Rheinischen Friedrich-Wilhelm-Universität Bonn Chemie studiert. Er promovierte bei Professor Otto Schmitz-Dumont in anorganischer Chemie und wurde danach Assistent bei Professor Burckhardt Helferich. Da er bei Bayer nicht der »junge Hilger« sein wollte, ging er nach Examen und Promotion 1958 zu Hoechst.

Die Arbeit begann im anorganischen Labor – der einstigen Wirkungsstätte Winnackers. 1962 wurde Hilger Leiter des Kalksalpeterbetriebes, danach Spartenreferent in der Technischen Direktionsabteilung. In dieser Funktion gewann er guten Kontakt zu Winnacker, Sammet, Schaafhausen und dem übrigen Vorstand.

Man erkannte in der Vorstandsetage bald, was der gerade vierzigjährige, sehr zurückhaltende Hilger, der sich einst im Betrieb genauso wohl gefühlt hatte wie jetzt auf der Teppich-Etage, an Fähigkeiten besaß: analytischen Sachverstand, der ihn auch in komplizierten Situationen richtig entscheiden ließ, gepaart mit der praktischen Vernunft des erfahrenen Betriebsführers. So jedenfalls hat es Sammet später formuliert.

Der Nachfolger ist seinem Vorgänger in manchem nicht unähnlich. Beide sind von dem Vorbild Winnackers geprägt. Winnacker hat seinen einstigen Mitarbeiter Wolfgang Hilger hochgeschätzt; seine Berufung in den Vorstand 1974 ist gewiß von dem Aufsichtsratsvorsitzenden Winnacker kräftig gefördert worden.

Sammet hat einmal von sich gesagt, er mache aus seiner kritischen Einstellung gegenüber Menschen und Dingen zunächst kein Hehl, lasse sich nicht leicht etwas verkaufen, sondern klopfe erst einmal alles auf seinen Wert ab, ehe er ja oder nein sage. Das gilt sicherlich auch für Hilger. Er ist ein guter, eindringlicher Redner. Beide schätzen knappe und klare Darlegungen, die schnell auf den wesentlichen Punkt abzielen. Was Hilger einmal über Rolf Sammet sagte, messianischer Eifer sei ihm fremd, vielmehr suche er durch Überzeugung und Redlichkeit nach konsensfähigen Lösungen, gilt bestimmt auch für ihn selbst. Beide sind in ihrer Freizeit passionierte Heimwerker, im Urlaub zieht es sie in die Berge.

## *Großer und kleiner Wachwechsel*

Als mit dem Ende der Hauptversammlung im Juni 1985 Wolfgang Hilger den Vorstandsvorsitz übernahm, Rolf Sammet zum neuen Aufsichtsratsvorsitzenden gewählt wurde, vollzog sich auch im Hause Gehringer ein kleiner Wachwechsel. Helmut Gehringer ging nach 46 Jahren in den Ruhestand. Dafür befand sich Sohn Frank am Startplatz für seine Rotfabriker-Karriere. Er begann 1983 seine Lehre als Chemikant.

Aber auch zwei Töchter Willi und Ursula Merkels sind bei Hoechst beschäftigt. Sabine Merkel arbeitet als Chemielaborantin in der Pharma-Qualitätskontrolle. Ihre jüngere Schwester Martina ist Biologielaborantin in der Pharma-Forschung.

Ein Abkömmling aus der Schweizer Linie Barthel/Merkel, Urs Merkel, ist Apotheker bei Hoechst do Brasil, einer der großen Auslandsgesellschaften des Unternehmens.

Willi Merkel, dem es noch gelungen war, eine Zeitschrift für junge Ärzte mit dem Titel »start« bei Hoechst ins Leben zu rufen, ist 1983 im Alter von 58 Jahren gestorben.

## *Hilger setzt auf High Chem*

Als sich Sammets 16jährige Amtszeit als Vorstandsvorsitzender dem Ende nähert, kann er – anders als zu Beginn – auf einen blauen, fast wolkenlosen Himmel blicken. 1984 wird zum erfolgreichsten Jahr in der Geschichte von Hoechst. Der Weltumsatz, der 1969, als Sammet das Steuer übernahm, 9,35 Milliarden betrug, erreicht nun 41,5 Milliarden Mark. Der Jahresüberschuß beträgt 1,3 Milliarden Mark. Der Investitionsplan verdient ebenfalls einen Superlativ. Er besitzt ein Volumen von 2,41 Milliarden Mark.

Stark gestiegen ist der Umsatz in den Bereichen Landwirtschaft, Folien, Fasern, organische Chemikalien, Tenside und Hilfsmittel sowie auf dem Gebiet der Informationstechnik.

Der Weg von Hoechst in die Gentechnik hat viel Aufsehen erregt, da in der Öffentlichkeit eine leidenschaftliche Diskussion über Nutzen und Risiko geführt wird. Schon 1984 kann eine Technikumsanlage zur Gewinnung von biosynthetischem Humaninsulin aus gentechnisch verändertem Material anlaufen. Hoechst setzt auf eine verantwortungsbewußte Nutzung der rasch wachsenden Erkenntnisse der Molekularbiologen. Sie führen zu neuen Wegen, Krankheiten zu bekämpfen und für die Menschen auf unserem Planeten Nahrung zu schaffen.

Hilger hat keine Scheu vor großen und größten Investitionen. Das beweist der Ausbau des anorganischen Bereichs oder der Folientechnik, ob bei Kalle oder im amerikanischen Greer, aber auch die Technische Keramik, die Hoechst 1984 von Rosenthal in Selb übernahm. Sie ist in seinen Augen ein Beispiel für »High-Chem-Produkte«, ein Ausdruck für die neue Unternehmensphilosophie von Hoechst.

In einem Interview spricht der neue Vorstandsvorsitzende einige Themen an, die ihm besonders am Herzen liegen: »Der Optimismus und die Motivation aller Mitarbeiter sind entscheidend dafür, daß unser Unternehmen die Zukunft meistert. Wir brauchen neue Aktivitäten in allen Bereichen. Wir brauchen mehr Freiräume für Leistungsentfaltung und Kreativität. Das ist auch eine vordringliche Managementaufgabe. Sie schafft erfolgreiche und zufriedene Mitarbeiter.« Hilger führt weiter aus: »Uns mangelt es nicht an Ideen, an Kreativität. Unbefriedigend ist das Tempo, mit dem wir unsere Forschungsergebnisse in marktfähige Produkte umsetzen. Hier müssen wir dazulernen. Es gilt, den Mut zum kalkulierten Risiko zu stärken, den Handlungsraum der Mitarbeiter auszuweiten. Ich will nicht leichtsinnigem Experimentieren das Wort reden, aber genauso problematisch ist ängstliches Zögern und damit ein Verpassen der Chancen.«

Ein Verpassen der Chancen? Vermutlich hat Hilger damals schon jene Akquisition im Auge gehabt, die zu einem der spektakulärsten Ereignisse ein Jahr nach Beginn seiner Amtszeit werden sollte: die Übernahme der amerikanischen Firma Celanese.

Am 4. November 1986 berichtet Hilger vor rund 100 Journalisten aus dem In- und Ausland, daß Hoechst den Aktionären des sechstgrößten amerikanischen Chemieunternehmens ein »freundliches« Übernahmeangebot gemacht habe.

Was hat Hoechst zu diesem Milliardenkauf bewogen? Celanese bot Hoechst die Chance, seine Position auf dem amerikanischen Chemiemarkt, der 200 Milliarden Dollar umfaßt, zu stärken. Das Geschäft, wie Professor Hilger auf der Pressekonferenz sagt, stehe auf drei Beinen, dem Faserbereich, den organischen und petrochemischen Grundstoffen und den Spezialchemikalien. Das größte Arbeitsgebiet von Celanese, das 1985 etwa die Hälfte des Umsatzes von 3,05 Milliarden Dollar erreichte, ist das der Fasern. Vor allem an den technischen Polyesterfäden, die von Hoechst bis dahin in den USA nicht produziert wurden, war man stark interessiert. Reizvoll erschienen auch die Hochleistungskunststoffe, die bei Celanese entwickelt werden.

Hilger wörtlich: »Mit der Übernahme von Celanese gewinnen wir Wissen und Erfahrung auf einigen Arbeitsgebieten der Hochtechnologie. Wir sehen die Chance, in der Zusammenarbeit unsere Kenntnisse wesentlich ausbauen zu können.«

Sollten sich die 40 000 Aktionäre der Celanese entschließen, die insgesamt 11,63 Millionen Aktien zu verkaufen, wäre dies für Hoechst die größte Beteiligungsinvestition seiner Nachkriegsgeschichte.

Spannungsreiche Monate vergehen nach dem 4. November 1986. Viele Hürden müssen genommen werden, bis im Februar 1987 die für Wettbewerb zuständige »Federal Trade Commission« ihre Zustimmung gibt.

Jürgen Dormann, Nachfolger von Finanzchef Hans Reintges und im Vorstand für die USA verantwortlich, charakterisiert den Celanese-Erwerb mit dem Satz: »Es ist der Vorstoß in eine neue Dimension, quantitativ und qualitativ.«

### *Der Weg in die Zukunft*

Die Menschen bei Hoechst heute – sind sie noch Rotfabriker?

Viele sehen sich in dieser Tradition, auch wenn sie die Rotfabrik nie gesehen haben. Und diese Tradition wird weiter lebendig bleiben, mag auch das Unternehmen immer wieder in neue Dimensionen vorstoßen.

Ein neuer technologischer Schub treibt Hoechst. Neue Werkstoffe, Keramik, Gentechnik, sind einige der neuen Impulse. Und die große Leistung, auf die alte Rotfabriker voll Stolz zurückblicken, wird fortgeführt mit einem hohen Anspruch der Mitarbeiter an sich selbst.

Immer wieder neu müssen Unternehmen und Mitarbeiter sich in ihrem Umfeld orientieren: Über den Erfolg des Unternehmens entscheidet »die Anpassung an die Realität der Märkte im internationalen Geschehen«, so steckte Wolfgang Hilger die Marschroute ab. Aufbruchstimmung ist spürbar. Marktorientierung weltweit und weltoffen, engagiert für aktiven Umweltschutz, auf Spitzenleistung ausgerichtet: aus der Umwelt- und Chemiediskussion ist ein neues Selbstverständnis gewachsen. Offenheit, nach innen und außen, spielt dabei eine wichtige Rolle. Wolfgang Hilger hat es so umrissen: »Wir müssen behutsam und geduldig für unsere Anliegen werben. Vertrauen lebt von Glaubwürdigkeit, dem gilt unser erstes Bemühen.«

In den Leitsätzen »Hoechst – unser Selbstverständnis« haben die Hoechster die Wertvorstellungen ihres Handelns umrissen. Man schweift dabei nicht zu weit ins Ideale, Unerreichbare ab, gibt aber doch hohe Ziele vor. Wolfgang Hilger, dessen Handschrift beim »Selbstverständnis« durchaus spürbar ist: »Wir müssen uns schon auf die Zehenspitzen stellen und uns mächtig strecken, um die Latte zu erreichen, aber wir bleiben auf dem Boden der Realität!«

Und die Leitsätze sollen auch dafür bürgen, daß das Zusammenleben der Menschen nicht nur von kühler naturwissenschaftlicher und ökonomischer Sachlichkeit allein bestimmt wird. Fast ein wenig altmodisch mag der Satz in diesem Selbstverständnis klingen, dennoch darf er wohl als »kategorischer Imperativ« empfunden werden: »Hoechst will, daß es im Unternehmen menschlich zugeht.«

Mit diesem Satz im Marschgepäck können die Rotfabriker ruhig ihren Weg in die Zukunft antreten.

# LITERATURVERZEICHNIS

BEIER, GERHARD: Arbeiterbewegung in Hessen. Zur Geschichte der hessischen Arbeiterbewegung durch 150 Jahre, Frankfurt 1985

BORKIN, JOSEPH: Die unheilige Allianz der I.G. Farben. Eine Interessengemeinschaft im Dritten Reich, Frankfurt 1979

DUISBERG, CURT: Nur ein Sohn. Ein Leben mit der Großchemie, Stuttgart 1981

ENZENSBERGER, HANS MAGNUS (HRSG.): O.M.G.U.S., Ermittlungen gegen die I.G. Farbenindustrie AG, Nördlingen 1986

FRISCHHOLZ, WILHELM: Alt-Höchst, Frankfurt 1926

GRANDHOMME, DR. WILHELM: Die Theerfarben-Fabriken in sanitärer und socialer Beziehung, Heidelberg 1883

HISTORISCHE KOMMISSION FÜR NASSAU (HRSG.): Herzogtum Nassau 1806–1866. Politik, Wirtschaft, Kultur, Wiesbaden 1981

HOLDERMANN, KARL: Carl Bosch. Im Banne der Chemie, Düsseldorf 1953

KOCKA, JÜRGEN: Klassengesellschaft im Krieg. Deutsche Sozialgeschichte von 1914–1918, Göttingen 1978

KOCKA, JÜRGEN: Die Angestellten in der deutschen Geschichte von 1850–1980, Göttingen 1981

LANZ, KURT: Weltreisender in Chemie. Erfahrungen in fünf Kontinenten, Düsseldorf 1978

LEPSIUS, PROF. DR. B.: Deutschlands Chemische Industrie, 1888–1913, Berlin 1914

LERNER, FRANZ: Wirtschafts- und Sozialgeschichte des Nassauer Raumes 1816–1964, Wiesbaden 1965

MARKERT, ERNST-RICHARD: A.G. Chemie, Berlin 1932

PRINZ, MICHAEL: Vom neuen Mittelstand zum Volksgenossen. Die Entwicklung des sozialen Status der Angestellten von der Weimarer Republik bis zum Ende der NS-Zeit, München 1986

REICHELT, W.-O.: Das Erbe der I.G.-Farben, Düsseldorf 1956

RÜBBERDT, RUDOLF: Das Zeitalter des kleinen Mannes. Wandlungen der deutschen Sozialstruktur, Bremen 1948

SCHÄFER, DR. HELMUT K.: Sicherheit in der Chemie. Sicherheitstechnik – Arbeitsschutz – gefährliche Stoffe, München 1979

SCHULTZ, UWE (HRSG.): Die Geschichte Hessens, Stuttgart 1983

STOCKHAUSEN, GEORGE (HRSG.): Das Deutsche Jahrhundert – in Einzelschriften, Berlin 1902

STRATMANN, FRIEDRICH: Chemische Industrie unter Zwang? Staatliche Einflußnahme am Beispiel der chemischen Industrie Deutschlands, Stuttgart 1985

VOLLERT, ADALBERT: Zeilsheim. Ein Frankfurter Stadtteil in alter und neuer Zeit, Frankfurt 1983

WINNACKER, KARL: Nie den Mut verlieren. Erinnerungen an Schicksalsstunden der deutschen Chemie, Düsseldorf 1971

# DANKSAGUNG

Der Autor hat am Ende des Buches vielen Menschen zu danken; ganz besonders all jenen, die ihm ihre Erinnerungen und Erlebnisse in langen Gesprächen anvertraut haben. Ihre Berichte ergänzten das schriftlich vorliegende Material. Dies gilt in erster Linie für die Familien Barthel, von Brüning, Merkel, Gehringer, Retzinger, Bassing und Hauff.

Viele Anregungen hat der Autor aus der Rotfabrik erfahren, besonders von Dr. Manfred Simon, Wolfgang Metternich und Dr. Walter Wetzel.

Besondere Freude hat es mir gemacht, daß sich der Aufsichtsratsvorsitzende der Hoechst AG, Professor Rolf Sammet, der Mühe unterzogen hat, das Manuskript zu lesen. Ermutigung und Anregung hat der Autor vom ersten Kapitel an von Erhard Bouillon erfahren, der nicht nur zum Thema der Sozialpolitik vieles beigesteuert hat.

Was den Verlag angeht, erinnert sich der Autor sehr gerne der vielen Gespräche und Beratungen mit Dr. Ralf-Peter Märtin, Ulrich Wank und Hanns Polanetz. Aufmerksame redaktionelle Betreuung erhielt ich von meinem Freund Richard Kaufmann.

Den ersten Teil des Manuskriptes hat meine langjährige Sekretärin Edeltraud Federmann geschrieben. In dieser leidvollen Tätigkeit wurde sie von Heidemarie Gottschalk abgelöst, die fast ein Jahr lang viele Tausende von Seiten zu schreiben hatte, ehe daraus das fertige Manuskript über die Rotfabriker entstand. Frau Gottschalk war mir ebenso wie die Herren Norbert Dörholt, Arne Heinich und Horst Radtke bei den teilweise sehr mühsamen Recherchen behilflich.

Als wesentliche Mitarbeiterin schließlich ist meine Frau Annette zu nennen, die sich nicht nur des Manuskriptes, sondern auch des Bildteils intensiv annahm. Bei der Bildredaktion wurde sie von Herrn Walter Kloos unterstützt.

Der Verfasser hat die Schriftenreihe »Dokumente aus Hoechster Archiven« und zahlreiche andere Publikationen aus dem Archiv der Hoechst AG benutzt. Er hat auch für die Unterlagen dem Hessischen Hauptstaatsarchiv und dem Archiv der Stadt Frankfurt zu danken.

Schwalbach, 28. Oktober 1987 Ernst Bäumler

# Personen- und Sachregister

**A**

Abt, Conrad 18, 79, 93, 102, 355
Aceton 227 f.
Acetylenchemie 37, 227, 263, 341, 344, 346
Addison, Thomas 188
Adelon, Andreas 55
Adenauer, Konrad 332, 337, 341
Adickes, Franz 142
Adolph von Nassau 16, 54 f.
Adrenalin 187–192, 265
Äthylen 37, 345 f., 384 f.
Agfa 243–245, 268, 341
Albert Edward, Prinz von Wales 80
Albert, Heinrich 377
Albert, Kurt 377
Albert, Prinz von Coburg 26 f., 29
Aldehydgrün 50, 52 f., 291
Aldrich, Thomas Bell 190
Alizarin 48, 58–64, 68, 70, 76, 291
Alt, Konrad 205 f.
Althoff, Friedrich 139, 142, 145
Ammelburg, Alfred 184, 210, 259, 362
Anilin 8, 25, 27, 29–31, 42, 44, 49, 56 f., 58, 64, 72, 75, 114–116, 130, 164, 196 f.
Anilinöl 7, 18, 31, 92
Anilinrot 31
Anilismus 114 f., 165
Anschütz, Richard 289
Anthrazen 38, 59 f., 62
Antipyrin 118, 121, 123, 125, 131, 184, 259
Arbeiterrat 282, 311
Arbeiter- und Soldatenräte 238 f., 247
Arbeitervereine 20
Arbeitslöhne 96, 162–164, 179 f., 221, 234, 251 f., 262, 300, 302, 356, 383 f., 386
Arbeitszeit 49, 95 f., 153, 157, 164, 180, 239, 251, 386
Arsacetin 201, 204 f.
Arsensäure 7, 18, 31, 72 f., 92, 196 f.
Aspirin 122 f.
Aufsichtsrat/Hoechst 73, 94, 126, 134, 145, 160 f., 336, 354, 356, 367, 387, 389, 402
Aufsichtsrat/I.G. Farben 278 f., 290
Augusta, dt. Kaiserin 69
Azofarbstoffe 70, 177, 267

## B

Badische Anilin- und Sodafabrik 7, 61, 224, 226, 243–245, 257, 268, 329, 331, 335, 338, 341f., 344, 381

Baeyer, Adolf von 58–60, 119, 121, 123f., 158, 187

Ballhausen, Robert Lucius von 39, 81

Banting, Frederick 264–266

Barthel, Eva, geb. Mann 10–13, 17, 47, 57, 89, 91f., 103, 165f.

Barthel, Franz Ferdinand 107, 300f.

Barthel, Jakob 57, 107, 156, 228, 239, 300f., 361, 400

Barthel, Johann 7, 10–14, 16–18, 20–22, 47, 49, 57f., 69f., 89–93, 102f., 165f., 221, 241, 355, 394

Barthel, Wilhelm 300

Bassing, Günther 307, 317, 356

Bassing, Hans 219–221, 253f., 272, 275, 282, 284–286, 307, 311, 317f., 353–357, 366, 374, 388

Bassing, Margarethe 356

Bauer, Erich 354, 366, 368, 374, 393

Bebel, August 82, 150

Béchamp, Antoine 196

Becker, Jacob 39f., 81

Becker, Wally 40f., 43f.

Behring, Emil von 133–145, 201

Behringwerke 321, 339f.

Belegschaftsaktien 367, 369, 400

Benda, Ludwig 205

Bennigsen, Rudolf von 67, 84

Benzin 278f., 303, 345f.

Benzol, 25, 27, 29–31, 37f., 44, 50, 56, 59, 191, 195

Bergius, Friedrich 289

Berl, Ernst 288–292, 298

Bernstein, Bernhard 313

Bernstein, Eduard 150f.

Bertheim, Alfred 197f., 203, 205f.

Berufsgenossenschaften 149

Best, Charles 264–266

Betriebsrat 256, 317f., 353–356, 366, 373f., 386, 388–394

Bismarck, Johanna von 40f., 66

Bismarck, Otto von 19, 39–41, 55, 65–68, 81f., 84–86, 150–153, 160, 277

Blum, Adam 315

Bockmühl, Max 316

Boehringer 351f.

Bommel, Oswald 388, 390f.

Borkin, Joseph 322

Borries, Bodo von 298

Bosch, Carl 224, 226, 245, 268, 277, 279, 289, 293f., 296f.

Bosch-Werke 326f.

Bouillon, Erhard 374f., 386–388, 391–393, 400f.

Brand, Rolf 386–390

Braun, Peter 367

Breinl, Anton 197

Brisbois, Alois 318

Brüning, Adolf von 7, 17, 21f., 32f., 41f., 44, 46–51, 54, 57f., 60–62, 66–68, 70,

72f., 75, 77, 79–81, 83–88,
92, 113, 172, 175
Brüning, Gustav von 47, 88,
145, 157–161, 165, 168–170,
176, 182, 184, 200, 208, 221,
225, 243, 299
Brüning, Klara, geb. Spindler
42, 46f., 57, 80, 89
Bücher, Hermann 333
Buchner, Max 233
Buhl, Franz Armand 94
Buna 278, 298, 303, 305, 318
Bundesrat 65
Bunsen, Robert Wilhelm 8, 33,
35, 41, 58, 74, 76

## C

Caro, Heinrich 61
Cassella 143, 198, 205, 243f.,
289, 293, 339–341, 381f.
Celanese 404f.
de Changy 44, 49
Chemische Fabriken Weiler-ter
Meer 268, 294
Chemische Werke Albert
377f.
Chemische Werke Griesheim
74f., 104, 106, 174, 268, 293,
333, 339
Chemotherapie 132, 194f.,
198, 202f., 267
Chlorgas 231
Chinin 18, 29f., 132
Colonialverein 84

## D

Darmstädter, Ludwig 198f.
Degussa 226
Deitenbeck, L. 172

Deutsche Fortschrittspartei 19,
66, 82
Deutsche Volkspartei 275f.,
278
Deutscher Bund 40
Deutscher Nationalverein 19f.
Deutschnationale Volkspartei
261, 275f., 280
Diehl, Gustav Adolf 58, 95,
175f.
Dietzler, Johann 167–171, 174,
212, 250, 255
Diphterieserum 111, 132–142,
359
Dörr, Hermann 324
Dörr, Tilly 315
Dolan 380, 385
Domagk, Gerhard 350
Dormann, Jürgen 393, 405
Duden, Paul 61, 225, 227f.,
256, 263, 344
Duisberg, Carl 145, 225, 228,
243–245, 267f., 277–279,
293f., 296, 340
Duisberg, Curt 294

## E

Ebert, Friedrich 246–249, 253,
256f.
Edward VII, brit. König 216
Ehrlich, Paul 130–132,
135–145, 194–211, 243, 267
Ehry, Adam 91f.
Ehry, Josephine, geb. Barthel
91f.
Engelbertz, Ernst 354, 356
Engels, Friedrich 34, 76f., 95,
151, 220
Eosin 70

Epting, Max 170, 256
Erhard, Ludwig 341
Erlenbach, Michael 317, 330, 333, 335, 354, 356, 363, 367
Ernst, Otto 228
Eugenie, frz. Kaiserin 52 f.
Euglucon 352

## F

Fabrikordnung 101 f.
Faraday, Michael 25
Farben-Post 354, 387, 392
Favre, Jules 65
Fellner, Joseph 55
Filehne, Wilhelm 119, 123, 125
Fintelmann, Hans-Ulrich 385
Fischer, Emil 118–121, 145, 158, 227
Fischer, Otto Philipp 119 f.
Flächer, Franz 191, 193
Flamuco GmbH 378
Fleckenstein, Nikolaus 366, 388
Fleming, Alexander 332
Frankfurter Frieden 65, 70
Frankfurter Journal 83 f., 86
Frankland, Edward 33, 35
Freikonservative Partei 81
Fresenius, Carl Remigius 8, 24, 26, 32 f., 41, 44, 46, 72
Fricke, Robert 327 f.
Friedrich III., dt. Kaiser 29, 80, 86, 146 f.
Friedrich Bayer & Co 7, 49, 123, 145, 158, 225, 231, 243–245, 267 f., 319, 329, 331, 334 f., 338–342, 350, 360, 362, 381, 402
Friedrich Wilhelm IV., preuß. König 40

Fries, Karl 287
Frühauf, Martin 393
Fuchs, K. J. 350
Fuchsin 7, 9, 18, 21 f., 31, 46, 49–51, 64, 72 f., 92, 114–116, 196, 291
Fürth, Otto von 190

## G

Gaffky, Georg 111
Gajewski, Fritz 294
Gans, Leo 243
Gareis, Hansgeorg 378, 400
Gattineau, Heinrich 279
Gehringer, Anna Luise, geb. Dörr 324 f., 357
Gehringer, Georg 103
Gehringer, Helmut 156, 300, 302, 308–310, 322–325, 357, 397 f., 403
Gehringer, Katharina, geb. Dörrscheidt 253, 302, 308 f., 357, 386
Gehringer, Wilhelm 212 f., 219, 221, 228–231, 235, 252 f., 272, 281, 300 f., 308, 310 f., 323 f., 357 f., 373, 386
Georg V., brit. König 216
Georg-Speyer-Haus 198–208, 267
Gerhardt, Charles 123
Gerichten, Eduard von 118–120, 124, 185
Gerlach, Karl 270, 273
Gewerbefreiheit 15, 44
Gewerkschaften 158 f., 176, 179 f., 231, 234, 246, 257, 276, 282, 384, 387, 389
Gierke, Oscar 335

Girard, Charles 31
Goebbels, Joseph 280, 297, 307, 312
Göring, Hermann 280
Götz, Wilhelm 367
Graebe, Carl 58–61
Gramberg, Nora, geb. Kräutle 233
Grandhomme, Wilhelm 54, 66, 95, 97, 99f., 106, 109–111, 113–117, 165
Grey, Edward 217
Grieß, Peter 70
Groener, Wilhelm 238, 247
Grube, Erwin 328f.
Guttmann, Paul 131

## H

Haber, Fritz 225f., 289, 296
Haberland, Ulrich 304f., 319, 334, 338
Habicht, Robert 361f.
Haeuser, Adolf 75, 177f., 213, 225, 245, 268
Haeuser, Louise, geb. König 75
Hallstein, Walter 376
Harnisch, Heinz 393
Hata, Sahahiro 205, 243
Hauff, Helmut 372, 386
Haushaltsschule 155f.
Heimchen-Siedlung 146–148, 219
Helferich, Burckhardt 402
Herberts & Co GmbH 378
Hermann, Ludwig 283, 293, 298f.
Hilfskasse für Arbeiter 68f., 154

Hilger, Wolfgang 393, 398, 402–406
Hindenburg, Paul von 231, 235, 247, 249, 276, 279–281
Hingott, Jakob 79
Hirschelmann, Walter 283
Hitler, Adolf 276, 280–283, 289, 296f., 300, 312f., 318, 320
Hochdrucktechnologie 297
Hoerkens, Willi 382
Hofmann, August Wilhelm 8, 24–32, 35, 38, 58, 147
Hofmann, Felix 123
Hofmann, Fritz 227f.
Hofmeister, Franz 190
Holoubek, Karl 368
Homolka, Benno 124
Hormone 187f., 192f., 265f., 379
Hostaform 398
Hostalen 343, 346, 349, 385
Hostaphan 398
Hostapur SAS 398
Hugenberg, Alfred 280
Hyrtl, Joseph 188
Hystron 383

## I

I.G. Farbenindustrie 243, 268–271, 277f., 289, 293–306, 313–322, 330–334, 336–340, 347f., 354, 362, 366, 368, 381f.
Immunologie 129f., 132–141, 145, 194
Indigo 59, 160, 177, 200, 225f.
Insulin 263–266, 302, 331, 349–352, 372, 399

## J

Jähne, Friedrich 278, 286, 293, 298, 300, 320
Jaffé 199f.
Janning, Georg 375
Janson, Hans Georg 393
Jod 58
Jonas, Hans 399

## K

Kairin 119, 123
Kaiser Wilhelm- und Augusta-Stiftung 69, 93, 221
Kalle & Co. 49, 293, 339, 341, 355, 368, 377, 398f., 404
Kalle, Fritz 245, 278, 355
Kalle, Wilhelm 7, 245
Kallenbach, Wilhelm 171, 174, 183, 239
Kapp-Putsch 256
Kaufmann, Heinz 335, 375
Kekulé, August 35–39, 59, 177, 289
Kilian, Albert von 155
Kimmich, Karl 362
Kirchhoff, Gustav Robert 35
Klarer, Joseph 267
Klatte, Fritz 263, 330
Klebs, Edwin 128
Klein, Erhard 374, 388
Knorr, Ludwig 119–121, 227
Kobert, Rudolf 125
Koch, Robert 111, 126–133, 135–139, 142, 197
König, Carl 73–77, 126, 177
Körner, Wilhelm 38
Kolbe, Hermann 122
Kolle, Wilhelm 267
Kossel, Albrecht 198, 267

Kränzlein, Georg 331
Krapp 58f., 63, 68
Krauch, Karl 279, 294
Kriegschemikalien AG 225
Kriegsgefangene 234, 248, 308–310, 313f., 320
Krump, Johann 102
Kuhn, Elisabeth 156f.
Kunstgewerbeverein 80
Kunz, Karl 369
Kutt, Heinrich 105f., 173

## L

de Laire, Georges 31
Landstände 15
Lanz, Kurt 363f., 370, 376, 378
Lasker, Eduard 67
Laubenheimer, August 95, 126–139, 143, 145, 177, 185, 199
Laurent 25
Lautenschläger, Carl Ludwig 259–261, 293, 300, 302, 311, 313f., 319, 321
Leblanc, N. 9
Legien, Ernst 246f.
Leichtmetall 303
Leipe, Hermann 398
Leuna-Werke 226, 278f., 298, 303, 306, 309
Libbertz, Arnold 128f., 138, 201
Liebermann, Carl 59–61
Liebig, Justus, Frhr. von 8, 10, 24, 26, 33, 35, 289, 377
Liebknecht, Karl 234, 248
Lindner, Fritz 331
Löffler, Friedrich 111

Lucius, Eugen 17, 22–24, 32–35, 39–46, 48–51, 53, 58, 60–62, 66, 73, 75, 77, 81, 85, 87, 92f., 118f., 126, 148, 160f., 176
Lucius, Maximiliane Eduarde, geb. Becker 39, 41, 43, 81
Lucius, Sebastian 23
Ludendorff, Erich 231, 235f., 247
Ludwigs, Walther 335
Luxemburg, Rosa 245, 248
Lynen, Feodor 376

## M

Madsen, Theodor 141
März, Ernst 212f., 219, 221, 228–230, 235, 252f., 311, 373f., 386
März, Willi 253
Mainfeld-Siedlung 107, 161
Martinengo, Gustav 46, 48f., 58, 94f., 175
Marx, Karl 76, 151, 220
Mauvein 8, 30
Max von Baden 237f., 246
Mayer, W. 363
ter Meer, Fritz 243, 278, 294f., 304–306, 320f., 334
Mehring, Joseph von 121, 264
Meister, Carl Friedrich Wilhelm 28, 34, 43f., 46, 48, 50, 66, 73–75, 77, 83, 85, 93, 148, 160, 172, 174, 176f.
Meister, Else von 160, 368
Meister, Herbert von 160f., 170, 182, 209, 225
Meister, Marie, geb. Becker 43, 81

Meister, Wilhelm 22, 28, 47, 160
Menage 96–99, 181f.
Merkel, Anna Maria, geb. Barthel 13, 21, 48, 57, 89–91, 165f., 222, 241, 361
Merkel, August 156, 221f., 241f., 250f., 358, 365
Merkel, Gretel, geb. Bellgardt 251f., 358
Merkel, Martin 90f., 93, 166, 221f., 241f.
Merkel, Ursula, geb. Gotta 359f., 362
Merkel, Wilhelm 89–91, 358–365
Messer, Hans 377
Messer-Griesheim GmbH 377
Methan 37, 345
Methylenblau 131f.
Metz, Günther 396
Metzler, Hermann R. 167
Mietzsch, Fritz 267
Minkowski 264
Minot, George Richards 265
Miquel, Johannes von 67, 84, 86, 175
Möller, Kurt 329, 335
Moltke, Helmuth von 62, 80
Müller, August 22, 44, 46, 50
Müller, Friedrich 354, 387
Müller, Hermann 276

## N

Napoleon III, frz. Kaiser 52, 55, 62
Nationalliberale Partei 66f., 77, 81–84, 87f., 160f.
Nationalsozialistische

Betriebsorganisation 282, 284f.
Nationalsozialistische Deutsche Arbeiterpartei 274, 276–278, 280–285, 297
Neisser, Max 202
Newman, Randolph 330, 334f.
Nikolaus II., Zar 215f., 217
Noorden, Carl von 144
Novocain 185, 189, 194
Nürnberger Prozesse 318–322

## O

Oehler, K. 49
Ohliger, Hans W. 375
Ölkrise 384f.
Oppenheim, Franz 245

## P

Papen, Franz von 279f.
Pasteur, Louis 126, 132
Patente 50, 53, 60f., 70, 124, 136, 160, 177, 185f., 191, 242, 271, 295, 330, 380
Pauli, Philipp 76–78, 90f., 127, 135
Pauly, Hermann 191
Pelz, Eduard 20
Penicillin 332, 350, 364
Perkin, Henry William 8, 29–32
Perlon 331, 346–349, 380
Persil, Hans 325
Petrochemie 305, 337, 344–346
Pferdmenges, Robert 341
Pfuhl, Eduard 129
Piria, Raffaele 122
Pölnitz, Wolfgang von 400
Poincaré, Raymond 257f.

Polyäthylen 343f., 346, 400
Propylen 345, 384f., 385
Pyramidon 122–125, 184f., 187, 259

## R

Raiffeisen, Friedrich Wilhelm 20
Ranft, Otto 381
Rastinon 351f., 363f.
Rath, Walther vom 160f., 176f., 182, 245, 268, 300
Rathenau, Walther 223f., 289f.
Reichhold AG 378
Reichsgründung 53, 66, 72
Reichstag 64f., 67, 70, 81–84, 94, 149f., 231, 234, 246, 248, 276, 280
Reichsverfassung 19
Reintges, Hans 375, 405
Reisenegger, Hermann 120
Resorcinfarben 70
Retzinger, Gretel, geb. Rüppel 272f., 302, 318, 349
Retzinger, Katharina 254
Retzinger, Konrad 254, 270
Retzinger, Ludwig 254f., 270–274, 282–285, 298f., 301f., 318
Reuter, Johann Wolfgang Baptiste 205–209
Rheinau 77, 90
de Ridder, August 51f., 62, 73f., 135, 168, 176, 182
Riedel-de Haën AG 381
Riese, Ferdinand 60f.
Ritter, Friedbert 332, 335
Roehl, Wilhelm 198, 267
Roques, Adolf L. 168, 183f.

Rosanilin 30 f., 124
Roscoe, Henry Enfield 35
Roser, Wilhelm 185 f.
Roth, Paul 286, 302, 316
Roussel, Jean-Claude 378
Roussel Uclaf 378–380
Roux, Emile 135
Rudolf 204, 207
Ruppel, Wilhelm 201

## S

Sacharin 185
Salicylsäure 122 f.
Salpetersäure 224–227, 303
Salvarsan 187, 203, 210, 213, 243, 259 f., 267
Sammet, Barbara 326
Sammet, Hilde 382
Sammet, Rolf 326–331, 336, 338, 348, 352 f., 365–370, 375, 382–384, 393 f., 396, 402 f.
Sanger, Frederic 266
Sartorius 111
Schaafhausen, Jürgen 368, 402
Schadow, Ernst 393
Schäfer, Helmut Karl 396 f.
Schalck, Ernst 79
Schaller, Wilhelm 171–173, 232 f.
Schaudinn, Fritz 202
Scheidemann, Philipp 248, 250
Schenkelberg, Hans 318
Schering A.G. 135
Schirrmacher, Karl 186
Schlachter, Hans 393
Schlageter, Leo Albert 258
Schleicher, Kurt von 280
Schleyer, Hanns Martin 395

Schmitz, Hermann 294, 320
Schmitz-Dumont, Otto 402
Schorlemmer, Carl 76, 78
Schultheis, Werner 375
Schulz, Otto-Fritz 335
Schulze-Delitzsch, Hermann 19 f.
Schutzzoll 84, 277
Schweitzer, Balthasar 17, 22 f., 44–46
Schwerin, Paul 111
Schwick, Gerhard 340
Seeacker-Siedlung 104–107, 157, 161, 166, 173, 212, 222, 300
Sell, Ernst 24 f.
Sozialdemokratische Partei Deutschlands 78, 81–85, 150–153, 175, 218, 220, 231, 234 f., 246 f., 253, 275 f., 280–282, 285, 311, 317, 353, 387, 389
Sozialgesetzgebung 84–86, 149–153
Sozialpolitischer Ausschuß 354 f.
Spindler, Wilhelm 41 f.
Sprenger, Jakob 298
Stadler 239
Starling, Ernest Henry 192 f.
Stein, Heinrich Friedrich Karl, Frhr. vom und zum 15
Steinbrech, Andreas 102
Stockmar, Christian 27
Stolllack AG 378
Stolz, Friedrich 123–125, 187, 190 f., 193 f., 265
Stolz, Helene 187
Storchennest 155–157, 161, 272

Strecker, Adolf 33, 41
Streeck, Rolf 325 f.
Streik 255 f., 284
Stresemann, Gustav 261, 278
Strukturchemie 36 f.
Stumm, Carl Freiherr von 84
Süddeutsche Chemiefaser AG 380
Sulfonamide 267 f., 350 f.
Suprarenin 184 f., 190, 193 f.
Synthetischer Kautschuk 227, 278, 381
Syphilis 127, 200, 202, 205 f., 209–211, 267

**T**

Takamine, Jokichi 188–190
Tarifvertrag 164, 246
Taufkirch, Louis 79, 168, 178
Thiers, Louis Adolphe 65, 70
Thies, Wolfgang 337 f., 375
Thomas, Harold W. 197
Thomsen, Uwe Jens 393
Tiedtke 251
Tiefenbacher, Max 363–365
Trevira 343, 346, 348 f., 380, 384, 397
Trobisch, Karlheinz 368
Trypanosomen 194–197, 200, 202, 267
Tuberkulin 114, 125, 127–129, 131 f., 135
Typhus 111, 114

**U**

Umweltschutz 368, 377, 396 f., 399, 406
Unabhängige Sozialdemokratische Partei Deutschlands 235, 245, 247, 256

**V**

Verband der Fabrik-, Land- und gewerblichen Hilfsarbeiter Deutschlands 159 f.
Vereinigte Chemische Werke 198 f.
Verguin, François Emmanuel 8 f., 31
Veronal 121
Versailler Vertrag 249 f., 274
Vianova Kunstharz AG 378
Victoria, brit. Königin 26–29, 80, 146
Victoria, dt. Kaiserin 29, 146–148
Vollert, Adalbert 108
Vorstand/Hoechst 75, 77, 95, 120, 126, 134 f., 145, 158, 175, 177, 185, 225, 242, 260, 334 f., 336 f., 342, 364, 366–368, 370, 375–377, 382, 386–388, 393, 402 f.
Vorstand/I.G. Farben 294 f., 297, 299 f., 304, 306, 319 f., 338

**W**

Wach, Joseph 170, 172 f., 178
Wacker-Chemie 263, 341, 344
Währungsreform 329
Wagner, Alois Alexander 22
Wagner, Carl 18
Wagner, Helmut 375
Wahlrecht 15 f., 65, 153, 248
Warmbold, Hermann 277
Wassermann, August von 127, 132 f., 141, 203
Weber, Hans 317 f.
Weigert, Carl 142

Weil, Konrad 333, 335, 363
Weinberg, Arthur von 143, 198, 200, 243–245, 289, 340
Weinberg, Carl von 143, 243–245
Weissermel, Klaus 375
Weltausstellung 27f., 72f., 148
Wengler, Josef 374
Wilhelm I., dt. Kaiser 19, 64f., 67, 69, 80, 82, 85, 87, 103, 143
Wilhelm II., dt. Kaiser 146, 151–153, 169f., 179, 215–218, 236–239
Will, W. 26
Willstätter, Richard 59, 119, 289
Wilson, Woodrow 236–238, 248–250
Winckler, J. G. 46
Winkler, Clemens 78
Winnacker, Karl 230, 286–293, 298–300, 303–306, 311, 314f., 319, 322, 326, 332–344, 346–348, 352–356, 366–371, 374–377, 379, 382, 387, 391f., 402

Wirth, Joseph 256
Wöchnerinnen-Asyl 155–157, 161, 300
Wüst, Jakob 174–176, 180–185, 201, 209
Wurster, Carl 338

## Y

Yersin, Alexandre 135f.

## Z

Zeilsheimer Siedlung 107–109, 154, 161, 254, 273f., 318
Zentralarbeitsgemeinschaft der industriellen Arbeitgeber und Arbeitnehmer Deutschlands 246
Zentrum (Partei) 248, 256, 261, 275f., 278
Ziegler, Karl 343f.
Zinkstaub 59
Zinntetrachlorid 31
Zinßer, Hugo 336
Zoller, Robert 348, 368, 375
Zollverein 15

*Bildnachweis:*
Sämtliche Abbildungen dieses Buches stammen aus Privatbesitz sowie den Archiven der Hoechst AG.

# Manfred Eigen / Ruthild Winkler

## Das Spiel
Naturgesetze steuern den Zufall
7. Aufl., 61. Tsd. 1985. 404 Seiten
mit 68 zum Teil farbigen Abbildungen. Serie Piper 410

Alles Geschehen in unserer Welt gleicht einem großen Spiel, in dem von vornherein nichts als die Regeln festliegen. Das Spiel ist ein Naturphänomen, das schon von Anbeginn den Lauf der Welt gelenkt hat: die Gestalten der Materie, ihre Organisation zu lebenden Strukturen wie auch das soziale Verhalten des Menschen.
Dies ist die Quintessenz des faszinierenden Buches des Göttinger Biochemikers und Nobelpreisträgers Manfred Eigen und seiner Mitarbeiterin Ruthild Winkler, das in seine subtile, aber stets praxisbezogene Untersuchung auch brisante »apokalyptische« Themen unserer Zeit, z. B. die Frage der Genmanipulation und des Wachstums in einem begrenzten Lebensraum, mit einbezieht.

» . . . ein Buch, aus dem der Leser höchst komplizierte Fakten und Vorgänge ›spielend‹ lernt«.                                      Die Zeit

Vom gleichen Autor liegt vor:

## Stufen zum Leben
Die frühe Evolution im Visier der Molekularbiologie
1987. 311 Seiten mit 50 zum Teil farbigen Abbildungen. Leinen

Der Nobelpreisträger Manfred Eigen zeigt in den »Stufen zum Leben«, daß die Voraussetzungen für die Entstehung des Lebens in jüngster Zeit sowohl theoretisch als auch experimentell erforschbar geworden sind. Dadurch erscheint Darwins Evolutionstheorie in einem neuen Licht. Eigens neues Buch – das ist aktuelle Evolutionsforschung aus erster Hand.

# PIPER

# Richard P. Feynman

## »Sie belieben wohl zu scherzen, Mr. Feynman!«

Abenteuer eines neugierigen Physikers
Gesammelt von Ralph Leighton. Herausgegeben von Edward Hutchings.
Vorwort zur deutschen Ausgabe von Harald Fritzsch.
Aus dem Amerikanischen von Hans-Joachim Metzger.
1987. 463 Seiten. Leinen

Der Amerikaner Feynman gilt unter Physikern als einer ihrer größten Theoretiker und als Mann, der für jede Überraschung gut ist. Sein Buch wurde in den USA zum Bestseller, es löste Kontroversen aus und wurde manchen zum Ärgernis. Doch viele berühmte Kollegen haben das Buch gepriesen, so Hans A. Bethe: »Feynmans Buch ist so hinreißend wie Richard Feynman selbst!« oder John A. Wheeler: »Nirgends schöner als in dieser Sammlung von (meist nicht-physikalischen) Geschichten kommt dieser lebhafte Geist eines großen Entdeckers zum Vorschein.«

Feyman hat seine Geschichten einem Bekannten, mit dem er manchmal Schlagzeug spielte, über Jahre hinweg erzählt. Physik kommt vor, oft aber nur am Rande. Wir erfahren, wie der Knabe sich Geld verdiente, indem er Radioapparate reparierte. Wir hören von waghalsigen Experimenten mit dem Chemie- und Physikbaukasten, davon, wie der Physiker in Los Alamos die Sicherheitsbeamten zur Verzweiflung brachte, weil er die Safes knackte und alle Kontrollen umging. Er lernt, wie man bei Frauen gut ankommt und in Nevada beim Glücksspiel gewinnt, entschlüsselt einen astronomischen Code in einer Sammlung von Maya-Schriften.

Feynmans Abenteuer – auch die in der Physik – zeigen einen Menschen von hoher Intelligenz, grenzenloser Neugier, ewigem Skeptizismus und ausgeprägter »Chuzpe«. Er provoziert seine Kollegen, sagt immer, was er denkt, will die Phänomene immer an konkreten Beispielen verstehen.

P<small>IPER</small>

# Henning Genz

## Symmetrie – Bauplan der Natur
1987. 465 Seiten mit 132 schwarzweißen und
6 vierfarbigen Abbildungen. Leinen

Symmetrie als Gestaltungs- und Konstruktionsprinzip in Architektur und Technik, ja in der Kultur überhaupt, ist uns allen wohlvertraut. Weniger bekannt – und auch nich so leicht zu sehen – ist, daß Symmetrie auch in der Natur und in den Naturgesetzen eine zentrale Rolle spielt. Henning Genz, Professor für theoretische Physik in Karlsruhe, beschäftigt sich seit Jahren mit diesem Thema. Er zeigt in diesem Buch an vielen Beispielen, von Schneekristallen bis zu den Elementarteilchen, daß Symmetrie nichts weniger als der Bauplan der Natur, das alles tragende Grundprinzip ist. Auch die Naturgesetze, so weist Genz nach, unterliegen den Regeln der Symmetrie. Die Symmetrie nämlich legt fest, welche Teilchen es geben kann und welche Wechselwirkungen sie untereinander haben. Die Suche nach den Grundgleichungen, dem Bauplan der Natur, ist daher vor allem die Suche nach Symmetrie in der Natur. Durch Symmetrie können wir vorhersagen, wie Naturgesetze beschaffen sein müssen, ohne die Gesetze selber zu kennen. Die Gesetze der Symmetrie bestimmen, daß Größen wie Energie und elektrische Ladung sich im Laufe der Zeit nicht ändern oder daß – beispielsweise – Quarks und Gluonen für immer aneinander gebunden sind. So können wir durch die Symmetrien der Naturgesetze und ihre Brechung verstehen, wie sich aus dem symmetrischen Zustand der Welt unmittelbar nach dem Urknall der heutige Zustand mit seinen auffälligen Asymmetrien entwickeln konnte.

PIPER

# John Gribbin

## Auf der Suche nach Schrödingers Katze
Quantenphysik und Wirklichkeit
Aus dem Englischen von Friedrich Griese. Wissenschaftliche
Beratung für die deutsche Ausgabe: Helmut Rechenberg.
1987. 325 Seiten mit 60 Abbildungen. Leinen

Die Quantenphysik gilt als eine der größten geistigen Leistungen unseres Jahrhunderts – und als eine der folgenreichsten. Ohne Quantenphysik gäbe es weder Atomphysik noch Molekularbiologie, blieben chemische Bindungen ohne Erklärung, wären weder Laser noch Computer denkbar – kurz: Die gesamte moderne Naturwissenschaft steht auf der Grundlage der Quantenphysik. Der englische Physiker und Publizist John Gribbin erzählt in diesem Buch ihre Geschichte von den Anfängen der Atomtheorie im 19. Jahrhundert bis zu den gegenwärtigen Forschungen. Er stellt die Physiker vor, die an der Erforschung des Atoms beteiligt waren, von Albert Einstein, der sich heftig gegen die letzte Formulierung in der Quantenmechanik sträubte (»Gott würfelt nicht«), über Werner Heisenberg und Wolfgang Pauli bis zu Erwin Schrödinger.

Die Quantenphysik, die für sich in Anspruch nehmen kann, das Innerste der Welt erklärt zu haben, verändert auch das allgemeine Weltbild. Die Suche nach Schrödingers Katze ist die Suche nach der physikalischen Realität – was ist wirklich in der uns umgebenden Welt, und was ist abhängig vom jeweiligen Beobachter?

In einer klaren und anschaulichen Sprache führt dieses Buch in die Welt der Quantenphysik ein und macht auch dem Laien die neue Sicht der Dinge in der »aufregendsten Wissenschaft des Jahrhunderts« (Heisenberg) deutlich.

»Gribbin vermag es, den naturwissenschaftlichen Laien mit den Ergebnissen und der Interpretation der Quantenmechanik vertraut zu machen.«         H. Rechenberg, Physikalische Blätter

PIPER

# Werner Heisenberg

## Gesammelte Werke
Abteilung C:
Allgemeinverständliche Schriften
Herausgegeben von Walter Blum, Hans-Peter Dürr und Helmut Rechenberg

### Band I
### Physik und Erkenntnis 1927–1955
Ordnung der Wirklichkeit, Interpretation der Quantenmechanik, Atomphysik, Kausalität, Unbestimmtheitsrelationen u. a. 1984. 453 Seiten. Leinen

### Band II
### Physik und Erkenntnis 1956–1968
Gifford-Lectures, Sprache und Wirklichkeit, Abstraktion und Vereinheitlichung, Goethes Naturbild u. a. 1984. 440 Seiten. Leinen

### Band III
### Physik und Erkenntnis 1969–1976
Der Teil und das Ganze, Die Bedeutung des Schönen, Naturwissenschaftliche und religiöse Wahrheit, Elementarteilchen u. a. 1985. 242 Seiten. Leinen

### Band IV
### Biographisches und Kernphysik
Autobiographisches, Laudationes, Nobelvortrag, Münchner Festrede, Kernphysik, Buchbesprechungen u. a. 1986. 505 Seiten. Leinen

### Band V
### Wissenschaft und Politik
Organisation der Forschung, Schule und Studium, A. v. Humboldt-Stiftung, Verantwortung des Wissenschaftlers u. a. (Erscheint 1988)

Die »Allgemeinverständlichen Schriften« in fünf Bänden – etwa die Hälfte der Texte wird erstmals in Buchform veröffentlicht – wenden sich vor allem an naturwissenschaftlich und philosophisch interessierte Laien. Sie erhalten aufregende Einblicke in das Denken des Nobelpreisträgers.
Das Werk Heisenbergs, das sich an das allgemeine Publikum wendet, umfaßt neben Reden und Aufsätzen zum Inhalt und zur Deutung der Physik seine Gesamtschau des Naturbildes, wie es sich von der Antike bis zur Gegenwart entwickelt hat. Darüber hinaus ist von der Organisation der Forschung und vor allem auch von der Verantwortung des Wissenschaftlers in einer wissenschaftlich-technischen Welt die Rede. Heisenbergs Schriften sind – wie schon seine erfolgreichen Bücher zeigten – geeignet, ein großes Publikum zu erreichen. Ihm gelang – wie nur wenigen bedeutenden Naturwissenschaftlern – die Vermittlung zwischen der modernen Naturwissenschaft und einer interessierten Öffentlichkeit.

PIPER

Emilio Segrè

## Von den fallenden Körpern zu den elektromagnetischen Wellen

Die klassischen Physiker und ihre Entdeckungen. Aus dem Amerik. von Hainer Kober. 1986. 464 Seiten mit 126 Abbildungen. Geb.

In seinem neuen Buch beschreibt der Autor gleichsam die historischen Vorraussetzungen für die moderne Physik: die klassische Physik von Galileo Galilei bis Ludwig Boltzmann. Wieder stehen die großen Physiker im Zentrum der Darstellung, wieder gibt Segrè seine Sicht der Physikgeschichte. Neben Galilei und Boltzmann als den Eckpfeilern spielen folgende Physiker eine wichtige Rolle: Huygens, Newton, Lagrange, Hamilton, Fourier, Young, Fresnel, Fraunhofer, Bunsen, Kirchhoff, Galvani, Volta, Ørstedt, Ampère, Faraday, Lorentz, Carnot, Thomson, Joule, Helmholtz, Clausius, Maxwell, van der Waal und Gibbs.

Segrè hat sich für dieses Buch intensiv mit den Schriften seiner »Helden« befaßt, er läßt sie selbst ausführlich zu Wort kommen. Segrè: »Ich las viele der für die Physik grundlegenden Originaltexte und erkannte, welche Schwierigkeiten ihre Autoren zu überwinden hatten. Ihre Werke zeigen uns, wie sie ihre Probleme angingen, was wichtig schien und ist, was vernachlässigt werden kann und wie schließlich die Antworten lauten, während sie noch nichts von alledem wußten, sondern alles erst herausfinden mußten. Dieses Buch soll Zeugnis ablegen für die Verehrung, die ich für meine wissenschaftlichen Ahnen empfinde. Es entspringt dem Wunsch, die eigenen Wurzeln kennenzulernen.«

## Die großen Physiker und ihre Entdeckungen

Von den Röntgenstrahlen zu den Quarks. Aus dem Amerik. von Siglinde Summerer und Gerda Kurz. 3. Aufl., 16. Tsd. 1984. 359 Seiten mit 133 Abbildungen. Geb.

»Der durch persönliches Erleben und Mitwirken gefärbte lebendige Bericht über die großen Physiker und ihre Entdeckungen ist ein fast wunderbar zu nennendes Buch, das gleichsam ›nebenher‹ auch die ganze Vielfalt jener wesentlichen Erkenntnisse und Einsichten vermitteln kann, die man heute braucht, um die Physik und ihre Bedeutung für das moderne Weltbild richtig zu verstehen.« Stuttgarter Zeitung

PIPER

# Erwin Schrödinger

## Was ist Leben?

Die lebende Zelle mit den Augen des Physikers betrachtet
Einführung von Ernst Peter Fischer.
Aus dem Englischen von L. Mazurczak. 2. Aufl., 5. Tsd. 1987.
154 Seiten mit 12 Abbildungen im Text und 4 Tafeln. Geb.

Das Buch »Was ist Leben?« des Physikers und Nobelpreisträgers Erwin Schrödinger hat die Entwicklung der Naturwissenschaften, vor allem der modernen Biologie maßgeblich beeinflußt.
Anläßlich des 100. Geburtstags Schrödingers im August 1987 legt der Verlag dieses Meisterwerk naturwissenschaftlicher Prosa in einer Neuausgabe vor. In seiner Einführung würdigt der Physiker und Biologe Ernst Peter Fischer die Bedeutung des Autors und seines Buches.

»Schrödingers Gedanken wurden von den Ideen der Antike geprägt. Dies wird insbesondere in seinen Schriften über die ›Natur und die Griechen‹, ›Naturwissenschaft und Humanismus‹ und ›Was ist Leben‹ deutlich. Ihn interessierte besonders die Frage, wie sich die Methoden naturwissenschaftlicher Forschung historisch entwickelt haben. Die Aufspaltung der modernen Wissenschaften erschien ihm verhängnisvoll. Schrödinger übersetzte Homer aus dem Original ins Englische und alte provenzalische Gedichte in die deutsche Sprache.« FAZ

PIPER